Die Bestimmung des § 199 Abs. 1 Nr. 2 BGB

Europäische Hochschulschriften
Publications Universitaires Européennes
European University Studies

Reihe II
Rechtswissenschaft

Série II Series II
Droit
Law

Bd./Vol. 4356

PETER LANG
Frankfurt am Main · Berlin · Bern · Bruxelles · New York · Oxford · Wien

Mark-Oliver Otto

Die Bestimmung des § 199 Abs. 1 Nr. 2 BGB

Verjährungsbeginn wegen Kenntnis und grobfahrlässiger Unkenntnis der anspruchsbegründenden Tatsachen

PETER LANG
Europäischer Verlag der Wissenschaften

Bibliografische Information Der Deutschen Bibliothek
Die Deutsche Bibliothek verzeichnet diese Publikation in der Deutschen Nationalbibliografie; detaillierte bibliografische Daten sind im Internet über <http://dnb.ddb.de> abrufbar.

Zugl.: Hamburg, Univ., Diss., 2006

D 18
ISSN 0531-7312
ISBN 3-631-55154-1

www.peterlang.de

Meinen Eltern

Vorwort

Die vorliegende Arbeit wurde im Wintersemester 2005/2006 von der Fakultät für Rechtswissenschaft der Universität Hamburg als Dissertation angenommen.

Besonders bedanken möchte ich mich bei Herrn Prof. Dr. Frank Peters für seinen fachlichen Rat, wobei durch seine Tätigkeit als Richter am Hanseatischen Oberlandesgericht die Probleme der Rechtspraxis stets mit einbezogen wurden. Außerdem danke ich ihm für die zeitnahe Erstellung des Erstvotums.

Frau Prof. Dr. Kriechbaum danke ich für die außerordentlich zügige Erstellung des Zweitgutachtens.

Danken möchte ich weiterhin der Stiftung der Deutschen Wirtschaft (SDW), die diese Arbeit mit einem Stipendium großzügig gefördert hat.

Gewidmet ist diese Arbeit meinen Eltern, die meine Ausbildung stets mit großer Anteilnahme gefördert haben.

Hamburg, im Februar 2006 Mark-Oliver Otto

Inhaltsübersicht

Inhaltsverzeichnis

Einführung

A. Gegenstand der Arbeit

Die Arbeit befasst sich mit dem regelmäßigen Verjährungsbeginn nach § 199 BGB n.F. und dabei schwerpunktmäßig mit der Verjährungsvoraussetzung der grobfahrlässigen Unkenntnis des Gläubigers von der Existenz seines Anspruches und von der Person des Anspruchsgegners (§ 199 Abs. 1 Nr. 2 BGB).

Durch die Schuldrechtsmodernisierung ist das Verjährungsrecht umfassend neu geregelt worden. Das bestehende System hatte sich als zu kompliziert und systematisch wenig schlüssig erwiesen. Die frühere regelmäßige Verjährungsfrist von 30 Jahren wurde allgemein für zu lang gehalten und kam praktisch kaum zur Anwendung. Durch die Neuregelung wurde diese Frist auf drei Jahre abgekürzt. Dadurch wurde die Stellung des Schuldners gestärkt, da er sich schon nach dieser relativ kurzen Zeit auf die Verjährung berufen kann. Als Ausgleich dafür wurde der Verjährungsbeginn vom objektiven System auf ein subjektives System umgestellt. Für den regelmäßigen Verjährungsbeginn nach § 198 BGB a.F. kam es noch allein auf die Anspruchsentstehung, die allgemein als Fälligkeit interpretiert wurde, an. Nach neuem Recht (§ 199 BGB) beginnt die regelmäßige Verjährung erst, wenn der Gläubiger zusätzlich die den Anspruch begründenden Umstände und die Person des Schuldners kennt oder ohne grobe Fahrlässigkeit hätte kennen müssen. Ein solches System stellte die einzige praktikable Möglicchkeit dar, die Verkürzung der Verjährungsfrist angemessen zu kompensieren. Durch diese subjektive Komponente wird die Verkürzung der Verjährungsfrist für den Gläubiger erträglich. Er kann seinen Anspruch erst dann durch Verjährung verlieren, wenn er eine Chance gehabt hat, ihn auch durchzusetzen. Diese Arbeit befasst sich damit, wie das Merkmal der groben Fahrlässigkeit in § 199 Abs. 1 Nr. 2 BGB auszulegen ist. Der Begriff der groben Fahrlässigkeit ist zwar aus zahlreichen anderen Normen bekannt, doch ist die Auslegung im Hinblick auf § 199 Abs. 1 Nr. 2 BGB noch nicht völlig geklärt[1]. Das Gesetz bietet weder für den Begriff der grobfahrlässigen Unkenntnis noch für das Gegenstück, die positive Kenntnis, eine Definition[2].

---

1 Birr, Rn 31.

2 Vgl. Riedhammer, S. 11.

B. Die praktische Bedeutung der Verjährung

Verjährung ist ein praktisch bedeutsames Thema[3]. Dies zeigt sich allein an der Anzahl der dazu ergangenen Gerichtsentscheidungen. Durchschnittlich jedes zweite Heft der NJW, wenn nicht gar jedes enthält eine höchstrichterliche Entscheidung zum Verjährungsrecht[4]. Hinzu kommt eine nicht näher zu beziffernde Anzahl von Fällen, in denen wegen der eingetretenen Verjährung ein Anspruch nicht geltend gemacht wird[5]. Es bleibt also festzuhalten, dass der Rechtsprechungsanfall zu Verjährungsfragen überdurchschnittlich hoch ist[6]. Es handelt sich trotz des geringen Umfangs des Gebietes um eine Materie großer praktischer Bedeutung[7].

In der Datenbank Juris findet man über 14.000 Entscheidungen zu den Stichworten Verjährung von Ansprüchen. Davon sind fast 3000 Entscheidungen solche des BGH. Allein auf den Verjährungsbeginn nach § 852 BGB a.F. entfielen über 100 BGH-Entscheidungen[8]. Die im Rahmen dieser Arbeit zitierte Rechtsprechung wird soweit möglich aus den am weitesten verbreiteten Quellen zitiert. Dies sind die amtliche Sammlung des Bundesgerichtshofs, die Neue Juristische Wochenschrift (NJW) inklusive Rechtsprechungsreport (NJW-RR) sowie die Zeitschrift für Versicherungsrecht (VersR). Bei zahlreichen Entscheidungen finden sich Fundstellen in unterschiedlichen Zeitschriften. Zur Vereinfachung enthält diese Arbeit im Anhang[9] eine Tabelle, in welcher die Fundstellen der wichtigsten Entscheidungen zu finden sind.

Eine politische Bedeutung der Verjährung wurde von Anfang an verneint. Sie galt als Objekt leidenschaftsloser juristischer Erwägung[10]. Dies hat sich in den letzten Jahren geändert. Die intensive Diskussion der Neuregelung der Verjährung[11] deutet auf das gewachsene Interesse an diesem Thema hin.

---

3 Vgl. nur Peters/Zimmermann, S. 103ff.

4 Zimmermann, JuS 1984, 409; Peters/Zimmermann, S. 103; vgl. auch Büdenbender, JuS 1997, 481.

5 Vgl. Peters/Zimmermann, S. 103.

6 Heinrichs, NJW 1982, 2021.

7 Vgl. bereits Hölder, S. 250

8 Sämtliche Abfragen wurden am 11.8.. 2005 durchgeführt.

9 S. 324.

10 Hölder, Archiv für Bürgerliches Recht 1896, 217.

11 Dazu sogleich in Teil 2.

Verjährung ist die **häufigste Ursache von Ersatzansprüchen** gegen Rechtsanwälte, Steuerberater und Notare[12], was seine Ursache vermutlich maßgeblich darin hat, dass lange niemand die genaue Zahl der gesetzlichen Verjährungsfristen verbindlich kannte[13]. Die Reform wurde daher als eines der dringendsten rechtspolitischen Reformprojekte[14] bzw. als prominentes Ziel der Schuldrechtsmodernisierung[15] angesehen, dessen Umsetzung sogar noch vor der allgemeinen Schuldrechtsreform erfolgen sollte. Innerhalb der Schuldrechtsreform galt das Verjährungsrecht als „ökonomischer Schlüsselbestandteil"[16]. Auch dem neuen Recht wird jedoch prophezeit, dass es eine Fülle von Rechtsstreitigkeiten herbeiführen wird[17].

Ob durch die Verjährung wie teilweise behauptet ungeheure wirtschaftliche Werte verlagert werden[18], lässt sich mangels empirischer Daten zu dieser Frage nicht abschließend klären[19]. Zuletzt zur Jahreswende 2004/2005 wurde gemutmaßt, dass die aufgrund des intertemporalen Verjährungsrechts verjährenden Ansprüche in die Milliarden gehen dürften[20]. Sicher dürfte aber sein, dass der wirtschaftliche Einfluss erheblich ist.

Die Verjährung stellt einen **Schnittpunkt zwischen materiellem Recht und Prozessrecht** dar,[21] sie ist mit dem Prozessrecht untrennbar verwoben[22] und ist schon deshalb auch von besonderem wissenschaftlichem Interesse. Die

---

12 Vgl. HKK-Hermann, §§ 194-225 m.w.N.; Beitrag Tesarczyk, Karlsr. Forum 1991, 16 etwa führt ¼ der von der Allianz-Versicherung bearbeiteten Anwaltshaftpflichtfälle auf fehlerhafte Anwendung der Verjährungsvorschriften zurück. Es handelt sich damit um die größte einzelne Schadensursache. Vgl. beispielhaft den Fall BGH NJW 1999, 2734.

13 Vgl. Haug, S. 15 Anm. 21, der eine Zahl von 130 bis 200 nennt und die amtliche Begründung zur Verjährungsnovelle (BT-DrS. 6040, S. 91), wo mehr als 130 Verjährungsvorschriften in 80 Gesetzen genannt werden; Tesarczyk, Karlsr.Forum 1991, 16 nennt 200 verschiedene Regelungen.

14 Vgl. Bundesministerium der Justiz (Hrsg.), Abschlußbericht der Kommission zur Überarbeitung des Schuldrechts, Köln 1992, S. 15.

15 Finkenauer, S. 289.

16 Vgl. Vortrag von Schmidt-Räntsch, Auschuss Zivilrecht, Schuldrechtsreform des 51. Deutschen Anwaltstages vom 11.6. bis 3.6. 2000, NJW 2000 Beilage Heft 34, S. 4.

17 Pfeiffer, S. 217.

18 Vgl. Roll, WM 1977, 1214.

19 Vgl. Peters/Zimmermann, S. 103.

20 Vgl. Bartsch, Editorial NJW 45/2004 und Kandelhard, NJW 2005, 630.

21 Wernecke, JA 2004, 331.

22 Peters/Zimmermann, S. 286.

Verjährung wurde als eines der „wichtigsten und wohlthätigsten“[23] Rechtsinstitute bzw. als ein Beendigungsinstitut höchsten Ranges[24] bezeichnet. An anderer Stelle wird sie als Konsequenz des praktischen Lebens unter Berücksichtigung der Vergänglichkeit und Veränderlichkeit alles Irdischen dargestellt und für eine positive Rechtsordnung als unentbehrlich bezeichnet[25]. Diese Äußerungen belegen die große Bedeutung dieses Rechtsinstituts.

Es ist davon auszugehen, dass das Verjährungsrecht durch die nunmehr erfolgte Verkürzung der Regelverjährungsfrist von 30 auf 3 Jahre eine noch größere praktische und wirtschaftliche Bedeutung erlangen wird, als dies bisher schon der Fall war[26].

C. Die Verjährung in der juristischen Literatur

In der Literatur hat die Verjährung lange Zeit ein Schattendasein gefristet[27]. Trotz der beschriebenen eminenten praktischen Bedeutung der Verjährung[28] entstanden lange Zeit verglichen mit anderen Problembereichen[29] nur sehr wenige grundlegende Werke[30]. Die Verjährung beschäftigte die Praxis weit mehr als die Lehre[31]. Die Zahl der Bücher, die sich mit Verjährung allgemein befasst war lange Zeit sehr niedrig. Dagegen waren die Aufsätze zu Einzelfragen schon immer zahlreich[32]. Insgesamt hat sich die rechtswissenschaftliche Forschung lange Zeit nur wenig mit Verjährungsthemen befasst[33] und das Feld fast vollständig der Rechtsprechung überlassen[34]. Die Kommentierungen zu §§ 194ff BGB be-

23 V. Savigny S. 272.
24 Kohler, S. 32f.
25 Schwander, S. 2 m.w.N..
26 Birr, Rn 1.
27 Vgl. Haug, S. 11; Zimmermann, Schuldrechtsmodernisierung, S. 13.
28 Peters/Zimmermann, S. 106.
29 Peters/Zimmermann, S. 169.
30 Z.B. Spiro, Die Begrenzung privater Rechte durch Verjährungs-, Verwirkungs- und Fatalfristen, Band 1, der jedoch im Schwerpunkt schweizerisches Recht behandelt; Peters/Zimmermann, S. 106-267, die eine kompakte Darstellung des Verjährungsrechts vor der Schuldrechtsmodernisierung bieten.
31 Spiro in FS für Müller-Freienfels, S. 617.
32 Vgl. Haug, S. 11.
33 Vgl. Heinrichs, NJW 1982, 2021 „stiefmütterliche“ Behandlung; Peters, JZ 1983, 121.
34 Roll, WM 1977, 1214.

fassen sich nicht mit der wissenschaftlichen Durchdringung sondern mit praktisch relevanten Einzelfragen[35]. Dieses weitgehende Desinteresse[36] schien umso bedenklicher, als Verjährung eines der wenigen Gebiete ist, in denen die gesetzgeberische Entscheidung im besonderen Maße wirken kann[37].

In neuerer Zeit ist aber eine ganze Reihe von Werken zum Verjährungsrecht erschienen[38]. Die Bedeutung der Verjährung wird im immer stärkeren Maße erkannt[39]. Dies dürfte seinen Grund insbesondere in der nun erheblich verkürzten Regelverjährungsfrist haben. Das Thema Verjährung hat in den letzten 3 Jahren eine erhebliche Belebung erfahren, vermutlich erschien in dieser Zeit mehr Literatur zu Verjährungsfragen als in den letzten einhundert Jahren davor.

Speziell zur Auslegung des Begriffs der groben Fahrlässigkeit in § 199 Abs. 1 Nr. 2 BGB existiert aber soweit ersichtlich bisher nur ein einziges Werk. Es handelt sich um die Arbeit von *Riedhammer*[40], die sich mit den Merkmalen der Kenntnis und der grobfahrlässigen Unkenntnis befasst und parallel zu der hier vorliegenden entstanden ist. Sie untersucht im Schwerpunkt den Hintergrund der Begriffe Kenntnis und grobe Fahrlässigkeit. Für die allgemeine, also nicht auf § 199 Abs. 1 BGB bezogene Auslegung des Begriffs der groben Fahrlässigkeit konnte auf die Arbeit von *König*[41] zurückgegriffen werden. Es ist absehbar, dass das Verjährungsrecht in Bewegung bleiben wird[42] und sich die Zahl der Werke weiter erhöhen wird.

D. Geltung für andere Normen mit subjektivem Verjährungsbeginn

Der Verjährungsbeginn ist auch bei einigen nicht der regelmäßigen Verjährung unterfallenden Normen von subjektiven Kriterien abhängig. Es ist davon auszu-

35 Peters/Zimmermann, S. 101; Heinrichs, NJW 1982, 2021.
36 AK-Kohl, vor § 194 Rn 12.
37 Zimmermann, ZEuP 2001, 218.
38 Birr, Verjährung und Verwirkung,Berlin 2003; Gottwald, Verjährung im Zivilrecht, Vallendar 2005; Mansel/Budzikiewicz, Das neue Verjährungsrecht, Bonn 2002; Krämer, Die Neuregelung des Verjährungsrechts im Schuldrechtsmodernisierungsgesetz, Diss. Gießen 2002; im Übrigen wird auf das Literaturverzeichnis verwiesen.
39 Vgl. Birr, Rn 1.
40 Kenntnis, grobe Fahrlässigkeit und Verjährung, DisS. RegensbuRG 2004.
41 König, Die grobe Fahrlässigkeit, HambuRG DisS. 1997.
42 Zimmermann, Schuldrechtsmodernisierung, S. 42f.

gehen, dass die Auslegung dieser Normen im Grundsatz von der Auslegung des neuen § 199 Abs. 1 Nr. 2 BGB wesentlich beeinflusst werden wird, zumal der Wortlaut zumeist identisch ist. Die hier gewonnenen Erkenntnisse können daher grundsätzlich auch für andere Normen herangezogen werden.

Dies gilt auch für wortlautgleiche Regelungen in Verträgen. In solchen Fällen kann davon ausgegangen werden, dass rechtskundige Personen die Formulierung in Anlehnung an die gesetzliche Bestimmung gewählt haben und sich die dazu vertretene Auslegung zueigen machen wollten[43].

Bei der Auslegung anderer Normen sind aber die Besonderheiten des jeweiligen Rechtsgebietes zu beachten, eine schematische Übernahme kommt daher nicht in Betracht. Die relevanten Normen sollen kurz vorgestellt werden.

I. Kenntnis und grobfahrlässige Unkenntnis

Eine nahezu wortgleiche Verjährungsregelung findet sich neuerdings in **§ 11 UWG**. Die Regelung wurde im Hinblick auf § 199 Abs. 1 Nr. 2 BGB um den Verjährungsbeginn wegen grobfahrlässiger Unkenntnis erweitert[44]. Der Unterschied zu § 199 Abs. 1 BGB ist aber, dass die Frist nur 6 Monate beträgt.

§ 61 Abs. 2 HGB stellt nunmehr für das **Wettbewerbsverbot des Handelsvertreters** ebenfalls auf Kenntnis und grobfahrlässige Unkenntnis ab, wobei die Frist 3 Monate beträgt. Eine entsprechende Regelung findet sich für die Gesellschafter der offenen Handelsgesellschaft in § 113 Abs. 3 HGB. Die Ansprüche einer Aktiengesellschaft wegen Wettbewerbsverstößen ihrer Vorstandsmitglieder sind in gleicher Weise geregelt, vgl. § 88 Abs. 3 S. 1 AktG, wobei es auf die Kenntnis oder grobfahrlässigen Unkenntnis der übrigen Vorstandsmitglieder und der Aufsichtsratsmitglieder ankommt. Für die Kommanditgesellschaft auf Aktien findet sich die entsprechende Regelung für ihre persönlich haftenden Gesellschafter in § 284 Abs. 3 AktG. In diesem Fall kommt es auf die Kenntnis der anderen persönlich haftenden Gesellschafter und der Aufsichtsratsmitglieder an.

II. Kenntnis und (leicht) fahrlässige Unkenntnis

Auf Kenntnis und fahrlässige Unkenntnis stellen das **Produkthaftungsgesetz** (§ 12 Abs. 1 ProdHaftG)[45] und das **Atomgesetz** ab (§ 32 Abs. 1 AtomG). Der

---

43 BGH NJW 2001, 2535.

44 Vgl. Harte-Bavendamm/Henning-Bodewig, § 11 Rn 79.

45 Vgl. dazu von Westfahlen-von Westfahlen, § 79; Eine Anpassung an § 199 Abs. 1 BGB war aufgrund zwingender Vorgaben der dazugehörigen Richtlinie nicht möglich, vgl. Mansel/Budzikiewicz, § 3 Rn 15.

Maßstab ist aus der Sicht des Gläubigers also etwas strenger als in § 199 Abs. 1 Nr. 2 BGB[46]. Zum Ausgleich kommen dem Schuldner in diesen Fällen aber Haftungshöchstgrenzen und eine Selbstbeteiligung zugute, was die strengere Regelung relativiert[47].

III. Nur positive Kenntnis

Eine Reihe von anderen Normen stellen allein auf die Kenntnis des Gläubigers ab. Sie sind daher aus der Sicht des Gläubigers milder, da der Verjährungsbeginn weniger schnell eintreten kann. Für diese Normen können daher die Ausführungen zum Begriff der Kenntnis herangezogen werden. Der Begriff der Kenntnis wiederum muss im Rahmen dieser Arbeit näher betrachtet werden, da die grobfahrlässige „Unkenntnis" nur als Gegenteil der Kenntnis definiert werden kann.

Da die Normen dieser Gruppe unter dem Einfluss des ebenfalls nur auf Kenntnis abstellenden § 852 Abs. 1 BGB a.F. zustande gekommen sind, ist ihre Anpassung an § 199 Abs. 1 Nr. 2 BGB zu erwägen. Falls eine solche Anpassung nicht erfolgen sollte, wird immerhin zu erwägen sein, für sie wie bisher, auf den bisherigen Begriff der „missbräuchlichen Unkenntnis" zurückzugreifen[48].

E. Gang der Darstellung

Zunächst ist zu klären, welchen Sinn Verjährungsregelungen haben (Teil 1). Diese Frage ist wesentlich für die spätere Auslegung und soll daher der Auslegung der einzelnen Merkmale vorangestellt werden. Ein weiterer Teil (Teil 2) befasst sich mit der wechselvollen Entstehungsgeschichte der Neuregelung. Dem schließt sich ein Abschnitt über die systematische Stellung des § 199 Abs. 1 Nr. 2 BGB im System der Verjährungsregelungen an, wobei die praktisch wichtigsten Anwendungsfelder näher zu benennen sind (Teil 3). Im Teil 4 schließlich erfolgt eine Auslegung der Norm im Hinblick auf mögliche Anwendungsfälle. Dabei werden Überlegungen zu Auslegung der Merkmale der Kenntnis sowie der grobfahrlässigen Unkenntnis angestellt. Der Teil 5 stellt einen Vergleich zwischen § 199 Abs. 1 Nr. 2 BGB und den Regelungen in den *„Principles of*

---

46 Pick, ZIP 2001, 1174.

47 Mansel, in : Ernst / Zimmermann, S. 379.

48 Dazu S. 196.

European Contract Law" her. Der abschließende Teil 6 stellt die praktisch besonders relevante Darlegungs- und Beweislast bei § 199 Abs. 1 Nr. 2 BGB dar.

Teil 1: Sinn und Zweck der Verjährung

Eine Auseinandersetzung mit verjährungsrechtlichen Fragen hat die Grundsatzfrage nach dem Sinn und Zweck von Verjährungsregeln in den Mittelpunkt zu stellen. Vor einer gezielten Befassung mit der Norm des § 199 Abs. 1 Nr. 2 BGB soll daher an dieser Stelle der Sinn von Verjährungsregelungen dargestellt werden. Außerdem ist zuvor ein kurzer Hinweis auf die Entstehung der Verjährung an sich angebracht. Die Entstehung des § 199 Abs. 1 Nr. 2 BGB wird in Teil 2 näher betrachtet.

A. Entstehung der Verjährung

Dass der Zeitablauf einen Einfluss auf Rechte[49] hat, ist keineswegs selbstverständlich sondern bedarf der **gesetzlichen Begründung**[50]. Erste Hinweise auf Verjährungsregeln sollen sich in sumerischen Texten finden[51], ohne dass dies aber näher belegt ist. Auch für das alte Griechenland wird die Existenz der Verjährung zwar vermutet, wurde aber bisher nicht nachgewiesen[52]. Sichere Nachweise finden sich nur für das römische Recht. Im klassischen römischen Recht bestand zunächst keine allgemeine Frist zur Geltendmachung von Ansprüchen[53]. Eine Ausnahme bildeten nur die prätorischen Bußklagen, bei denen um des mit ihnen verfolgten Strafzweckes eine rasche Sühne gefordert wurde, die Sachmängelklagen[54], sowie verschiedene Ansprüche im Provinzialrecht[55]. Die grundsätzliche Verjährung aller Ansprüche wurde erst **im Jahre 424 n. Chr.** durch ein Gesetz Kaiser Theodosius II.[56] allgemein eingeführt[57] (sog.

---

49 Oetker, S. 15 spricht von „rechtsverändernder Qualität"; In seinem Einführungsvortrag spricht Klingmüller, Karlsr. Forum 1991, S. 1 von „rechtlicher Erosion durch Zeitablauf".

50 HKK-Hermann, §§ 194-225 Rn 1 mit weiteren Nachweisen; Spiro I, § 2; Riedhammer, S. 158.

51 Vgl. Klingmüller, Karlsr.Forum 1991, S. 1.

52 Vgl. Nabholz, S. 26 Fn 2; Nörr, § 2.

53 Kaser / Knütel, § 4 Rn 11; v. Savigny, S. 273.

54 Kaser / Knütel, a.a.O.; vgl. Peters/Zimmermann, S. 112 Fn 43.

55 Vgl. Kaser, S. 71; v. Savigny, S. 273.

56 Vgl. Unterholzner / Schirmer, S. 55 Fn 57; Windscheid / Kipp, § 106 Fn 2

praescriptio longi temporis)[58]. Die allgemeine Verjährungsfrist betrug 30 Jahre, was in etwa einer Generation entsprach, für bestimmte Ansprüche galten teilweise noch längere Fristen[59]. Die Verjährung gab dem Beklagten die Möglichkeit, die Klageabweisung allein unter Hinweis auf den Zeitablauf zu erreichen[60]. Gesetzgeberische Gründe für diese weit reichende Wirkung können zum einen sein, dass eine lange Zeit nicht geltend gemachte Forderung vermutlich unbegründet ist[61] oder dass derjenige, der eine bestehende Forderung nicht geltend macht, auf diese stillschweigend verzichtet. Der Verjährungsbeginn war grundsätzlich mit der Entstehung des Klagerechts verknüpft, wurde aber in Einzelfällen *utiliter*, d.h. so berechnet, dass Zeiträume unberücksichtigt blieben, in denen eine Klage nicht möglich war[62].

Historisch unterschied man zunächst zwischen einem Erlöschen von Rechten wegen Nichtgebrauchs (*non usus*), die man als *praescriptio extinctiva* bezeichnete und deren Begründung durch Zeitablauf (*usucapio*), die als *praescriptio acquisitiva* bezeichnet wurde[63]. Damit hatte der Begriff der Verjährung einen erheblich **größeren Anwendungsbereich** als dies heute der Fall ist[64]. Mit der Einführung des BGB wurden diese Institute getrennt in die Anspruchsverjährung und in die sachenrechtliche Ersitzung [65].

Auch wurde die Verjährung zunächst als Ausschluss des Klagerechts (Klageverjährung) aufgefasst und erst später als Anspruchsverjährung[66]. Diese Sichtweise liegt der Regelung im BGB zugrunde. Für die weitere geschichtliche Entwicklung der Verjährung wird auf die Darstellung bei *Nabholz*[67] verwiesen. Das BGB vereinheitlichte die bis dahin bestehenden unterschiedlichen Terminologien[68].

---

57 Kaser / Knütel, § 4 Rn 12; v. Savigny, S. 274; nur einzelne Ansprüche waren der Verjährung entzogen, vgl. Kaser, S. 72 Fn 67.

58 Klingmüller, a.a.O.; Kaser / Knütel, § 4 Rn 14.

59 Kaser / Knütel, § 4 Rn 13.

60 Kaser, S. 72.

61 BGHZ59, 72 (74).

62 Vgl. Riedhammer, S. 158f.

63 Vgl. Staudinger-Peters, Vorbem §§ 194ff Rn 2; Soergel-Niedenführ, Vor § 194 Rn 15; Kaser / Knütel, § 4 Rn 14; Oetker, S. 26.

64 Vgl. Breucker, S. 1.

65 Vgl. Motive, Band 1, S. 289; Enneccerus/Nipperdey, § 229.

66 Vgl. Zimmermann, JuS 1984, 409.

67 S. 26ff.

68 Vgl. Motive , Band 1, S. 290 mit Nachweisen.

B. Ziele der Verjährung

Eine für die Auslegung der Norm des § 199 Abs. 1 Nr. 2 BGB wichtige Vorfrage ist die Frage nach dem Sinn und Zweck der Verjährung insgesamt. Warum werden Verjährungsregelungen für eine moderne Rechtsordnung als unabdingbar angesehen und welche Ziele haben diese Regelungen? Heutzutage verfügen schließlich alle Rechtssysteme über gewisse zeitliche Beschränkungen für die Geltendmachung von Ansprüchen[69].

Die Verjährung erfüllt in einer modernen Rechtsordnung nach überwiegender Ansicht **verschiedene Ziele** und kann nicht aus einem einzigen Zweck legitimiert werden[70]. Die Wertungen sind vielmehr vielschichtig, gegenläufig und zum Teil auch irrational[71]. Die Verjährung stellt einen Versuch dar, verschiedene zum Teil widerstreitende Interessen zum Ausgleich zu bringen[72]. Wegen ihres Eingriffs in ggf. bestehende Rechte bedarf sie der Legitimation. Verjährungsregelungen finden sich in verschiedensten Rechtsbereichen[73]. Im hier allein relevanten Zivilrecht kann man zunächst zwischen einem **Individualschutz** und dem **Schutz öffentlicher Interessen** unterscheiden.

Heute dürfte anerkannt sein, dass die Verjährung sich nicht nur aus einem dieser Aspekte erklären lässt sondern dass beide eine Rolle spielen[74]. Unterschiedlich wird allein noch beurteilt, welches Interesse die Hauptrolle spielt, was je nach Verjährungsnorm auch unterschiedlich sein kann. Die Rechtsprechung erkennt jedenfalls seit jeher beide Zwecke der Verjährung an[75], gleiches gilt für den Reformgesetzgeber[76]. Der Schuldnerschutz und öffentliche Interessen kollidieren mit dem berechtigten Interesse des Gläubigers. Die Verjährung soll dem Gläubiger eine faire Chance belassen, seinen Anspruch

69 Zimmermann, Comparative Foundations, S. 62.

70 Vgl. Mansel, in: Ernst / Zimmermann, S. 342; AnwK-Mansel/Stürner, Vor §§ 194-218 Rn 20ff; Krämer, S. 20; Riedhammer, S. 162.

71 Piekenbrock, S. 314.

72 Mansel/Budzikiewicz, § 1 Rn 37; Krämer, S. 20.

73 Vgl. Oetker, S. 17.

74 Vgl. Birr, Rn 9; vgl. BGH NJW 1983, 388 (390), wo beide Aspekte in verschiedenen Ausprägungen nebeneinander genannt werden.

75 BGHZ 59, 72 (74); BGHZ 128, 74 (82).

76 Diskussionsentwurf, S. 208f.Dieser ist abgedruckt in Ernst/Zimmermann, S. 613ff und Canaris, S. 3ff. Die hier zitierten Seitenzahlen beziehen sich auf die im Internet veröffentlichte Fassung. Sie ist abrufbar unter www.bundesnotarkammer.de/Gesetzesvorhaben/Entwuerfe/pdf/Eschurmo.pdf; BT-DruckS. 14/6040, S. 95f.

durchzusetzen[77]. Die Verjährungsregelungen müssen versuchen, diese unterschiedlichen Aspekte zum Ausgleich zu bringen.

I. Schuldnerschutz

In neuerer Zeit wird die Verjährung vor allem mit dem Schutz des Schuldners begründet[78] bzw. hierin wird von einigen Autoren der fast ausschließliche Hauptzweck gesehen[79]. Dem Schuldner droht durch Zeitablauf schließlich die Gefahr, dass gegen ihn **unberechtigt, unbekannte oder unerwartete Forderungen** erhoben werden.

Ohne das Rechtsinstitut der Verjährung wäre er zum einen gezwungen, etwaige Beweismittel, die er zu seiner Verteidigung braucht, dauerhaft aufzubewahren und zum anderen seine eigene Leistungsfähigkeit im Hinblick auf bestimmte Forderungen dauerhaft aufrecht zu erhalten. Zu betonen ist also, dass der Schwerpunkt der Verjährung nicht darin liegt, dem Gläubiger sein gutes Recht zu entziehen[80] sondern dem Schuldner ein Mittel zu geben, mit dem er sich gegen vermutlich unberechtigte oder unerwartete Ansprüche verteidigen kann. Die Verjährung ist insoweit Mittel zum Zweck, nicht Selbstzweck. Sie ermöglicht dem Schuldner eine pauschale Abwehr der Ansprüche und macht ein Eingehen auf die Einzelheiten, das nach längerer Zeit häufig nicht mehr sachgerecht möglich wäre, entbehrlich[81]. Die Angelegenheit ist so lange her, dass man über ihre Details nicht mehr nachdenken soll, weil man es sinnvoll gar nicht kann[82]. Früher wurde betont, dass der eigentliche Zweck der Verjährung die Abwehr unbegründeter Ansprüche ist[83], während man heute auch das Interesse an der Abwehr eigentlich begründeter Ansprüche grundsätzlich ebenfalls anerkennt. Die beiden Zwecke werden sogar für gleichwertig gehalten[84], welcher praktisch bedeutsamer ist, dürfte aber nicht aufklärbar sein[85].

---

77 Peters/Zimmermann, S. 101.

78 Vgl. Peters/Zimmermann, S. 189; Büdenbender, JuS 1997, 482; Heinrichs, Karlsr. Forum 1991, 6; BGHZ 122, 241 (244); 128, 74 (82); Peters, NJW 2001, 2290; Larenz/Wolf, AT, § 17 Rn 3; Finkenauer, S. 290; Dohse, S. 11; Birr, Rn 9; vgl. aber auch bereits Breucker, S. 2.

79 Staudinger-Peters, Vorbem §§ 194ff Rn 5; Spiro I, § 6; Nabholz, S. 30.

80 Vgl. Motive, Band 1, S. 291.

81 Peters/Zimmermann, S. 288; Zimmermann, JuS 1984, 410.

82 Peters, NJW 2001, 2290 Fn 11.

83 Vgl. Enneccerus/Nipperdey, § 230.

84 Staudinger-Peters, Vorbem §§ 194ff Rn 5.

85 Peters/Zimmermann, S. 104.

Neben dem Schutz vor Beweisproblemen soll der Schuldner aber auch in seinem Vertrauen darauf geschützt werden, dass eine längere Zeit hindurch nicht geltend gemachte Forderung auch in Zukunft nicht mehr geltend gemacht werden wird, da der Gläubiger durch seine Untätigkeit den Anschein erweckt, dass er selbst nicht mehr an das Bestehen der Forderung glaubt oder aber nicht mehr auf Leistung besteht[86].

Im Ergebnis schützt die Verjährung den Schuldner vor Beweisnot bei unberechtigten Forderungen und gewährt ihm Sicherheit für bestehende Forderungen. Diese beiden Zwecke dürften gleichwertig sein[87].

1. Schutz vor Beweisschwierigkeiten bei unbegründeten Ansprüchen

a) Auswirkungen auch auf unbegründete Ansprüche

Die Verjährung ermöglicht es dem Schuldner, sich gegen Ansprüche auf einer rein formalen Ebene[88] zu verteidigen und die Erfüllung verjährter Ansprüche zu verweigern (§ 214 Abs. 1 BGB). Die Verjährung bewirkt damit nicht das Erlöschen des Anspruches, macht diesen aber wirtschaftlich wertlos, führt also de facto zum vollständigen Forderungsverlust[89]. Sie wirkt logisch nur auf tatsächlich bestehende Ansprüche, da man bei nicht bestehenden Ansprüchen gar nicht zur Frage der Verjährung vordringt[90]. In der Praxis ist dies freilich anders, da ein Gericht nur darüber zu entscheiden hat, ob eine Leistungspflicht besteht oder nicht und damit diese Frage allein deswegen verneinen kann, weil die Forderung verjährt ist und der Schuldner die Verjährungseinrede[91] erhoben hat. Ob die Forderung tatsächlich entstanden ist oder mittlerweile wieder erloschen ist, kann und muss dann offen bleiben. Die Rechtsprechung hat deswegen auch festgestellt, dass das Bestehen eines Anspruches nicht Voraussetzung für die Verjährung ist[92] und dass auch und gerade nicht bestehende Ansprüche

86 Vgl. Spiro I, § 18.

87 Peters/Zimmermann, S. 288.

88 Vgl. BGH NJW 1972, 1460; 1983, 388 (390); Steffen, Karlsr.For. 1991, 15 nennt sie in seinem Diskussionsbeitrag deshalb eine „folgenblinde Stichtagsregelung“; vgl. auch Soergel-Niedenführ, Vor § 194 Rn 17 „formeller Charakter“ der Verjährung; Peters/Zimmermann, S. 104 bezeichnen sie als pauschale Abwehr.

89 Schlosser, JuS 1966, 264; Peters/Zimmermann, S. 103; Abschlussbericht, S. 43; Haug S. 34; BT-DruckS. 14/6040, S. 100.

90 Vgl. Peters/Zimmermann, S. 104.

91 Vgl. Schall, NJW 1977, 1045.

92 BGH ZIP 2003, 524 (526).

verjähren können[93]. Die Verjährung wird daher häufig, wenn nicht weit überwiegend zur Abwehr ohnehin unbegründeter Ansprüche führen[94], was auch ihr Ziel ist[95]. Dies erkennt auch der Reformgesetzgeber an[96]. Wie groß dagegen die Zahl der berechtigten Forderungen, die durch Verjährung wertlos geworden sind im Verhältnis zu den ohne Rücksicht auf die Verjährung unbegründeten ist, ist schwerlich aufklärbar[97]. Die Verjährung dieser Forderungen stellt den Preis dar, den die Rechtsordnung für die Abwehr unberechtigter Ansprüche zahlen muss[98].

b) Schutz vor Beweisproblemen

Dem Schuldner droht durch einen längeren Zeitablauf der Verlust von Beweismitteln[99]. Zeugen können sterben oder ihre Erinnerung kann nachlassen, Unterlagen können vernichtet oder unauffindbar sein[100]. Die Zeit wirkt insoweit als eine „verdunkelnde Macht“[101].

Diese Effekte treffen grundsätzlich Gläubiger und Schuldner gleichermaßen. Der Gläubiger hat aber anders als der Schuldner die Möglichkeit, Beweisschwierigkeiten durch rechtzeitige Klageerhebung zu vermeiden[102]. Außerdem kann dem Gläubiger die Beweisführung trotz der Schwierigkeiten gelingen, was dem Schuldner dann den Gegenbeweis auferlegt[103]. Besonders schwerwiegend ist es für den Schuldner, wenn bestimmte Umstände durch das Gesetz vermutet werden und er den Gegenbeweis führen muss, wie es z.B. bei § 280 Abs. 1 S. 2 BGB der Fall ist[104]. Bei Schadensersatzansprüchen besteht ein ähnliches Problem, wenn der Schuldner ein Mitverschulden geltend machen will[105]. Letztlich

---

93 Motive, Band 1, S. 291; BGHZ 17, 199 (206); BGH NJW 1993, 2054 (2055); Palandt-Heinrichs, Vorb. § 194 Rn 4.

94 BGHZ 122, 241 (244); Spiro I, §§ 4-5.

95 V. Savigny, S. 272; Abschlussbericht S. 34; Peters, NJW 2001, 2292.

96 BT-Drucks 14/6040 S. 96.

97 Peters/Zimmermann, S. 104.

98 Zimmermann, Comparative Foundations, S. 78; derselbe, JZ 2000, 857.

99 Vgl. Peters/Zimmermann, S. 101; RGRK-Johannsen, Vor § 194 Rn 4; BGHZ 113, 188 (195); Savigny, S. 271f; Spiro I, § 4.

100 Vgl. Oetker, S. 36ff; Spiro I, § 4

101 Vgl. Motive, Band 1, S. 291; Windscheid-Kipp, § 105; BGHZ 17, 199 (201).

102 MüKo-Grothe , Vor § 194 Rn 6

103 Staudinger-Peters, Vorbem §§ 194ff Rn 5.

104 Vgl. Soergel-Niedenführ, Vor § 194 Rn 3; vgl. Spiro I, § 4; zum alten Recht Peters/Zimmermann, S. 189; BT-DruckS. 14/6040, S. 96; Dohse, S. 16; Mansel/ Budzikiewicz, § 1 Rn 38.

105 Peters/Zimmermann, S. 189.

entsteht so ein inparitätisches Kräfteverhältnis[106]. Die Verjährung gleicht dieses Ungleichgewicht wieder aus[107], indem sie dem Schuldner die Beweisführung erspart[108]. Der Schutz vor dem Verlust von Beweismitteln wird auch als die verfahrensmäßige Komponente des Schuldnerschutzes bezeichnet[109].

2. Schutz der Dispositionsmöglichkeiten bei begründeten Ansprüchen

Auch bei begründeten Ansprüchen ist der Schuldner schutzwürdig. Ihm droht bei solchen Ansprüchen eine Einschränkung seiner Dispositionsmöglichkeiten. Diese werden durch zwei Situationen gefährdet, in denen ihm jeweils die Verjährung einen Ausweg bietet: Zum einen durch von Anfang an unbekannte Ansprüche, zum anderen durch zwar bekannte, aber wegen Zeitablaufs unerwartete Ansprüche[110].

a) Schutz vor unbekannten Ansprüchen

Der Schuldner muss auch vor solchen Forderungen geschützt werden, die er weder kannte noch kennen konnte, die er also wegen seiner Unkenntnis nicht erwartet[111]. Er müsste sonst für alle Eventualitäten Vorsorge treffen[112], z.B. durch die Bildung von Rückstellungen und könnte die dafür benötigten Mittel nicht anderweitig einsetzen. Soweit der Schuldner gegen ihn gerichtete Ansprüche nicht kennen kann, droht ihm ohne Verjährung das Risiko, dass er plötzlich mit Ansprüchen konfrontiert wird, auf die er gar nicht vorbereitet ist und die ihn daher in wirtschaftliche Schwierigkeiten bringen können. In gewisser Weise handelt es sich um eine besondere Ausprägung des Grundsatzes von Treu und Glauben, wenn man die Geltendmachung solcher Ansprüche nicht mehr zulässt[113]. Dieser Aspekt gewinnt vor allem in Fällen der Rechtsnachfolge besonderes Gewicht[114]. Tritt ein Schuldner durch Gesamtrechtsnachfolge in bestehende Schuldverhältnisse ein, so wird die Einrede der Verjährung mangels vorhandener Informationen häufig die einzig mögliche Verteidigung sein. Auch bei Gewährleistungsansprüchen spielt der Schutz des Schuldners vor später Inan-

---

106 Birr, Rn 9.
107 MüKo-Grothe a.a.O..
108 Vgl. BGHZ 17, 199 (206); Dörner, S. 12.
109 Büdenbender, JuS 1997, 482.
110 Spiro I, § 7; Abschlussbericht S. 34f; Larenz/Wolf, AT, § 17 Rn 3.
111 Spiro I, §§ 7 und 8.
112 Vgl. Zimmermann, JuS 1984, 410.
113 Zimmermann JuS 1984, 409 (410).
114 Büdenbender, JuS 1997, 482.

spruchnahme eine bedeutende Rolle, zumal für solche Ansprüche ein Schutz durch eine Versicherung nicht möglich ist[115].

b) Schutz vor unerwarteten Ansprüchen

Die andere wichtige Fallgruppe sind unerwartete Ansprüche. Der Schuldner soll sich, wenn sein Gläubiger sich längere Zeit nicht mehr um den Anspruch gekümmert hat, davon ausgehen können, dass er auch zukünftig nicht mehr geltend gemacht werden wird. Je länger der Gläubiger schweigt, desto weniger rechnet der Schuldner mit einer Inanspruchnahme[116]. Die Passivität des Gläubigers kann dann die vernünftige Erwartung begründen, einen Vorfall, der Ansprüche gegen ihn begründet haben könnte, als abgeschlossen anzusehen und sein Verhalten danach einzurichten[117]. Der Gläubiger handelt treuwidrig, wenn er den Anspruch verspätet geltend macht[118]. Die Verjährung trägt daher in diesem Punkt verwirkungsähnliche Züge[119], mit dem Unterschied, dass ihr Ablauf formaler Art ist und nicht von einem Umstandsmoment abhängig ist[120]. Sie ist insoweit ein Sonderfall des Verbots widersprüchlichen Verhaltens (§ 242 BGB)[121]. Als besondere Fallgruppe unerwarteter Ansprüche sind regelmäßig wiederkehrende Leistungen zu nennen, die wenn sie plötzlich auf einmal gefordert werden, den Schuldner in wirtschaftliche Not stürzen können[122]. Der Reformgesetzgeber erkennt auch diese Funktion der Verjährung an, da die verspätete Durchsetzung den Schuldner hart treffen und in seinem Vertrauen auf die Erledigung der Angelegenheit beeinträchtigen kann[123].

c) Risiken solcher Ansprüche für den Schuldner

Sowohl unbekannte als auch unerwartete Ansprüche stellen für den Schuldner ein erhebliches Problem dar. Die unbekannten Ansprüche können ihn, da er auf sie nicht vorbereitet ist, in wirtschaftliche Probleme bis hin zur Insolvenz bringen, wenn die benötigten Mittel nicht vorhanden sind oder nicht schnell genügt

---

115 Mansel/Budzikiewicz, § 1 Rn 40.

116 Nabholz, S. 33; Spiro I, § 8; vgl. Birr, Rn 9.

117 Birr, Rn 9; ähnlich Staudinger-Peters, Vorbem. §§ 194ff Rn 9; Soergel-Niedenführ, Vor § 194 Rn 16.

118 Zimmermann, Comparative Foundations, S. 78.

119 Vgl. Heinrichs, Karlsr.For. 1991, 6.

120 Vgl. Peters/Zimmermann, S. 103; Heinrichs, Karlsr. Forum 1991, 6; Oetker, S. 46.

121 Bündenbender, JuS 1997, 482.

122 Vgl. Kohler, S. 32; Piekenbrock, S. 319 mit weiteren Nachweisen.

123 Vgl. BT-Drucks 14/6040 S. 96.

flüssig gemacht werden können[124]. Dem Schuldner muss seine Dispositionsfähigkeit erhalten bleiben[125]. Dieses Argument gilt nicht nur für vermögensrechtliche Ansprüche sondern allgemein, da auch bei nicht-vermögensrechtlichen Ansprüchen Vorsorge getroffen werden muss[126]. Alternativ müsste jeder am Wirtschaftsleben Beteiligte für solche unbekannten Ansprüche pauschal Rücklagen bilden[127], was für das Wirtschaftsleben aber einen generellen Effizienzverlust mit sich bringen würde[128]. Eine ökonomisch sinnvolle Versicherung gegen solche Ansprüche ist in der Regel nicht möglich[129]. Die unerwarteten aber befürchteten Ansprüche würden dagegen ohne das Rechtsinstitut der Verjährung ein ständiges Klima der Unsicherheit mit sich bringen. Für sie müsste ein umsichtiger Schuldner in jedem Fall Vorsorge treffen. Sowohl bei unbekannten als auch bei unerwarteten Ansprüchen droht dem Schuldner der Verlust etwaiger Regressmöglichkeiten[130], weil der Regressschuldner mittlerweile insolvent ist oder nicht mehr aufgefunden werden kann, oder sich seinerseits auf Verjährung beruft[131] oder zuletzt weil für eine Inanspruchnahme die Beweise fehlen[132].

II. Schutz öffentlicher Interessen

1. Allgemeine Überlegungen

Neben dem Schutz des Schuldners soll auch ein öffentliches Interesse an der Verjährung bestehen.

Grundsätzlich ist heute anerkannt, dass die Verjährung neben dem Individualrechtsschutz auch dem Schutz öffentlicher Interessen dient[133]. Der Schutz

---

124 Spiro I, § 7; Peters/Zimmermann, S. 189f.

125 Spiro I, §§ 7 und 8.

126 Vgl. Oetker, S. 48.

127 Mansel, in: Ernst / Zimmermann, S. 347.

128 Vgl. Diskussionsbeitrag Canaris in: Leenen, JZ 2001, 561.

129 Vgl. Mansel, in: Ernst / Zimmermann, S. 347f.

130 Vgl. Staudinger-Peters, Vorbem §§ 194ff Rn 5; Dohse, S. 16; für die meisten Regressansprüche dürften sich nach der Neuregelung keine verjährungsrechtlichen Probleme ergeben, jedenfalls dann nicht, wenn sich die Verjährung nach §§ 195, 199 BGB richtet.

131 Vgl. Soergel-Niedenführ, Vor § 194 Rn 3.

132 Vgl. Mansel, in: Ernst / Zimmermann, S. 348.

133 Vgl. RGRK-Johannsen, Vor § 194 Rn 4; ähnlich schon Breucker, S. 3; Nabholz, S. 31; a.A. Heinrichs, Karlsr. Forum 1991, 7; a.A. Spiro I, §§ 3ff, 15, der diese Überlegungen als „wenig fruchtbar und vor allem verwirrend" bezeichnet.

öffentlicher Interessen galt lange Zeit sogar als das primäre Anliegen der Verjährung[134], hinter dem der Individualschutz zurücktrat. In neuerer Zeit dagegen wurde diesem Gesichtspunkt mitunter die Bedeutung vollständig abgesprochen[135] oder sie wurde doch stark zurückgedrängt. Die Verjährung als solche dürfte jedenfalls für ein entwickeltes Recht unentbehrlich sein[136]. Dem öffentlichen Interesse wurde jedenfalls von *Mansel*[137] gerade in neuerer Zeit eine besondere Bedeutung zugesprochen.

Aus dem Gesetz ergibt sich, dass die Verjährung nicht vollständig der Disposition der Parteien überlassen sein soll. Nach § 202 Abs. 2 BGB ist es den Parteien verboten, die Verjährung länger als 30 Jahre dauern zu lassen[138]. Auch wenn sie diese Grenze faktisch durch das Hinausschieben der Fälligkeit und durch Hemmung leicht verlängern können[139], ergibt sich daraus doch, dass die Rechtsordnung ein über den Individualschutz hinausgehendes Interesse an der generellen Verjährbarkeit von Forderungen hat[140]. Umgekehrt ist eine Verkürzung von Verjährungsfristen von Ausnahmen abgesehen zulässig. Man wird daher ein öffentliches Interesse an der Verjährung nicht vollständig verneinen können.

Ein weiteres Argument besteht darin, dass auch ein tatsächlicher und bösgläubiger und damit nicht schutzwürdiger Schuldner sich auf Verjährung berufen kann[141]. Dies ist zum Beispiel der Fall, wenn der Anspruch aus § 985 BGB verjährt ist (nach 30 Jahren). Diese Verjährungsfrist schützt im Ergebnis nur einen bösgläubigen Besitzer (insbesondere einen Dieb), da jeder andere ansonsten bereits die Sache ersessen hätte[142]. Diese Konsequenz wird zwar kritisiert, vom Gesetzgeber aber hingenommen. Es ist auch fraglich, ob eine Regelung möglich wäre, bei der der Schutz nur dem Gutgläubigen zukommen kann. Der

134 Vgl. Enneccerus/Nipperdey, § 230.

135 Vgl. Spiro I, §, §§ 3ff.

136 Spiro I, § 11.

137 in Ernst / Zimmermann, S. 344f.

138 Vgl. zum alten Recht RGRK-Johannsen, Vor § 194 Rn 5; Bruggner-Wolter, S. 34f; Büdenbender, JuS 1997, 482.

139 Vgl. Bruggner-Wolter, S. 34.

140 Oetker, S. 67; Bruggner-Wolter, S. 35; RGZ 120, 355 (359); BGH NJW 1968, 1381; BGH VersR 1970, 176.

141 Vgl. Finkenauer, S. 291; vgl. BGH NJW-RR 1992, 282 wo sich ein wegen Betrugs an 253 Kunden verurteilter Betrüger auf Verjährung berief; ebenso Piekenbrock, S. 320.

142 Vgl. Siehr, ZRP 2001, 346f mit Hinweisen auf abweichende Regelungen in anderen Staaten..

Schuldner hätte dann schließlich wiederum Beweisprobleme, diesmal insofern, als er seine Gutgläubigkeit beweisen müsste[143]. Dementsprechend wurde es als mit der deutschen Rechtsordnung unvereinbar angesehen, wenn eine Forderung unverjährbar ist[144]. Eine ähnliche Argumentation ist, dass selbst der „scheußlichste Verbrecher“[145] sich auf die Verjährung berufen kann. Auch er wird durch die Verjährung geschützt, obwohl man ihn kaum als schutzwürdig bezeichnen kann. Generell spielt das Verhalten des Schuldners für die Verjährung keine Rolle[146]. Auch in extremen Fällen kann die Verjährung nicht mit dem Hinweis auf naturrechtliche Grundsätze verneint werden[147].

Die Verjährung muss zwar vom Schuldner geltend gemacht werden. Dies allein spricht nicht gegen ein öffentliches Interesse an der Verjährung. Das öffentliche Interesse an der Verjährung tritt vielmehr zurück, wenn der Schuldner nach Ablauf der Verjährungsfrist freiwillig zahlt[148].

Unter dem Begriff öffentliches Interesse sind verschiedene Überlegungen anzustellen, deren Benennung in der Literatur uneinheitlich ist. Der Begriff ist relativ unscharf und vieldeutig[149].

Die im Einzelnen benutzten Bezeichnungen für das öffentliche Interesse unterscheiden sich stark, doch wird man mit Unterschieden im Detail die nachfolgenden Aspekte zu unterscheiden haben:

2. Einzelne Aspekte

a) Rechtssicherheit und Rechtsfrieden

Als zentrales Interesse der Allgemeinheit an der Verjährung werden die durch sie bewirkte Rechtssicherheit[150] und der Rechtsfrieden[151] genannt[152]. Der Rechts-

143 Vgl. Riedhammer, S. 172.

144 RGZ 106, 82 (84); 136, 427 (432); Oetker, S. 15 mit weiteren Nachweisen; Büdenbender, JuS 1997, 481.

145 RGRK-Kreft, § 852 Rn 2.

146 Vgl. HKK-Hermann, §§ 194-225 Rn 36 m.w.N..

147 BGHZ 48, 125 (133f) – Ansprüche eines ehemaligen KZ-Häftlings; vgl. LG Hamburg, NJW 1999, 2825 für Ansprüche ehemaliger Zwangsarbeiter; vgl. auch OLG Stuttgart, NJW 2000, 2680 (2681).

148 Vgl. Zimmermann, Comparative Foundations, S. 73f.

149 Vgl. Schnaufer, S. 6; Zimmermann, Comparative Foundations, S. 77 („ambiguos“).

150 V. Savigny, S. 267f, der davon spricht, dass „Ungewissheit in bestimmten Zeitgränzen eingeschlossen wird“; vgl. Peters/Zimmermann, S. 289; so auch ausdrücklich Abschlussbericht S. 35 und BT-Drucks 14/6040 S. 96; ebenso schon Breucker, S. 3.

verkehr erträgt es nicht, dass lange verschwiegene Forderungen zum Gegenstand von Streitigkeiten werden[153] und ihretwegen in großer Zahl höchstrichterliche Entscheidungen ergehen[154]. Im Interesse des Rechtsfriedens und der Sicherheit des Rechtsverkehrs werden gewisse tatsächliche Zustände, die längere Zeit unangefochten bestanden haben, als zu Recht bestehend anerkannt[155], wobei aber der Rechtsfriede dann nicht gewahrt ist, wenn eine begründete Forderung wegen Verjährung nicht durchgesetzt werden kann[156]. *Interest rei publicae, ut sit finis litium*[157].

Die Gegenwart wird vor einer ungewissen Vergangenheit geschützt[158]. Der Rechtsverkehr muss davor bewahrt werden, dass Rechtsansprüche aus längst vergangenen Tatsachen hergeleitet werden[159]. Wenn Forderungen nach einer bestimmten Zeit nicht mehr durchgesetzt werden können, so dient dies nicht nur dem dadurch begünstigten Gläubiger sondern auch dem Rechtsverkehr insgesamt, da dieser Sicherheit bezüglich des *status quo* erlangt. Ganze Verkehrskreise können ihre Buchhaltungs- und Dokumentationspraxis so einrichten, dass nach bestimmten Zeitabschnitten Unterlagen nicht mehr aufbewahrt werden müssen. Für eine moderne Wirtschaft ist die Verjährung daher geradezu unentbehrlich. Dies gilt umso mehr, als durch die allgemeine Beschleunigung der Geschäftsabläufe ein Interesse daran besteht, Vorgänge zeitnah zu erledigen. Hinzu kommt, dass eine Forderung, die lange Zeit nicht geltend gemacht worden ist, vermutlich unbegründet oder bereits erledigt ist[160]. Der faktische Zustand der Nichtausübung wird zu einem rechtlichen erhoben[161].

---

151 So ausdrücklich BGHZ 113, 188 (195); Rechtsfrieden als einziges Interesse nennt Häberle, JURA 2000, 1.

152 BGHZ 59, 72 (74); BGH NJW-RR 1993, 1059 (1060); NJW 1979, 268 (269); 1983, 388 (389f); Büdenbender, JuS 1997, 482; Dohse, S. 11; Dörner, S. 12.

153 Vgl. Motive, Band 1, S. 291.

154 Peters/Zimmermann, S. 193.

155 Motive, Band 1, S. 291.

156 Vgl. Staudinger-Peters, Vorbem §§ 194ff Rn 7; a.A. BGHZ 128, 74 (82).

157 Von Bar / Zimmermann, S. 745; sinngemäß Codex Justinianus 7, 52, 2 (Caracalla), vgl. Liebs, S. 110 (Nr. 121): „Der Allgemeinheit liegt daran, dass Streitigkeiten ein Ende haben.“; derselbe, S. 78 (Nr. 63) mit weiteren Nachweisen.

158 Weimar, WuM 1974, 249.

159 RGZ 145, 239 (244); BGH NJW 1968, 1381.

160 Motive, Band 1, S. 291.

161 Schwander, S. 1.

Ob man nun die Rechtssicherheit allein als Reflex des durch die Verjährung bewirkten Schuldnerschutzes[162] oder darin eine eigenständige Bedeutung erblickt, ist schwierig zu beantworten. Sicherlich hat die Verjährung aber durch ihre gestaltende Wirkung auf Abläufe eine Bedeutung, die über den Individualschutz hinausgeht.

Als Konsequenz aus diesen Überlegungen folgt, dass Verjährungsregelungen vom Gesetzgeber so ausgestaltet werden müssen, dass sie im besonders hohen Maße Rechtssicherheit gewähren, um nicht gerade ihretwegen Rechtsstreitigkeiten auszulösen[163]. Die Regeln müssen so beschaffen sein, dass sich unverjährte Forderungen von verjährten ohne übermäßigen Aufwand unterscheiden lassen[164]. Dementsprechend sollte bereits aus der gesetzlichen Regelung der Verjährung Rechtsklarheit zu gewinnen sein[165]. Ein Ziel der Reform des Verjährungsrechts war es daher auch, das Verjährungsrecht insgesamt übersichtlicher und einfacher zu gestalten[166]. Der Reformgesetzgeber erkennt die Bedeutung der Verjährung für die Rechtssicherheit an[167].

Leider zeigt sich immer wieder, dass dieses Ziel nicht in allen Fällen erreicht wurde und dass selbst in zentralen Fragen Streitigkeiten entstehen können[168].

b) Ermutigung zur baldigen Forderungsdurchsetzung

Dieser mitunter auch als **Erziehungsgedanke** bezeichnete[169] Aspekt besagt, dass der Gläubiger durch die drohende Verjährung motiviert werden soll, seine Ansprüche rechtzeitig durchzusetzen[170] bzw. Leistung und Gegenleistung zügig auszutauschen, was wiederum dem Rechtsfrieden dient. Dadurch soll die Höhe

---

162 In diesem Sinne wohl Riedhammer, S. 166.

163 Vgl. Peters/Zimmermann, S. 104, 288; Rabe, NJW 1992, 2395; vgl. Foerste, ZRP 2001, 342; Bydlinski S. 382; Beitrag Steffen, Karlsr.For. 1991, 15; Schmidt-Räntsch, S. 13; Bork, Rn 319; ähnlich Soergel-Niedenführ, Vor § 194 Rn 3; Abschlussbericht S. 35.

164 Vgl. Soergel-Niedenführ a.a.O..

165 Staudinger-Peters (2001), Vorbem zu §§ 194ff Rn 47.

166 Mansel/Budzikiewicz, NJW 2005, 322.

167 BT-Drucks 14/6040 S. 96.

168 Vgl. zum Beispiel Kandelhard, NJW 2005, 630ff zum intertemporalen Verjährungsrecht des Schuldrechtsmodernisierungsgesetzes.

169 Dörner, S. 12.

170 BGH NJW 1983, 388 (390) mit weiteren Nachweisen; Kohler, S. 32; BGHZ 128, 74 (83); BGHZ 113, 188 (195); Jahnke, VersR 1998, 1343; Dörner, S. 12; deutlich Breucker, S. 3; Nabholz, S. 31; Weiß, S. 137; Leenen, JZ 2001, 553 Fn 20; Dohse, S. 11; Bruggner-Wolter, S. 36; kritisch dazu Oetker, S. 44ff.

und Zahl offener Forderungen und die damit verbundene Rechtsunsicherheit vermindert werden, was im Interesse des Rechtsverkehrs liegt[171].Dadurch wird auch eine Förderung der Wirtschaft bewirkt[172]. Ob dies aber ein Zweck der Verjährung und nicht bloß eine wünschenswerte Folge bzw. ein Nebenzweck[173] ist, mag bezweifelt werden. Ein Erziehungsgedanke ist dem Privatrecht fremd[174], ebenso wie die Bevormundung des Gläubigers[175].

c) Strafgedanke

Der Verjährung wird mitunter auch ein Strafeffekt zugesprochen[176]. Dieser Gedanke der *poena neglegentiae* war im gemeinen Recht ganz herrschend[177]. Wer es versäumt, seine offenen Forderungen rechtzeitig gerichtlich geltend zu machen, soll dafür durch den faktischen Verlust seines Rechtes bestraft werden. Dass die Verjährung praktisch zu einer Bestrafung des nachlässigen Gläubigers führt, ist unbestritten[178]. Dies ist aber nicht ein Zweck der Verjährung, sondern nur eine notwendige Folge. Strafe hat den Zweck, ein missbilligtes Verhalten zu ahnden[179]. Das Nichtgeltendmachen einer Forderung ist an sich betrachtet jedoch kein missbilligendes oder gar rechtswidriges Verhalten[180], da es dafür sehr unterschiedliche Gründe geben kann. Die Bestrafung des Gläubigers ist daher nur eine notwendige Folge des durch sie bewirkten Schutzes des Schuldners[181].

d) Entlastung der Gerichte

Als Zweck der Verjährung wird auch die Entlastung der Gerichte, bzw. die Prozessökonomie[182] genannt[183], da durch sie Prozesse vermieden werden

---

171 Vgl. BGH NJW 1983, 388 (390); Erman-Hefermehl, Vorb. § 194 Rn 2; Palandt-Heinrichs, Vorb. § 194 Rn 2; Büdenbender, JuS 1997, 482.

172 Weiß, S. 137; vgl. hierzu kritisch Peters/Zimmermann, S. 117 mit Nachweisen.

173 Palandt-Heinrichs, Überbl v § 194 Rn 11; Spiro I, § 13.

174 Spiro I, § 13; vgl. Eidenmüller, JZ 2001, 284, der paternalistische Erwägungen zur Beurteilung von Verjährungsregeln grundsätzlich ablehnt; derselbe, S. 406f.

175 Staudinger-Peters, Vorbem §§ 194ff Rn 6.

176 Breucker, S. 3 nennt dies die "gerechte Strafe", an anderer Stelle (S. 8) wird die rechtzeitige Geltendmachung als „Gebot der Moral“ bezeichnet.

177 Vgl. Riedhammer, S. 161.

178 Weiß, S. 137.

179 Vgl. Savigny, S: 269f.

180 Vgl. Nabholz, S. 33; Weiß, S. 136; Spiro I, § 19.

181 Spiro I, § 19.

182 Mansel, in: Ernst / Zimmermann, S. 343.

183 Vgl. Mansel/Budzikiewicz, § 1 Rn 43; auf die Vermeidung aufwendiger Auseinandersetzungen verweist Büdenbender, JuS 1997, 481; Finkenauer, S. 292; Dohse,

können[184]. Streitigkeiten über vermutlich unbegründete und veraltete Ansprüche sollen so von den Gerichten ferngehalten werden, während berechtigte Prozesse grundsätzlich nicht behindert werden sollten[185]. Ob dieser Zweck immer erreicht wird, ist aber sehr fragwürdig. So ist die Verjährung in sehr vielen Fällen der Auslöser für Rechtsstreitigkeiten. Die Zahl der Gerichtsentscheidungen, die allein durch unterschiedliche Standpunkte bezüglich der Verjährung motiviert sind, ist außerordentlich hoch[186]. Dies darf man allerdings nicht überbewerten, da ohne die Verjährung in diesen Fällen über häufig noch schwierigere inhaltliche Fragen gestritten werden würde. Ob sich die Zahl der verjährungsrechtlich motivierten Prozesse durch die Reform des Verjährungsrechts wesentlich verringern wird, bleibt abzuwarten. Dass die Entlastung der Gerichte nicht zu den zentralen Anliegen der Verjährung gehört, sondern allenfalls ein Nebenzweck der Verjährung ist[187], folgt letztlich auch daraus, dass die Verjährung nicht von Amts wegen zu berücksichtigen ist, sondern nur dann beachtlich ist, wenn der Schuldner sich auf sie beruft[188], was allerdings in der Praxis die Regel sein dürfte[189]. Da die Berufung auf die Verjährung in manchen Verkehrskreisen als unehrenhaft[190] gilt, kann es aber dennoch dazu kommen, dass das Gericht die sonstigen Verteidigungsmittel des Beklagten zu würdigen hat[191]. Die Entlastung ist allenfalls ein Nebeneffekt[192] bzw. eine Verjährungsfolge[193]. Es bleibt jedoch die Forderung, dass Verjährungsfragen gesetzgeberisch so geregelt werden, dass sie nicht Anlass für Rechtsstreitigkeiten werden[194].

Auf einen ähnlichen Aspekt weist *Peters*[195] hin. Die Gerechtigkeit gebietet, dass Gerichte über einen festgestellten und nicht über einen nur vermuteten Sachverhalt entscheiden. Durch Zeitablauf nimmt aber die Zahl der Beweislast-

S. 11; von Bar / Zimmermann, S. 745 unter Verweis auf den Grundsatz *„ut sit finis litium"*.

184 So ausdrücklich Büdenbender, JuS 1997, 482

185 V. Savigny, S. 272.

186 Vgl. Peters/Zimmermann, S. 104.

187 Peters, NJW 2001, 2291; Peters/Zimmermann S. 104; Palandt-Heinrichs, Überbl. v. § 194 Rn 11; Birr, Rn 10; Bruggner-Wolter, S. 34.

188 H.M., vgl. Roth, S. 50f mit weiteren Nachweisen; Spiro I, § 14.

189 Mansel/Budzikiewicz, § 1 Rn 43.

190 Vgl. dazu Roth, S. 51 mit Nachweisen; Enneccerus/Nipperdey, § 230.

191 Vgl. Medicus, AT, Rn 96 .

192 Nabholz, S. 31; Spiro I, § 14; kritisch hierzu Bruggner-Wolter, S. 34 Fn 16.

193 Spiro I, § 14 .

194 Peters/Zimmermann, S. 104; Zimmermann, JZ 2000, 858.

195 VersR 1979, 103 (105); ähnlich Heinrichs, Karlsr. Forum 1991, 7.

entscheidungen, die besonders schwierig und zeitaufwendig sein können[196], immer stärker zu. Über die Details soll man nicht nachdenken müssen, weil man es sinnvollerweise gar nicht kann[197]. Derartige Entscheidungen werden dadurch verhindert, dass sich der Beklagte auf die Einrede der Verjährung berufen kann. Letztlich ist der schon oben erwähnte Schutz des Schuldners zugleich ein Schutz des Rechtssystems, also ein objektives Anliegen[198].

e) Risikoverteilung, ökonomische Erwägungen, Marktsteuerung

Der Gläubiger kann dadurch, dass er seine Ansprüche in der Regel kennen muss, bevor deren Verjährung beginnt, seine Rechte effektiv wahren. In zahlreichen Normen verwendet das Gesetz auch nach der Reform noch objektive Anknüpfungspunkte, die dazu führen können, dass ein Anspruch verjährt, den der Gläubiger nie durchsetzen konnte, da er ihn gar nicht kannte.

Hierbei muss man vor allem an die praktisch besonders bedeutsamen Fristen im Gewährleistungsrecht denken[199] (§§ 438 Abs. 2, 634a Abs. 2 BGB) und an die kenntnisunabhängigen Maximalfristen (§ 199 Abs. 2-4 BGB). Diese Fristen stellen eine vom Gesetzgeber vorgenommene **pauschale Risikoverteilung**[200] dar. Sie sind eine Art „Gefahrtragungsregel"[201] bzw. typisierte Gerechtigkeitserwägungen"[202]. Bis zu ihrem Ablauf wird das Interesse des Gläubigers an der Realisierung seines Anspruches für vorzugswürdig angesehen. Danach gebührt dem Schutz des Schuldners vor unberechtigter oder unerwarteter Inanspruchnahme der Vorzug. Dieser Aspekt betrifft nicht nur das öffentliche Interesse an einer angemessenen Risikoverteilung, sondern kann auch als im Interesse beider Parteien liegend interpretiert werden. Man kann auch von einer Verteilung des Haftungsrisikos sprechen[203]. Letztlich geht es darum, das Äquivalenzinteresse abzusichern[204].

---

196 Büdenbender, JuS 1997, 482; vgl. auch Baumgärtel, Beweislastpraxis, Rn 1ff.

197 Peters, NJW 2001, 2290 Anm. 11.

198 Bruggner-Wolter, S. 34.

199 Zur Notwendigkeit einer objektiven Anknüpfung in diesen Fällen vgl. Ernst, S. 587 mit weiteren Nachweisen; ebenso Leenen, DStR 2002, 34; derselbe, JZ 2001, 553f; Honsell, JZ 2001, 21.

200 BGHZ 17, 199 (206); vgl. auch KK-Willingmann, § 195 Rn 4

201 Finkenauer, S. 293; Eidenmüller, NJW 2002, 1625.

202 Peters/Zimmermann, S. 289.

203 Vgl. BGHZ 110, 88 (93) „vom Gesetzgeber gewollte Risikoverteilung"; Krebs, DB Beilage 14/2000, S. 4 „Quasi-Garantiefunktion".

204 Vgl. Leenen, JZ 2001, 559.

Einen ähnlichen Ansatz zur Erklärung von Verjährungsregeln stellt es dar, wenn man sie unter **ökonomischen Gesichtspunkten** betrachtet[205]. Für die gesetzlichen Verjährungsregeln bedeutet dies, dass sie einer hypothetischen Parteiabrede rational handelnder Parteien entsprechen müssten[206]. Hieraus wird gefolgert, dass ein subjektives Verjährungssystem in der Regel dem hypothetischen Parteiwillen entspricht[207]. Bei bestimmten verschuldensunabhängigen Gewährleistungsfristen dagegen kann ein objektives System mit einer pauschalen Risikoverteilung zu besseren Ergebnissen führen[208].

Für die Verjährung sprechen damit auch ökonomische Erwägungen der **Marktsteuerung**, da die Länge der Verjährungsfrist Einfluss auf die Verschleißanfälligkeit von Produkten haben kann[209]. Der Schuldner soll seine volle wirtschaftliche Bewegungsfreiheit wiedererlangen[210]. Es besteht ein Interesse der Parteien, das Risiko von Mängeln zwischen sich sinnvoll aufzuteilen[211], wodurch der Haftungsumfang des Schuldners kalkulierbarer wird[212]. Dies gilt jedenfalls für die verschuldensunabhängigen Ansprüche[213], da bei den verschuldensabhängigen auch das Verschuldenserfordernis das Haftungsrisiko abgrenzt[214]. Massengeschäfte sollen möglichst schnell endgültig abgewickelt werden[215]. Mit gleicher Begründung kann man auch verschuldensabhängige Mangelfolgeschäden einer objektiven Verjährungsfrist unterstellen[216], wie es der Gesetzgeber der Schuldrechtsreform getan hat. Dies ist aber keine zwingende sondern eine rechtspolitische Entscheidung. Der objektive Verjährungsbeginn erlaubt es insbesondere den Unternehmen, ihre Rückstellungen für Gewähr-

205 Eidenmüller, JZ 2001, 283ff.

206 A.a.O. S. 285.

207 A.a.O.; ähnlich Redebeitrag Kirchner, in: Leenen, JZ 2001, 561.

208 A.a.O. S 285f.

209 Mansel, in: Ernst / Zimmermann, S. 345ff; Mansel/Budzikiewicz, § 1 Rn 47ff; AnwK-Mansel/Stürner, Vor §§ 194-218 Rn 25.

210 Krämer, S. 24.

211 Krämer, S. 31.

212 Vgl. Eidenmüller, S. 409.

213 Vgl. Eidenmüller, JZ 2001, S. 285; derselbe S. 408ff, insbesondere S. 411; Leenen, JZ 2001, 560, der sich für die Anwendung der Regelverjährung auf die verschuldensabhängigen Ansprüche ausspricht; ebenso Krämer, S. 98ff.

214 Krämer, S. 100.

215 Birr, Rn 9.

216 Vgl. Schnaufer, S. 229 mit Verweisen auf die Rechtsprechung des BGH zu § 477 Abs. 1 BGB a.F..

leistungsfälle präziser zu kalkulieren[217] und dadurch einen Effizienzgewinn zu erzielen.

Die Nachteile dieses Systems müssen zum Schutz des Rechtsverkehrs hingenommen werden, auch wenn sie im Einzelfall zu unbilligen Ergebnissen führen kann[218]. Zur Begründung kann auf das Rechtsstaatsprinzip verwiesen werden, aus dem der Grundsatz der Rechtssicherheit abgeleitet wird, der wiederum eine kenntnisunabhängige Frist rechtfertigen kann[219]. Bei den Gewährleistungsansprüchen droht schon nach kurzer Zeit eine erhebliche Beweisnot für den Schuldner, weswegen es angemessen ist, diese Fristen kürzer zu gestalten als die Regelverjährung und sie an einen objektiven Beginn zu knüpfen[220]. Dazu kommt, dass die Dispositionsfreiheit als Schuldnerinteresse in diesen Fällen ebenfalls eine besonders bedeutsame Rolle spielt[221].

Die Verjährung ist notwendigerweise formalisiert und muss im Interesse der Rechtssicherheit für alle von ihrem Tatbestand erfassten Fälle gelten[222], auch wenn für den konkreten Einzelfall die Zwecke der Verjährung nicht einschlägig sind[223]. So kann man sich fragen, ob die Fristen für jedes Geschäft angemessen sind. Beim Kauf eines Kraftfahrzeuges mag eine Verjährungsfrist von 2 Jahren (§ 438 Abs. 1 Nr. 3 BGB) angemessen sein. Beim Kauf von Lebensmitteln ist diese Frist deutlich zu lang. Dort wäre eine Frist von maximal 2 Wochen angemessen, da dies die äußerste Frist wäre, innerhalb derer der Sachverhalt noch aufgeklärt werden könnte. Eine plausible und einigermaßen präzise Abgrenzung derartiger Fallgruppen im Gesetz zu finden, wäre nicht möglich[224]. Ein zu fein gestaffeltes Fristensystem wäre aber, da es die Notwendigkeit von Abgrenzungen hervorruft, dem Rechtsverkehr abträglich, weswegen die vom Gesetzgeber vorgenommene Pauschalierung hinzunehmen ist.

217 Vgl. KK-Willingmann, § 195 Rn 4; vgl. Finkenauer, S. 293.
218 Vgl. Soergel-Niedenführ, Vor § 194 Rn 3; BGHZ 48, 125 (134).
219 Vgl. Oetker, S. 38ff.
220 Vgl. Bruggner-Wolter, S. 36.
221 Birr, Rn 9.
222 BGHZ 98, 174 (185); BGHZ 48, 125 (134); ähnlich BGHZ 17, 199 (206).
223 Vgl. Spiro I, § 10.
224 Zimmermann, JZ 2000, 858.

III. Faire Chance des Gläubigers

1. Gläubiger soll Anspruch nicht entzogen werden

Dem Gläubiger soll durch die Verjährung nicht in erster Linie sein gutes Recht entzogen werden, sondern es soll der Schutz des Schuldners bewirkt werden[225]. Ein zu strenges Verjährungsregime würde mit der einen Hand nehmen, was das Rechtssystem mit der anderen gegeben hätte und Ansprüche ohne praktischen Wert verschaffen[226]. Außerdem würde durch den Druck zur unverzüglichen Geltendmachung das Risiko überflüssiger Prozesse zunehmen. Dementsprechend soll die Verjährung abgesehen von bestimmten Ausnahmefällen[227] nur laufen, wenn der Gläubiger die faire bzw. reelle Chance hat, ihren Ablauf zu verhindern[228]. Nur dann kann man sein vorheriges Zögern auch als treuwidrig bezeichnen[229]. Dem Gläubiger geschieht durch die Verjährung dann kein Unrecht, wenn er die Möglichkeit hatte, sie abzuwenden[230].

Aber auch in den genannten Ausnahmefällen, in denen objektive Fristen bestehen, sollten diese Fristen bzw. das Verjährungssystem insgesamt so beschaffen sein, dass die Ansprüche in der Regel durchgesetzt werden können[231]. Dazu muss der Gläubiger das Bestehen seiner Forderung erkennen, ihre Berechtigung prüfen, die notwendigen Beweismittel sammeln und die gerichtliche Durchsetzung ins Werk setzen können[232]. Dies entspricht dem jahrhundertealten Rechtsgrundsatz, dass die Verjährung gegen denjenigen nicht läuft, der ihren Eintritt nicht verhindern kann[233].

225 Vgl. Motive, Band 1, S. 291; Spiro I, § 6.

226 Zimmermann, Comparative Foundations, S. 77.

227 S.o. unter II. 2.e) (S.46).

228 Vgl. Peters/Zimmermann, S. 101, 188, 288; Peters, JZ 1983, 121; Zimmermann, Comparative Foundations, S. 79; Rolland, NJW 1992, 2383; Eidenmüller, JZ 2001, 285; derselbe, S. 409; Soergel-Niedenführ, Vor § 194 Rn 2; Amann, DNotZ 2002, 97; Dohse, S. 15.

229 Zimmermann, Comparative Foundations, S. 78.

230 Spiro I, § 16.

231 Vgl. Palandt-Heinrichs, Überbl v § 194 Rn 10.

232 Abschlussbericht S. 34; BT-Drucks 14/6040 S. 95; Spiro, § 258.

233 „Agere non valenti non currit praescriptio", vgl. Peters, NJW 2004, 1430; Staudinger-Peters, § 199 Rn 52; Peters/Zimmermann, S. 247; vgl. auch Zimmermann u.a., JZ 2001, 687 mit Nachweisen zur Entstehungsgeschichte; HKK-Hermann, §§ 194-225, der diesen Satz *Barolus de Saxoferrato* zuschreibt.

2. Faire Chance aber kein Wesensmerkmal der Verjährung

Anzumerken bleibt aber, dass die reale Chance des Gläubigers, seinen Anspruch durchzusetzen, keine notwendige Bedingung für die Verjährung ist[234], d.h., dass auch eine Verjährungsregelung, die nicht auf die Kenntnis des Gläubigers abstellt angemessen sein kann.

a) Frühere Regelungen

Daraus folgt, dass auch ein objektives Verjährungsregime den Anforderungen entsprechen kann. Es bestand daher auch bisher ein objektives Verjährungssystem, welches die faire Chance in der Regel über die Länge der Verjährungsfristen gewährte. Im Einzelfall aber konnte es vorkommen, dass der Gläubiger keine faire Chance hatte, seinen Anspruch durchzusetzen.

Das objektive System wurde aus diesem Grund wiederholt in Zweifel gezogen. Schon früh hat die Rechtsprechung anerkannt, dass kein Ausgangspunkt für den Beginn der Verjährung erkennbar ist, wenn der Gläubiger keinen Anlass oder keine Möglichkeit hat, gegen den Schuldner vorzugehen[235]. In dem entschiedenen Fall hatte ein Schuldner 30 Jahre seine Verpflichtungen aus einem Urteil erfüllt und dem Gläubiger daher keinen Grund gegeben, gegen ihn vorzugehen. Das Opfer, welches dem Gläubiger bei der Verjährung bestehender Forderungen abverlangt wird, ist insbesondere dann nicht übermäßig schwer, wenn es darauf beruht, dass der Berechtigte seinen Anspruch über längere Zeit beharrlich nicht durchgesetzt hat, obwohl er dazu in der Lage war[236]. Die Überlegungen haben ihre Grundlage schon im preußischen Landrecht, welches bestimmte, dass keine Verjährung gegen denjenigen beginnen könne, der von seinem Recht nicht hat unterrichtet sein können[237].

b) Neuregelung

Die Neuregelung hat den Gedanken der fairen Chance zu einem zentralen Element des Verjährungssystems gemacht und ihm durch den subjektiven Verjährungsbeginn zu einem **Kerngedanken des Verjährungsrechts** erhoben. Die Chance des Gläubigers wird durch die Anknüpfung an ein subjektives

---

234 Abschlussbericht S. 35; Heinrichs, Karlsr. Forum 1991, 7; Diskussionsentwurf, S. 208; Palandt-Heinrichs, Überbl v § 194 Rn 10.

235 BGHZ 59, 72 (74).

236 Vgl. Motive, Band 1, S. 291; Staudinger-Peters, Vorbem §§ 194 Rn 9; ähnlich Schnaufer, S. 7f.

237 Spiro, Karlsr. Forum 1991, 13.

Merkmal schließlich massiv gefördert[238]. Der Wille des Gesetzgebers wird auch bei der Auslegung der Normen stets als wesentliches Argument zu beachten sein.

Dennoch gibt es auch im neuen Verjährungsrecht kurze Fristen mit objektivem Verjährungsbeginn[239]. Diese Fristen betreffen vor allem das Gewährleistungsrecht. Für dieses wird vielfach anerkannt, dass die faire Chance des Gläubigers nicht im gleichen Umfang bedeutsam ist, wie dies bei der Verjährung anderer Ansprüche der Fall ist[240].

3. Konflikte bei der Ausgestaltung der Regelung

Bei der Ausgestaltung des Verjährungssystems muss der Gesetzgeber verschiedene Konflikte sachgerecht lösen. Dies ist der Konflikt zwischen der fairen Chance des Gläubigers und dem Schuldnerschutz sowie zwischen der Einzelfallgerechtigkeit und der Rechtssicherheit.

a) Zwischen Chance des Gläubigers und Schuldnerschutz

Die Betrachtung ergibt, dass zwischen der fairen Chance des Gläubigers und dem Schutzinteresse des Schuldners ein Konflikt besteht. Der Schuldner hat ein Interesse, dass die Angelegenheit in überschaubarer Zeit geklärt wird, während der Gläubiger die Voraussetzungen seines Anspruches ohne Zeitdruck prüfen will, um so sein Prozessrisiko möglichst gering zu halten[241].

So ist das Interesse des Schuldners am Schutz seiner Dispositionsmöglichkeiten unabhängig von einer eventuellen Kenntnis des Gläubigers von seinem Anspruch[242].

Verliert der Gläubiger durch Verjährung im Einzelfall eine berechtigte Forderung, so ist dies ein Opfer, dass er zur Förderung des Gemeinwohls bringen muss[243]. Solange die Verjährungsregeln dem Gläubiger im Regelfall eine faire Chance einräumen, seinen Anspruch durchzusetzen, droht kein Konflikt mit dem Eigentumsgrundrecht (Art. 14 Abs. 1 GG)[244], welches auch Forderungen

---

238 Abschlussbericht S. 34; Zimmermann, JZ 2000, 853, 857f, 861; Eidenmüller, JZ 2001, 285.

239 Vgl. Dohse, S. 16.

240 Krämer, S. 31.

241 Vgl. AK-Ott, § 852 Rn 4; RGRK-Kreft, § 852 Rn 23.

242 Vgl. Oetker, S. 49.

243 Motive, Band 1, S. 291.

244 AnwK-Mansel/Stürner, Vor §§ 194-218 Rn 24.

schützt[245]. Das Eigentumsrecht ist ein Grundrecht, das nur durch die Ausgestaltung durch den Gesetzgeber seine Wirkung entfalten kann. Er kann es daher auch mit Einschränkungen wie der Verjährbarkeit versehen und damit Inhalt und Schranken dieses Eigentums bestimmen[246]. Das Verjährungssystem muss daher einen angemessenen Ausgleich zwischen Gläubiger- und Schuldnerinteressen herstellen[247]. Solange der Gesetzgeber dabei nicht unverhältnismäßig vorgeht, ist dies verfassungsrechtlich unbedenklich[248]. Ein Verjährungssystem, welches dem Gläubiger im Regelfall die Möglichkeit nimmt, seinen Anspruch durchzusetzen, kann daher mit den Maßstäben des Verfassungsrechts in Konflikt geraten[249].

Ein subjektiver Verjährungsbeginn wahrt jedenfalls das Eigentumsrecht des Gläubigers weit besser als ein objektiver Verjährungsbeginn, gegen den dementsprechend auch schon verfassungsrechtliche Bedenken erhoben worden sind, sofern die Frist sehr kurz ist[250].

b) Zwischen Einzelfallgerechtigkeit und Rechtssicherheit

Ein weiterer Konflikt den eine Verjährungsrechtsordnung lösen muss besteht darin, zum einen gerechte Lösungen im Einzelfall zu finden und dennoch das System im Interesse der Rechtssicherheit[251] einfach zu halten. Es droht sonst die Gefahr, dass das Verjährungsrecht zum Gegenstand von Prozessen wird. Dadurch würde die Rechtssicherheit gefährdet. Wird die Verjährung erst in letzter Instanz bejaht, so ist auf dem Weg dorthin viel überflüssige Aufklärungsarbeit geleistet worden. Wird sie dagegen erst in letzter Instanz verneint, so ist wertvolle Zeit verloren gegangen und die Beweissituation des Schuldners weiter verschlechtert[252].

---

245 BVerfGE 18, 121 (131); 42, 263 (294); 45, 174 (179); 68, 193 (222); vgl. auch Mansel, in: Ernst / Zimmermann, S. 349f; zu den verfassungsrechtlichen Einzelheiten vgl. Larenz/Wolf, AT, § 17 Rn 6ff.

246 Vgl. Staudinger-Peters, Vorbem §§ 194 Rn 8.

247 Schnaufer, S. 19f; Bydlinski, S. 382.

248 Vgl. Peters/Zimmermann, S. 188, die diese Entscheidung als Herstellung praktischer Konkordanz der verschiedenen Verjährungszwecke bezeichnen.

249 Zimmermann, Schuldrechtsmodernisierung, S. 18.

250 Zimmermann, ZEuP 2001, 219.

251 Vgl. Mansel, In: Ernst / Zimmermann, S. 342.

252 Vgl. Peters/Zimmermann, S. 104.

C. Subjektives Verjährungssystem als Möglichkeit des Ausgleichs

Die vorangegangenen Ausführungen haben die Probleme bei der Schaffung eines sachgerechten Verjährungssystems aufgezeigt. Im Folgenden wird untersucht, inwieweit ein subjektives Verjährungssystem in der Lage ist, den Zwecken der Verjährung zu dienen.

1. Denkbare Verjährungssysteme

a) Bestandteile eines Verjährungsregimes

Jedes Verjährungssystem setzt sich aus den folgenden Hauptbestandteilen zusammen: Der Länge der Verjährungsfristen, dem Beginn dieser Fristen und den Umständen, die auf diesen Ablauf Einfluss nehmen[253].

Der Gesetzgeber kann den Ausgleich der Interessen von Gläubiger und Schuldner unter Verwendung dieser Hauptbestandteile auf zweierlei Weisen durchführen[254]: Entweder es besteht eine differenziertes Fristenssystem mit objektivem Verjährungsbeginn oder aber es besteht eine einheitliche Frist mit einem an subjektive Momente gebundenen Verjährungsbeginn[255] oder einem entsprechenden Hemmungsgrund. Diese Modelle sind Grundmodelle, die im gewissen Umfang auch vermischt werden können, wobei allerdings die Gefahr besteht, die Nachteile beider Systeme zu kombinieren[256].

b) Objektives Verjährungssystem mit differenziertem Fristensystem

Ein Modell, bei dem der Verjährungsbeginn an einen von objektiven Umständen gekennzeichneten Zeitpunkt geknüpft wird, muss die **Besonderheiten der einzelnen Ansprüche** durch unterschiedliche Verjährungsfristen zum Ausdruck bringen[257]. Ein solches Regelungsmodell typisiert die Wahrscheinlichkeit, zu welchem Zeitpunkt Kenntnis vorliegen wird[258].

Ein solches Modell mit zahlreichen je nach Anspruch unterschiedlichen Fristen läuft aber stets Gefahr, dass Gläubiger aus Gründen der Verjährung auf alter-

---

253 Vgl. Zimmermann, JZ 2000, 857.

254 Zimmermann, Comparative Foundations, S. 97 („fundamental choice"); Zimmermann, Schuldrechtsmodernisierung, S. 16f; vgl. aber auch bereits Peters/Zimmermann, S. 290ff.

255 Vgl. Unterrieder, S. 271f; KK-Willingmann, § 195 Rn 1.

256 Vgl. Zimmermann, Schuldrechtsmodernisierung, S. 18.

257 Krämer, S. 53.

258 Vgl. Piekenbrock, S. 315.

native Ansprüche ausweichen und dass dadurch Verwerfungen des materiellen Rechts entstehen. Die Verjährung hat dann **systemsprengende Kraft**[259]. Außerdem muss, um die Abgrenzung durchführen zu können, bei diesem System der Sachverhalt im weiten Umfang aufgeklärt werden[260], wodurch für die Gerichte eine große Arbeitsbelastung entsteht. Es besteht das Risiko, dass auf einen Anspruch mit einem umfangreicheren Prüfungsumfang ausgewichen wird, wodurch der Aufwand für das Gericht wiederum steigt[261]. Je stärker das System differenziert ist, desto häufiger wird es wegen der Einordnung eines Anspruches zu Prozessen kommen[262]. Diese Probleme sollten nach dem Sinn- und Zweck der Verjährungsregelung, Streitigkeiten um ihrer selbst willen zu verhindern, vermieden werden[263]. Als zusätzliches Problem eines differenzierten Fristensystems ist es notwendig, geeignete und trennscharfe Abgrenzungskriterien zu finden[264]. Dies hat sich aber in der Vergangenheit als schwierig erwiesen. Weder die Anknüpfung an die Art des Anspruchs noch die Stellung von Gläubiger und Schuldner haben sich als geeignet erwiesen. Die Regelungen dieser Art erwiesen sich als kasuistisch und drohten schnell zu veralten[265]. Eine Anknüpfung an die Art der Anspruchsgrundlage hat sich wegen der vielfältigen Verknüpfungen und der Möglichkeit, auf alternative Anspruchsgrundlagen auszuweichen, als nicht praktikabel erwiesen. Im internationalen Vergleich hat sich gezeigt, dass die von den jeweiligen Rechtsordnungen eingeführten Sonderfristen in anderen Rechtsordnungen keine Entsprechung finden, was die Berechtigung derartiger Ausnahmen in Frage stellt[266].

c) Einheitliches Fristensystem mit subjektiver Komponente

Bei einem Modell mit nur einer Regelverjährungsfrist mit subjektivem Beginn bestehen diese Probleme nicht. Es behandelt zwar im Grundsatz alle Ansprüche gleich und kann deswegen zu undifferenziert sein, es ist aber im Vergleich zu einem objektiven Verjährungssystem eine vorzugswürdige Lösung[267]. Für das

259 Peters/Zimmermann, S. 196ff mit Beispielen zur Rechtslage vor der Schuldrechtsmodernisierung.

260 Peters/Zimmermann, S. 194.

261 Peters/Zimmermann, a.a.O..

262 Peters/Zimmermann, S. 195.

263 Vgl. Zimmermann, Comparative Foundations, S. 79ff.

264 Dazu Zimmermann, Comparative Foundations, S. 82ff.

265 Von Bar / Zimmermann, S. 745f.

266 Vgl. Zimmermann, JZ 2000, 862.

267 Zimmermann, Comparative Foundations, S. 85.

materielle Recht ist eine solche Frist neutral, da ein Ausweichen auf einen anderen Anspruch verjährungsrechtlich keine Vorteile bietet[268].

Es besteht allerdings das Risiko, das aus dem subjektiven Moment Rechtsunsicherheit entsteht. Dieses Problem ist bei der Auslegung der Merkmale stets zu berücksichtigen.

In gewisser Weise rückt die Verjährung bei einem subjektiven Verjährungssystem in die Nähe der Verwirkung, da neben dem Zeitmoment ein zusätzliches Umstandsmoment in Form der Kenntnis oder grobfahrlässigen Unkenntnis tritt[269]. Eine Alternative stellt ein System dar, das zwar den Verjährungsbeginn objektiv ausgestaltet, aber eine Hemmung der Verjährung anordnet, solange der Gläubiger keine Kenntnis hat oder hätte haben müssen.

2. Keine Vorgabe für ein bestimmtes Verjährungssystem

Die Zwecke der Verjährung schreiben nicht zwingend ein bestimmtes System vor, sondern lassen dem Gesetzgeber einen weiten Spielraum, den er mit einem zweckmäßigen Verjährungssystem ausfüllen kann[270]. Es gibt für die Probleme in der Regel nicht eine einzige richtige Lösung[271], es ist sogar fraglich, ob es eine ideale[272] oder perfekte[273] Lösung gibt. Jede Verjährungsfrist hat insofern etwas Willkürliches[274]. Es muss aber versucht werden, die widerstreitenden Individualinteressen und die Interessen der Allgemeinheit gegeneinander auszutarieren[275]. Der Gesetzgeber muss nur dafür Sorge tragen, dass die berechtigten Ansprüche bei einer typisierenden Betrachtung zur Kenntnis des Gläubigers gelangen und daher in der Regel durchsetzbar sind[276]. Die gefundenen Regelungen dürfen nicht willkürlich sein[277]. Der Gesetzgeber ist daher dazu angehalten, die Interessen der Beteiligten sachgerecht gegeneinander abzuwägen[278].

---

268 Vgl. Peters/Zimmermann, S. 101, 289.

269 Riedhammer, S. 179.

270 Vgl. Finkenauer, S. 291; Spiro I, § 2.

271 Ernst, S. 568; ähnlich Bydlinski, S. 382; Haas, DRiZ 2001, 497, der davon ausgeht, dass es ein perfektes Verjährungssystem nicht geben kann.

272 Dies bezweifelt Haas, DRiZ 2001, 497.

273 Zimmermann, Schuldrechtsmodernisierung, S. 17.

274 Hölder, Archiv für Bürgerliches Recht 1896, 238; ähnlich von Bar / Zimmermann, S. 747.

275 Birr, Rn 9.

276 Oetker, S. 54f; zustimmend Mansel, in: Ernst / Zimmermann, S. 351.

277 Ernst, S. 568.

278 Peters/Zimmermann, S. 286.

Die Zwecke der Verjährung sind bei der Auslegung der Normen stets als wesentliche Überlegung mit heranzuziehen. Dabei muss man sich aber vor Augen halten, dass der Gesetzgeber bei der konkreten Ausgestaltung des Verjährungsregimes die verschiedenen Überlegungen unterschiedlich gewichten kann und dass diese Gewichtung sich je nach der betroffenen Norm verschieden darstellen kann[279]. Es dürfte sich jedenfalls nicht anbieten, für alle Ansprüche eine völlig identische Verjährungsregel aufzustellen, da die Sachverhalte so unterschiedlich sein können, dass eine einzige Verjährungsfrist ihnen unangemessen sein könnte[280]. Rechtsvergleichend zeigt sich aber auch, dass selbst für ganz ähnliche Ansprüche in verschiedenen Ländern sehr unterschiedliche Verjährungsfristen gelten können[281]. Dies relativiert die Berechtigung zahlreicher differenzierter Fristen.

3. Verhältnis zwischen Fristenlänge und Erkennbarkeitskriterium

Allgemein ist aber anzumerken, dass bei der Betrachtung der Verjährungsregeln alle Komponenten der Verjährung, also insbesondere Länge der Frist, der Fristbeginn, sowie Hemmungs- und Unterbrechungsmöglichkeiten in einer Gesamtschau zu würdigen sind[282]. Das einzelne Element isoliert zu betrachten, ist daher irreführend und gefährlich[283]. Eine lange objektive Verjährungsfrist kann für den Gläubiger gefährlicher sein, als eine kurze Frist mit subjektivem Beginn[284]. Dementsprechend hat der Reformgesetzgeber anerkannt, dass nur die Zusammenschau von Fristdauer, Fristbeginn, Fristende, Fristhemmung und Fristunterbrechung ergeben, ob das Verjährungsrecht einen angemessenen Ausgleich von Gläubiger- und Schuldnerinteressen sicherstellt[285]. Ist also die Verjährungsfrist

---

279 Vgl. Staudinger-Peters (2001), Vorbem §§ 194ff Rn 49.

280 Vgl. Klingmüller, Karlsr. Forum 1991, 2.

281 Magnus, S. 162 stellt fest, dass in Europa die Verjährungsfrist für Delikte zwischen einem Jahr (Spanien), drei Jahren (Deutschland), 5 Jahren (Griechenland), 6 Jahre (Großbritannien), 10 Jahre (Frankreich) betragen. Wie groß dabei die praktischen Unterschiede sind, kann allerdings nur durch einen umfassenden Systemvergleich ermittelt werden. Vgl. auch Honsell, JZ 2001, 20.

282 Peters/Zimmermann, S. 102, 111, 267; Zimmermann, Comparative Foundations, S. 76; BT-Drucks 14/6040 S. 95.

283 Vgl. Zimmermann, JZ 2000, 857.

284 Vgl. Schwander, S. 9; ebenso Piekenbrock, S. 310.

285 Diskussionsentwurf, S. 207; BT-Drucks 14/6040 S. 95 und 107; Soergel-Niedenführ, Vor § 194 Rn 1; ähnlich bereits Spiro I, § 121.

besonders kurz, so müssen Beginn, Hemmung und Unterbrechung gläubigerfreundlich ausgestaltet sein[286].

Der Gesetzgeber hat sich für einen Kombination von grundsätzlich subjektivem Verjährungsbeginn mit objektiv geregelten Ausnahmen entschieden, was im Grundsatz eine sachgerechte Regelung ist[287], da dadurch die Unbilligkeiten einer angestrebten kurzen regelmäßigen Verjährungsfrist verhindert werden können[288].

Nur mit einem subjektiven Verjährungsbeginn ist die Einführung einer kurzen Verjährungsfrist vereinbar. Der bessere Schutz des Schuldners durch die kürzere Frist wird durch das Abstellen auf die Erkennbarkeit für den Gläubiger ausgeglichen, wodurch beiden Interessen Rechnung getragen wird[289].

Ein subjektives Verjährungssystem, ein System also, bei dem der Verjährungsbeginn von der Kenntnis oder grobfahrlässigen Unkenntnis des Gläubigers abhängt, stellt eine gute Möglichkeit dar, die Interessen von Gläubiger und Schuldner angemessen zum Ausgleich zu bringen[290]. Dies wurde von der Rechtsprechung für § 852 Abs. 1 BGB a.F. bereits ausdrücklich anerkannt[291]. Der Gläubiger verliert seinen Anspruch nur, wenn er jedenfalls grundsätzlich eine faire Chance gehabt hat, den Anspruch durchzusetzen. Der Schuldner wiederum kann durch eine relativ kurze Verjährungsfrist geschützt werden. Zu Absicherung kann zusätzlich eine objektive Maximalfrist eingeführt werden. Ein besonderer Vorteil dieses Systems ist, dass ein abgestuftes System von Verjährungsfristen nicht benötigt wird. Dadurch ist das System mit relativ wenigen Normen zu regeln und es bedarf im Grundsatz keiner Abgrenzung von Verjährungsnormen. Diese Abgrenzungen können sich, wie bereits ausgeführt, als außerordentlich schwierig und streitträchtig erweisen[292] und zu Verwerfungen im materiellen Recht führen[293]. Die Vorteile eines subjektiven Systems wurden daher im Rahmen der Modernisierungsüberlegungen auch immer wieder als guter Ausgleich der Interessen gewertet[294].

---

286 Zimmermann, Comparative Foundations, S. 76.
287 Zustimmend daher Leenen, JZ 2001, 559.
288 Vgl. Schnaufer, S. 228.
289 Vgl. Breucker, S. 10.
290 Dieser Gedanke findet sich bezogen auf § 852 Abs. 1 BGB a.F. schon bei Breucker, S. 9; Leenen, JZ 2001, 553.
291 BGH NJW 1979, 268 (269).
292 Spiro in FS für Müller-Freienfels, S. 618.
293 Spiro in FS für Müller-Freienfels, S. 620.
294 Abschlussbericht, S. 34.

Der Gesetzgeber hat sich mit § 199 Abs. 1 Nr. 2 BGB für die Einführung des subjektiven Systems entschlossen, ohne freilich das objektive System vollständig aufzugeben. Es besteht an verschiedenen Stellen, insbesondere im Gewährleistungsrecht, fort.

4. Grobfahrlässige Unkenntnis als Korrektiv für die Einführung des subjektiven Kriteriums

Ob das subjektive System nun allein die Kenntnis für den Verjährungsbeginn ausreichen lässt oder ob auch die grobfahrlässige Unkenntnis ausreicht, ist eine wertende Entscheidung des Gesetzgebers[295]. Schon das Verschulden des Gläubigers rechtfertigt jedenfalls den Verjährungsbeginn[296]. Der Gesetzgeber hat sich für den Beginn der Regelverjährung nunmehr dafür ausgesprochen, neben der Kenntnis auch die grobfahrlässige Unkenntnis ausreichen zu lassen. Letztlich ist diese Lösung dadurch motiviert, die durch das subjektive Kriterium bewirkte Hinauszögerung des Verjährungsbeginns wieder etwas zurückzudrängen[297]. Die Verjährung beginnt nicht erst bei Kenntnis des Gläubigers sondern schon früher.

Dabei ist es auch angemessen, dem Gläubiger das Versagen von Hilfskräften zuzurechnen[298], wobei hier zunächst offen bleiben soll, nach welchen Regelungen diese Zurechnung erfolgt.

Ein wesentlicher Grund für die Einführung des Merkmals dürfte sein, dass dadurch ein erheblicher Entlastungseffekt erzielt wird. Es kommt nicht mehr darauf an, dass das innere Merkmal der Kenntnis bewiesen werden muss, sondern es reicht aus, das Vorliegen grober Fahrlässigkeit zu beweisen, was jedenfalls im Grundsatz einfacher sein dürfte. Es entspricht daher auch einem allgemeinen Trend innerhalb der gesamten Rechtsordnung, subjektive Elemente zu verobjektivieren[299].

Es entspricht auch einer allgemeinen Forderung, bei Wissensnormen die grobfahrlässige Unkenntnis mit der Kenntnis gleichzustellen[300].

---

295 Spiro I, § 17.

296 Spiro I, § 17.

297 Von Bar / Zimmermann, S. 758.

298 Spiro I, § 17.

299 Vgl. Buck, S. 7.

300 Dazu Sallawitz, Die tatbestandsmäßige Gleichstellung von grobfahrlässiger Unkenntnis mit Kenntnis, Diss. Kiel 1973.

Im folgenden Teil werden die wechselvolle Entstehungsgeschichte der Neuregelung und dabei insbesondere die Überlegungen, die zur Einführung des Merkmals der groben Fahrlässigkeit geführt haben, dargestellt.

Teil 2: Entstehungsgeschichte der Neuregelung

A. Gründe für die Reform des Verjährungsrecht

I. Probleme des Verjährungsrechts vor der Schuldrechtsreform

Das Verjährungsrecht hat seit dem Inkrafttreten des BGB bis zum Schuldrechtsmodernisierungsgesetz im Jahr 2001 keine größeren Veränderungen erlebt[301], es handelte sich um altes Recht[302], obwohl dem Gesetzgeber des BGB insoweit von Anfang an keine glückliche Hand attestiert wurde[303]. Dementsprechend spiegelte es die rechtliche Wirklichkeit schon lange nicht mehr angemessen wieder[304] und galt als überarbeitungsbedürftig[305] und nicht mehr zeitgemäß[306]. Den Bedürfnissen des modernen Wirtschaftsverkehrs entsprach es nicht mehr[307]. Es bestand eine „barocke Vielzahl" von Verjährungsfristen[308], die zwischen 6 Wochen und 30 Jahren betrugen[309] und denen ein stimmiges Gesamtkonzept nicht zugrunde lag[310]. Manche Fristen galten als zu kurz, andere als zu lang[311]. In den meisten Fällen hing die Länge der Verjährungsfrist von der Rechtsnatur des Anspruchs ab[312]. Die Rechtsprechung bemühte sich daher darum, die Fristen nach Möglichkeit zu vereinheitlichen, indem sie knappe Fristen zugunsten längerer vermied und die längeren Fristen

---

301 Vgl. HKK-Hermann, §§ 194-225 Rn 5; Peters/Zimmermann, S. 107; Dohse, S. 15.
302 AK-Kohl, vor § 194 Rn 14.
303 Vgl. Hoche, S. 241.
304 Vgl. BT-Drucks 14/6040 S. 89.
305 A.a.O., so auch schon Abschlussbericht, S. 26.
306 Däubler-Gmelin, NJW 2001, 2282.
307 Abschlussbericht, S. 26.
308 Peters/Zimmermann, S. 101 und 187; Zimmermann, JZ 2000, 860.
309 Vgl. Heinrichs, Karlsr. Forum 1991, 3, der dies als „gesetzgeberischen Wildwuchs" kritisiert; BT-Drucks 14/6040 S. 90.
310 BT-Drucks 14/6040 S. 89; ähnlich Heinrichs, NJW 1982, 2022.
311 BT-Drucks 14/6040 S. 89.
312 Dohse, S. 15.

verkürzte[313]. Auch international herrschte seit längerem ein Trend zur Vereinheitlichung der Fristen[314]. Letztlich bestand in kaum einem Rechtsgebiet eine vergleichbare Unsicherheit[315]. Das Verjährungsrecht neigte zu kasuistischen Regelungen, die häufig in ihrer Ausgestaltungen nicht mehr modernen Anforderungen entsprachen[316].

Die für diese Arbeit relevante regelmäßige Verjährungsfrist betrug 30 Jahre (§ 195 BGB a.F.) und war damit viel zu lang[317], als dass sie als Auffangfrist in Betracht kommen konnte[318]. Sie machte die von ihr erfassten Ansprüche praktisch unverjährbar und beruhte im Grundsatz nur darauf, dass diese Frist auch im römischen Recht[319] sowie im Gemeinen Recht die regelmäßige Verjährungsfrist war[320] und auch vom Preußischen Allgemeinen Landrecht (§ 546 I 9), dem code civil (art. 2262), dem sächsischen BGB (§ 150) dem ABGB (§§ 1479, 1486) übernommen worden war[321]. Sie soll schon bei den Beratungen zum BGB umstritten gewesen sein[322]. In moderneren ausländischen Kodifikationen wurden dementsprechend auch durchgehend kürzere Fristen verwendet[323], die Verkürzung von Verjährungsfristen ist ein internationaler Trend der letzten 100 Jahre[324]. Außerhalb des BGB bestanden daher in den überwiegend moderneren Nebengesetzen auch zahlreiche kürzere Spezialfristen[325]. Die Praxis versuchte

313 Peters/Zimmermann, 185.

314 Zimmermann, JZ 2000, 860.

315 Rabe, NJW 1992, 2396.

316 Vgl. Amann, DNotZ 2002, 94 und Leenen, DStR 2002, 45 jeweils mit Hinweis auf § 196 BGB a.F..

317 Peters/Zimmermann, S. 285; Abschlussbericht S. 28, 67; Heinrichs, NJW 1982, 2022; für ihre Beibehaltung sprach sich aber. Haug, S. 33f aus.

318 Peters/Zimmermann , S. 108; AK-Kohl, vor § 194 Rn 14; Roll, WM 1977, 1214; MüKo-Grothe, § 195 Rn 1.

319 Nach dem Beitrag von Honsell, Karlsr. Forum 1991, 21 geht sie auf Justinian zurück. Vgl. auch derselbe, JZ 2001, 19.

320 Zimmermann, JuS 1984, S. 410.

321 Peters/Zimmermann , S. 114; Heinrichs, NJW 1982, 2022, derselbe Karlsr. Forum 1991, 5.

322 Vgl. Honsell, JZ 2001, 19.

323 Vgl. Heinrichs, NJW 1982, 2022, der rechtsvergleichend auf das Schweizer Obligationenrecht mit einer 10 Jährigen Regelverjährung, der italienische codice civile, der ebenfalls von 10 Jahren ausgeht, sowie die DDR (2 bzw. 4 Jahre) und UdSSR (3 Jahre) hinweist; Amann, DNotZ 2002, 95.

324 Zimmermann u.a., JZ 2001, 686; Zimmermann, JZ 2000, 859.

325 Vgl. Peters/Zimmermann, S. 108ff, 148ff; Abschlussbericht S. 43.

beständig, den Einfluss der regelmäßigen Verjährung zurückzudrängen[326], wobei der eindeutige Wortlaut und logisch-systematische Bedenken selten ein Hindernis darstellten[327]. Schon früh wurde deutlich, dass das Verhältnis Regel zu Ausnahme sich praktisch ins Gegenteil verkehrte[328]. Die Schuldrechtsmodernisierung hatte daher die Tendenz, eine deutlich kürzere Frist einzuführen. Um damit aber Unbilligkeiten zu vermeiden, sollte die kürzere Frist von einer subjektiven Komponente abhängig gemacht werden. Dies beruhte auf der Erkenntnis, dass die effektive Länge einer Frist davon abhängig ist, wie lang die Frist selbst bemessen ist, wann sie beginnt und welche Hemmungs- und Unterbrechungsmöglichkeiten gegeben sind[329].

Als inkonsequent, präzisierungs- und ergänzungsbedürftig kritisiert wurden neben der Verjährungsdauer auch die Regelungen des Verjährungsbeginns[330]. Nach § 198 S. 1 BGB a.F. begann die Verjährung mit der Entstehung des Anspruches, die überwiegend als Fälligkeit interpretiert wurde. Auf Kenntnis oder Kennenmüssen kam es nicht an[331].

II. Wechsel des Verjährungssystems durch die Schuldrechtsreform

Die Neuregelung ist in mancher Hinsicht ein Bruch mit dem bisherigen System. Sie greift auf die allgemein als gelungene angesehene Regelung[332] in § 852 Abs. 1 BGB a.F. zurück und erhebt diese Spezialregelung zur Grundregel[333] und erweitert sie um das Merkmal der grobfahrlässigen Unkenntnis. Dabei geht auch die Regelung in § 852 Abs. 1 BGB a.F. auf eine Vorgängerregelung im Preußischen Allgemeinen Landrecht und im Reichgesetz zum Schutz des geistigen Eigentums zurück[334].

Damit hat sich der Gesetzgeber im Grundsatz für ein subjektives Verjährungssystem entschieden. Er verwendet eine einheitliche kurze Regelverjährungsfrist

326 Peters/Zimmermann, S. 105; BT-Drucks 14/6040, S. 90; BGH NJW 1982, 1514f; Beispiele auch bei Oetker, S. 13.

327 Vgl. Roll, WM 1977, 1217.

328 Engelmann, S. 208.

329 Vgl. Zimmermann, JuS 1984, 410 und 418; ähnlich Abschlussbericht S. 43.

330 Peters/Zimmermann, S. 244ff.

331 BGHZ 125, 56 (64); 73, 363 (365); RGZ 153, 101 (107); BGH NJW 1968, 1381 (1382).

332 Peters/Zimmermann, S. 223, Abschlussbericht, S. 36, 70; Diskussionsentwurf S. 201, 244; kritisch Haug, S. 143f.

333 MüKO-Grothe, § 195 Rn 2.

334 Vgl. Motive, Band 2, S. 742 Anm. 1.

(§ 195 BGB), deren Beginn aber von der Kenntnis bzw. grobfahrlässigen Unkenntnis des Gläubigers abhängt.

Dabei haben die Ziele der Verjährung eine wesentliche Rolle gespielt. Die Literatur erkannte schon lange an, dass der Gläubiger bei einem rein objektiven Verjährungsbeginn rechtlos gestellt werden könnte[335], da seine Forderung verjährend konnte, bevor sie ihm überhaupt bekannt war[336]. § 852 Abs. 1 BGB a.F. galt als bewährte Norm, die Gläubiger und Schuldnerinteressen gut zum Ausgleich bringen konnte[337], so dass es sich anbot, sie zur Regel zu machen.

Die Auslegung einer Norm wird im weiten Umfang von ihrer Entstehungsgeschichte geprägt. Dies wird auch für § 199 BGB, der als Kernstück der Verjährungsreform angesehen wird[338], gelten. Die Neuregelung knüpft an die vorher in § 852 Abs. 1 BGB bestehende Regelung an und erweitert diese. Die neuere Literatur geht daher davon aus, dass die vorhandene Rechtsprechung weiter relevant sein wird.

B. Ablauf der Reformgesetzgebung

Die wechselvolle Entstehungsgeschichte ist von besonderem Interesse für die Auslegung der Norm. In ihr kommen die für die Neuregelung wichtigen Gesichtspunkte zum Ausdruck. Sie zeigt auch, welche Kritik gegen das nun geltende Verjährungssystem erhoben worden ist.

I. Der Reformvorschlag von Peters / Zimmermann

Die ersten grundlegenden Reformüberlegungen zum Verjährungsrecht wurden im Jahr 1981 durch Peters/Zimmermann im Rahmen eines umfangreichen Gutachtens zur Überarbeitung des Schuldrechts durchgeführt[339]. Das Gutachten zielte auf eine radikale Vereinfachung der Fristen und eine Verkürzung der regelmäßigen Verjährungsfrist auf 2 Jahre (§ 195 Abs. 1 des Entwurfes). Die

335 Vgl. AK-Kohl, vor § 194 Rn 16.

336 Weber S. 30.

337 Vgl. Rabe, NJW 1992, 2398.

338 Vgl. MüKo-Grothe, § 199 Rn 1.

339 Peters/Zimmermann, Verjährungsfristen- Der Einfluß von Fristen auf Schuldverhältnisse; Möglichkeiten der Vereinheitlichung von Verjährungsfristen, in: Gutachten und Vorschläge zur Überarbeitung des Schuldrechts, herausgegeben vom Bundesministerium der Justiz, Köln 1981, Band 1, S. 77-373.

regelmäßige Verjährungsfrist sollte zugleich einen erheblich weiteren Anwendungsbereich erhalten und dadurch tatsächlich zur Regel werden.

Dieses Gutachten fügte erstmals gewissermaßen als Ausgleich für die extreme Verkürzung der regelmäßigen Verjährungsfrist ein subjektives Kriterium in das Verjährungssystem ein. Der Verjährungsbeginn sollte zwar mit der Fälligkeit des Anspruches beginnen, also objektiv ausgestaltet sein (§ 196 Abs. 1 des Entwurfes), die Verjährung sollte aber gehemmt sein, solange der Berechtigte ohne grobe Fahrlässigkeit Schuldner, Gegenstand oder Rechtsgrund des Anspruches unbekannt waren (§ 199 S. 1 des Entwurfes)[340]. Der Reformvorschlag ging davon aus, dass die viel zu lange bestehende regelmäßige Verjährungsfrist verkürzt werden sollte und dass die einzige Möglichkeit zu einer so radikalen Verkürzung die Einführung eines subjektiven Kriteriums sein würde. Dabei wurde die schon bestehende Regelung in § 852 Abs. 1 BGB[341] a.F. als Vorbild herangezogen. Dort hatte der Gesetzgeber den Verjährungsbeginn davon abhängig gemacht, dass der Gläubiger den **Schaden** und die **Person des Verantwortlichen** kannte. Die Rechtsprechung hatte diese Norm durch verschiedene Entscheidungen so interpretiert, dass nicht unbedingt Kenntnis sondern auch „missbräuchliche Unkenntnis" ausreichend war, um den Verjährungsbeginn auszulösen. Sie hatte dabei aber stets betont, dass damit keine grobfahrlässige Unkenntnis gemeint sei. Weitere Auflockerungstendenzen ergaben sich durch den Grundsatz der Schadenseinheit, wonach ein noch nicht erkannter aber voraussehbarer Schaden mit der Schädigungshandlung zu verjähren beginnt. Den Schritt, auch grobe Fahrlässigkeit ausreichen zu lassen, haben dann *Peters/Zimmermann* in ihrem Gutachten vollzogen[342].

Das Gutachten fand in der Literatur viel Zustimmung[343]. Es wurde als dasjenige Gutachten seiner Reihe bezeichnet, das nicht nur am umfangreichsten sondern auch am inhaltsschwersten sei[344].

---

340 Peters/Zimmermann, S. 316, Begründung S. 320.

341 Sie geht wiederum auf § 54 (I, 6) des Preußischen allgemeinen Landrechts zurück, vgl. dazu Breucker, S. 5.

342 Vgl. zur Entstehungsgeschichte Schmidt-Räntsch, S 70.

343 Vgl. nur Weyers, S. 1169ff; Leenen, JZ 2001, 552.

344 Heinrichs, NJW 1982, 2021; Heinrichs, Karlsr. Forum 1991, 3; Oetker, S. 14.

II. Der Reformvorschlag der Schuldrechtskommission

1. Der Inhalt des Reformvorschlages

Die 1984 vom Bundesjustizministerium eingesetzte Kommission zur Überarbeitung des Schuldrechts[345] legte 1992 ihren Abschlussbericht vor[346]. Sie betonte, dass dem Gläubiger stets eine faire Chance eingeräumt werden müsse, seinen Anspruch zu realisieren, andererseits dem Schuldner ein angemessener Schutz vor Beweisschwierigkeiten und vor unerwarteten Forderungen geboten werden müsste. Die Regelverjährung wurde nicht einheitlich festgesetzt sondern je nachdem, ob ein vertraglicher Anspruch (§ 196 BGB-KE, i.d.R. 3 Jahre), ein vertragsähnlicher Anspruch (§ 197 BGB-KE mit Verweis auf die vertraglichen Ansprüche), ein Anspruch aus unerlaubter Handlung oder Gefahrdungshaftung (§ 199 BGB-KE, 3 Jahre) oder ein sonstiger gesetzlicher Anspruch (§ 198 BGB-KE, 10 Jahre) vorlag. Eine subjektive Komponente sollte nur bei den Ansprüchen aus unerlaubter Handlung oder Gefährdungshaftung (§ 199 BGB-KE) sowie bei Ansprüchen wegen der Verletzung von Leben, Körper, Gesundheit und Freiheit (§ 201 BGB-KE) gelten. Letzteres war eine über § 852 Abs. 1 BGB a.F. hinausgehende Regelung, die sich im Schwerpunkt auf Ansprüche aus positiver Forderungsverletzung und aus *culpa in contrahendo* bezog. Die Anwendung des § 852 Abs. 1 BGB a.F. auf diese Ansprüche war in der Literatur zuvor oft gefordert[347], von der Rechtsprechung[348] aber stets abgelehnt worden.

Der Verjährungsbeginn bei solchen Ansprüchen sollte ähnlich § 852 Abs. 1 BGB a.F. von der Kenntnis (nicht der grobfahrlässigen Unkenntnis) des Berechtigten abhängig sein. Für alle anderen Verjährungsfristen wurde ein objektiver Beginn vorgesehen. Während ihrer Beratung hatte die Kommission von 1987 bis 1989 einen Entwurf mit einer kenntnisabhängigen kurzen Verjährungsfrist gekoppelt mit einer objektiven Maximalfrist favorisiert[349], diesen Vorschlag aber als zu streitträchtig später verworfen[350]. Begründet wurde dies damit, dass bei einem subjektiven Verjährungsbeginn der Schuldner zur Beurteilung der Verjährung auf Tatsachen aus dem Bereich des Gläubigers an-

345 Vgl. Abschlussbericht S. 14.

346 Bundesminister der Justiz (hrsg.), Abschlussbericht der Kommission zur Überarbeitung des Schuldrechts, Köln 1992; dazu Rabe, NJW 1992, 2395ff.

347 Vgl. Haug, S. 154 mit Nachweisen in Fn 69; Abschlussbericht S. 44 mit Nachweisen; Peters, VersR 1979, 103ff.

348 BGHZ 67, 1 (7); 77, 215 (222ff); kritisch zur Begründung Haug, S. 154.

349 Vgl. Abschlussbericht S. 47.

350 Vgl. Heinrichs, Karlsr. Forum 1991, 8; Abschlussbericht S. 35f.

gewiesen wäre und die Verjährungseinrede auf Verdacht erheben müsste[351].Die Kommission räumt letztlich aber ein, die Problematik verborgener Spätschäden nicht wirklich befriedigend gelöst zu haben[352].

2. Kritik am Reformvorschlag

Der Reformvorschlag war Gegenstand des zivilrechtlichen Gutachtens des 60. Deutschen Juristentages 1994 in Münster[353], wobei sich zum Thema Verjährungsrecht aber keine neuen Erkenntnisse ergaben.

Der Vorschlag wurde in der Literatur heftig kritisiert, da er durch die Aufteilung der Verjährungsfristen nach Anspruchsarten im Detail schwierige Abgrenzungsprobleme hervorrufen könne[354]. Aus der Literatur wurde aber auch Zustimmung zur weitgehenden Verwerfung des subjektiven Kriteriums erklärt, da durch die Verlängerung der Verjährungsfristen für den Bereich des Gewährleistungsrechts (insbesondere durch die Abschaffung des § 477 BGB a.F.) dem Gläubiger auch ohne subjektives Kriterium die faire Chance eingeräumt werde, seinen Anspruch geltend zu machen[355]. Von *Haug* wurde sogar gefordert, das subjektive Kriterium auch für die vertraglichen Schadensersatzansprüche, für die es nach § 201 BGB-KE gelten sollte zu verwerfen[356]. Er begründet dies mit einem signifikanten Unterschied zwischen deliktischen und vertraglichen Ansprüchen, der darin bestehen soll, dass es bei einer vertraglichen Beziehung eher zumutbar sein soll, innerhalb eines engen zeitlichen Rahmens gegen den Schädiger vorzugehen. Dieser Überlegung muss aber entgegengehalten werden, dass die Gleichbehandlung den Rechtsanwender von schwierigen Abgrenzungsproblemen entlastet, die *Haug* bei der Einstufung in vertragliche und gesetzliche Ansprüche selbst an anderer Stelle bemängelt. Kritisiert wurde der Entwurf auch deshalb, weil er durch seine kurze und noch dazu objektive Verjährungsfrist bei vertraglichen Ansprüchen Probleme mit der Bewältigung von Spätschäden ha-

351 Abschlussbericht a.a.O. und S. 48.

352 Abschlussbericht S. 61.

353 Vgl. Ständige Deputation des Deutschen Juristentages, Verhandlungen des sechzigsten Deutschen Juristentages, Münster 1994, Band 1, A1-A83, das dort enthaltene Gutachten ist ein Auszug aus dem Abschlussbericht der Kommission zur Überarbeitung des Schuldrechts.

354 Haug, S. 20ff; Zimmermann u.a., JZ 2001, 684 mit weiteren Nachweisen in Fn 10; Mansel, in: Ernst / Zimmermann, S. 336; ähnlich MüKo-Grothe, § 199 Rn 2.

355 Vgl. Rabe, NJW 1992, 2397.

356 Haug, S. 155ff.

be[357]. Insgesamt galt der Vorschlag als unausgereift, wobei die mangelnde Rücksicht auf die beginnende europäische und internationale Rechtsangleichung als besonderes Problem galt[358].

III. Der Referentenentwurf 2000[359] und seine Kritik

1. Inhalt des Referentenentwurfs

Durch die Notwendigkeit, verschiedene Richtlinien der Europäischen Union in deutsches Recht umzusetzen[360], wurde die Reform des Schuldrechts im Jahr 2000 kurzfristig zu einem drängenden Anliegen. Zwar bestanden durch diese Richtlinien abgesehen von der Verlängerung der Gewährleistungsrechte für Verbrauchsgüterkäufe keine Vorgaben für das Verjährungsrecht[361], es taucht überhaupt nur in wenigen europäischen Richtlinien auf[362], doch bot es sich an, anlässlich der Umsetzung der Richtlinien eine allgemeine Reform des Schuldrechts durchzuführen und dabei auch die Reform des Verjährungsrechts umzusetzen[363], die sog. große Lösung. Auf die dazu vorhandenen Entwürfe konnte als Grundlage zurückgegriffen werden. Das Verjährungsrecht wurde dennoch ein Kernstück der Schuldrechtsreform[364]. Der Referentenentwurf vom 4.8. 2001 sah eine Verjährungsfrist von 3 Jahren vor (§ 195 BGB-RE). Der Verjährungsbeginn sollte nach diesem Entwurf davon abhängen, welche Art von Anspruch vorlag. Sie sollte als Grundregel und bei allen Zahlungsansprüchen von der Fälligkeit des Anspruches abhängen, bei Ansprüchen wegen Pflichtverletzung vom Zeitpunkt derselben und bei Gewährleistungsansprüchen im Kauf- und Werkvertragsrecht von der Zurverfügungstellung der Sache oder des Werks (§ 198 Abs. 1-4 BGB-RE). Einen subjektiven Verjährungsbeginn sah der Entwurf wiederum nur für Ansprüche aus unerlaubter Handlung und Gefährdungshaftung vor (§ 200 BGB-RE). Der Vorschlag von *Peters/Zimmermann* wurde mit dem schon bekannten Argument, der Schuldner könne dann die Voraussetzungen der

357 Rabe, NJW 1992, 2397.

358 Vgl. Ernst, NJW 1994, 2177ff.

359 Dieser wird mitunter auch als Diskussionsentwurf (DE) bezeichnet.

360 Die Richtlinien waren die Verbrauchsgüterkaufrichtlinie (RiLi 1999/44/EG), die E-Commerce-Richtlinie (RiLi 2000/31/EG) und die Zahlungsverzugsrichtlinie (RiLi 2000/35/EG), vgl. BT-Drucks 14/6040, S. 79.

361 Vgl. Mansel, in: Ernst / Zimmermann, S. 340f; Finkenauer, S. 289; Witt, JuS 2002, 105; Krebs, DB Beilage 14/2000, S. 3.

362 Bydlinski, S. 382.

363 Vgl. Zimmermann, Schuldrechtsmodernisierung, S. 10f.

364 Bydlinski, S. 382; ähnlich Mansel/Budzikiewicz, § 1 Rn 13.

Verjährung nicht mehr selbst erkennen, sondern müsse sich auf Tatsachen aus dem internen Bereich des Gläubigers stützen, abgelehnt[365]. Damit bestünde auch die Gefahr, dass der Gläubiger verjährungsrelevante Informationen gegenüber dem Schuldner zurückhält[366].

2. Kritik am Referentenentwurf und Fortentwicklungen[367]

Auch dieser Entwurf wurde heftig kritisiert[368]. Er hätte zum einen bei Ansprüchen wegen Pflichtverletzungen vorsorgliche Feststellungsklagen notwendig gemacht, da die Verjährung unabhängig davon, ob tatsächlich ein Schaden entstanden ist, begonnen hätte. Zum anderen drohte dem Gläubiger, der die Pflichtverletzung gar nicht bemerkt, innerhalb kurzer Zeit die Verjährung seines Ersatzanspruches. Er stünde dann bei den vertraglichen Ansprüchen schlechter als ein entsprechender Deliktsgläubiger. Der sachliche Unterschied für diese Ungleichbehandlung war dabei nicht erkennbar.

Weitere Kritik rührte daher, dass der Entwurf die neueren wissenschaftlichen Tendenzen nicht hinreichend zu Kenntnis nehme[369], insbesondere die Arbeiten zum Europäischen Vertragsrecht[370]. Zuletzt wurde bemängelt, dass das weitgehend objektiv ausgestaltete System keine nachvollziehbare Logik aufweise und jedenfalls ökonomisch nicht sinnvoll sei[371]. Die Abwägung zwischen Gläubiger- und Schuldnerinteresse sei in dem Entwurf nicht nachvollziehbar[372]. Die schon bisher problematische Abgrenzung zwischen verschiedenen Anspruchsarten wurde als praktisch schwer durchführbar bezeichnet[373]. Die recht weitgehende Einführung einer dreijährigen Regelverjährung wurde teilweise als unzweckmäßige Nivellierung bewertet[374]. Mit ihrer Ausgestaltung als absolute Frist galt sie als viel zu kurz[375]. Stattdessen wurde die Einführung einer

---

365 Diskussionsentwurf, S. 210.

366 A.a.O..

367 Vgl. die Darstellung von Zimmermann u.a., JZ 2001, 684ff, Leenen, JZ 2001, 552ff.

368 Ernst, S. 586, der ihn als „unausgereift“ bezeichnet; vgl. auch Krebs, DB Beilage 14/2000, S. 3ff.

369 Ernst, S. 587.

370 Zimmermann, ZEuP 2001, 217.

371 Eidenmüller, JZ 2001, 286; derselbe, S. 411f.

372 Ernst, S. 568f.

373 Vgl. Vortrag von Schmidt-Räntsch, Auschuss Zivilrecht, Schuldrechtsreform des 51. Deutschen Anwaltstages vom 11.6. bis 3.6. 2000, NJW 2000 Beilage Heft 34, S. 4.

374 Honsell, JZ 2001, 20.

375 Honsell, a.a.O..

kenntnisabhängigen Frist gefordert[376]. Befürwortet wurde allerdings, dass der Entwurf eine weitgehend einheitliche Verjährungsfrist vorsehe und dadurch den Bedarf an „Hilfskonstruktionen" reduziere[377].

Auf dem Regensburger Symposium „Schuldrechtsmodernisierung 2001"[378] am 17./18. November 2000 wurde das Verjährungsrecht des Entwurfes heftig kritisiert[379]. Das Bundesjustizministerium setzte daraufhin eine Bund-Länder-Arbeitsgruppe ein, die am 15. und 16. 1. 2001 in Berlin tagte und einen Systemwechsel vorschlug[380]. Statt eines objektiven Systems sollte das Verjährungsende ab sofort von Kenntnis bzw. Erkennbarkeit für den Gläubiger abhängen[381], sog. Ablaufhemmung. Nur in einigen Ausnahmefällen, insbesondere für das Gewährleistungsrecht, wurde ein objektives System beibehalten. Die neue Fassung erschien am 7.2. 2001 als „Neue Fassung des Verjährungsrechts auf der Grundlage des Diskussionsentwurfes eines Schuldrechtsmodernisierungs–gesetzes, der hierzu vorliegenden Stellungnahmen und der Ergebnisse der Sitzung der Arbeitsgemeinschaft Verjährungsrecht am 15. und 16. Januar 2001 in Berlin". Dieser neuen Fassung wurde trotz der durch sie erreichten Verbesserungen weiterhin eine Vielzahl redaktioneller Mängel vorgeworfen. Verschiedene Zivilrechtslehrer verfassten daraufhin ein Memorandum[382], in welchem sie die Kritik zusammenfassten und leiteten dies dem Vorsitzenden der Bund-Länder-Kommission am 23. 2. 2001 zu. In der Zwischenzeit war eine neue sog. „Konsolidierte Fassung[383]" des Diskussionsentwurfes erarbeitet worden, die jedoch weitgehend der „Neuen Fassung 1" entsprach. Die Ablaufhemmung wegen grobfahrlässiger Unkenntnis war in § 202 Abs. 1 geregelt, die Ausnahmen von dieser Regel für Mängel im Kauf- und Werkvertragsrecht fand sich in § 202 Abs. 2 BGB. Auf einer zweiten Sitzung der Bund-Länder-Arbeitsgruppe am 23.3. 2001 in Berlin wurde eine weitere, als „Weiterentwicklung" bezeichnete

376 Vgl. Redebeitrag Mansel, in: Gsell / Rüfner, NJW 2001, 425.

377 Vgl. Redebeitrag Medicus, in: in: Gsell / Rüfner, NJW 2001, 426.

378 Vgl. den Tagungsbericht von Gsell/Rüfner, NJW 2001, 424ff.

379 Mansel, in Ernst / Zimmermann, S. 408f; Meier, in: Ernst / Zimmermann, S. 425ff; Ernst, in: Ernst / Zimmermann, S. 568ff; Tagungsbericht durch Jakobs, JZ 2001, 27ff.

380 Vgl. Eidenmüller, S. 413; Leenen, JZ 2001, 552.

381 Zimmermann u.a., JZ 2001, 685.

382 Ernst u.a., abrufbar unter http://www.ipr.uni-koeln.de/schrref/memorandum.doc; vgl. dazu Zimmermann u.a., JZ 2001, 685.

383 http://www.jura.uni-freiburg.de/einrichtungen/Junge.Zivilrechtswissenschaftler/Freiburg2001/Schuldrechtsmodernisierung/KF.pdf; abgedruckt in Canaris, S. 349ff.

Tischvorlage diskutiert[384]. Diese Version war Thema einer Sondertagung der Deutschen Zivilrechtslehrervereinigung am 30./31. 3. 2001 in Berlin[385]. Sie behielt das subjektive System bei, gestaltete die Kenntnis aber nicht wie in der vorigen konsolidierten Fassung als Ablaufhemmung sondern als Ursache für den Verjährungsbeginn aus und knüpfte damit an § 852 Abs. 1 BGB a.F. an. Der Verjährungsbeginn wurde gemeinsam mit der unverändert auf drei Jahre festgelegten Regelverjährungsfrist in § 195 Abs. 1 BGB geregelt. Diese Beratungen wurden bei der Erstellung des Regierungsentwurfes weitgehend berücksichtigt.

IV. Der Regierungsentwurf 2001

Basierend auf dem Referentenentwurf verabschiedete das Bundeskabinett am 9.5. 2001 einen Regierungsentwurf eines Schuldrechtsmodernisierungs-gesetzes[386]. Mit einem inhaltsgleichen Entwurf leiteten Abgeordnete der Regierungsfraktionen das Gesetzgebungsverfahren ein[387]. Die regelmäßige Verjährungsfrist sollte demnach 3 Jahre betragen (§ 195 BGB RE), da nur eine kurze Verjährungsfrist den Schuldner davor schützen könne, Beweismittel unzumutbar lange aufzubewahren[388]. Der Entwurf wich in der Frage des Verjährungsbeginns von dem Kommissionsentwurf und vom Referentenentwurf ab und griff auf den Vorschlag von Peters/Zimmermann zurück[389]. Die Regelungen der §§ 195, 199 BGB bilden den Kern bzw. das Herzstück des neuen Verjährungsrechts[390]. § 199 Abs. 1 des Regierungsentwurfes wies folgenden Wortlaut auf:

„§ 199
Beginn der regelmäßigen Verjährungsfrist
(1) Die regelmäßige Verjährungsfrist beginnt, wenn

---

384 http://www.jura.uni-freiburg.de/einrichtungen/Junge.Zivilrechtswissenschaftler/Freiburg2001/Schuldrechtsmodernisierung/KFVerjaehrung.pdf; abgedruckt in Canaris, S. 419ff.

385 Vgl. hierzu JZ 2001, 473ff, wo neben einer Kurzübersicht durch Honsell auch der Einführungsvortrag von Geiger abgedruckt ist.

386 http://www.bmj.bund.de/media/archive/243.pdf.

387 BT-Drucks 14/6040.

388 BT-Drucks 14/6040 S. 91.

389 Vgl. BT-Drucks 14/6040 S. 102; Pick, ZIP 2001, 1173.

390 Krämer, S. 48; AnwK-Mansel/Stürner, § 199 Rn 8.

1. der Anspruch fällig ist, und

2. der Gläubiger von den den Anspruch begründenden Umständen und der Person des Schuldners Kenntnis erlangt oder ohne grobe Fahrlässigkeit erlangen müsste."

Der Verjährungsbeginn sollte für alle Ansprüche gelten, die der regelmäßigen Verjährungsfrist unterfielen. Für andere Ansprüche sollten weiterhin objektive Anknüpfungspunkte gelten. Der Gesetzesentwurf enthält eine ausführliche Begründung zu der von ihm beabsichtigen Gesetzesänderung[391]. Darin wird der Zweck der Verjährung wie bereits in Teil 1 dargestellt mit dem Schutz des Schuldners und der Rechtssicherheit begründet[392]. Gleichzeitig müsse dem Gläubiger eine faire Chance gegeben werden, seinen Anspruch durchzusetzen. Ein weiteres wesentliches Reformziel sollte die Schaffung eines einfachen und angemessenen Verjährungssystems sein[393].

Der Entwurf bezieht sich ausdrücklich auf das Verjährungsmodell der **Principles of European Contract Law**[394], die die Kommission für Europäisches Vertragsrecht (sog. *Lando-Komission*) im Februar 2001 verabschiedet hat[395]. Das dort vorgeschlagene Modell geht von einer regelmäßigen Verjährungsfrist von 3 Jahren aus, die jedoch gehemmt ist, solange der Gläubiger die Person des Schuldners oder die Umstände, auf denen sein Anspruch beruht nicht kennt oder vernünftigerweise nicht kennen kann (Artikel 17:102 und 17:105). Die Principles of European Contract Law gehen davon aus, dass ein einheitlicher Verjährungsbeginn der Schlüssel zu einem einheitlichen Verjährungsrecht ist[396] und dass diese Einheitlichkeit nur über das Kenntnis- bzw. Erkennbarkeitskriterium erreichbar ist. Der Vorschlag sei daher das Ergebnis der Entwicklung der letzten 100 Jahre[397].

Genau wie dort soll eine kurze regelmäßige Verjährungsfrist mit einem subjektiven Verjährungsbeginn gekoppelt werden. Zur Vermeidung von Unbilligkeiten gelten zusätzlich abgestufte Maximalfristen. Außerdem wird an die bisher zu § 852 Abs. 1 BGB a.F. bestehende Rechtsprechung angeknüpft[398]. Mit der

[391] Die Begründung ist abgedruckt in Canaris, S. 569ff.
[392] BT-Drucks 14/6040 S. 95f.
[393] BT-Drucks 14/6040, S. 104f.
[394] Deutsche Übersetzung in ZeuP 2001, 400ff.
[395] BT-Drucks 14/6040 S. 102; dazu noch unter Teil 5 (S. 284).
[396] Zimmermann, ZEuP 2001, 220; derselbe u.a. JZ 2001, 686.
[397] A.a.O..
[398] BT-Drucks 14/6040 S. 96, 108.

Änderung gegenüber den Vorentwürfen ging die Bundesregierung auf die Kritik der Literatur zu diesen Entwürfen ein[399]. Herangezogen wird auch der Rechtsgedanke des § 277 BGB. Demnach soll grobe Fahrlässigkeit immer dann schaden, wenn man in eigenen Angelegenheiten handelt[400]. Die Kenntnis von eigenen Ansprüchen zu erlangen sei eine eigene Angelegenheit und soll daher mit einem Nachteil für den Gläubiger verknüpft werden, nämlich mit dem Verjährungsbeginn. Im Gesetzgebungsverfahren wurde der subjektive Verjährungsbeginn denn auch als eine „faire Regelung"[401] bezeichnet, die entsprechenden Überlegungen wurden vom Rechtsausschuss des Bundestages ausdrücklich übernommen[402]. Ein Änderungsantrag des Landes Bayern, welcher darauf abzielte, den Begriff der groben Fahrlässigkeit zu vermeiden, wurde bereits im Bundesrat abgelehnt[403].

Bis fast zum Abschluss des Gesetzgebungsverfahrens war umstritten, ob der Verjährungsbeginn als Jahresschlussverjährung ausgestaltet werden sollte. Zunächst war die Abschaffung der aus § 201 BGB a.F. bekannten Jahresschlussverjährung geplant. Sie wurde wegen der damit einhergehenden Belastungsspitze bei Gerichten, Anwälten und Gläubigern kritisiert[404]. Eine Anhörung von Sachverständigen ergab jedoch, dass die Jahresendverjährung nicht unerhebliche praktische Erleichterungen bietet[405]. Sie bietet bei der Anwendung des subjektiven Verjährungsbeginns erhebliche Vorteile, da der genaue Zeitpunkt der Kenntnis bzw. grobfahrlässigen Unkenntnis nicht festgestellt werden muss. Hierauf wird an anderer Stelle noch näher einzugehen sein[406].

Neben der Regelverjährung bestehen aber in zahlreichen Fällen noch Sonderverjährungsfristen, die auf eine kenntnisabhängige Anknüpfung verzichten. Dies ist insbesondere beim Gewährleistungsrecht der Fall. Die Neufassung wurde aus diesem Grund kritisiert, da durch diese Beibehaltung des objektiven

399 Vgl. Mansel, in: Ernst / Zimmermann, S. 404; Haug, S. 59ff; Eidenmüller, JZ 2001, 285.

400 BT-Drucks 14/6040 S. 108.

401 Redebeitrag des Abgeordneten Volker Beck, Sitzungsprotokolle des Bundestages 14/16724 B.

402 Der Bericht des Rechtsausschusses ist abgedruckt bei Canaris, S. 1051ff, die entsprechenden Ausführungen finden sich auf S. 1065f.

403 Nr. 6 der Niederschrift UA R, 18.6. 2001, Nr. 31/01; vgl. Zimmermann, Schuldrechtsmodernisierung, S. 28.

404 Vgl. AnwK-Mansel/Stürner, § 199 Rn 10.

405 BT-Drucks 14/7052 S. 180; BT-Drucks 14/6040 S. 99.

406 S. 118.

Verjährungssystems die Gefahr von Abgrenzungsproblemen und Streitigkeiten besteht[407]. Es wurde insbesondere bezweifelt, ob eine solche „Bereichsausnahme" überhaupt notwendig sei. Hierzu ist auf die Regelung im niederländischen Recht[408] und im Entwurf von *Peters / Zimmermann*[409] hinzuweisen, die auf eine solche Ausnahme verzichten wollten. Auch wurde vom Reichsgericht unter der Geltung des gemeinen Rechts die Ansicht vertreten, die Gewährleistungsfristen liefen erst ab Kenntnis bzw. aus Nachlässigkeit versäumter Unkenntnis[410]. Eine dreijährige subjektive Verjährungsdauer erschien am Ende aber als zu lang und mit den Zwecken der Gewährleistungsansprüche nicht vereinbar[411]. Es könnte sich in der Praxis als problematisch erweisen, dass Erkennbarkeitskriterium bei jedem Einzelfall zu überprüfen[412], z.B. bei einer umfangreichen Liste von Mängeln eines Bauwerkes. Die Berechtigung dieses Einwandes soll an dieser Stelle offen bleiben.

C. Kritik am subjektiven System und am Begriff der groben Fahrlässigkeit

I. Allgemeines

Die Einführung subjektiver Komponenten in das Verjährungsrecht stellte einen Paradigmenwechsel[413] dar. Sie ist ein entscheidendes Strukturelement der §§ 195, 199 BGB[414] und war während der gesamten Entstehungsgeschichte der Neuregelung immer sehr umstritten. Dies lässt sich bereits daraus ableiten, dass sowohl der Kommissionsentwurf als auch der Referentenentwurf auf eine subjektive Anknüpfung außerhalb des Deliktsrechts jedenfalls weitgehend verzichten wollten[415].

---

407 Vgl. Pfeiffer, S. 217; Haas, DRiZ 2001, 497; Leenen, JZ 2001, 560; zustimmend aber Krämer, S. 87.

408 Vgl. Leenen, JZ 2001, 553.

409 S. 306f.

410 Vgl. Piekenbrock, S. 329 unter Hinweis auf RGZ 21, 162 (164).

411 Vgl. Leenen, JZ 2001, 553f; vgl. auch BT-DruckS. 14/6040, S. 95 und 96; zustimmend Krämer, S. 25f; ebenso Piekenbrock, S. 330.

412 Heinrichs, Diskussionsbeitrag, JZ 2001, 561.

413 Witt, JuS 2002, 106; Mansel/Budzikiewicz, § 1 Rn 20; AnwK-Mansel/Stürner, Vor §§ 194-218 Rn 16; Krämer, S. 50 und 167; Piekenbrock, S. 313.

414 Krämer, ZGS 2003, 380.

415 Vgl. Steffen, Karlsr. Forum 1991, 15.

Unumstritten war aber stets, dass das Kriterium sehr gut geeignet ist, die Interessen von Gläubiger und Schuldner auszugleichen[416]. Als problematisch wurde aber angesehen, ob ein solches System dazu geeignet ist, Rechtssicherheit herzustellten.

Die Kritik richtete sich zum einen gegen das subjektive Kriterium insgesamt, da damit Beweisprobleme einhergehen sollen. Diese Kritik betrifft auch und im besonderen Maße die Verwendung des Begriffes der groben Fahrlässigkeit.

Gegen ein solches System wurden vor allem deshalb Bedenken erhoben, weil ein subjektives Kriterium, insbesondere eines, welches an einen Fahrlässigkeitsbegriff anknüpft, immer das Risiko beinhaltet, dass gerade aufgrund dieses Merkmals Prozesse geführt werden könnten, was einem der Zwecke der Verjährung, Rechtssicherheit herbeizuführen schaden könnte[417]. Als Folge davon wurde bezweifelt, ob das subjektive System tatsächlich einfacher zu handhaben sei als ein objektives System. Dem subjektiven System wurde vorhergesagt, dass es zum Streit geradezu einlade, da der Schuldner dem Gläubiger fast immer grobe Fahrlässigkeit vorwerfen werde und der Gläubiger selbst nicht um Entschuldigungen verlegen sein werde[418]. Außerdem wurde behauptet, der subjektive Verjährungsbeginn sei nur für den Bereich des Deliktsrechts angemessen. Die vorgebrachte Kritik soll im Folgenden näher untersucht werden.

II. Die einzelne Kritikpunkte

1. Subjektiver Verjährungsbeginn als Besonderheit des Deliktsrechts

Dem Deliktsrecht wurde lange Zeit verjährungsrechtlich eine Sonderstellung zugebilligt. Bei deliktischen Schädigungen handelt es sich meist um plötzlich eintretende Vorfälle, bei denen es sehr schnell zur Verdunkelung der Tatsachen kommen kann[419]. Für solche Ansprüche bot es sich seit jeher an, die Verjährung von der Kenntnis des Geschädigten abhängig zu machen[420]. Es stellt sich aber die Frage, ob diese Überlegungen tatsächlich nur im Deliktsrecht gelten. Der Zweck der Verjährung ist schließlich im Vertragsrecht nicht anders zu beurteilen als im Deliktsrecht[421].

---

416 Vgl. dazu bereits Teil 1 (S. 53).

417 Vgl. Heinrichs, Karlsr. Forum 1991, 8; Spiro, in: Festschrift für Müller-Freienfels, S: 622; derselbe Karlsr. Forum 1991, 11; Haug, S. 157, Abschlussbericht, S. 35f; Unterrieder, S. 271ff; Honsell, JZ 2001, 20.

418 Vgl. Spiro, Karlsr. Forum 1991, S. 13.

419 Vgl. Lepa, VersR 1986, 301; Peters, JZ 1983, 121.

420 Spiro I, § 291.

421 Peters/Zimmermann, S. 223f.

a) Ansprüche im Vertragsrecht stets bekannt

Ein wesentliches Argument, den subjektiven Verjährungsbeginn auf das Deliktsrecht zu begrenzen lautet, dass im Vertragsrecht der Gläubiger seine Ansprüche in der Regel kenne[422] oder jedenfalls erkennen könne[423]. Eines subjektiven Merkmals bedürfe es daher nicht. Tatsächlich wird diese Aussage in vielen Fällen zutreffend sein mit der Konsequenz, dass die Kenntnis bzw. Unkenntnis sich als unproblematische Merkmale erweisen und es letztlich nur auf die Entstehung des Anspruches ankommt[424]. Es mag aber auch Fälle geben, in denen ein Vertragspartner seine Ansprüche nicht kennt und ggf. auch nicht kennen kann. Ein Beispiel stellen verworrene Vertragsverhältnisse mit einer Vielzahl von Vertragspartnern dar[425]. In solchen Fällen kann ein subjektives Merkmal auch im Vertragsrecht einen angemessenen Interessenausgleich darstellen. Aber auch Schadensersatzansprüche mit vertragsrechtlicher Grundlage sind nicht immer bekannt[426], z.B. weil der Schaden unbekannt ist. Auch für sie sollte daher eine subjektive Verjährungsfrist laufen[427].

b) Anspruchsgegner ist im Vertragsrecht in der Regel bekannt

An anderer Stelle wird der wesentliche Unterschied zwischen Vertragsrecht und Deliktsrecht darin gesehen, dass im Vertragsrecht der Anspruchsgegner stets bekannt sei[428], im Deliktsrecht dagegen häufig zunächst nicht[429]. Dies mag zwar in der Regel der Fall sein, zwingend ist es aber nicht. Man denke nur an Fälle, in denen mehrere Personen beteiligt sind, z.B. bei einem größeren Bauvorhaben. Kommt es zu Schäden, so kann die Bestimmung des Verantwortlichen genauso schwierig sein wie bei unerlaubten Handlungen. Umgekehrt kann der Schuldner bei unerlaubten Handlungen häufig sehr einfach festgestellt werden, da er mitun-

---

422 Spiro I, § 84; derselbe in FS für Müller-Freienfels, S. 621f.

423 Haug, S. 156; im Abschlussbericht, S. 43 wird ausgeführt, dass bei vertraglichen Ansprüchen jeder Beteiligten sicher wissen können soll, wann die Ansprüche aus dem Vertrag verjährt sind; vgl. auch Abschlussbericht, S. 66; Mansel, in: Ernst / Zimmermann, S. 352 weist darauf hin, dass bei Verträgen die Leistungserbringung eine Zäsur darstelle.

424 Vgl. dazu S. 95.

425 BT-DruckS. 14/6040, S. 103; ähnlich Krämer, S. 56; so schon Peters/Zimmermann, S. 305.

426 Piekenbrock, S. 317f.

427 Bydlinski, S. 402.

428 Haug, S. 155; in diesem Sinne auch Spiro I, § 291.

429 Bruggner-Wolter, S. 131.

ter zur Preisgabe der Daten gesetzlich verpflichtet ist[430] oder dem Geschädigten die Informationen des staatlichen Ermittlungsapparats zur Verfügung stehen[431]. Dem Vertragsrecht sind solche Auskunftsmöglichkeiten dagegen fremd.

c) Besondere Probleme bei der Erkennung von Deliktsansprüchen

Bei Ansprüchen aus unerlaubten Handlungen wurde das subjektive Kriterium deshalb eingeführt, weil der Gläubiger bei diesen Ansprüchen häufig besonders große Probleme haben soll, die Anspruchsvoraussetzungen zu erfahren[432]. Das dürfte zutreffen, da es sich meist um plötzlich eintretende Ereignisse handelt, bei denen der Gläubiger nicht unbedingt selbst zugegen ist. Diese Situation besteht jedoch auch bei allen anderen gesetzlichen Schuldverhältnissen[433]. Als Beispiel kann auf das Bereicherungsrecht verwiesen werden, wo es schwierig sein kann, die Nichtigkeit eines Vertrages zu erkennen[434].

d) Größere Beweisschwierigkeiten im Deliktsrecht

Der subjektive Verjährungsbeginn wurde an anderer Stelle als eine Besonderheit des Deliktsrechts bezeichnet, da dort die Entstehung, der Umfang des Schadenersatzanspruches oder die Person des Ersatzpflichtigen häufiger im Streit stehen, wodurch der Schuldner größere Schwierigkeiten in der Beweisführung haben kann[435]. Im Vertragsrecht sollen derartige Probleme nicht bestehen. Dem lässt sich entgegenhalten, dass gerade im Vertragsrecht mit seinen schuldnerfeindlichen Beweislastregeln[436] dem Schuldner nach längerer Frist Probleme bereitet. Außerdem gelten die Probleme des Deliktsrechts in gleicher Weise für alle anderen gesetzlichen Schuldverhältnisse[437]. Derartigen Schuldverhältnisses ist ein Moment der Unsicherheit stets wesenstypisch, was seinen Grund darin haben dürfte, dass sie unabhängig von etwaigen Willenserklärungen zustande kommen[438]. Die Schuldverhältnisse zeichnen sich vielmehr dadurch aus, dass der Gläubiger häufig ortsabwesend ist und daher die Umstände, die zur Entstehung

430 Vgl. § 142 Abs. 1 StGB.

431 Vgl. z.B. § 406e StPO.

432 Anmerkung Voit, WuB IV A. § 852 BGB 1.93, S. 504

433 BT-DruckS. 14/6040, S. 102; a.A. Rabe, NJW 1992, 2398.

434 Vgl. Peters/Zimmermann, S. 305f.

435 Haug, S. 151.

436 Insb. § 280 Abs. 1 S. 2 BGB.

437 Vgl. bereits Breucker, S. 8; für das Bereicherungsrecht und die Geschäftsführung ohne Auftrag vgl. Honsell, JZ 2001, 20f; für Schadensersatz und Bereicherungsansprüche vgl. Spiro I, § 291.

438 Vgl. a.a.O..

des Anspruchs führen nicht kennt[439]. Die Erstreckung des subjektiven Verjährungssystems auf sämtliche Schadenersatz-, Genugtuungs- und Bereicherungsansprüche wurde dementsprechend auch in der Literatur begrüßt[440].

e) Bewusste Risikoeingehung im Vertragsrecht

Ein anderes Argument lautet, dass der Gläubiger im Vertragsrecht sich willentlich auf den Schuldner eingelassen habe und sich damit einem höheren Risiko ausgesetzt habe. Es sei daher angemessen, ihm das Vorgehen gegen den Schuldner in einer kürzeren Frist zuzumuten[441]. Dieses Argument kann man aber auch umkehren. Das Vertragsrecht verpflichtet die Beteiligten zu erhöhter Rücksichtnahme. Innerhalb einer Vertragsbeziehung kann eine aufgrund subjektiver Momente längere Verjährungsfrist daher auch als Schutz des Vertragspartners eingestuft werden.

f) Besonders komplexe Rechtsfragen bei anderen gesetzlichen Schuldverhältnissen

Der subjektive Verjährungsbeginn wurde im Kommissionsentwurf auch für andere gesetzliche Schuldverhältnisse (z.B. Bereicherungsrecht und Geschäftsführung ohne Auftrag) als unbrauchbar abgelehnt. Bei derartigen Schuldverhältnissen komme es auf zu komplizierte rechtliche Details an, wodurch Rechtsirrtümer bedeutsam würden und es auf die Obliegenheit zur Einholung von Rechtsrat ankomme[442]. Dieser Einwand verwundert. Schon bei § 852 Abs. 1 BGB a.F. war anerkannt, dass die Kenntnis im Grundsatz eine reine Tatsachenkenntnis sein sollte, die weder eine zutreffende rechtliche Wertung noch ein Anspruchsbewusstsein voraussetze[443]. Im Übrigen dürften die sachlichen Schwierigkeiten im Deliktsrecht denen bei anderen gesetzlichen Schuldverhältnissen durchaus entsprechen[444], man denke nur an die Problematiken der „Weiterfresser-Fälle“, der Fallgruppen zum „eingerichteten und ausgeübten Gewerbebetrieb“ und zum allgemeinen Persönlichkeitsrecht. Es spricht daher viel dafür, das Erkennbarkeitskriterium für alle gesetzlichen Schuldverhältnisse anzuwenden.

Schwierige Rechtsfragen entstehen, wenn aufgrund des Verjährungsrechts Ansprüche aus gesetzlichen Schuldverhältnissen gegeneinander abgegrenzt wer-

439 Vgl. Schnaufer, S. 21.
440 Spiro in FS für Müller-Freienfels, S. 620.
441 Haug, a.a.O..
442 Abschlussbericht S. 68; in diesem Sinne wohl auch Spiro I, § 85.
443 Dazu noch S. 136.
444 Vgl. Ernst, S. 569f; ebenso Honsell, JZ 2001, 20.

den müssen. So bietet es sich an, Ansprüche aus §§ 989, 990 BGB nicht anders verjähren zu lassen als solche aus dem Deliktsrecht[445].

2. Drohende Rechtsunsicherheit durch subjektiven Verjährungsbeginn

a) Subjektiver und individueller Verjährungsbeginn

Die wesentliche Kritik an einem subjektiven Verjährungsbeginn besteht vor allem darin, dass dieses System nach Ansicht seiner Kritiker dazu führt, dass es zum Anlass von Streitigkeiten wird und dadurch die Rechtssicherheit, die die Verjährung bezweckt, beeinträchtigt[446], dass sie mit einer gewissen Unsicherheit verbunden sei[447]. Es drohe ein individueller Verjährungsbeginn in jedem Einzelfall[448]. Das Kriterium sei schwer handhabbar[449].

Die Kritik ist dann berechtigt, wenn der subjektive Verjährungsbeginn als ein individueller Verjährungsbeginn verstanden wird. Zunächst bedeutet aber ein subjektives System nur, dass es auf Kenntnis bzw. grobfahrlässige Unkenntnis des Gläubigers ankommt. Man kann auch von einem relativen System sprechen[450]. Damit ist noch nicht ausgesagt, dass diese Merkmale, insbesondere die grobfahrlässige Unkenntnis subjektiv, also je nach den konkreten Umständen des Gläubigers ausgelegt werden. Es ist auch möglich, diese Merkmale zu verobjektivieren und so verbunden mit einer gewissen Fallgruppenbildung zu nachvollziehbaren und verallgemeinerungsfähigen Entscheidungskriterien zu gelangen.

Die Kritik am subjektiven System relativiert sich stark, wenn man die durch das objektive System bisher bestehende Tendenz der Rechtsprechung zu Ausweichstrategien[451] betrachtet, d.h. die Auswahl der Anspruchsgrundlage nach der „passenden" Verjährungsfrist, die zum einen Verwerfungen im materiellen Recht erzeugt hat[452] und zum anderen kaum vorhersehbar war.

---

445 Vgl. Peters/Zimmermann, S. 103.

446 Abschlussbericht, S. 35f; Diskussionsentwurf, S. 209; vgl. Heinrichs, Karlsr. Forum 1991, 8; Beitrag Spiro, Karlsr. Forum 1991, 11; derselbe, FS für Müller-Freienfels, 621f; Haug, S. 157; Honsell, JZ 2001, 20; derselbe, Diskussionsbeitrag, JZ 2001, 561; Unterrieder, S. 272; Amann, DNotZ 2002, 97.

447 Bruggner-Wolter, S. 61 und 131.

448 Haug, S. 157.

449 Vgl. Schnaufer, S. 226 m.w.N..

450 Vgl. AnwK-Mansel/Stürner, Vor §§ 194-218 Rn 6.

451 Leenen, JZ 2001, 559.

452 Vgl. Peters/Zimmermann, S. 285.

b) Ausgleich für Verkürzung der Regelverjährung

Weiter lässt sich den Kritikern entgegenhalten, dass die auch von ihnen geforderte radikale Verkürzung der regelmäßigen Verjährungsfrist verbunden mit einem rein objektiven System die reelle Chance des Gläubigers, den Anspruch durchzusetzen in sehr vielen Fällen vereiteln würde[453]. Um diese Konsequenz zu vermeiden kommt allein ein subjektives Verjährungssystem in Betracht[454].

c) Beweisprobleme bei einem subjektiven Verjährungsbeginn

Bei einer Regelung des subjektiven Verjährungsbeginns, bei der der Schuldner die Kenntnis des Gläubigers beweisen muss, kann dieser Beweis für ihn außerordentlich schwierig sein, da es sich bei der Kenntnis um eine innere Tatsache handelt[455]. Diese Kritik kann jedoch nur dann Geltung beanspruchen, wenn für den Schuldner keine Vereinfachung seiner Beweisführung möglich ist. Durch das Merkmal der grobfahrlässigen Unkenntnis bleibt ihm der Beweis, dass Kenntnis tatsächlich vorhanden war, erspart. Er kann sich vielmehr darauf beschränken, die Tatsachen vorzutragen und zu beweisen, die auf grobfahrlässige Unkenntnis hinweisen. Außerdem ist zu erwägen, ob nicht die gesetzliche Beweislastverteilung durch Auslegung des Normtextes angemessen verteilt werden kann[456].

Ein weiteres Beweisproblem kann darin bestehen, dass bei der groben Fahrlässigkeit ein **Anscheinsbeweis** nicht möglich sein soll[457]. Dieser Einwand greift aber nur ein, wenn man davon ausgeht, dass die grobe Fahrlässigkeit eine subjektive Komponente beinhaltet[458]. Diese Frage ist daher noch näher zu untersuchen. Ohne eine solche Komponente wäre auch ein Anscheinsbeweis möglich. Außerdem ist die Annahme, dass der Anscheinsbeweis bei der subjektiven Komponente der groben Fahrlässigkeit nicht möglich sein soll auch nicht unumstritten. Nach *Schneider*[459] soll er möglich sein, wenn für den entsprechenden Bereich ein starker Erfahrungssatz vorliegt. Dies kann auch bei der subjektiven Komponente der groben Fahrlässigkeit der Fall sein.

453 Vgl. Zimmermann, JZ 2000, 857 und 861f; Ernst, in: Ernst / Zimmermann, S. 587.

454 Vgl. Leenen, JZ 2001, 552; Mansel/Budzikiewicz, § 1 Rn 20.

455 Heinrichs, Karlsr. Forum 1991, 10; Haug, S. 87ff; Unterrieder, S. 272ff; Honsell, JZ 2001, 20; Abschlussbericht S. 36; Bruggner-Wolter, S. 132; Riedhammer, S. 101.

456 Dazu unter Teil 6 (S. 303).

457 Vgl. Zöller-Greger, Vor § 284 Rn 31; zum Streitstand Baumgärtel, Beweislastpraxis, Rn 261.

458 A.a.O..

459 MDR 1971, 538

d) Reduzierte Überprüfbarkeit im Rahmen der Revision

Die Einführung des Merkmals der groben Fahrlässigkeit wurde auch deswegen kritisiert, weil dieser Maßstab im Rahmen der Revision nur bedingt überprüfbar ist (**§ 543 Abs. 2 ZPO**)[460]. Tatsächlich kann das Revisionsgericht nur überprüfen, ob der Rechtsbegriff der groben Fahrlässigkeit verkannt worden ist, wesentliche Umstände außer Betracht gelassen wurden oder ob gegen Denkgesetze verstoßen wurde[461]. Die Rechtsprechung geht davon aus, dass der Begriff der groben Fahrlässigkeit keine für alle Fälle feste Norm geben könne. Der Richter habe vielmehr nach freiem, pflichtgemäßem Ermessen zu prüfen, ob nach der Gesamtlage der Umstände die Sorgfaltsverletzung als besonders schwer erscheine[462].

Dies ist jedoch keine Besonderheit des Begriffes der groben Fahrlässigkeit. Dieses Problem würde sich auch stellen, wenn man stattdessen eine Formulierung wie in den „Grundsätzen des Europäischen Vertragsrechts" verwenden würde. Aber auch ein objektives Verjährungssystem würde wegen der dadurch notwendigen Abgrenzungen erhebliche Unsicherheit hervorrufen. Die Rechtsprechung kann Unsicherheiten im Übrigen dadurch reduzieren, dass sie allgemeingültige Anforderungen an die grobe Fahrlässigkeit entwickelt.

3. Grobe Fahrlässigkeit als Maßstab ungeeignet

Kritisiert wird auch die Verwendung des Begriffes der groben Fahrlässigkeit. Die Einführung des Merkmales der groben Fahrlässigkeit geht auf das Gutachten von *Peters* und *Zimmermann* zurück. Auch sie räumen ein, dass diesem Begriff ein gewisses Maß der Unsicherheit innewohnt, das im Interesse der Sache aber hinzunehmen sei[463].

a) Kritik an der Terminologie

Die Kritik gegen diesen Begriff ist zum einen terminologischer Art. Grobe Fahrlässigkeit deutet auf eine Pflicht des Gläubigers zur Kenntniserlangung hin, die nicht besteht. Es handelt sich bei der Kenntnisnahme schließlich um eine **Obliegenheit**[464]. Das im Laufe des Gesetzgebungsverfahrens verfasste Memorandum verschiedener Zivilrechtslehrer wies darauf hin, dass es sich um ein Ver-

---

460 Mansel, NJW 2002, 92; insbesondere Piekenbrock, S. 325f.

461 Ständige Rechtsprechung, BGH, NJW 1984, 565; zuletzt BGH NJW 2001, 2092 (2093).

462 BGHZ 10, 14 (17); zletzt BGH ZIP 2000, 146 (147).

463 Vgl. Peters/Zimmermann, S. 306.

464 Vgl. dazu S. 186.

schulden gegen sich selbst handele und dass dies auch in der Formulierung zum Ausdruck kommen solle[465].

b) Kritik am Maßstab

Die weitere Kritik richtete sich gegen den Maßstab an sich, der teilweise als zu streng, teilweise als zu milde, insgesamt aber als schwer abgrenzbar angesehen wurde.

Heinrichs und *Krapp* stimmen zwar dem subjektiven Verjährungsbeginn zu, halten aber den Maßstab der groben Fahrlässigkeit für ungeeignet und schlagen stattdessen vor, schon einfache Fahrlässigkeit ausreichen zu lassen[466]. Damit würden zwar Abgrenzungsprobleme reduziert, es droht aber für den Gläubiger eine sehr nachteiligen Situation. Auf seiner Seite würde jede Nachlässigkeit dazu führen, dass er seinen Anspruch kurzfristig nicht mehr durchsetzen könnte. Er hätte damit in vielen Fällen keine faire Chance auf Realisierung seines Anspruches. Dies läuft dem Zweck der Verjährung zuwider und überbetont den Schuldnerschutz. Ihnen tritt *Mansel* entgegen, der gerade die grobe Fahrlässigkeit, die eine eindeutige und offenbare Nachlässigkeit erfordere, für besonders praktikabel hält[467].

Spiro[468] dagegen hält die Abgrenzung zwischen einfacher und grober Fahrlässigkeit für nicht sicher durchführbar. Er führt aus, dass in fast jedem Fall der Gläubiger sein Verhalten begreiflich erscheinen lassen würde, während der Schuldner es für unverzeihlich hält.

Elb[469] kommt dagegen zu einem anderen Ergebnis. Er hält die Einführung des Merkmals für einen gelungenen Schritt, da damit endlich eine rechtlich gefestigte Regelung getroffen ist, ab wann dem Gläubiger Unkenntnis schadet, womit die Hilfskonstruktionen der Rechtsprechung zu § 852 Abs. 1 BGB a.F. entbehrlich werden. Die Benutzung des Begriffs grobe Fahrlässigkeit hält er für angemessen, da es sich um einen bekannten Begriff handele. Allein für den Bereich der unerlaubten Handlungen kritisiert er den Begriff. Die Neuregelung enthält in der Tendenz eine schuldnerfreundlichere Regelung als § 852 Abs. 1 BGB a.F. und begünstigt daher auch den Deliktsschuldner. Dabei stellt sich allerdings die Frage, ob dieser im gleichen Maße schutzwürdig ist[470].

---

465 Ernst u.a., S. 3f.

466 Heinrichs, NJW 1982, 2026; Krapp S. 173.

467 Mansel, in: Ernst / Zimmermann, S. 380, 406.

468 in: FS für Müller-Freienfels, S. 622.

469 Elb, S. 24.

470 Vgl. Elb, S. 24 Fn 5.

III. Ergebnis

Im Ergebnis lässt sich festhalten, dass die Kritik am subjektiven System nicht überzeugen kann. Die eventuell drohende Rechtsunsicherheit, die teilweise auch von Befürwortern des Systems gesehen wird[471], muss aber durch eine sinnvolle Auslegung des Erkennbarkeitskriteriums begrenzt werden. Im Vergleich mit einem vollständig objektiven System und der damit notwendigen Abgrenzung einzelner Anspruchsarten, halten sich die Probleme aber in Grenzen[472]. Das Erkennbarkeitskriterium ist jedenfalls die einzige überzeugende Möglichkeit, die allgemein gewünschte Verkürzung der Verjährungsfrist umzusetzen[473]. Eine weitere Reduzierung von Unsicherheiten bewirkt die Jahresendverjährung. Durch sie muss nicht auf den Tag genau festgestellt werden, wann Kenntnis oder grobfahrlässige Unkenntnis vorgelegen hat. Für den Schuldner genügt es, dass er das Vorliegen eines dieser Merkmale innerhalb eines Jahres darlegt und beweist. Dadurch reduzieren sich die Unsicherheiten ganz beträchtlich. Es gilt also, dass die eventuellen Nachteile des subjektiven Systems nicht ausreichen, um seine unübersehbaren Vorteile aufzuwiegen[474]. Die Neuregelung des Verjährungsrechts wird im Ganzen zu gerechteren und widerspruchsfreieren Lösungen führen[475]. Das neue Verjährungsrecht besticht durch ein hohes Maß an Übersichtlichkeit und Transparenz[476].

D. Notwendigkeit von Folgeanpassungen

Die neue verkürzte Regelverjährung machte verschiedene weitere Anpassungen des Verjährungsrechts notwendig. Es bestanden wegen der bisherigen unzweckmäßigen Regelverjährung zahlreiche besondere Verjährungsbestimmungen außerhalb des BGB. Der Zeitdruck, der für die Umsetzung der Schuldrechtsreform bestand, sorgte dafür, dass der Gesetzgeber nicht sämtliche Fristen außerhalb des BGB überprüfte[477], was zu erheblicher Kritik im Schrift-

[471] Zimmermann u.a., JZ 2001, 686; Zimmermann, Comparative Foundations, S. 99.
[472] Zimmermann, Comparative Foundations, S. 99.
[473] Vgl. Ernst, S. 587.
[474] Vgl. zu den entsprechenden Überlegungen für § 852 Abs. 1 BGB a.F. Breucker, S. 7 mit Nachweis.
[475] Mansel, NJW 2002, 99.
[476] Krämer, S. 47.
[477] Vgl. Anwk-Mansel/Stürner, § 199 Rn 4.

tum führte[478]. Die Anpassung zahlreiche Vorschriften erfolgt Ende 2004 durch das Gesetz zur Anpassung von Verjährungsvorschriften an das Gesetz zur Modernisierung des Schuldrechts[479]. Mit diesem Gesetz wurden zahlreiche Sonderbestimmungen aufgehoben, an deren Stelle nun die Regelverjährung tritt. Welche Bestimmungen im Einzelnen betroffen waren, wird im folgenden Teil bei der Frage, für welche Ansprüche grobfahrlässige Unkenntnis relevant sein kann, erörtert.

E. Notwendigkeit weiterer Anpassungen

Trotz der im vorigen Abschnitt erwähnten Reformen stellt sich die Frage, ob weitere Anpassungen notwendig sind. Einige bedeutende Fällen sollen im Folgenden näher betrachtet werden. Diese Ausführungen erheben keinen Anspruch auf Vollständigkeit und sparen insbesondere das öffentliche Recht weitgehend aus.

I. Normen mit Anknüpfung an positive Kenntnis

Der subjektive Verjährungsbeginn war bereits vor der Einführung des § 199 Abs. 1 Nr. 2 BGB bekannt und zwar nicht nur im Zusammenhang mit § 852 Abs. 1 BGB a.F. sondern auch bei zahlreichen anderen Bestimmungen[480]. Soweit diese Bestimmungen nunmehr auf Kenntnis oder grobfahrlässige Unkenntnis abstellen, gelten für sie im Grundsatz dieselben Anforderungen wie bei § 199 Abs. 1 Nr. 2 BGB.

An einigen Stellen hat der Gesetzgeber jedoch den Verjährungsbeginn weiterhin von der Kenntnis des Anspruchsinhabers abhängig gemacht und diese Normen bisher noch nicht geändert. Es stellt sich daher die Frage, ob eine Angleichung an § 199 Abs. 1 Nr. 2 BGB zu empfehlen ist.

Zu nennen ist zunächst **§ 12 Abs. 3 S. 2 PflVG**, der die Ansprüche gegen den „Entschädigungsfonds für Schäden aus Kraftfahrzeugunfällen" regelt. Der Gesetzgeber hat diese Norm noch nicht an § 199 Abs. 1 Nr. 2 BGB angepasst. Es ist

---

478 Zimmermann u.a., JZ 2001, 698.

479 BGBl. I 2004, 3214; der Entwurf eines Gesetzes zur Anpassung von Verjährungsvorschriften an das Gesetz zur Modernisierung des Schuldrechtes mit Begründung ist unter http://www.bundesjustizministerium.de/media/archive/691.pdf abzurufen.

480 Vgl. MüKo-Grothe, § 199 Rn 24.

aber davon auszugehen, dass eine Anpassung im Rahmen der Novelle des Versicherungsrechtes erfolgen wird[481].

Auch im Beamtenrecht beginnt die Verjährung des Anspruchs des Dienstherren gegen seinen Beamten wegen vorsätzlich oder grob fahrlässiger verschuldeter Amtspflichtverletzungen nach **§§ 46 Abs. 2 BRRG, 78 Abs. 2 BBG** mit der Kenntnis des Dienstherren vom Schaden und der Person des Ersatzpflichtigen. Auf grobfahrlässige Unkenntnis kommt es nicht an. Der Gesetzgeber hat bei seiner Reform das öffentliche Recht ausgeklammert, da dazu eine umfassende Abstimmung mit den einzelnen Bundesländern notwendig gewesen wäre, da diese inhaltsgleiche Bestimmungen in ihren Landesbeamtengesetzen aufweisen. Im Übrigen stellt sich die Frage, ob dem Beamten eine weitere Privilegierung im Verjährungsrecht gewährt werden sollte, nachdem seine Haftung ohnehin schon auf vorsätzliche und grobfahrlässige Schädigungen beschränkt ist.

Nach **§ 1378 Abs. 4 S. 1 BGB** beginnen Ansprüche aus der Beendigung von Güterständen zu verjähren, wenn der Ehegatte von der Beendigung des Güterstandes erfährt. Es handelt sich also um ein Kenntniskriterium. Ob der Gesetzgeber auch hier auf grobfahrlässige Unkenntnis abstellen wird ist fraglich und im Grundsatz auch unerheblich, da Fälle, in denen der Güterstand unbemerkt beendet wird kaum vorstellbar sind.

Im Erbrecht besteht in **§ 2332 BGB** eine Verjährungsbestimmung für die Verjährung von Pflichtteils- und Pflichtteilsergänzungsansprüche. Sie stellt allein auf Kenntnis ab, wobei sich die Kenntnis auf den Eintritt des Erbfalles und die beeinträchtigende Verfügung bezieht. Es ist auch hier schwer vorstellbar, dass die Kenntnis fehlt, da die Merkmale dem Pflichtteilsberechtigten in den bedeutsamen Fällen nicht entgehen dürften. Dennoch sind solche Fälle denkbar. Eine Anpassung an die Regelung in § 199 BGB bietet sich daher an.

Nach **§ 4 ErbbauVO** gilt für bestimmte erbbaurechtliche Ansprüche, nämlich der Heimfallanspruch und der Anspruch auf Zahlung einer Vertragsstrafe eine 6 monatige Verjährungsfrist, die mit Kenntnis des Grundstückseigentümers von den Voraussetzungen des Anspruches beginnt. Da keine praktisch relevanten Fälle denkbar sind, in denen die Voraussetzungen nicht positiv bekannt sind, ist eine Anpassung nicht erforderlich.

Ansprüche aus **§ 44 Börsengesetz** (BörsG) verjähren nach § 46 BörsG in einem Jahr ab Kenntnis der Unrichtigkeit oder Unvollständigkeit des Prospektes, spätestens in 3 Jahren seit dessen Veröffentlichung. Die Norm soll den Anleger schützen. Es wäre daher unbillig, diesem insoweit irgendwelche Nachforschungsobliegenheiten aufzuerlegen, zumal die Maximalfrist von 3 Jahren den

481 Vgl. dazu Mansel, NJW 2005, 321 Fn 8.

Prospektersteller ausreichend schützt. Grobfahrlässige Unkenntnis genügt daher ausdrücklich nicht[482].Die Maximalfrist von drei Jahren ab Veröffentlichung des Prospektes soll für den betroffenen Prospekt bewirken, dass alle Ansprüche einheitlich verjähren[483]. Der Gesetzgeber hat eine Änderung der Norm erwogen[484], sich jedoch am Ende dagegen entschieden[485]. Die momentane Fassung sollte daher beibehalten werden.

II. Sonstige Normen mit eigenständiger Verjährungsregelung

Das Binnenschifffahrtsrecht enthält einige eigenständige Verjährungsregelungen in **§§ 117, 118 BinSchG**. § 117 Abs. 1 BinSchG enthält eine einjährige Verjährungsfrist für verschiedene Ansprüche im Zusammenhang mit dem Binnenschifffartsverkehr. In § 118 Abs. 1 BinSchG findet sich eine zweijährige Verjährungsfrist für Ansprüche aus dem Zusammenstoß von Schiffen. Sie beginnt objektiv mit dem Ereignis. In § 118 Abs. 2 S. 3 BinSchG findet sich dagegen eine subjektive Verjährungsfrist für einen etwaigen Ausgleichsanspruch wegen Insolvenz eines der beteiligten Gesamtschuldner. Die auf das vorvergangene Jahrhundert zurückgehende Regelung[486] dürfte im Hinblick auf die frühere 30jährige Regelverjährung entstanden sein. Eine Änderung der in der Schifffahrtpraxis geschätzten Regelung dürfte allein im Hinblick auf die Nischenexistenz des Binnenschifffahrtsrechts bisher unterblieben sein[487]. Besondere Gründe für die relativ unübersichtliche und kasuistische Regelung sind jedoch nicht ersichtlich, zumal sie zu schwierigen Abgrenzungsproblemen im Verhältnis zu allgemeinen Ansprüchen, z.B. aus § 823 BGB führt[488]. Es bietet sich an, auch hier hinsichtlich aller Ansprüche auf die regelmäßige Verjährung abzustellen.

Die Ausführungen zum Binnenschifffahrtsrecht gelten entsprechend für sonstige Sonderverjährungsnormen. Sollten sich derartige Normen noch in anderen Nebengesetzen finden, wovon angesichts der unüberschaubaren Anzahl von Verjährungsvorschriften auszugehen ist, so wird man regelmäßig eine Anpassung an die Regelverjährung vornehmen können, ohne dass dadurch größere

482 Schwark, § 46 BörsG Rn 2.

483 A.a.O..

484 BT-Drucks. 15/3653 S. 32.

485 BT-DrS. 15/3653 S. 10.

486 Vgl. Waldstein/Holland, TranspR 2003, 387, die diese Regelungen als „verjährungsrechtlichen Saurier" bezeichnen.

487 A.a.O. S. 396.

488 Vgl. nur BGHZ 69, 63 (64ff) und BGHZ 76, 312 (314ff).

Probleme entstehen würden. Derartige Anpassungen würden aber die Rechtsanwendung ganz erheblich vereinfachen.

Teil 3: § 199 Abs. 1 Nr. 2 BGB im System der Verjährungsregeln

Vor der Auslegung des Begriffes der groben Fahrlässigkeit in § 199 Abs. 1 Nr. 2 BGB ist zunächst die systematische Stellung dieser Norm näher zu betrachten. Aus ihr folgt, für welche Ansprüche der Begriff überhaupt Wirkung entfaltet (unter B.). Eine weitere Frage betrifft das Verhältnis zur sog. Schadenseinheit. Auch bei ihr kommt es auf die Erkennbarkeit von Ansprüchen an (unter C.). In einem weiteren Abschnitt ist zu klären, welche Auswirkungen das subjektive Kriterium bei einer Mehrzahl von Anspruchsgrundlagen, Gläubigern oder Schuldnern hat (unter D.). Die weiteren Abschnitte befassen sich mit der Stellung der neuen Regelverjährungsfrist als "Überlegungsfrist" (unter E.), mit den durch die Jahresendverjährung bewirkten Erleichterungen (unter F.) und mit der Begrenzung der Verjährungsfrist durch die Maximalverjährungsfristen (unter G.).

A. § 199 Abs. 1 als Ausdruck eines Systemwechsels

§ 199 Abs. 1 Nr. 2 BGB führt einen Systemwechsel herbei. Dieser Wechsel betrifft nicht nur die allgemeine Einführung eines subjektiven Verjährungssystems, welches das vorher vielfach kritisierte objektive Verjährungssystem ablöst sondern gleichzeitig einen Wechsel von der reinen Kenntnis zur grobfahrlässigen Unkenntnis und damit zum Kennenkönnen. Der dadurch bewirkte Unterschied ist durchaus erheblich. Kenntnis ist das Ergebnis eines Erkenntnisprozesses. Sie ist in gewisser Weise zufällig. Die grobfahrlässige Unkenntnis bedeutet dagegen, dass der Gläubiger sich um seinen Anspruch zu kümmern hat, ihn also eine Obliegenheit trifft.

B. Ansprüche, bei denen grobe Fahrlässigkeit relevant sein kann

I. Anforderungen an derartige Ansprüche

1. Verjährungsbeginn nach § 199 BGB

§ 199 BGB ist eine Bestimmung für den Beginn der regelmäßigen Verjährungsfrist. Sie kommt daher stets dann zur Anwendung, wenn ein Anspruch der regelmäßigen Verjährungsfrist (§ 195 BGB) unterliegt[489]. Systematisch ist die Regel für den Verjährungsbeginn allerdings § 200 BGB, dessen wichtigste Ausnahme aber § 199 BGB ist[490]. Es ist daher zunächst der Anwendungsbereich des § 195 BGB zugrunde zu legen[491].

a) § 195 BGB als Auffangnorm

Die regelmäßige Verjährungsfrist kommt innerhalb des BGB immer dann zur Anwendung, wenn nicht durch vertragliche Vereinbarung oder durch eine gesetzliche Sonderregelung etwas anderes bestimmt ist[492]. Die gesetzlichen Sonderbestimmungen können sich dabei in Sondergesetzen, in den Büchern 2 bis 5 und auch im allgemeinen Teil finden[493].

§ 195 BGB hat damit keinen positiv sondern nur einen negativ bestimmten Anwendungsbereich[494]. Er gilt, wenn keine Sonderbestimmung vorhanden ist. Erst die Kenntnis der Ausnahmen erschließt die Reichweite der Regelverjährung[495].

Anders als nach alter Rechtslage verbleibt für die Regelverjährung nun eine ganze Reihe von Ansprüchen[496]. Grundsätzlich verjähren mangels Sonderbestimmungen sowohl rechtsgeschäftliche, rechtsgeschäftsähnliche, gesetzliche und sachenrechtliche Ansprüche nach § 195 BGB. Hinzu kommen familien- und erbrechtliche Ansprüche, soweit sie auf wiederkehrende Leistungen gerichtet sind (§ 197 Abs. 2 BGB).

---

489 Staudinger-Peters, § 199 Rn 2; Palandt-Heinrichs, § 199 Rn 1; AnwK-Mansel/Stürner, § 199 Rn 13.

490 Vgl. Zimmermann, Schuldrechtsmodernisierung, S. 26f.

491 Dazu Palandt-Heinrichs, § 195 Rn 2ff.

492 Elb, S. 23.

493 Vgl. Staudinger-Peters, § 199 Rn 79; vgl. Amann, DNotZ 2002, 96 mit Beispielen.

494 Peters/Zimmermann, S. 108; vgl. Schnaufer, S. 12.

495 Schellhammer, Rn 2481.

496 Vgl. Mansel/Budzikiewicz, § 1 Rn 22 und § 3 Rn 33; kritisch Piekenbrock, S. 327.

aa) Auffangvorschrift innerhalb des BGB

Innerhalb des BGB ist § 195 BGB eine Auffangnorm. Spezialvorschriften finden sich bereits im allgemeinen Teil des BGB.
Hier sind die §§ 196, 197 BGB zu beachten. Diese Sondervorschriften gehen den allgemeinen Vorschriften als *leges speciales* vor.

Sie entziehen bestimmte Ansprüche der Regelverjährung. Wichtig ist dabei, dass der Anwendungsbereich dieser Vorschriften teilweise recht weit ist.

So erfasst § 196 BGB[497] nicht nur die Ansprüche auf Übertragung eines Grundstückes sondern auch die Ansprüche wegen der Rückübertragung und auf die Gegenleistung. Dadurch wird ein vertraglicher Erfüllungsanspruch, für den sonst §§ 195, 199 BGB gelten würde, einer 10 jährigen objektiv beginnenden Verjährungsfrist unterworfen.

Auch § 197 Abs. 1 BGB entzieht zahlreiche Ansprüche der Regelverjährung. Bedeutsam ist vor allem Nr. 2, die Ansprüche aus dem Familien und Erbrecht pauschal einer 30jährigen Verjährung unterstellt. Der Verjährungsbeginn bestimmt sich für diese Ansprüche objektiv nach § 200 S. 1 BGB.

Auch zulässige Verjährungsvereinbarungen[498] sind zu beachten. Sie gehen der gesetzlichen Verjährung und damit auch der Regelverjährung vor.

Es ist nicht Aufgabe dieses Werkes, alle von der Regelverjährung betroffenen Ansprüche aufzulisten. Hierzu wird auf die Auflistung bei *Gottwald*[499] oder *Dohse*[500] verwiesen.

Wenn eine andere Norm als § 195 BGB eine Dreijahresfrist enthält, so handelt es sich um eine Sonderregelung gegenüber § 195 BGB[501]. Der Verjährungsbeginn richtet sich dann, sofern nicht auch für ihn eine Sonderbestimmung besteht, nach § 200 S. 1 BGB[502].

bb) Ansprüche außerhalb des BGB

Bei Ansprüchen außerhalb des BGB, die keine ausdrückliche Regelung enthalten, gelten nach der allgemeinen Systematik der allgemeine Teil des BGB und damit §§ 195, 199 BGB. Einen entsprechenden Grundsatz hat der Gesetzgeber

---

497 Zu den Problemen dieser Norm vgl. Birr, Rn 48.
498 Beachte § 202 BGB.
499 Rn 51 ff.
500 S. 61ff.
501 Mansel/Budzikiewicz, § 3 Rn 64; Dohse, S. 22.
502 AnwK-Mansel/Stürner, § 199 Rn 199.

zwar am Ende nicht in das Gesetz eingefügt, doch dürfte die Regelverjährung trotzdem zur Lückenfüllung herangezogen werden[503].

Das gilt nun auch für ältere Bestimmungen, für die bisher die 30-jährige Regelverjährung in gleicher Weise galt. Der Gesetzgeber hat bei dem Entwurf des Gesetzes zur Anpassung von Verjährungsvorschriften an das Gesetz zur Modernisierung des Schuldrechts[504] ausdrücklich zum Ausdruck gebracht, dass nunmehr in allen Fällen die Bestimmungen des allgemeinen Teils in ihrer neuen Fassung zur Anwendung kommen sollen[505].

b) Ausdrückliche Verweise auf § 195 BGB

In vielen Fällen enthalten Sondergesetze einen Verweis auf § 195 BGB bzw. auf die regelmäßige Verjährungsfrist. Findet sich kein entsprechender Verweis, gelten die Bestimmungen wie soeben dargestellt jedenfalls entsprechend.

Sofern nicht zugleich ein abweichender Verjährungsbeginn geregelt ist, gilt damit automatisch der Verjährungsbeginn nach § 199 BGB[506].

Verweise auf die Verjährung nach § 852 Abs. 1 BGB a.F. wird man als Verweise auf die neue Regelverjährung interpretieren müssen, gleiches gilt für Verweise, bei denen auf die für unerlaubte Handlungen geltenden Verjährungsregeln verwiesen wird[507].

c) Erweiterter Anwendungsbereich durch Reformen

Der Anwendungsbereich des § 195 BGB hat durch die Reform des Verjährungsrechts erheblich an Bedeutung gewonnen. Die regelmäßige Verjährungsfrist ist nun anders als vor der Schuldrechtsreform tatsächlich die Regel. Dementsprechend hat der Gesetzgeber der regelmäßigen Verjährungsfrist durch die Streichung zahlreicher Sondervorschriften, insbesondere außerhalb des BGB, einen deutlich größeren Anwendungsbereich eröffnet. Bei allen diesen Fällen kommt dann § 195 BGB und mit ihm § 199 BGB zur Anwendung.

Rechtstechnisch hat der Gesetzgeber verschiedene Methoden verwandt, um die Geltung der Regelverjährung sicherzustellen. Zum einen hat er in manchen Fällen schlicht Sonderbestimmungen ersatzlos gestrichen. § 195 BGB greift dann als Auffangregelung ein. An anderen Stellen hat der Gesetzgeber einen ausdrücklichen Verweis auf § 195 BGB oder auf die Verjährung nach den Regelungen des BGB eingefügt. Am Ergebnis ändert dies nichts.

---

503 Vgl. Mansel/Budzikiewicz, § 2 Rn 39ff; MüKo-Grothe, § 195 Rn 4.

504 BGBl. I 2004, 3214.

505 BT-DrucksS. 15/3653, S. 11.

506 Vgl. Palandt-Heinrichs, § 199 Rn 1; AnwK-Mansel/Stürner, § 199 Rn 13.

507 Mansel/Budzikiewicz, § 2 Rn 36f.

Die systematischen Überlegungen zeigen, dass es zunächst einmal eine große Zahl von Ansprüchen gibt, bei denen es auf grobfahrlässige Unkenntnis ankommen kann.

2. Verhältnis der grobfahrlässigen Unkenntnis zur Kenntnis

a) Vorrangigkeit der Kenntnis

§ 199 Abs. 1 Nr. 2 BGB nennt zwei Voraussetzungen, die alternativ für den Verjährungsbeginn erforderlich sind. Entweder hat der Gläubiger die erforderliche Kenntnis oder aber er hat zwar diese Kenntnis nicht, seine Unkenntnis ist aber als grob fahrlässig zu bezeichnen.

Die Kenntnis ist das logisch vorrangige Merkmal. Sobald die Kenntnis erlangt wurde, kommt es auf die grobfahrlässige Unkenntnis nicht mehr an. Auf welchem Wege die Kenntnis erlangt wurde, ist dafür unerheblich. Sie kann das Resultat von solchen Aufklärungsbemühungen sein, die der Gläubiger zur Vermeidung des Vorwurfs der groben Fahrlässigkeit unternommen hat oder sie kann aus überobligationsmäßigen Bemühungen oder aus Zufall herrühren[508]. Die Kenntnis ist das Ergebnis eines Erkenntnisprozesses[509] während die grobfahrlässige Unkenntnis das Ergebnis eines nicht ordnungsgemäß zu Ende geführten Erkenntnisprozesses ist.

Beispiel[510]: *Der Geschädigte eines Unfalles erfährt durch einen Streitverkündung ihm gegenüber die Umstände, aus denen ein Anspruch gegen einen anderen Unfallbeteiligten folgt.*

Es ist daher bei lückenhafter Kenntnis stets zu prüfen, ob sie nicht schon ausreichend ist, bevor vorschnell davon ausgegangen wird, es stünden noch wesentliche Erkenntnisse aus und die Verjährung würde noch nicht laufen[511].

b) Rückgriff auf grobfahrlässige Unkenntnis

Bei der Feststellung der Kenntnis ergeben sich in der gerichtlichen Praxis erhebliche Probleme. Es handelt sich um eine innere Tatsache, auf die aus äußeren Tatsachen geschlossen werden kann[512].

---

508 Staudinger-Peters, § 199 Rn 51.

509 Vgl. Schnaufer, S. 1.

510 BGH VersR 1971, 154 (155) dazu ablehnende Anmerkung Förste, VersR 1971, 716f.

511 Vgl. hierzu BGH NJW-RR 1990, 343 (344).

512 Vgl. OLG Frankfurt/Main, NJW-RR 1999, 1474 (1475); Staudinger-Peters, § 199 Rn 50.

Die Kenntnis wird sich in vielen Fällen nur vermuten, nicht aber fixieren lassen[513]. Der Beweis über die Kenntnis als innere Tatsache müsste entweder im Wege der sehr unsicheren Parteivernehmung geführt werden oder es müssten Indizien für die Kenntnis dargelegt und bewiesen werden[514]. Nur für den seltenen Fall, dass der Gläubiger sich gegenüber Dritten über seine Kenntnis äußert, ist ein Zeugenbeweis möglich[515].

Nur dann, wenn der Gläubiger seinen Anspruch schon unter Darlegung aller wesentlichen Erkenntnisse gegenüber dem Schuldner geltend gemacht hat, steht diesem eine sichere Beweismöglichkeit zur Verfügung[516]. Der Schluss auf die Kenntnis wird daher in vielen Fällen entweder nicht möglich oder aber mit so großen Problemen behaftet sein[517], dass es für das entscheidende Gericht nahe liegend ist, eine Feststellung darüber zu treffen, dass die Unkenntnis jedenfalls auf grober Fahrlässigkeit beruht hat[518] und dadurch den Verjährungsbeginn ausgelöst hat. Die Feststellung, dass grobe Fahrlässigkeit vorgelegen hat, lässt sich erheblich leichter treffen[519]. Dies war für den Gesetzgeber der entscheidende Grund, bei § 122 Abs. 2 BGB Kenntnis und Fahrlässigkeit miteinander zu verbinden[520].

Die Neufassung führt damit zu einer Verkürzung der Beweisführung bzw. zu einer Verlagerung des Problems von der beweisrechtlichen Ebene auf eine materiellrechtliche Ebene[521]. Es reicht aus, dass nachgewiesen wird, dass der Gläubiger durch bestimmte Maßnahmen in der Lage gewesen wäre, Kenntnis zu erlangen. Dass er tatsächlich Kenntnis hatte, muss damit nicht mehr nachgewiesen werden[522].

In der Praxis wird die Annahme grobfahrlässiger Unkenntnis vielfach Fälle betreffen, in denen tatsächlich Kenntnis bestand, diese aber nicht nachweisbar war[523]. Die Position des Gläubigers wird dadurch zwar verschlechtert, doch ist

513 Haug, DNotZ 1977, 473.

514 Staudinger-Peters, § 199 Rn 50; Pfeiffer, S. 220; Riedhammer, S. 104; Birr, Rn 37; vgl. bereits Peters/Zimmermann, S. 247; Sallawitz, S. 73ff; vgl. auch Nabholz, S. 161.

515 Riedhammer, S. 101.

516 Vgl. OLG Düsseldorf NJW-RR 1998, 1244.

517 Vgl. Breucker, S. 8.

518 Vgl. Riedhammer, S. 107.

519 Vgl. Peters/Zimmermann, S. 306.

520 Riedhammer, S. 25 unter Verweis auf Mugdan, Band 1, S. 744.

521 Buck, S. 53.

522 Staudinger-Peters, § 199 Rn 50.

523 Vgl. Staudinger-Peters, § 199 Rn 51.

es angemessen, ihm das Risiko, einen nahe liegenden Schluss nicht gezogen zu haben, aufzubürden[524].

3. Ansprüche bei denen typischerweise Kenntnis gegeben ist

Die vorangegangene Betrachtung hat einen relativ weiten Anwendungsbereich des § 199 BGB ergeben. Nicht bei allen dort erwähnten Ansprüchen wird es aber auf grobfahrlässige Unkenntnis ankommen. Wie bereits dargestellt, geht die positive Kenntnis der grobfahrlässigen Unkenntnis logisch vor. Sofern also bei einem Anspruch die Kenntnis vorhanden ist, kommt es auf grobfahrlässige Unkenntnis nicht mehr an. Bei vielen der nach § 199 BGB verjährenden Ansprüche wird die Kenntnis typischerweise vorliegen, so dass es auf grobfahrlässige Unkenntnis nur theoretisch ankommt. Bei diesen Ansprüchen kann die grobfahrlässige Unkenntnis nur in atypischen Ausnahmen bzw. dann, wenn die positive Kenntnis im Prozess nicht bewiesen werden kann, relevant werden. Ein Beispiel zeigt, dass die grobfahrlässige Unkenntnis in vielen Fällen irrelevant ist: Ein Anspruch aus einem Vertrag verjährt mangels spezieller Regelung nach §§ 195, 199 BGB. In aller Regel werden die Vertragspartner den Anspruch kennen[525]. Um seinetwegen haben sie schließlich den Vertrag abgeschlossen. Die praktisch bedeutsamen vertraglichen Ansprüche werden daher wenig Anlass bieten, über grobfahrlässige Unkenntnis nachzudenken[526].

Das Kriterium der grobfahrlässigen Unkenntnis läuft für diese Ansprüche weitgehend leer[527].

II. Wesentliche Anwendungsfälle grobfahrlässiger Unkenntnis

In dem folgenden Abschnitt wird beispielhaft untersucht, für welche Ansprüche es nach den eben getroffenen Feststellungen auf grobe Fahrlässigkeit im besonderen Maße ankommen kann. Dabei werden die wichtigsten Ansprüche bzw. Arten von Ansprüchen untersucht, ohne dass damit ein Anspruch auf Vollständigkeit erhoben würde. Die Regelverjährung gilt schließlich als Auffangregelung grundsätzlich für alle nicht anders geregelten Ansprüche.

---

524 Staudinger-Peters, § 199 Rn 50.
525 Vgl. Birr, Rn 37; Piekenbrock, S. 315.
526 Vgl. Erman-Schmidt-Räntsch, § 199 Rn 18.
527 So Staudinger-Peters, § 199 Rn 51.

1. Vertragliche Erfüllungsansprüche

a) Grundsätzlich Kenntnis vorhanden

Bei vertraglichen Erfüllungsansprüchen richtet sich der Verjährungsbeginn grundsätzlich nach § 199 BGB. Regelmäßig ist der Vertragsinhalt den Parteien wenigstens bei Vertragsschluss bekannt, so dass es effektiv nur auf die Anspruchsentstehung ankommt[528]. Auf grobe Fahrlässigkeit dürfte es demnach nur in wenigen Situationen ankommen[529], z.B., wenn sich während der Vertragslaufzeit Änderungen ergeben. In der Regel werden die Vertragspartner aber die ihnen zustehenden Ansprüche kennen[530]. Ein Vertrag wird schließlich gerade aus dem Grund geschlossen, daraus Ansprüche herleiten zu können. Eine "Verjährungsfalle" droht dem Gläubiger in der Regel nicht[531]. Wegen dieser fast immer vorliegenden Kenntnis wurde im Vorfeld der Schuldrechtsmodernisierung die Notwendigkeit eines subjektiven Verjährungsbeginns für vertragliche Ansprüche bestritten[532].

b) Unbekannte vertragliche Ansprüche

Es bleiben aber einige Bereiche, in denen auch vertragliche Ansprüche unbekannt sein können, so dass es auf grobfahrlässige Unkenntnis ankommen kann.

aa) Nebenansprüche

Eine Ausnahme kann sich für Ansprüche ergeben, die für die Vertragsparteien bei Vertragsabschluss zunächst nebensächlich sind. So kann in einem umfangreichen Vertragswerk ein Nebenanspruch enthalten sein, der für diejenige Partei, die den Vertrag nicht entworfen hat, nicht bekannt ist. Diese Situation wird besonders häufig bei Vorliegen von allgemeinen Geschäftsbedingungen der Fall sein.

Beispiel: Der Mobilfunkkunde K bemerkt nicht, dass in seinem Mobilfunkvertrag ein Anspruch auf Lieferung eines neuen Mobiltelefons im 2-Jahres-Rhythmus enthalten ist.

---

528 Birr, Rn 27.

529 Vgl. Pfeiffer, S. 220.

530 Leenen, DStR 2002, 34; Bydlinski, S. 394.

531 Amann, DNotZ 2002, 95.

532 Unterrieder, S. 274.

bb) Notwendigkeit einer Auskunft

Eine weitere, praktisch wichtigere Ausnahme sind Ansprüche, deren Bestehen oder deren Höhe[533] für einen Vertragspartner nicht erkennbar sind. Er ist in solchen Fällen auf die Auskunft des Schuldners angewiesen[534]. Hierfür stehen ihm verschiedene Auskunftsansprüche zur Verfügung. Dazu gehören zum Beispiel Honoraransprüche eines Autors gegenüber dem Verleger.

Erteilt der Verleger in diesem Fall eine zu niedrige Auskunft, so ist der Gläubiger hinsichtlich des ihm über die Auskunft hinaus zustehenden Betrages in Unkenntnis[535]. Durch den Wegfall des § 88 HGB unterliegen nunmehr auch die praktisch bedeutsamen Ansprüche des Handelsvertreters der Regelverjährung. Bei den Provisionsansprüchen kann er wie im eben genannten Beispiel über die Höhe in Unkenntnis sein.

cc) Unkenntnis des Umfangs der eigenen Leistung

Insgesamt kann es bei allen vertraglichen Ansprüchen Probleme mit der Höhe der Forderungen geben. So wird bei Dienst- und Werkverträgen der genaue Umfang der Verpflichtung zu Anfang nicht zweifelsfrei feststehen[536]. So kann es zum Beispiel sein, dass einem Rechtsanwalt nicht alle von ihm erbrachten Leistungen bekannt sind, weil z.B. eine Mitarbeiterin diese erbracht hat.

Beispiel: Der Rechtsanwalt berechnet seinem Mandanten keine Kopiergebühr, obwohl dieser eine größere Menge von Kopien durch die Mitarbeiterin des Rechtsanwalts anfertigen lies, was der abwesende Rechtsanwalt aber nicht bemerkte.

Die genaue Kenntnis der Höhe der Forderung setzt in solchen Fällen nämlich voraus, dass der genaue Umfang der erbrachten Leistungen bekannt ist. Dabei bereiten diejenigen Vertragstypen keine Probleme, bei denen die Fälligkeit von der Erteilung einer Rechnung abhängig ist[537]. In diesen Fällen kommt es, da der Anspruch noch nicht entstanden ist, auf Kenntnis und grobfahrlässige Unkenntnis nicht an. Diese Überlegungen dürften insbesondere für umfangreiche Dienst- und Werkverträge gelten.

---

533 Zur Kenntnis des Anspruchs gehört außer bei Schadensersatzansprüchen auch die Höhe des Anspruches. Hierauf wird später (S. 145) noch näher eingegangen.

534 Vgl. Staudinger-Peters, § 199 Rn 46.

535 Staudinger-Peters, § 199 Rn 46.

536 Vgl. Staudinger-Peters, § 199 Rn 16.

537 Dazu Staudinger-Peters, § 199 Rn 12.

dd) Honoraransprüche des Maklers

Unkenntnis kann auch bei den Honoraransprüchen eines Maklers vorliegen. Sein Anspruch ist schließlich davon abhängig, dass der von ihm vermittelte Vertrag zustande kommt (§ 652 Abs. 1 S. 1 BGB). Diese Information kann ihm aber zunächst fehlen, z.B. weil sein Vertragspartner ihm den Vertragsschluss verschweigt.

ee) Ansprüche gegen den Bürgen

Unbekannt kann auch ein Anspruch aus einem Bürgschaftsvertrag sein. Dieser ist zwar an sich dem Gläubiger bekannt, doch kann sich die Unkenntnis auf das Vorliegen der Haftungsvoraussetzungen beziehen. Hier sind zwei Situationen zu unterscheiden: Liegt eine Bürgschaft vor, bei der auf die Einrede der Vorausklage (§ 771 S. 1 BGB) verzichtet wurde (vgl. § 773 Abs. 1 S. 1 BGB), so kommt es darauf an, ob die Hauptschuld und deren Fälligkeit bekannt waren. Sie kann dann unmittelbar gegenüber dem Bürgen geltend gemacht werden. Liegt eine nicht selbstschuldnerische Bürgschaft vor, so muss zunächst der Hauptschuldner in Anspruch genommen werden. Der Gläubiger ist im dann aber durch den zusätzlichen Hemmungsgrund des § 771 S. 2 BGB vor der Verjährung geschützt, solange er gegen den Hauptschuldner vorgeht.

ff) Zugang ohne Kenntnisnahme

Probleme können sich auch ergeben, wenn ein Vertrag durch Zugang einer Willenserklärung zustande kommt, der Empfänger der Willenserklärung aber keine Kenntnis hat. Es gibt nämlich keinen Grundsatz, wonach mit Zugang automatisch Kenntnis verbunden ist[538], mag man in solchen Fällen auch eine tatsächliche Vermutung dafür annehmen[539]. Er wird schließlich auch als bloße Möglichkeit der Kenntnisnahme definiert. Insbesondere in größeren Unternehmen erspart man sich bei Annahme grobfahrlässiger Unkenntnis den Nachweis, dass ein zugegangenes Dokument tatsächlich von einer Person zur Kenntnis genommen wurde, deren Wissen sich das Unternehmen zurechnen lassen muss.

2. Rückgewähransprüche aus gescheiterten Verträgen

Auf die grobfahrlässige Unkenntnis kann es auch bei Ansprüchen aus der Rückabwicklung von Verträgen kommen. Derartige Ansprüche sind abgesehen

---

538 Sallawitz, S. 86f; Buck, S. 79.

539 A.a.O. S. 80.

von Ansprüchen aus der Rückabwicklung von Grundstücksgeschäften[540] grundsätzlich der Regelverjährung unterworfen. Dies gilt unabhängig davon, ob die Ansprüche aus dem Rücktrittsrecht oder aus Bereicherungsrecht herrühren, da beide Arten von Ansprüchen der Regelverjährung unterfallen. Ist die Rückabwicklung von einer empfangsbedürftigen Erklärung der einen Vertragspartei abhängig, d.h. von einer Rücktrittserklärung (§ 349 BGB) oder einer Anfechtungserklärung (§ 143 Abs. 1 BGB), so wird dadurch die Kenntnis beider Beteiligter vorliegen.

Beispiel: Der Käufer tritt wegen nicht rechtzeitiger Lieferung durch den Verkäufer vom Vertrag zurück. Durch die empfangsbedürftige Rücktrittserklärung (§ 349 BGB) erfährt auch der Verkäufer von den Umständen, die die Rückgewähransprüche begründen.

Ausnahmen ergeben sich, wenn das Rücktrittsrecht aufgrund einer Rechtsfolgenverweisung ohne Rücktrittserklärung eingreift, z.B. nach § 326 Abs. 4 BGB bei Vorliegen von Unmöglichkeit. Weitere Ausnahmen bestehen, wenn die Rückabwicklung nach Bereicherungsrecht erfolgt, weil der Vertrag per Gesetz nichtig ist. Bei den meisten der im Gesetz vorgesehenen Nichtigkeitsgründe wird sich die Kenntnis aber aus der Natur der Sache ergeben. Auch der Gesetzgeber ging davon aus, dass Ansprüche aus Leistungskondiktionen in der Regel bekannt seien[541].

Beispiel: Der Bewucherte und der Wucherer kennen die Umstände, die die Zwangslage und ihre Ausnutzung begründen.

Nur manchmal ist Nichtigkeit denkbar, ohne dass dies erkannt werden muss.

Beispiel: Die Geisteskrankheit des einen Vertragspartners stellt sich erst lange nach Vertragsschluss heraus.

Unsicherheiten können sich in allen Fällen bezüglich der genauen Höhe eines Rückgewähranspruches ergeben, insbesondere wenn der ursprüngliche Bereicherungs- oder Rückgewährgegenstand nicht mehr vorhanden ist und der Anspruch auf Wertersatz gerichtet ist.

Insgesamt wird die grobfahrlässige Unkenntnis bei der Rückabwicklung von Verträgen aber nur selten eine Rolle spielen.

3. Ansprüche aus gesetzlichen Schuldverhältnissen

Ein wesentliches Anwendungsgebiet der grobfahrlässigen Unkenntnis sind sämtliche Ansprüche aus gesetzlichen Schuldverhältnissen. Sie entstehen

---

540 Dort gilt § 196 BGB, vgl. zum Streitstand Birr, Rn 50 m.w.N..

541 BT-Drucks 14/6040, S. 103.

unabhängig vom Willen der Beteiligten und häufig in Abwesenheit eines oder beider Beteiligter. Es kann daher relativ häufig eine Situation entstehen, in der es an der Kenntnis fehlt.

Diese Überlegungen gelten in gleicher Weise für Ansprüche aus Geschäftsführung ohne Auftrag[542], ungerechtfertigter Bereicherung[543], unerlaubter Handlung, Eigentümer-Besitzer-Verhältnis und allen sonstigen gesetzlichen Schuldverhältnissen. Speziell die Ansprüche aus unerlaubter Handlung bieten einen weiten Anwendungsbereich. Hierzu gehören nicht nur die Ansprüche aus §§ 823ff BGB sondern auch sämtliche Schadensersatzansprüche aus Gefährdungshaftung[544] und aus der Verletzung von Schutzrechten[545].

4. Schadensersatzansprüche

Ein weiterer Anwendungsbereich grobfahrlässiger Unkenntnis sind alle Ansprüche, die auf Schadensersatz gerichtet sind. Bei allen diesen Ansprüchen, ganz gleich ob sie vertraglicher oder gesetzlicher Art sind, kann Unkenntnis über den Eintritt und das Ausmaß eines Schadens bestehen. Zwar ergeben sich gewisse Erleichterungen, wenn man dem Grundsatz der Schadenseinheit[546] folgt, doch ist in allen Fällen denkbar, dass ein Schaden zunächst gar nicht bemerkt wird. Dann hilft auch der Grundsatz der Schadenseinheit nicht weiter.

Beispiel: Ein Wartungsmechaniker wird durch Radarstrahlung geschädigt. Dies zeigt sich erst Jahre später, als er an Krebs erkrankt.

5. Ergebnis

Die Überlegungen haben ergeben, dass der Schwerpunkt für die Anwendung der grobfahrlässigen Unkenntnis der Bereich der gesetzlichen Schuldverhältnisse sein wird[547]. Zusätzlich wird dieses Merkmal bei allen Schadensersatzansprüchen relevant. Neben den gesetzlichen Schuldverhältnissen ist das Kriterium nur in einigen besonderen Fällen relevant. Im Vertragsrecht sind dies die Ansprüche, die von einer Auskunft abhängen, Nebenansprüche, erfolgs-

---

542 Vgl. dazu Amann, DNotZ 2002, 97.

543 Amann, a.a.O.; zu den umstrittenen Ausnahmen vgl. Finkenauer, S. 313f m.w.N.; vgl. auch Peters / Zimmermann, S. 240 und Birr, Rn 53.

544 Z. B. §§ 14 StVG, 11 HPflG, 17 UmweltHG, 32 Abs. 8 GenTG, 39 LuftVG, 8 Abs. 6 BDSG und 117 Abs. 2 BBergG.

545 Z.B. §§ 141 S. 1 PatG, 20 S. 1 MarkenG, 102 S. 1 UrhG, 49 S. 1 GeschmMG, 24c S. 1 GebrMG, 9 Abs. 3 S. 1 HalblSchG und 37c S. 1 SortenSchutzG.

546 Dazu unter S. 101ff.

547 Im Grundsatz zutreffend daher Staudinger-Peters, § 199 Rn 51.

abhängige Ansprüche und Ansprüche, bei denen die erbrachte Leistung die Höhe bestimmt.

C. Verhältnis zur sog. Schadenseinheit

I. Grundsätzliches

Einen besonderen Stellenwert im Rahmen des subjektiven Verjährungsbeginns nahm und nimmt der Grundsatz der Schadenseinheit ein. Da dessen systematische Einordnung problematisch ist, sollen die dazugehörigen Überlegungen an dieser Stelle dargestellt werden. Es stellt sich dabei die Frage, ob und wenn ja in welcher Weise das Kriterium der grobfahrlässigen Unkenntnis für die weitere Entwicklung der Lehre von der Schadenseinheit relevant ist.

II. Der Grundsatz der Schadenseinheit in der Rechtsprechung

Der Grundsatz der Schadenseinheit, welcher im Zusammenhang mit § 852 Abs. 1 BGB a.F. entwickelt wurde, besagt, dass der gesamte aus einer unerlaubten Handlung entstehende Schaden rechtlich eine Einheit bildet[548]. Diese Einheit wird zum einen dadurch hergestellt, dass von einer einheitlichen Entstehung des Schadens ausgegangen wird, zum anderen dadurch, dass die Anforderungen an die Kenntnis des Schadens herabgesetzt werden.

1. Einheitliche Entstehung des Schadens

Diese Einheit wird zunächst dadurch hergestellt, dass der gesamte Schaden aus einer unerlaubten Handlung dann als entstanden angesehen wird, wenn nur ein Teilschaden entstanden ist[549]. Es genügt damit, wenn die Verschlechterung sich wenigstens dem Grunde nach verwirklicht hat, auch wenn ihre Höhe noch nicht beziffert werden kann[550]. Nur dieser erste Teilbetrag muss im Klagewege gel-

---

548 RGZ 119, 204 (207f); RG WarnRspr. 1909 Nr. 103; JW 1912, 38; BGH JR 1958, 100 (101); BGH NJW 1979, 1460 ; BGHZ 50, 21, 24; 67, 372 (373); 100, 228 (231f); NJW 1988, 965; Staudinger-Peters, § 199 Rn 34 m.w.N..

549 BGH NJW 1960, 380; 1991, 2833 (2835); 1992, 2828 (2829); 1993, 648 (649) mit Nachweisen; 1998, 1488; NJW-RR 1990, 459; BGH WM 1978, 331 (332), vgl. auch Anmerkung Voit zu BGH WM 1993, 251, WuB IV A. § 852 BGB 1.93 S. 504f.

550 RG JW 1907, 302 Nr. 5; BGHZ 100, 228 (231); 114, 150 (153); BGH NJW 1992, 3034.

tend gemacht werden können[551]. Bezifferbar muss der Schaden in keinem Fall sein[552].

Er kann schließlich im Wege der Feststellungs- oder Stufenklage geltend gemacht werden[553]. Unerheblich ist hierbei, ob schon feststeht, dass ein erlittener Nachteil auf Dauer bestehen bleibt oder nur vorübergehender Natur ist[554].

Es ist damit im Grundsatz unerheblich, zu welchem Zeitpunkt spätere Folgen eintreten, solange sie nur bloße Weiterentwicklungen des ursprünglichen Schadens darstellen, mit denen schon von Anfang an gerechnet werden musste[555].

Beispiel[556]: Wird eine Sache zunächst entzogen und dann später vernichtet, so beginnt die Verjährung des Ersatzanspruches schon mit der Entziehung, da diese das Beschädigungs- und Vernichtungsrisiko erkennbar erhöht.

Nicht ausreichend ist aber, wenn noch gar nicht feststeht, ob ein Schaden entstanden ist. In einem solchen Fall wäre zwar eine Feststellungsklage nach § 256 ZPO in bestimmten Fällen möglich. Der Anspruch ist deswegen dennoch nicht entstanden[557].

2. Reduzierte Anforderungen an die Kenntnis

Weiter wird die Einheit dadurch gesichert, dass es für die Kenntnis des Gläubigers ausreicht, wenn er überhaupt Kenntnis von dem Schaden als solchem hat[558]. Die Kenntnis des Schadens bedeutet somit nicht, dass der Umfang des Schadens, also die einzelnen Schadensposten bekannt sind sondern nur, dass der Schaden überhaupt bekannt ist[559].

---

551 BGHZ 40, 24; 119, 69 (71); BGH NJW 1998, 1488.

552 BGHZ 79, 176 (178).

553 Bamberger/Roth-Henrich, § 199 Rn 5 m.w.N..

554 RG JW 1935, 776; BGHZ 100, 228 (231); 114, 150 (153); BGH NJW 1992, 2766; 1992, 2828 (2829); WM 1960, 883 (886).

555 RGZ 83, 354 (360); 87, 306 (312); BGHZ 50, 21 (24); BGH NJW 1991, 2833 (2835); 1998, 1303 (1304); 2002, 1414; NJW-RR 1998, 742 (743).

556 Vgl. BGH WM 1978, 331.

557 BGH NJW 1993, 648 (650) m.w.N..

558 Vgl. MüKo-Grothe, § 199 Rn 37 m.w.N..

559 RGZ 119, 204 (208); 145, 56 (70); BGHZ 33, 112 (116); 48, 181 (183); 67, 372 (373); 100, 228 (231); 114, 150 (152f); BGH NJW 1960, 380; 1973, 702; 1990, 2808 (2809); 1991, 973; 1993, 648 (650); 1993, 2741 (2744); BGH NJW-RR 1992, 282 (283); VersR 1980, 846; 1988, 401 (402); 1988, 929 (930) mit weiteren Nachweisen; 1997, 1111 (1112); 2000, 331 (332); Soergel-Niedenführ, § 199 Rn 40.

Die Kenntnis ist schon dann ausreichend, wenn sie soweit reicht, dass der Geschädigte auf ihrer Grundlage eine Schadensersatzklage erheben kann, wofür die Erhebung einer Feststellungsklage ausreichend ist[560].

Es genügt dazu die Kenntnis von der Vermögensbeeinträchtigung und der Verursachung in ihrer wesentlichen Gestaltung, während das Schadensbild hinsichtlich Umfang und Höhe der Schädigung sowie die Einzelheiten des schadensstiftenden Ereignisses und des weiteren Ursachenverlaufes nicht bekannt zu sein brauchen[561].

3. Konsequenzen

Die Konsequenz aus dieser Überlegung ist, dass nicht nur der gegenwärtig bekannte Schaden von der Verjährung erfasst wird, sondern auch der gesamte zukünftige Schaden, sofern er nur voraussehbar war[562].

Beispiel[563]: Wegen einer Verletzung am 1.6. 2005 beginnt die Verjährung am 1.1. 2006 und zwar für alle Schäden, die aus dieser Verletzung resultieren, ganz gleich, ob sie im Jahr 2005, 2006 oder erst 2020 relevant werden.

Sie können daher verjährt sein, bevor sie den Geschädigten beeinträchtigen. Der Gläubiger muss daher, will er die Verjährung vermeiden, wegen etwaiger möglicher Zukunftsschäden Klage erheben[564].

Die Klage wird, da eine Leistungsklage noch nicht möglich ist, eine Feststellungsklage nach § 256 Abs. 1 ZPO sein. Das erforderliche Feststellungsinteresse wird daraus hergeleitet, dass die Verjährung von Spätschäden droht. Da solche kaum jemals ausgeschlossen sein werden, besteht es in praktisch allen Fällen[565]. Derartige Klagen wurden auch durchweg als zumutbar angesehen[566]. Für die

560 BGHZ 48, 181 (183); BGH VersR 1974, 197 (198); 1980, 846; BGH WM 1982, 615 (616); BGH NJW-RR 1987, 916.

561 RGZ 83, 354 (360); 119, 204 (208); RG WarnRspr. 1909 Nr. 103 ; RG JW 1909, 724; BGH NJW 1960, 380; 1993, 648 (653); VersR 1960, 638 (639); 1963, 631 (632); BGH WM 1978, 331 (332).

562 BGH VersR 1966, 243; 1967, 1094; 1978, 350; 1979, 646; 1982, 703; 1984, 482; NJW 1997, 2448; 2000, 861 (862).

563 Vgl. Staudinger-Peters, § 199 Rn 34.

564 Jaeger, ZGS 2003, 332.

565 Staudinger-Peters, § 199 Rn 36; BGH VersR 1974, 248; BGH NJW 1991, 2707 (2708); BGH MDR 2001, 448; vgl. v. Gerlach, VersR 2000, 531f mit Nachweisen; Jaeger, ZGS 2003, 332.

566 BGH VersR 1983, 735 (737); Müller, VersR 1998, 135.

Begründetheit reicht es aus, wenn neben der Haftung dem Grunde nach eine gewisse Wahrscheinlichkeit dafür besteht, dass aus dem festzustellenden Rechtsverhältnis noch Ansprüche entstehen können. Diese Wahrscheinlichkeit kann nur verneint werden, wenn wegen der Schwere des Schadens aus der Sicht des Geschädigten bei verständiger Beurteilung kein Grund bestehen kann, mit Spätfolgen wenigstens zu rechnen[567].

In der Regel wird bei Körperverletzungen ein Teil des Anspruches auf einen Sozialversicherungsträger, eine Privatversicherung oder einen Dienstherren übergegangen sein. Die Feststellungsklage beschränkt sich dann auf diejenigen Schäden, die beim Verletzten verbleiben. Derjenige, auf den ein Teil des Anspruches übergegangen ist, muss ggf. selbst eine Feststellungsklage erheben.

Aus dieser Überlegung wurde für § 852 Abs. 1 BGB a.F. hergeleitet, dass die Möglichkeit der Feststellungsklage ausreichend sein sollte, um die Verjährung beginnen zu lassen. Ob diese Überlegung allgemein für § 199 Abs. 1 Nr. 2 BGB übernommen werden sollte, wird an anderer Stelle[568] kritisch zu prüfen sein. Die Erhebung einer Feststellungsklage ist mit erheblichen Kosten für den Beklagten verbunden. Diese können vermieden werden, wenn außerprozessual eine Vereinbarung über die Verjährung getroffen wird, was in den Grenzen des § 202 Abs. 2 BGB möglich ist. Dadurch wird der Gläubiger vor der drohenden Verjährung geschützt und dem Schuldner werden die Kosten erspart[569].

4. Ausnahme für unvorhersehbare Spätfolgen

Nur solche Spätfolgen, die nicht voraussehbar waren und die sich unerwartet einstellten, sind nicht erfasst[570]. Für sie läuft die Verjährung erst ab Kenntnis des Schadens[571].

Dabei wird der Maßstab der Vorhersehbarkeit aber von der überwiegenden Meinung relativ streng gehandhabt. Vorhersehbar ist demnach alles, was für eine

---

567 BGHZ 116, 60 (75); BGH VersR 1991, 704 (705); 1993, 899 (900).

568 S. 135.

569 Vgl. Staudinger-Peters, § 199 Rn 36.

570 RGZ 83, 354 (360); 106, 283 (284f); 119, 204 (208); RG WarnRsp. 1912 Nr. 432; BGHZ 50, 21 (24); BGH NJW 1973, 702; 1981, 573; 1988, 965; 1991, 973; 1991, 2833 (2835); 1997, 2448; VersR 1968, 1163 (1164); 1973, 371; 1982, 703; 1983, 735 (737) mit weiteren Nachweisen; OLG Hamm NZV 1994, 72.

571 BGH VersR 1967, 1092 (1094); 1968, 1163 (1164f); BGH NJW 1973, 702; 1988, 2300 (2301); 1991, 973 m.w.N.; 1997, 2448 (2449); 2000, 861 (862); OLG HambuRG VersR 1978, 546; vgl. Peters, JZ 1983, 121; vgl. Staudinger-Peters, § 199 Rn 35 m.N..

auf dem jeweiligen Gebiet erfahrene Person vorhersehbar ist[572]. Da es in der Regel um Körperverletzungen ging, kam es meist auf die Vorhersehbarkeit von Spätschäden für Mediziner an, die bei allen mehr als nur ganz geringfügigen Verletzungen bejaht wurden. Die Rechtsprechung hält Spätfolgen nur bei ganz leichten Verletzungen für nicht vorhersehbar gehalten[573].

Bei allen mehr als nur ganz leichten Verletzungen ist dagegen grundsätzlich mit Spätfolgen zu rechnen[574]. Das gilt sogar dann, wenn die Folgen keine typischen Folgen der ursprünglichen Verletzung sind sondern sich parallel dazu entwickelt haben[575]. Insbesondere bei allen Knochenverletzungen soll stets mit Spätschäden zu rechnen sein[576]. Auch dann, wenn schwere innere Verletzungen entstanden sind, muss mit Spätfolgen generell gerechnet werden[577].

Nur dann, wenn selbst eine kundige Person, namentlich ein Arzt einen Folgeschaden nicht vorhersehen konnte, so ist er im Sinne der Schadenseinheit unvorhersehbar[578]. Ist die Schadensfolge für Fachleute im Zeitpunkt der Kenntnis des Schadens noch nicht vorhersehbar sondern wird sie es erst später, so kommt es nunmehr auf die Kenntnis des Geschädigten selbst an[579].

Diese Anforderungen sind relativ hoch. Sie können leicht zu Unbilligkeiten führen. Die Rechtsprechung neigte in solchen Fällen dazu, die Berufung auf die Verjährung unter Hinweis auf § 242 BGB zu verweigern[580]. Dieser Umweg wäre vermeidbar, wenn auf einen durchschnittlichen Betrachter abgestellt würde.

---

572 BGH NJW 1991, 973; 2000, 861 (862); BGH NZV 1991, 143; v Gerlach, VersR 2000, 529; vgl. Zeuner, S. 946; vgl. Küppersbusch Rn 790; BGH VersR 1982, 703 (704); BGH NJW 1997, 2448 (2449); a.A. MüKo-Grothe, § 199 Rn 11, der auf einen durchschnittlichen Betrachter abstellen will; ebenso Staudinger-Peters, § 199 Rn 35; so auch Voit, Anmerkung zu BG WM 1993, 251, WuB IV A. § 852 1.93 S. 505f; a.A. auch Zeuner, S. 946ff, der aber auf die subjektive Sicht des Verletzten abstellen möchte.

573 BGH NJW 1973, 702 BGH VersR 1967, 1092 (1094); 1982, 703; MüKo-Grothe, § 199 Rn 11 mit Nachweisen.

574 OLG Celle VersR 1988, 829; OLG Düsseldorf NJW 1986, 2377 (2378); OLG Karlsruhe VersR 1992, 1273; OLG Koblenz VersR 1994, 866; OLG Zweibrücken VersR 1994, 1439.

575 OLG Köln NJW-RR 1993, 601 (602).

576 BGH VersR 1982, 703f; weitere Nachweise in BGH VersR 1973, 371 (372).

577 OLG HambuRG VersR 1978, 546.

578 OLG Karlsruhe VersR 1992, 1273; BGH VersR 1973, 371.

579 BGH NJW 1997, 2448 (2449) = EWiR 2/98 zu § 852 BGB, 401 mit kritischer Anmerkung Plagemann; ebenso Müller, VersR 1998, 135.

580 BGH NZV 1991, 143 mit ablehnender Anmerkung Peters.

Der Geschädigte muss daher bei möglichen Spätschäden die Verjährung durch Herbeiführung eines Anerkenntnisses oder durch Klageerhebung verhindern[581].

Nicht vorhersehbar und damit nicht von der Schadenseinheit erfasst sind allerdings die Folgen einer Verletzung, die zunächst überhaupt nicht bemerkt wurde oder die nicht als auf dem schädigenden Ereignis beruhend angesehen wurden[582].

Beispiel: Ein Wartungsmechaniker wird durch Strahlung bei der Wartung von Radaranlagen geschädigt. Erst Jahre später erkrankt er an Krebs.

5. Begründung für den Grundsatz der Schadenseinheit

Als Begründung für diesen Grundsatz verwies die Rechtsprechung stets auf die dadurch bewirkte Rechtsklarheit und Rechtssicherheit[583].
Es bestehe ein öffentliches Interesse an der Konzentration der Austragung und Erledigung von Haftungsstreitigkeiten[584]. Herangezogen wurde unter der Geltung des § 852 Abs. 1 BGB a.F. auch dessen Wortlaut, wo es hieß, dass Kenntnis "des Schadens" vorliegen musste. Der Grundsatz dürfte historisch auf eine Entscheidung des preußischen Obertribunals aus dem Jahre 1846 zurückgehen, wobei dieser Grundsatz mehr oder weniger unhinterfragt von der Rechtsprechung fortentwickelt wurde[585]. Im PrALR bestand nämlich eine dem § 852 Abs. 1 BGB a.F. ähnliche Regelung (§ 54 PrALR I 6.)[586]. Er war aber schon in der Anfangszeit nicht unumstritten, da er zu bedenklichen Abgrenzungen führte[587].

Der Vorteil dieser Ansicht besteht in der Tat darin, dass grundsätzlich alle Ansprüche aus einer unerlaubten Handlung einheitlich verjähren.

Der Gläubiger muss, will er die Verjährung vermeiden, hinsichtlich etwaiger Schadensfolgen in der Zukunft (sog. Spätschäden) eine Feststellungsklage gegen

581 OLG Hamm VersR 1978, 47.

582 BGH VersR 1968, 1163.

583 BGH NJW 1991, 973; 1997, 2448 (2449).

584 Zeuner, S. 943f; MüKo-Grothe, § 199 Rn 9; Erman-Schmidt-Räntsch, § 199 Rn 23.

585 Vgl. Peters, JZ 1983, 121 (122); Zeuner, S. 944, der auf die Vorgängernorm im ALR hinweist, zu der offenbar bereits der Grundsatz der Schadenseinheit vertreten wurde, vgl. Koch/Johow, I 6 § 54 Anm. 48 (S. 303); Engelmann, S. 215.

586 Riedhammer, S. 161.

587 Engelmann, S. 217 mit Verweis auf RG Warn.Rspr. 1909, Nr. 301.

den Schädiger erheben. Dies wurde von der Rechtsprechung als in der Regel zumutbar angesehen[588].

6. Eigenständige Schädigungshandlungen und Dauerhandlungen

Etwas anderes gilt, wenn mehrere selbstständige Handlungen des Schädigers sich vermögensmindernd auswirken. Man kann dies auch als wiederholte Schädigung bezeichnen. In diesem Fall beginnt die Verjährung erst mit der Entstehung des jeweiligen Teilschadens. Es kommt damit zu unterschiedlichen Verjährungsgsfristen. Mit der Lehre von der Schadenseinheit hat dies nichts zu tun[589].

Bei Dauerhandlungen entsteht der Schadensersatzanspruch nicht vor ihrem Abschluss[590]. Die Abgrenzung zur wiederholten Handlung kann sich als schwierig erweisen[591]. Mit dem Grundsatz der Schadenseinheit hat aber auch dieser Begriff nichts zu tun.

III. Kritik in der Literatur

In der Literatur wurde der Grundsatz der Schadenseinheit immer wieder bekämpft[592]. Er dürfte deshalb bis heute nicht den Status von Gewohnheitsrecht erlangt haben[593].Dabei wird der Rechtsprechung vor allem ihre mangelnde Konsequenz vorgeworfen, da sie ihren eigenen Standpunkt nicht konsequent durchhalten kann sondern die Ergebnisse mit Billigkeitsüberlegungen korrigieren muss[594], was als methodisch und argumentativ fragwürdig gilt. Außerdem wird kritisiert, dass der Grundsatz dazu führt, dass nur übervorsichtige Menschen ihre Ansprüche durchsetzen können. Wer dagegen durchaus vernünftig darauf ver-

588 BGH VersR 1983, 735 (737).

589 RGZ 134, 335 (341); BGHZ 71, 86 (94); BGH NJW 1985, 1023 (1024); 1993, 648 (649) mit weiteren Nachweisen; Palandt-Heinrichs, § 199 Rn 31 m.w.N.; Bamberger/Roth-Henrich, § 199 Rn 7; Staudinger-Peters, § 199 Rn 20.

590 Palandt-Heinrichs, § 199 Rn 21; BGH NJW 1973, 2285.

591 Staudinger-Peters, § 199 Rn 21.

592 Vgl. ausführlich Staudinger-Peters, § 199 Rn 37.

593 Vgl. MüKo-Grothe, § 199 Rn 9; vgl. grundlegend Peters, JZ 1983, 121ff; BGH NZV 1991, 143 (144) mit Anmerkung Peters; Zeuner, S. 951 hält zwar am Grundsatz der Schadenseinheit fest, tritt aber für eine restriktive Anwendung ein; vgl. kritisch auch AnwK-Mansel/Stürner, § 199 Rn 20f.

594 Vgl. MüKo-Grothe, § 199 Rn 11.

traut, dass es zu Spätschäden nicht kommen wird, erleidet einen Rechtsnachteil. Letztlich werden die Anforderungen an die Vorhersehbarkeit überspannt[595].

Der Grundsatz der Schadenseinheit provoziert Feststellungsklage, die letztlich keinen anderen Nutzen haben, als die Verjährung zu verhindern. Zeigt sich nämlich später doch ein Spätschaden, so wird vielfach ein zweiter Prozess notwendig, weil der Beklagte zwar nicht seine Haftung an sich, wohl aber den Ursachenzusammenhang zwischen dieser Haftung und dem Spätschaden leugnet. Zwar findet für die Feststellung dieses Zusammenhangs der mildere Maßstab des § 287 ZPO Anwendung[596], doch können sich dennoch Zweifel ergeben. Die Feststellungsklage wäre auch gegen einen Schuldner notwendig, der seine Haftung zunächst überhaupt nicht bestreitet[597]. Die Rechtskraft des Feststellungsurteils wirkt sich auf die Frage, ob ein späterer Schaden zu ersetzen ist überhaupt nicht aus[598].

Letztlich droht ein Zirkelschluss: Der Kläger kann eine Feststellungsklage erheben, da ihm die Verjährung droht[599]. Er hat also ein Feststellungsinteresse. Weil er eine Feststellungsklage erheben kann, muss er dies auch tun, um so die Verjährung zu verhindern. Gegen den Grundsatz der Schadenseinheit soll auch sprechen, dass im Zivilprozessrecht die verschiedenen Schadensposten durchaus verschiedene Streitgegenstände bilden können. Eine Schadenseinheit ist dort unbekannt. Außerdem ist die Einheit des Schadens auch deswegen zweifelhaft, weil verschiedene Teile eines Schadens an unterschiedliche Gläubiger abgetreten werden können. Ein weiteres Argument unter der Geltung des § 852 Abs. 1 BGB a.F. war, dass es eine Gleichstellung von Kenntnis und Kennenmüssen dort gerade nicht gab. Diese Gleichstellung ist aber eine der Grundannahmen der Lehre von der Schadenseinheit. Die Schadenseinheit räumt Schadensersatzansprüchen ohne erkennbaren Grund gegenüber anderen Ansprüchen eine Sonderstellung ein. In allen anderen Fällen kommt es für die Entstehung eines Anspruches schließlich darauf an, dass die Möglichkeit der Leistungsklage besteht[600]. Sofern für die Vorhersehbarkeit von Spätschäden auf die Sichtweise eines Experten abgestellt wird, reduziert sich das Merkmal der Vorhersehbarkeit auf ein fast bedeutungsloses Minimum. Für einen Experten werden die weitaus meisten Spätschäden nämlich vorhersehbar sein. Der Gläubiger wird durch diese Sichtweise überfordert. Die deshalb erforderliche Billigkeitskorrektur wirkt demnach

595 Vgl. MüKo-Grothe, § 199 Rn 9.

596 Müller, VersR 1998, 129f.

597 Dazu und zu den wenigen Ausnahmen Zeuner, S. 948.

598 Zeuner, S. 950; Staudinger-Peters, § 199 Rn 37.

599 Vgl. zum Beispiel MüKo-Grothe, § 199 Rn 9.

600 Staudinger-Peters, § 199 Rn 37.

nicht sonderlich überzeugend[601]. Letztlich wird durch den Grundsatz der Schadenseinheit die faire Chance des Gläubigers[602], seinen Anspruch durchzusetzen, vereitelt. Dieser Grundsatz gilt aber als einer der zentralen Grundsätze des Verjährungsrechts[603].

IV. Veränderungen durch die Schuldrechtsmodernisierung

Die Gutachter *Peters* und *Zimmermann* hatten vorgeschlagen, den von ihnen kritisierten Grundsatz der Schadenseinheit zu kodifizieren und hatten hierzu einen Formulierungsvorschlag gemacht[604]. Auf diesen wurde allerdings nicht zurückgegriffen. Das Schuldrechtsmodernisierungsgesetz hat dennoch am Grundsatz der Schadenseinheit festhalten wollen, wie sich aus der Gesetzesbegründung eindeutig ergibt[605]. Es wurde daher im Gesetzgebungsverfahren in § 199 Abs. 1 Nr. 1 BGB die Formulierung "fällig" gegen "entstanden" ausgetauscht, da man einen zukünftigen Schaden kaum als fällig bezeichnen konnte[606]. Die Literatur nimmt dementsprechend auch ganz überwiegend an, dass der Grundsatz weiterhin gelten wird[607].

Ob die Gesetzesfassung aber zwingend zum Ausdruck bringt, dass am Grundsatz der Schadenseinheit festgehalten werden darf, mag durchaus bezweifelt werden. Es besteht nämlich ein Widerspruch zwischen dem Beginn der beiden Maximalfristen (§ 199 Abs. 2 und 3), bei denen es jeweils auf die "Begehung der Handlung, der Pflichtverletzung oder dem sonstigen, den Schaden auslösenden Ereignis" ankommt und § 199 Abs. 1 Nr. 1 BGB. Bei den Maximalfristen lässt sich aufgrund der gefundenen Formulierung tatsächlich von einem Grundsatz der Schadenseinheit sprechen. Zwischen den dortigen Formulierungen und der "Entstehung" des Anspruches muss ein inhaltlicher Unterschied bestehen. Dies wird umso deutlicher, wenn man § 199 Abs. 3 Nr. 1 und 2 BGB gegenüberstellt. Dort werden beide Formulierungen nebeneinander gebraucht. Wenn man dem Grundsatz der Schadenseinheit folgt, so besteht auf den ersten Blick kein sachlicher Unterschied mehr. Nimmt man also im Rahmen des § 199 Abs. 1 Nr. 1 BGB den

601 Staudinger-Peters, § 199 Rn 38.
602 Vgl. oben S. 49.
603 Staudinger-Peters, § 199 Rn 38.
604 Vgl. Peters/Zimmermann, S. 307.
605 RegE BT-DruckS. 14/6040 S. 108; Rechtsausschuss BT-DruckS. 14/7052 S. 180.
606 Vgl. MüKo-Grothe, § 199 Rn 4; Staudinger-Peters, § 199 Rn 5.
607 Soergel-Niedenführ, § 199 Rn 20; Bamberger/Roth-Spindler, § 199 Rn 27; Erman-Schmidt-Räntsch, § 199 Rn 23; Mansel, NJW 2002, 91; Mansel/Budzikiewicz, § 3 Rn 80f; Jaeger, ZGS 2003, 329; Heß, NZV 2002, 66; Lorenz/Riem, Rn 51.

Grundsatz der Schadenseinheit an, so verschwindet scheinbar ein offenkundig gewollter Unterschied[608]. Ein Unterschied bleibt aber bestehen und mit diesem kann man die unterschiedlichen Formulierungen erklären. Der Grundsatz der Schadenseinheit setzt voraus, dass ein Teilschaden schon entstanden ist. Die Formulierungen in § 199 Abs. 2 und Abs. 3 Nr. 2 BGB lassen die Maximalfrist aber unabhängig davon beginnen, ob ein Teilschaden entstanden ist. Der Gesetzeswortlaut ist daher kein zwingendes Argument, den Grundsatz der Schadenseinheit abzulehnen.

Es bleibt weiter festzuhalten, dass durch den erweiterten Anwendungsbereich des subjektiven Verjährungsbeginns, der Grundsatz der Schadenseinheit auch für vertragliche bzw. vertragsähnliche Schadensersatzansprüche gilt[609].

V. Einordnungsmöglichkeiten

Aufgrund der Neufassung kann man hinsichtlich der Schadenseinheit nun zwei verschiedene Konzepte verfolgen:

1. Schadenseinheit als Frage der Entstehung des Anspruches

Zum einen kann man die Schadenseinheit als ein Problem des § 199 Abs. 1 Nr. 1 BGB ansehen. Es geht dann also darum, wann ein zukünftiger Schaden entstanden ist. Diese Frage könnte man im Sinne der bisherigen Lehre von der Schadenseinheit beantworten, also davon abhängig machen, ob der Schaden für eine kundige Person voraussehbar war oder nicht, was mit Kenntnis nichts zu tun hätte sondern eine eigene Kategorie wäre. Für § 199 Abs. 1 Nr. 2 BGB käme es hinsichtlich der Kenntnis dann nur noch auf die Kenntnis der Schadens an sich im oben genannten Sinne an. Diese Sichtweise Entspricht der bisherigen Rechtsprechung des BGH[610]. Sie findet sich auch in der Literatur[611].

Aus dieser Annahme folgen zwei Konsequenzen. Erstens wäre die Vorhersehbarkeit von Spätschäden nicht durch qualifiziert subjektive Momente eingeschränkt und zweitens würde der Grundsatz auch außerhalb der Regelverjährung, namentlich bei § 200 Anwendung finden[612]. Die grob fahrlässige Unkenntnis würde sich auf die Lehre von der Schadenseinheit

---

608 Kritisch daher Staudinger-Peters, § 199 Rn 39.

609 Vgl. Palandt-Heinrichs, § 199 Rn 14; vgl. Staudinger-Peters, § 199 Rn 34 m.w.N.; Schmidt-Räntsch S. 17.

610 Vgl. nur BGH NJW 1993, 648 (649) mit weiteren Nachweisen.

611 MüKo-Grothe, § 199 Rn 9; Palandt-Heinrichs, § 199 Rn 16.

612 MüKo-Grothe, § 199 Rn 9.

überhaupt nicht auswirken, da der Begriff auf einer anderen Ebene, nämlich der Entstehung des Anspruchs (§ 199 Abs. 1 Nr. 1 BGB) einzuordnen wäre.

2. Frage der Kenntnis bzw. grobfahrlässigen Unkenntnis

Andererseits könnte man sich auf den Standpunkt stellen, dass die Schadenseinheit im neuen Normtext nicht hinreichend klar zum Ausdruck kommt und daher mit den genannten Argumenten der Literatur zu verwerfen wäre. In diesem Fall müsste man davon ausgehen, dass die verschiedenen Schadensposten nacheinander entstehen und dass es dann für den Verjährungsbeginn auf die Kenntnis bzw. grobfahrlässige Unkenntnis des jeweiligen Schadenspostens ankommen würde. Die wesentliche Frage wäre aber in diesem Fall, wann der jeweilige Teilschaden als entstanden zu betrachten wäre. Dadurch würden sich aber auch für § 199 Abs. 1 Nr. 2 BGB neue Anwendungsmöglichkeiten ergeben. Man könnte dann zum Beispiel fragen, ob ein Gläubiger, der einen Schaden erlitten hat, grobfahrlässig handelt, wenn er es unterlässt, die Möglichkeit späterer Folgeschäden aufzuklären bzw. ob ihn eine besondere Obliegenheit trifft, die Entstehung von Folgeschäden zu kontrollieren. Der Begriff der groben Fahrlässigkeit würde die Antwort darauf liefern, welche Anstrengungen der Gläubiger auf sich nehmen müsste, um diese Aufklärung zu bewirken. Damit würde das Risiko, dass Ansprüche wegen Spätschäden unbemerkt verjähren erheblich reduziert werden. Zugleich würde aber auch der Schutz des Schuldners stark eingeschränkt werden.

3. Stellungnahme

Der Grundsatz der Schadenseinheit wird zu Recht in der Literatur kritisiert. Er führt in Einzelfällen zu unbilligen Ergebnissen und erfordert mitunter problematische Abgrenzungen. Insbesondere sind einzelne Ausgestaltungen dieses Grundsatzes kritikwürdig. Dennoch wird man den Willen des Gesetzgebers, diesen Grundsatz aufrecht zu erhalten, hinnehmen müssen. Der Wille des Gesetzgebers, den Grundsatz der Schadenseinheit beizubehalten, drückt sich zwar im Gesetzeswortlaut nicht ausdrücklich aus, wird durch diesen aber auch nicht ausgeschlossen. Würde man den Grundsatz ablehnen, so würden sich Probleme für diejenigen Schadensersatzansprüche ergeben, deren Verjährungsbeginn sich nach § 200 S. 1 BGB richtet. Die Gründe, die für die Annahme der Schadenseinheit sprechen, kommen für diese Ansprüche schließlich ebenfalls zur Anwendung. Es ist daher vorzugswürdig, den Grundsatz der Schadenseinheit zukünftig allein als Problem des § 199 Abs. 1 Nr. 1 BGB zu verstehen und damit eine Vermischung mit dem Merkmal der grobfahrlässigen Unkenntnis zu vermeiden. Die Problematik der Schadenseinheit bleibt daher eine Frage des § 199 Abs. 1

Nr. 1 BGB. Dies schließt es aber nicht aus, die Anforderungen an die Vorhersehbarkeit von Spätschäden zu reduzieren und so gerechte Ergebnisse zu erzielen. Etwaige Billigkeitskorrekturen würden dadurch überflüssig.

D. Eigenständige Verjährung für jeden Anspruch

Eine Besonderheit gerade des subjektiven Verjährungssystems ist, dass es wegen eines einheitlichen Sachverhaltes zu sehr unterschiedlich laufenden Verjährungsfristen kommen kann.

I. Materielles Verjährungssystem

Das deutsche Recht betrachtet die Verjährung anders als manche andere Rechtsordnung als eine materiellrechtliche Fragestellung[613].

Es handelt sich bei der Verjährung um eine Einrede gegen einen Anspruch. Dieses System führt dazu, dass die Verjährung wegen eines einheitlichen Sachverhaltes sehr unterschiedlich laufen kann.

Anerkanntermaßen läuft die Verjährung **für jeden Anspruch unabhängig**[614]. Dies vereinfacht sich durch eine einheitliche Frist von 3 Jahren nur scheinbar. Durch die Anknüpfung an ein subjektives Merkmal ergeben sich nämlich verschiedene Möglichkeiten, aufgrund derer die Verjährung uneinheitlich läuft. Die Kenntnis kann schließlich zu unterschiedlichen Zeitpunkten eintreten. Die dadurch bewirkte Unsicherheit ist im Interesse der Einzelfallgerechtigkeit hinzunehmen. Es gehört schließlich zu den Zwecken der Verjährung, dass jedem Gläubiger eine faire Chance belassen werden soll, seinen Anspruch durchzusetzen. Es handelt sich also bei der Kenntnis um ein relatives Kriterium[615]. Die unterschiedliche Verjährung gilt zum einen für jede einzelne Anspruchsgrundlage, sie gilt bezüglich jedes einzelnen von mehreren Schuldnern und sie gilt individuell für jeden Gläubiger.

---

613 Peters/Zimmermann, S. 108; vgl. zu den Unterschieden Zimmermann, JZ 2000, 856; derselbe, Comparative Foundations, S. 69f.

614 Vgl. nur BGHZ 116, 297 (300).

615 Zum Begriff vgl. Honsell, JZ 2001, 20; AnwK-Mansel/Stürner, § 199 Rn 6.

II. Individuell für jede Anspruchsgrundlage

Dadurch, dass die Verjährung auf der Ebene des einzelnen Anspruches ansetzt[616], kommt darauf an, wann die Umstände, die die **jeweiligen Ansprüche begründen** sollten bekannt waren.

Beispiel[617]: Bei einem Verkehrsunfall können Ansprüche aus §§ 7, 18 StVG und § 823 BGB bestehen. Die Voraussetzungen sind unterschiedlicher Art. Bei § 823 BGB kommt es zum Beispiel anders als bei § 7 StVG auf ein Verschulden des Unfallfahrers an.

Die Kenntnis des Gläubigers kann für die jeweiligen Ansprüche zu unterschiedlichen Zeitpunkten eintreten. Bei einer Mehrheit von Ansprüchen läuft daher für jeden eine eigene Verjährung. Hierdurch wirkt sich der Grundsatz der freien Anspruchskonkurrenz auch praktisch aus.

Ähnliches gilt bei den Ansprüchen aus §§ 823, 844, 845 BGB. Sie beruhen zwar auf derselben unerlaubten Handlung, haben aber verschiedene Voraussetzungen. Dabei sind die Voraussetzungen der §§ 844, 845 BGB umfassender, weswegen für diese Ansprüche gegenüber § 823 BGB zusätzliche Kenntnisse vorhanden sein müssen.

Allgemein lässt sich sagen, dass die Kenntnis eines Anspruches mit sehr speziellen und umfangreichen Voraussetzungen erheblich umfangreicheres Wissen voraussetzt, als bei einem Anspruch mit wenigen und sehr einfachen Voraussetzungen. Die Kenntnis wird daher im obigen Beispiel hinsichtlich der §§ 7, 18 StVG ziemlich kurzfristig eintreten, während die Kenntnis betreffend § 823 BGB erst später bestehen wird. Einfach zu begründende Ansprüche verjähren daher im Grundsatz schneller als solche mit schwierigen Voraussetzungen.

Ein Beispiel für einen Anspruch mit sehr speziellen Voraussetzungen ist der Anspruch auf Schadensersatz aus § 84 Abs. 1 AMG. Für ihn sind besondere Voraussetzungen erforderlich. Kenntnis und Unkenntnis müssen sich auch auf diese beziehen, was häufig den Verjährungsbeginn hinausschiebt[618].

Es muss aber darauf hingewiesen werden, dass die Kenntnis sich immer nur auf die den Anspruch begründenden Umstände (Tatsachenkenntnis), nicht auf die jeweilige Anspruchsnorm (Rechtskenntnis) beziehen muss.

Aber auch innerhalb einer Anspruchsgrundlage kann es zu einer unterschiedlichen Verjährung der einzelnen Teile eines Anspruches kommen. So kann ein

616 Vgl. Peters/Zimmermann, S. 169 m.w.N.; Dohse, S. 46f.

617 Vgl. RGZ 124, 111 (114); BGH VersR 1963, 285 (287); 1990, 167.

618 Vgl. BGH NJW 1991, 2351 (2352).

Anspruch, bei dem es auf eine Auskunft des Schuldners ankommt bei unrichtiger Auskunft teilweise bekannt, teilweise unbekannt sein[619].

Allein bei Schadensersatzansprüchen wird es zu einer solchen Aufteilung nicht kommen, solange am Grundsatz der Schadenseinheit festgehalten wird. Ob es für diese Ungleichbehandlung von Schadensersatzansprüchen und anderen Ansprüchen eine inhaltliche Rechtfertigung gibt, ist aber äußerst fraglich.

Eine gewisse Verklammerung von Ansprüchen bewirkt § 213 BGB. Die durch diese Norm gewährte Hemmung wirkt für weitere Ansprüche, die alternativ geltend gemacht werden könnten[620].

III. Individuell für jeden Schuldner

1. Grundsatz der individuellen Verjährung

Die Verjährung kann bei verschiedenen Gesamtschuldnern zu unterschiedlichen Zeitpunkten beginnen, je nachdem, wann Kenntnis erlangt wurde[621]. Die Verjährung hat **lediglich Einzelwirkung**; Neubeginn, Unterbrechung oder Hemmung wirken nach § 425 Abs. 2 BGB nur gegenüber einem Gesamtschuldner nicht gegenüber den anderen Gesamtschuldnern[622].

Beispiel: Der Spaziergänger S wird von einem heruntergefallenen Dachziegel getroffen. Dafür ist einer der Mitarbeiter des Dachdeckermeisters M verantwortlich. Welcher Mitarbeiter dies ist, ist jedoch zunächst unklar. Die Verjährung des Anspruches aus § 831 BGB beginnt gegenüber dem sofort bekannten M, nicht aber die des Anspruches aus § 823 BGB gegenüber dem Mitarbeiter, da dieser noch nicht bekannt ist.

Die Einzelwirkung entspricht dem Sinn und Zweck der Verjährung, dem Gläubiger eine faire Chance zur Anspruchsdurchsetzung zu gewähren[623]. Die Interessen des Schuldners können dagegen ins Hintertreffen geraten.

---

619 Staudinger-Peters, § 199 Rn 46.

620 Zu den Problemen der Norm vgl. Birr, Rn 105.

621 BGH NJW 2001, 964; BGH NJW-RR 1990, 343 (344); 2001, 1168 (1169); VersR 1963, 285 (286); VersR 1999, 1149; OLG Köln VersR 1992, 334; MüKo-Grothe, § 199 Rn 27; Mansel/Budzikiewicz, § 3 Rn 50; so bereits Engelmann, S. 235.

622 BGH NJW 1983, 793; 2001, 964; NJW 2001, 1721 (1722); Breucker, S. 45; Mansel, NJW 2002, 92.

623 Gaier, NZM 2003, 93.

2. Problemfälle

Durch die Einzelwirkung kann es in Fällen der Gesamtschuld zu einer Umgehung der Verjährungswirkung kommen. Haftet zum Beispiel ein Unternehmen und neben ihm als Gesamtschuldner dessen Organe oder Mitarbeiter, so wird in vielen Fällen die Verjährung betreffend das Organ oder den Mitarbeiter wesentlich später zu laufen beginnen, als gegen das im allgemeinen eher bekannte Unternehmen[624]. Durch die Ausdehnung der Haftung ist es möglich, dass erst sehr spät weitere Gesamtschuldner bekannt werden.

Es kommt zu dem eigentümlichen Ergebnis, dass das Unternehmen sich wesentlich schneller auf Verjährung berufen kann als seine Mitarbeiter[625]. Wird der Mitarbeiter allerdings erfolgreich in Anspruch genommen, so wird er das Unternehmen in Regress nehmen, was entweder über einen Gesamtschuldnerausgleich[626] oder arbeitsrechtlich über eine Haftungsfreistellung bewirkt wird. Die Verjährung entfaltet dann letztlich keinen Schutz für das Unternehmen. Der Mitarbeiter trägt allerdings das Insolvenzrisiko des Unternehmens[627].

Diese Folge mag nach dem Zweck der Verjährung unerwünscht sein[628]. Sie ist aber nach dem Gesetzeswortlaut hinzunehmen. Sie wird ein wenig dadurch relativiert, dass es nach der Neufassung zu den Obliegenheiten des Gläubigers gehört, sich von weiteren Gesamtschuldnern Kenntnis zu verschaffen[629].

Neuerdings wird versucht, die unterschiedliche Verjährung dadurch zu umgehen, dass die Einzelwirkung nach § 425 Abs. 2 BGB bestritten wird[630]. Es wird abzuwarten bleiben, ob sich die Rechtsprechung dieser Argumentation anschließen wird. Gegen diese Auffassung spricht zum einen der jedenfalls auf den ersten Blick recht eindeutige Gesetzeswortlaut, zum anderen muss nach dieser Ansicht das Interesse des Gläubigers durch einen Rückgriff auf § 242 BGB berücksichtigt werden, was mit erheblichen Unsicherheiten einhergeht. Es wird damit dem Verjährungsrecht entzogen und einer kaum objektivierbaren Einzelfallentscheidung anheim gegeben.

---

624 Vgl. BGH NJW 2001, 964; BGH NJW 2001, 1721 (1722); kritisch daher Wagner, VersR 2001, 1058; kritisch auch Sandmann, Anmerkung zu BGH JZ 2001, 711 = NJW 2001, 964, JZ 2001, 712.

625 Vgl. Sandmann, Anmerkung zu BGH JZ 2001, 713.

626 Vgl. dazu MüKo-Grothe, § 195 Rn 5.

627 A.a.O.

628 Kritisch daher Brüggemeier, Anmerkung zu BGH ZIP 2001, 379, ZIP 2001, 381f.

629 So Palandt-Heinrichs, § 199 Rn 32.

630 Zusammenfassend Kellner, S. 233ff.

IV. Individuell für jeden Gläubiger

Auch gegenüber jedem Gläubiger läuft im Grundsatz eine individuelle Verjährungsfrist. Sofern ein Gläubiger früher als eine andere Kenntnis hat oder ohne grobe Fahrlässigkeit haben müsste, läuft die Verjährung gegen den jeweiligen Gläubiger[631]. Die Kenntnis hat in diesem Fall **nur Einzelwirkung** (§§ 429 Abs. 3, 425 Abs. 2, 432 Abs. 2 BGB)[632], sofern nicht eine Zurechnung nach den Grundsätzen der Wissenszurechnung zu gleichzeitigem Verjährungsbeginn führt[633]. Sie kann bei den verschiedenen Gläubigern unterschiedlich stark ausgeprägt sein, wodurch es zu unterschiedlichen Verjährungsfristen kommt[634].

Beispiel: A und B werden gemeinsam bei einem Autounfall verletzt. A erfährt einige Tage später zufällig die Identität des Schädigers, während B davon weiterhin keine Kenntnis hat. In diesem Fall beginnt die Frist für Ansprüche des A zu laufen, für B dagegen nicht.

Diese Regel kann zu gewissen Unbilligkeiten führen und wird daher nicht immer ganz streng angewandt. So wurde unter gewissen Umständen ein Gleichlauf der Verjährung angenommen. Stets handelte es sich um Fälle, in denen ein Unfallopfer den Schädiger in Anspruch nahm und hinsichtlich seiner Ansprüche die Verjährung verhinderte. Die Ansprüche der gesetzlichen Unfallversicherung sollten dadurch ebenfalls gesichert werden. Die wesentlichen Fälle[635] waren ein Anerkenntnis gegenüber dem Geschädigten[636], ein sog. titelersetzendes Anerkenntnis, für das die gleiche Verjährungsfrist gilt, wie für tatsächlich titulierte Ansprüche[637] und ein echter Vollstreckungstitel[638].

Daraus, dass die Verjährung für jeden Gläubiger getrennt beginnt, folgen verschiedene Fragestellungen: Zum einen stellt sich die Frage, ob Kenntnis und insbesondere grobfahrlässige Unkenntnis auf die Stellung des Gläubigers im Rechtsverkehr oder gar auf dessen individuelle Erkennisfähigkeit Rücksicht nehmen muss. Zum anderen stellt sich die Frage, ob ein Gläubiger gehalten ist, bei einem anderen nach dessen Kenntnissen zu fragen. Beide Fragestellungen

631 Breucker, S. 42; so schon RG WarnRspr. 1914 Nr. 56.
632 Palandt-Heinrichs, § 199 Rn 23; Staudinger-Peters, § 199 Rn 41.
633 Gaier NZM 2003, 93.
634 Staudinger-Peters, § 199 Rn 41.
635 Vgl. BGHZ 150, 94 (97ff).
636 Vgl. OLG Köln, VersR 1998, 1307 (1308).
637 Vgl. BGH VersR 1998, 1387.
638 Vgl. BGHZ 150, 94 (97ff).

werden bei der Auslegung des Merkmals der groben Fahrlässigkeit näher untersucht.

E. Die Regelverjährungsfrist als Überlegungsfrist

Dadurch, dass die Verjährung erst dann beginnt, wenn der Gläubiger Kenntnis von den den Anspruch begründenden Umständen erlangt, ändert sich der Charakter der regelmäßigen Verjährungsfrist. Sie wird im Schwerpunkt zu einer Überlegungsfrist[639]. Sie ist mit 3 Jahren so bemessen, dass der Gläubiger selbst bei einem nicht sehr effizienten Vorgehen die notwendigen Maßnahmen treffen kann.

Dazu gehört, zunächst die freiwillige Erfüllung einer Verpflichtung abzuwarten, sodann außergerichtlich tätig zu werden und den Schuldner ggf. zu mahnen, die Aufklärung zweifelhafter Punkte und schließlich die Einleitung eines Gerichtsverfahrens[640].

Dies entspricht dem Sinn und Zweck von Verjährung. Der Gläubiger wird vor der Verjährung von ihm unbekannten Ansprüchen geschützt, deren Verjährung er sonst nicht verhindern könnte. Der Schuldner hingegen wird vor der Entschlusslosigkeit seines Gläubigers geschützt, da diesem nach Kenntnis nur die kurze Frist des § 195 BGB bleibt[641].

Die Einführung des Merkmals grob fahrlässige Unkenntnis relativiert das Kriterium der Kenntnis wieder teilweise. Auch dann, wenn der Gläubiger die den Anspruch begründenden Umstände nicht kennt, droht ihm die Verjährung. Dies gilt aber nur dann, wenn ihm die Umstände aufgrund grober Fahrlässigkeit unbekannt sind. Ihm ist in dieser Situation also ein Vorwurf zu machen. Als Ausgleich für die Nachlässigkeit des Gläubigers lässt das Gesetz seinen Anspruch damit schon vor der Kenntnis der Umstände zu verjähren beginnen.

---

639 MüKo-Grothe, § 199 Rn 2; Mansel, NJW 2002, 90; zu § 852 Abs. 1 BGB a.F. so bereits BGH Der Betrieb 1968, 129.

640 Vgl. Peters/Zimmermann, S. 301.

641 MüKo-Grothe, § 199 Rn 2.

F. Erleichterungen durch die Jahresendverjährung

Der Verjährungsbeginn wird vom Gesetz auf den Schluss des Jahres, in dem der Anspruch entstanden ist und der Gläubiger ihn kannte oder kennen musste festgelegt. Diese Regelung soll eine dauernde Kontrolle von Verjährungsfristen überflüssig machen. Sie kann stattdessen einmal pro Jahr zum Jahresende stattfinden[642]. Dadurch ergeben sich insbesondere im kaufmännischen, aber auch im nichtkaufmännischen Verkehr erhebliche Vereinfachungen[643].

Die Jahresendverjährung hat aber noch einen weiteren Vorteil: Es kommt nicht darauf an, den genauen Zeitpunkt der Kenntnis oder grobfahrlässigen Unkenntnis zu ermitteln. Es reicht aus, wenn das Jahr, in dem die Voraussetzungen vorgelegen haben, bestimmt werden kann. Dadurch wird einem Gericht erspart, schwierige und langwierige Feststellungen zum genauen Datum des Verjährungsbeginns zu treffen, das subjektive Kriterium der Kenntnis bzw. grobfahrlässigen Unkenntnis wird dadurch handhabbarer[644]. Auch ist dadurch klargestellt, dass es nicht auf dauernde Kenntnis ankommt. Die einmal vorhandene Kenntnis löst den Verjährungsbeginn aus und späteres „Vergessen“ ist verjährungsrechtlich irrelevant.

Diese Erleichterung hat den Preis, dass die **effektive** regelmäßige **Verjährungsfrist ganz erheblich schwanken** kann. Bei Kenntnis am 1.1. eines Jahres beträgt sie effektiv 4 Jahre, bei Kenntnis am 31.12. dagegen nur 3 Jahre[645]. Dadurch droht eine willkürliche Ungleichbehandlung der Gläubiger[646]. Diese unterschiedliche Verjährungsfrist ist bei einem subjektiven Verjährungssystem mit Jahresendverjährung aber systemimmanent[647]. Die Pauschalierung ist hinzunehmen und wird von den sonstigen Vorteilen, insbesondere der dadurch bewirkten Erleichterungen, des subjektiven Verjährungssystems aufgewogen.

Die Jahresendverjährung ist eine deutsche Besonderheit. Innerhalb der europäischen Union besteht nur in Griechenland eine ähnliche Regelung. Die *Principles of European Contract Law* verzichten auf eine solche Bestimmung.

642 Palandt-Heinrichs, § 199 Rn 38; Staudinger-Peters, § 199 Rn 61.

643 Bamberger/Roth-Henrich, § 199 Rn 3.

644 Staudinger-Peters, § 199 Rn 1 und 61; MüKo-Grothe, § 199 Rn 40; Elb, S. 24; Leenen, DStR 2002, 35; Pfeiffer, S. 221; Finkenauer, S. 297; Lorenz/Riem, Rn 54; Birr, Rn 36.

645 Peters/Zimmermann, S. 247; Amann, DNotZ 2002, 98.

646 Krämer, S. 66.

647 Vgl. Kandelhard, NJW 2005, 630.

G. Begrenzung durch die Maximalverjährung

I. Gründe für die Einführung von Maximalfristen

Der subjektive Verjährungsbeginn kann dazu führen, dass der Gläubiger nie Kenntnis der den Anspruch begründenden Umstände bzw. der Person des Schuldners erlangt[648].

Auch muss die Unkenntnis nicht zwingend den Vorwurf der groben Fahrlässigkeit begründen. Dadurch würde die Verjährung nach § 199 Abs. 1 Nr. 2 BGB überhaupt nicht beginnen. Dieses Ergebnis wäre mit dem Ziel der Verjährung, den Schuldner zu schützen, nicht vereinbar[649]. Rechtsfrieden und Schuldnerschutz würden dauerhaft nicht erreicht[650].

Die Maximalverjährungsfristen sind daher ein **Ausgleich für** die Einführung des **subjektiven Verjährungsbeginns**[651].

Sie laufen neben der subjektiv bestimmten regelmäßigen Verjährungsfrist als objektive Maximalfristen[652].

Dies ist eine Konsequenz aus dem Zweck der Verjährung. Der Schuldnerschutz würde sonst nicht ausreichend berücksichtigt und dem Interesse an Rechtssicherheit wäre nicht genügt[653].

II. Der Inhalt der Bestimmungen

Die Bestimmungen für die Maximalfristen finden sich in § 199 Abs. 2-4 BGB. Die etwas versteckte Grundregel findet sich in Absatz 4. Die Verjährung tritt spätestens 10 Jahre nach der Entstehung des Anspruches ein. Für die Verletzung bestimmter besonders bedeutsamer Rechtsgüter besteht in § 199 Abs. 2 BGB eine 30 jährige Maximalfrist. Für Schadensersatzansprüche gleich auf welcher Norm sie beruhen findet sich eine Sonderregel in § 199 Abs. 3 BGB.

---

648 Vgl. dazu insgesamt MüKo-Grothe, § 199 Rn 41; Peters/Zimmermann, S. 191; Staudinger-Peters, § 199 Rn 63; Erman-Schmidt-Räntsch, § 199 Rn 31; Mansel, NJW 2002, 92; Mansel/Budzikiewicz, § 1 Rn 21.

649 Erman-Schmidt-Räntsch, § 199 Rn 31; Staudinger-Peters, § 199 Rn 1 und 63.

650 AnwK-Mansel/Stürner, § 199 Rn 6.

651 Zimmermann, Comparative Foundations, S. 100; Pfeiffer, S. 223; Däubler-Gmelin, NJW 2001, 2284.

652 Vgl. bereits vgl. Peters/Zimmermann, S. 306; vgl. Leenen, DStR 2002, 36.

653 Vgl. Spiro I, § 291.

Die jeweils einschlägige Maximalfrist läuft parallel zur regelmäßigen Verjährungsfrist nach §§ 195, 199 Abs. 1 BGB, gewissermaßen "im Hintergrund"[654]. Es handelt sich um echte Verjährungsvorschriften. Dies bedeutet, dass auch ihr Lauf gehemmt werden kann. Dadurch sind diese Fristen keine absolute Maximalfrist.

Insgesamt kann festgestellt werden, dass der subjektive Verjährungsbeginn bei der regelmäßigen Verjährungsfrist angemessen durch die objektiv verjährenden Maximalfristen begrenzt wird. Dem Schuldner wird durch diese Fristen ein zusätzlicher Schutz zuteil.

H. Funktionen der groben Fahrlässigkeit bei § 199 Abs. 1 Nr. 2 BGB

Alle Normen des Verjährungsrechts dienen letztlich den Zwecken der Verjährung, nämlich dem Schutz des Schuldners und dem öffentlichen Interessen an Rechtsfrieden und Rechtssicherheit. Hier sollen kurz die besonderen Funktionen der grobfahrlässigen Unkenntnis bei § 199 Abs. 1 Nr. 2 BGB erwogen werden.

Nach den bisherigen Überlegungen lassen sich bisher die folgenden Funktionen der grobfahrlässigen Unkenntnis unterscheiden:

I. Beweiserleichterungsfunktion

Die grobfahrlässige Unkenntnis erspart dem Schuldner, die positive Kenntnis des Gläubigers nachzuweisen. Es reicht für ihn aus, dass die Kenntnis ohne grobe Fahrlässigkeit vorhanden gewesen wäre. Dadurch wird dem Schuldner erspart, die interne und schwer nachvollziehbare Tatsache der Kenntnis zu beweisen. Er kann sich auf den Beweis der Erkennbarkeit beschränken, was in aller Regel deutlich einfacher sein dürfte. Die grobfahrlässige Unkenntnis ist damit eine Art Auffangtatbestand[655].

II. Vorverlegungsfunktion und Zurückdrängung der Maximalfristen

Würde allein auf die positive Kenntnis abgestellt werden, so würde die Verjährung in vielen Fällen erst sehr spät beginnen. Der Zweck, dem Gläubiger

654 Erman-Schmidt-Räntsch, § 199 Rn 31.
655 Riedhammer, S. 111.

eine faire Chance einzuräumen, würde gegenüber dem Schuldnerschutz überbetont. Dementsprechend würden die Maximalfristen stärker an Bedeutung gewinnen, was wiederum dem Schuldnerschutz abträglich wäre. Die Einführung der grobfahrlässigen Unkenntnis als weiteren Grund für den Verjährungsbeginn stellt eine Kompromisslösung für dieses Problem dar. Die Verjährung beginnt nun schon bevor positive Kenntnis vorgelegen hat, allerdings nur, wenn der Gläubiger grob fahrlässig gehandelt hat und damit seine faire Chance nicht genutzt hat. Damit werden die durch das subjektive Verjährungssystem hervorgerufenen Unsicherheiten wieder teilweise ausgeglichen, weswegen man auch von einer Korrekturfunktion sprechen kann.

III. Entlastungsfunktion / Auffangfunktion

Die grobe Fahrlässigkeit erspart nicht nur dem Schuldner den Beweis bezüglich der positiven Kenntnis sondern ermöglicht es dem Gericht, in Problemfällen, die Feststellung positiver Kenntnis zu vermeiden und stattdessen darauf abzustellen, dass jedenfalls grobfahrlässige Unkenntnis vorgelegen hat. Zwar ist das Merkmal der Kenntnis vorrangig, doch wird gerade durch die Jahresendverjährung die Abgrenzung, wann grobfahrlässige Unkenntnis und wann positive Kenntnis vorgelegen haben entbehrlich.

Teil 4: Kenntnis und grobfahrlässige Unkenntnis

A. Einleitung

Zukünftig hängt der Verjährungsbeginn in einer Vielzahl von Fällen (vgl. Teil 3) von der Entstehung des Anspruchs sowie der Kenntnis bzw. grobfahrlässigen Unkenntnis des Gläubigers ab. Dabei gilt diese Untersuchung vor allem dem Merkmal der grobfahrlässigen Unkenntnis. Es ist zu klären, wie dieses Merkmal auszulegen ist. Um diese Auslegung durchführen zu können, müssen aber auch die anderen Tatbestandsmerkmale des § 199 Abs. 1 BGB erörtert werden. Dies gilt zunächst für die Entstehung des Anspruchs, die schließlich zugleich mit Kenntnis und grobfahrlässiger Unkenntnis vorliegen muss. Dies gilt aber auch für die Kenntnis selbst. Sie ist der grobfahrlässigen Unkenntnis logisch vorrangig, kann aber nur in Abgrenzung zu dieser näher bestimmt werden.

Ausgangspunkt aller Überlegungen müssen Sinn- und Zweck der Verjährung sein (vgl. Teil 1). Die relativ kurze Frist des § 195 BGB darf dem Gläubiger nicht die faire Chance nehmen, seinen Anspruch durchzusetzen. Dementsprechend muss der Verjährungsbeginn so ausgelegt werden, dass diese Chance erhalten bleibt. Durch eine angemessene Auslegung der Merkmale der Kenntnis und der grobfahrlässigen Unkenntnis kann aber durchaus eine angemessene Lösung gefunden werden[656].

Bei der Auslegung ist außerdem zu berücksichtigen, dass dem Kriterium der Kenntnis bzw. grobfahrlässigen Unkenntnis das Alles-oder-nichts-Prinzip zugrunde liegt[657], d.h., dass bei Vorliegen eines dieser Merkmale die Verjährung beginnt.

656 Jaeger, ZGS 2003, 330.
657 Riedhammer, S. 62.

B. Begrenzung durch die Entstehung des Anspruches

I. Allgemeine Voraussetzungen

Voraussetzung für den Verjährungsbeginn ist zunächst, dass der Anspruch bereits entstanden ist (§ 199 Abs. 1 Nr. 1 BGB).

Diese Vorrausetzung und die Kenntnis bzw. grobfahrlässige Unkenntnis nach § 199 Abs. 1 Nr. 2 BGB müssen kumulativ vorliegen, damit die Verjährung beginnt[658]. Die Verjährung kann also erst beginnen, wenn der Anspruch entstanden ist. Dadurch wird sichergestellt, dass zukünftige Ansprüche nicht vor ihrer Entstehung verjähren können. Das gilt selbst dann, wenn der Gläubiger durch Feststellungsklage die Ersatzpflicht hinsichtlich eines bestimmten Schadens feststellen lassen könnte[659]. Die Anspruchsentstehung begrenzt daher die Verjährungsmöglichkeit. Insbesondere bei Schadensersatzansprüchen handelt es sich um eine bedeutsame Begrenzung. Solange nicht feststeht, dass überhaupt ein Schaden entstanden ist, läuft noch keine Verjährungsfrist[660]. Dies ist der wesentliche Unterschied zu dem Zeitpunkt, den § 199 Abs. 2 und Abs. 3 Nr. 2 BGB beschreiben.

Der Anspruch muss also zunächst entstanden sein. Dieser Grundsatz, der nun gesetzlich festgelegt ist, galt auch bereits bei § 852 Abs. 1 BGB a.F.[661]. Er würde auch ohne ausdrückliche Normierung gelten, da ein noch nicht entstandener Anspruch nicht bekannt sein kann[662]. Auf die Entstehung des Anspruches kam es auch bereits bei § 198 S. 1 BGB a.F. an. Die dazu ergangene Rechtsprechung kann beibehalten werden[663] da zum einen der Wortlaut unverändert ist und zum anderen auch der Gesetzgeber eine inhaltliche Änderung nicht beabsichtigt hat[664]. Die Anspruchsentstehung ist jedenfalls im Grundsatz mit der Fälligkeit gleichzusetzen[665]. Probleme ergeben sich bei dieser Gleichstellung mit

658 AnwK-Mansel/Stürner, § 199 Rn 15.

659 BGHZ 100, 228 (232); Bamberger/Roth-Henrich, § 199 Rn 5 und Bamberger/Roth-Spindler, § 199 Rn 17.

660 BGHZ 100, 228 (232); BGH NJW 1993, 648 (650).

661 BGHZ 53, 222 (225); 55, 340 (341); 113, 188 (191f); BGH NJW 1957, 1926; 1992, 3034; 2002, 2707 (2808) mit weiteren Nachweisen; Schnaufer, S. 19 und 22; RGRK-Kreft, § 852 Rn 1; Peters/Zimmermann, S. 245.

662 AnwK-Mansel/Stürner, § 199 Rn 18.

663 AnwK-Mansel/Stürner, § 199 Rn 17.

664 BT-Drucks 14/7052, S. 180.

665 Vgl. BGHZ 113, 188 (194).

dem Grundsatz der Schadenseinheit. Ein Spätschaden wird bei der Schädigung kaum als fällig zu bezeichnen sein[666].

Ein Anspruch ist daher entstanden, sobald er im Wege der Klage geltend gemacht werden kann[667]. Dieser Grundsatz geht auf das gemeine Recht zurück, wo die Verjährung zu laufen begann, wenn die *actio nata* gegeben sei[668]. Dabei reicht aber die Möglichkeit einer Klage auf zukünftige Leistung, wie sie die ZPO in einigen Ausnahmefällen zulässt (vgl. §§ 257, 258 ZPO), nicht aus[669]. Dabei genügt allerdings die objektive Möglichkeit, den Anspruch geltend zu machen. Die Kenntnis des Gläubigers von der Möglichkeit der Klageerhebung spielt damit für die Entstehung des Anspruches keine Rolle.

Es sollen im Folgenden nicht alle Probleme der Anspruchsentstehung dargelegt werden. Diese Probleme spielen für die Frage nach der grobfahrlässigen Unkenntnis in vielen Fällen keine Rolle. Insoweit ist auf die einschlägigen Kommentierungen zu verweisen[670].

Nur in einigen besonderen Fällen besteht ein enger Zusammenhang zwischen der Anspruchsentstehung und der Kenntnis bzw. grobfahrlässigen Unkenntnis. In diesen Fällen erfolgt häufig eine gewisse Vermischung der Kategorien. Diese Fallgruppen sollen im Folgenden näher betrachtet werden. Es handelt sich dabei durchweg um Schadensersatzansprüche. Dabei setzt die Entstehung eines Schadensersatzanspruches voraus, dass ein Schaden bereits entstanden ist. Dies gilt für alle Schadensersatzansprüche, ganz gleich, ob der Schaden zum Tatbestand der Norm gehört oder, wie z.B. bei § 280 Abs. 1 BGB bloße Rechtsfolge ist[671].

II. Allgemeine Anforderungen an die Anspruchsentstehung

1. Grundsatz der Schadenseinheit

Wie bereits an anderer Stelle[672] dargelegt, kann eine einzige, in sich abgeschlossene Verletzungshandlung mehrere Schadensfolgen auslösen. In diesem Fall beginnt nach dem Grundsatz der Schadenseinheit die Verjährung einheitlich auch

---

666 Staudinger-Peters, § 199 Rn 7.

667 BGHZ 55, 340 (341) m.w.N.; Palandt-Heinrichs, § 199 Rn 3; Bamberger/Roth-Henrich, § 199 Rn 4; Peters/Zimmermann, S. 245.

668 Vgl. Weiß, S. 46.

669 Vgl. Peters/Zimmermann, S. 245 m.w.N..

670 Palandt-Heinrichs, § 199 Rn 3ff; MüKo-Grothe, § 199 Rn 4ff; Bamberger/Roth-Henrich, § 199 Rn 4ff; Staudinger-Peters, § 199 Rn 3ff; AnwK-Mansel/Stürner, § 199 Rn 15ff.

671 Staudinger-Peters, § 199 Rn 22.

672 S. 101.

für nachträglich entstehende, zunächst also nur drohende Schäden, sobald nur irgendein Teilschaden entstanden ist. Dadurch beginnt die Verjährung zu einem Zeitpunkt, in dem der Anspruch betreffend einen bestimmten Schadensposten noch nicht fällig ist[673]. Problematisch ist aber häufig, wann ein Schaden bereits entstanden ist. Dies gilt insbesondere für solche Schäden, bei denen sich ausgehend von einer zunächst nur bestehenden Gefährdung erst nach und nach ein konkreter Schaden entwickelt.

2. Entstehung des Schadens

Ein Vermögensschaden ist erst entstanden, wenn sich die Vermögenslage im Vergleich zur Lage vor der Schädigungshandlung verschlechtert hat[674]. Dann ist ein Schadensersatzanspruch entstanden. Ein Schadensersatzanspruch ist aber nicht schon dann entstanden, wenn durch eine Pflichtverletzung lediglich eine risikobehaftete Situation entstanden ist und der Schaden erst zu einem wesentlich späteren Zeitpunkt eintritt[675]. Eine solche Situation stellt eine bloße Gefährdung einer Rechtsposition dar, die der Entstehung eines Schadens nicht gleichsteht[676]. Etwas anderes kann gelten, wenn die risikobehaftete Lage sich im Gesamtvermögen niedergeschlagen hat, z.B. durch eine Rangverschlechterung im Grundbuch[677] oder durch den sonstigen Verlust einer dinglichen Sicherung[678]. Es muss sich somit die Vermögenslage des Betroffenen infolge der Schädigungshandlung im Vergleich mit dem früheren Vermögensstand objektiv verschlechtert haben[679].

Eine bloße Vermögensgefährdung reicht also nicht aus[680]. Diese Überlegungen spielen für die gesondert behandelten Ansprüche gegen Angehörige der beratenden Berufe eine besondere Rolle. Die Abgrenzung zwischen bloßer Gefährdung und Vermögensschaden ist nicht immer leicht durchzuführen. Nicht ohne Grund wird im Vermögensstrafrecht eine Gleichstellung der schadensgleichen Gefährdung mit der Vermögensschädigung vor-

673 Krämer, S. 58.

674 Bamberger/Roth-Henrich, § 199 Rn 13.

675 BGHZ 100, 228 (231); 124, 27 (30); BGH NJW 1982, 1866 (1867); 1992, 2828 (2829); 1992, 3034.

676 BGH NJW 1992, 2766; 2000, 1263 (1264).

677 Vgl. BGH WM 1982, 1404 (1405); BGH NJW 1986, 1866 (1867).

678 BGH VersR 1963, 923.

679 BGHZ 100, 228 (231); 114, 150 (152f); BGH WM 1990, 695 (699); BGH NJW 1992, 2828 (2829).

680 BGH NJW 1993, 648 (650).

genommen[681]. Im Zivilrecht wird diese Möglichkeit bisher nicht in Erwägung gezogen. Sie würde auch zu erheblichen Unbilligkeiten führen. Der Geschädigte wäre dem Problem ausgesetzt, zum einen von dem Verjährungsbeginn bedroht zu sein, zum anderen keine Möglichkeit der Verjährungshemmung zur Verfügung zu haben, da es an dem berechtigten Interesse zu Erhebung einer Feststellungsklage fehlt.

III. Bedeutsame Einzelfälle

1. Schaden bei unrichtiger Beratung

Eine Sonderrolle spielt die Schadenseinheit und die Abgrenzung zwischen Gefährdung und Schadenseintritt bei fehlerhaften Beratungen durch Angehörige der beratenden Berufe.

Für sämtliche beratenden Berufe gilt schließlich seit der Reform des Verjährungsrechts durch das Gesetz zur Anpassung von Verjährungsvorschriften an das Gesetz zur Modernisierung des Schuldrechts[682] die regelmäßige Verjährungsfrist[683]. Die vorher bestehenden Sonderfristen sind entfallen. Damit dürften auch die Bestrebungen der Rechtsprechung, die als zu kurz empfundenen Fristen durch die Konstruktion eines selbstständigen Anspruches auf Aufklärung über Beratungsfehler zu umgehen, entfallen sein[684]. Häufig ergeben sich in diesem Bereich Konstellationen, in denen ein Beratungsfehler zunächst zu einer Vermögensgefährdung führt, die sich durch Unterlassen von Gegenmaßnahmen stufenweise zu einem Vermögensschaden vertieft. Ein Schaden tritt häufig erst recht spät ein[685]. Es stellt sich in solchen Fällen immer die Frage, welche Unterlassung bereits die Entstehung des Schadens bewirkt. Die weitere Vertiefung des Schadens ist dann mit der Lehre von der Schadenseinheit als bloße Weiterentwicklung des schon vorhandenen Schadens anzusehen, auf die es für die Verjährung nicht ankommt[686].

Eine Schadenseinheit wird zum Beispiel dann angenommen, wenn ein einmal bestehender Nachteil pflichtwidrig nicht beseitigt wird und dadurch der Schaden

---

681 Vgl. dazu nur BGHSt 15, 24; 21, 112; 33, 244 (245f); 34, 394.

682 BGBl. 2004, 3214.

683 Hierzu wurden §§ 51b BRAO, 45b PatO, 51a WPO und § 323 Abs. 5 HGB gestrichen. § 19 BNotO wurde bereits zum 1.1. 2002 angepasst.

684 Vgl. dazu BGHZ 129, 386 (391); Staudinger-Peters, § 214 Rn 25ff.

685 Haug, DNotZ 1977, 473.

686 Vgl. Staudinger-Peters, § 199 Rn 23ff.

vertieft wird. Die allgemeine Tendenz der Rechtsprechung aber geht dahin, einen späten Verjährungsbeginn anzunehmen[687].

Die Kasuistik zur Schadensentstehung aufgrund fehlerhafter Beratung ist mittlerweile sehr umfangreich. Als Regel kann gelten, dass ein Schaden dann eingetreten ist, wenn es unter wirtschaftlichen Gesichtspunkten angezeigt erscheint, eine Rückstellung zu bilden[688].

a) Schadenseintritt erst bei konkreter Inanspruchnahme

Erstellt der Rechtsanwalt einen für seinen Mandanten nachteiligen Vertragsentwurf, so ist der Mandant bereits bei Verwendung des Entwurfes dem Risiko ausgesetzt, deswegen von einem Vertragspartner in Anspruch genommen zu werden. Dieses Risiko soll aber nicht ausreichend sein. Die Rechtsprechung geht stattdessen davon aus, dass der Anspruch auf Schadensersatz erst dann entstanden ist, wenn der Anspruch aus dem nachteiligen Vertrag geltend gemacht wird[689].

Es reicht allerdings aus, dass der Anspruch außergerichtlich geltend gemacht wird[690]. Dies gilt auch, wenn der Schaden darin besteht, dass der Mandant Leistungen aus einem unklar formulierten Vertrag nicht erhält. Insofern kommt es nicht darauf an, ob und wann er diese Leistungen erfolglos eingeklagt hat, da er es sonst im Wesentlichen selbst in der Hand hätte, den Verjährungsbeginn zu bestimmen[691]. Es geht bei diesem Verstoß nicht um eine fehlerhafte Prozessführung sondern um die unzureichende Ermittlung des Vertragswillens der Beteiligten[692].

Bei einem anfechtbaren Vertrag entsteht der Ersatzanspruch gegen den Rechtsanwalt erst mit der tatsächlichen Anfechtung[693].

Bei Ansprüchen wegen fehlerhafter Anlageberatung wird dagegen davon ausgegangen, dass schon in dem Augenblick der Geldanlage ein Schaden enstanden sein kann[694].Es wird kritisch zu prüfen sein, ob diese Ansicht aufrechterhalten werden kann. Sie führt nach dem neuen Verjährungsrecht bei fehlerhafter Ver-

---

687 Staudinger-Peters, § 199 Rn 25.

688 Staudinger-Peters, § 199 Rn 26.

689 BGH NJW 1996, 2929 (2930); 2000, 1498 (1499); BGH NJW-RR 2004, 1069 (1070).

690 BGH NJW 2000, 1498 (1500).

691 BGH NJW 2000, 1498 (1499f).

692 BGH NJW 2000, 1498 (1500).

693 Bamberger/Roth-Henrich, § 199 Rn 14.

694 BGH WM 1991, 1303 (1305); BGH NJW 1994, 1405 (1407); zuletzt BGH VersR 2005, 940 (941).

mittlung langfristiger Geldanlagen (z.B. private Rentenversicherung) zu bedenklichen Ergebnissen. Diese Ansprüche würden dann spätestens 10 Jahren nach der Entstehung verjährt sein. Typischerweise werden die Fehler aber erst deutlich später entdeckt.

Es ergeben sich in diesem Bereich also zwischen der allgemeinen Haftung für Beratungsfehler im Zusammenhang mit Geldanlagen und der Haftung für fehlerhafte Rechtsberatung Unterschiede, deren sachliche Rechtfertigung zweifelhaft erscheint.

Zur Abgrenzung sei nochmals darauf hingewiesen, dass bei Abschluss eines nachteiligen Vergleichs im Rahmen eines gerichtlichen Verfahrens, bereits der Abschluss des Vergleiches selbst den Schaden begründet[695].

b) Schadenseintritt durch bloßen Fristablauf

In manchen Fällen führt ein Verhalten eines Beraters bereits durch den bloßen Ablauf einer Frist zum Eintritt eines Schadens. Dies ist der Fall, wenn die Einspruchsfrist gegen ein Versäumnisurteil abgelaufen ist[696]. Gleiches gilt, wenn die Berufungsbegründungsfrist ungenutzt verstreicht[697].

Es kann daher als allgemeiner Grundsatz gelten, dass das Verstreichenlassen einer prozessualen Frist einen Schaden begründet[698]. Auch dann, wenn der Anwalt eine Forderung nicht rechtzeitig geltend macht, entsteht bereits mit deren Verjährung dem Mandanten ein Schaden[699]. Daran ändert sich auch dann nichts, wenn der konkrete Schadenseintritt durch weitere Maßnahmen noch abwendbar wäre, z.B. durch einen Antrag auf Wiedereinsetzung in den vorherigen Stand nach §§ 233ff ZPO[700]. Es soll nach einer neueren Entscheidung auch unerheblich sein, wenn nach der Beratung noch ein anderer Anwalt konsultiert wird und auch dieser trotz der Möglichkeit der Verjährungshemmung keine entsprechenden Maßnahmen ergreift[701].

---

695 BGH NJW 1993, 1325 (1328).
696 BGH, NJW 1996, 48 (50).
697 OLG Karlsruhe, MDR 1990, 336 (337).
698 BGH NJW 2000, 1263 (1264); Bamberger/Roth-Henrich, § 199 Rn 14.
699 BGH, NJW 1994, 2822 (2823f); 2000, 1263 (1264).
700 Vgl. BGHZ 98, 325 (328).
701 BGH v. 7.4. 2005 – IX ZR 132/01; vgl. bereits BGH NJW 1993, 1779.

c) Schadenseintritt durch noch korrigierbare Entscheidung

Ein Beispiel hierfür ist der Fall, dass der Steuerberater, dessen Mandant zunächst einen fehlerhaften Steuerbescheid erhält, gegen diesen zwar Einspruch einlegt und später dagegen klagt, Einspruch und Klage aber nicht begründet[702].

Verallgemeinernd lässt sich festhalten, dass eine aufgrund der fehlerhaften Beratung nachteilige Entscheidung von Gericht oder Behörde einen Schadensersatzanspruch gegen den Berater entstehen lässt, ganz gleich, ob dieser Schaden noch in einem späteren Verfahrensabschnitt korrigiert werden kann[703].

Begründet wurde dies damit, dass erst mit der belastenden Entscheidung ein schutzwürdiges Interesse des Mandanten besteht[704]. Etwas anderes würde für Schäden gelten, die selbstständig während des weiteren Verfahrensabschnittes entstehen. Im oben genannten Beispiel wären das die Prozesskosten des Klageverfahrens[705].

Vor dem Erlass der Entscheidung wird zwar das Vermögen des Mandanten bereits gefährdet, doch nimmt die ständige Rechtsprechung zu diesem Zeitpunkt noch keinen Schaden an[706]. Dies wird damit begründet, dass die Schadensentstehung zu diesem Zeitpunkt noch nicht feststeht, da z.B. das Finanzamt den steuerlich relevanten Tatbestand übersehen könnte[707].

Neuerdings hat der BGH aber offen gelassen, ob dieser Grundsatz auch außerhalb des Steuerrechts gelten soll[708]. Die Entscheidung betrifft aber insofern einen Sonderfall, als die dort maßgeblichen Sozialversicherungsbeiträge auch ohne Leistungsbescheid zu erbringen waren und dass außerdem ein Rückgriff auf die betroffenen Arbeitnehmer aus sozialrechtlichen Gründen nur binnen einer sehr kurzen Frist möglich war. Letztlich hat der Bundesgerichtshof das Urteil aber auf andere Erwägungen gestützt.

Es genügt, wenn die Entscheidung erlassen ist; auf ihre Bestandskraft oder Rechtskraft kommt es nicht an[709]. Nur dann, wenn die Aufgabe des Berater darin

---

702 Vgl. BGH NJW-RR 1988, 742 (743).

703 BGHZ 119, 69 (71); 129, 386 (390); BGH NJW 1992, 2766 (2767); 2000, 1263 (1264); 2002, 1414 (1415); BGH NJW-RR 1994, 1210f; 1998, 742 (743) unter Aufgabe von BGH NJW 1992, 2828; BGH WM 2003, 936 (939).

704 BGH NJW 1992, 2766 (2767); BGH NJW-RR 1994, 1210f.

705 BGH NJW 1998, 1488; BGH NJW-RR 1998, 742 (743).

706 BGHZ 119, 69 (73), bestätigt in BGH NJW-RR 1994, 1210f; BGH NJW 1993, 2045 (2046); 1998, 1488 (1489).

707 BGHZ 119, 69 (73).

708 BGH NJW-RR 2004, 1358 (1360).

709 BGH NJW 1998, 1488 (1489); 2000, 2678 (2679).

bestand, einen Bescheid, der ohne seine Beratung zustande gekommen ist zu überprüfen, so beginnt die Verjährung mit der Bestandskraft[710]. Ein weiteres Beispiel ist es, wenn der Steuerberater ein vom Finanzamt nicht anerkanntes Vertragskonzept nach Erlass des Steuerbescheides nicht überprüft[711].

Auf die Einlegung von Rechtsmitteln gegen die belastende Entscheidung kommt es jedenfalls nicht an[712]. Die neuere Literatur stellt die Frage, ob die bisherigen Wertungen beibehalten werden können[713]. Es ist aber nicht ersichtlich, warum die Rechtsprechung ihre bisherigen Wertungen aufgeben sollte. Der Gesetzgeber der Schuldrechtsreform wollte an die bestehenden Regelungen anknüpfen und bezüglich der Entstehung des Anspruches keine Neuerungen vornehmen.

d) Schadenseintritt durch Klageerhebung

Sofern die Pflichtverletzung darin besteht, eine nicht veranlasste Klage zu erheben, so entsteht der Anspruch bereits mit der Erhebung dieser Klage, nicht erst mit ihrem Scheitern[714]. Bei den dadurch entstehenden Prozesskosten handelt es sich um einen vorhersehbaren Spätschaden der fehlerhaften Klageerhebung[715].

e) Schadenseintritt nur in den Grenzen des Streitgegenstandes

Bei Schadensersatzansprüchen aufgrund falscher Prozessführung kann eine Pflichtverletzung nur für solche Ansprüche die Verjährung auslösen, die vom Streitgegenstand zum Zeitpunkt der Pflichtverletzung erfasst sind[716]. Unterlässt es ein Anwalt, für seinen Mandanten die Einrede der beschränkten Erbenhaftung zu erheben und erhöht der Prozessgegner in der Berufungsinstanz den geforderten Betrag, so läuft die Verjährung nur für den Teil, der bereits in der ersten Instanz geltend gemacht wurde. Für den Rest beginnt die Verjährung erst nach Abschluss der zweiten Instanz.

---

710 BGH NJW-RR 1997, 50 (51).
711 Vgl. BGH WM 1998, 779 (780); vgl. RG WarnRspr. 1936, Nr. 88.
712 BGH NJW 1996, 1895 (1896); BGH WM 1998, 786 (787).
713 Mansel/Budzikiewicz, NJW 2005, 327.
714 BGH VersR 1995, 962.
715 BGH NJW 1998, 1488 (1491).
716 MüKo-Grothe, § 199 Rn 10.

2. Entstehung von Staatshaftungsansprüchen

Bei Staatshaftungsansprüchen kommt es für die Anspruchsentstehung darauf an, dass anderweitige Ersatzmöglichkeiten nicht bestehen, sog. subsidiäre Haftung[717].

Die Probleme ergeben sich in der Regel im Zusammenhang mit der notwendigen Kenntnis dieser anderweitigen Ersatzmöglichkeit. Der gesamte Themenkomplex ist daher im Zusammenhang mit dem Gegenstand der Kenntnis dargestellt[718].

C. Kenntnis

Die Kenntnis ist gegenüber der grobfahrlässigen Unkenntnis logisch vorrangig. Der Begriff der grobfahrlässigen Unkenntnis setzt daher voraus, dass keine Kenntnis vorliegt. Als Fälle grobfahrlässiger Unkenntnis bleiben somit nur diejenigen Fälle übrig, bei denen Kenntnis verneint werden muss. Der Gesetzestext enthält keine Definition der Kenntnis[719]. Die Gesetzesbegründung enthält hierzu ebenfalls keine Anhaltspunkte. Auf die Auslegung anderer Normen kann nur bedingt zurückgegriffen werden, weil der Begriff der Kenntnis abhängig vom Zweck der jeweiligen Norm ist[720]. Es kann aber auf die umfangreiche Rechtsprechung zu § 852 Abs. 1 BGB a.F. zurückgegriffen werden[721]. Nachdem zunächst von *Schmidt-Räntsch*[722] die Frage gestellt wurde, ob die bisherige Auslegung des § 852 Abs. 1 BGB a.F. eine Besonderheit der deliktischen Haftung sei, geht die Literatur mittlerweile ganz allgemein davon aus, dass die bisherige Auslegung für alle Ansprüche zu sinnvollen Ergebnissen führt und dass eine Anpassung nicht erforderlich ist[723]. Der Begriff wird also in § 199 Abs. 1 Nr. 2 BGB in gleicher Weise gebraucht und ausgelegt wie es bei § 852 Abs. 1 BGB a.F. der Fall war. Nur der Bereich, in dem bisher eine Gleichstellung der missbräuchlichen Unkenntnis mit der Kenntnis stattfand, wird zukünftig

---

717 Vgl. Staudinger-Peters, § 199 Rn 31ff.

718 S. 118.

719 Vgl. Henssler/von Westphalen-Bereska, § 199 Rn 11; zur Begriffsbestimmung vgl. aber Riedhammer, S. 97ff.

720 Taupitz, Karlsr. Forum 1994, S. 29; Buck, S. 19.

721 Vgl. dazu umfassend Schnaufer, Die Kenntnis des Geschädigten als Auslöser für den Verjährungsbeginn, 1997.

722 Schmidt-Räntsch, S. 16; derselbe, DRiZ 2001, 505.

723 So auch Schmidt-Räntsch S. 17; Henssler/von Westphalen-Bereska, § 199 Rn 17.

als Anwendungsfall des Merkmals "grobfahrlässige Unkenntnis" zu behandeln sein.

Die Kenntnis ist das Resultat eines Erkenntnisprozesses[724]. Es geht daher bei Kenntnis nicht darum, wie sie erlangt wurde sonder allein darum, dass sie nun vorhanden ist. Wie schon früher ausgeführt[725] ist die Kenntnis das logisch vorrangige Merkmal. Sie kann zufällig oder gezielt erworben sein. Auch wenn der Gläubiger Maßnahmen zur Kenntniserlangung ergreift, die außerhalb des Zumutbaren sind, liegt Kenntnis vor.

Eine gewisse Vorsicht in der Abgrenzung von Kenntnis und grobfahrlässiger Unkenntnis ist schon deshalb anzuraten, weil die Kenntnis keineswegs in allen Fragen eine vollständige zu sein braucht. Das notwendige Maß der Kenntnis ergibt sich ganz wesentlich aus dem Sinn und Zweck der Verjährung. Sie soll den Schuldner schützen, zugleich aber dem Gläubiger eine faire Chance geben, seinen Anspruch durchzusetzen. Dementsprechend muss sie soweit reichen, dass diese Chance für den Gläubiger besteht.

I. Kenntnis als Möglichkeit der Klageerhebung

1. Möglichkeit der Klageerhebung als faire Chance des Gläubigers

Der Begriff der Kenntnis wurde unter der Geltung des § 852 Abs. 1 BGB a.F. in der Weise verstanden, dass das Wissen des Gläubigers zur Klageerhebung ausreichend sein musste.

Die Kenntnis ist somit vorhanden, wenn der Verletzte aufgrund der ihm bekannten Tatsachen gegen eine bestimmte Person eine Klage mit einigermaßen sicherer Aussicht auf Erfolg erheben kann[726].

Daran wird man auch bei der neuen Gesetzesfassung festhalten müssen[727]. Schon zur Vorgängernorm des § 852 Abs. 1 BGB a.F. im Preußischen Allgemeinen Landrecht wurde diese Auslegung vertreten[728]. Diese Auslegung, mit der der Verjährungsbeginn an die Möglichkeit der prozessualen Durchsetzung

---

724 Schwander, S. 9.

725 S. 93.

726 RG JW 1913, 686 (687); RGZ 157, 15 (19); BGHZ 6, 195 (201f); 48, 181 (183); 102, 246 (248); 122, 317 (325); 138, 247 (252); BGH NJW 1977, 198 (199); 1984, 661; 1990, 2808; 1993, 648 (653); 1994, 3092 (3093); 2000, 1498 (1500); 2003, 2610 (2611); 2004, 510; NJW-RR 2001, 1168; 2004, 1069 (1070); BGH VersR 1974, 197 (198) mit weiteren Nachweisen; Schlegelmilch-Hübinger, S. 273 mit zahlreichen Nachweisen; Küppersbusch, Rn 787 Fn 14 m.w.N..

727 Palandt-Heinrichs, § 199 Rn 27; Küppersbusch, Rn 787.

728 Engelmann, S. 213 m.w.N. in Fn 27.

geknüpft wird, verwundert nicht. Für sie sprechen gute Gründe: Die Kenntnis des Anspruchsgegners und der den Anspruch begründenden Umstände sind schließlich Informationen, auf die es für die Klageerhebung wesentlich ankommt[729]. Es handelt sich um eine besondere Ausprägung des schon anfangs erörterten Fairnisgedankens. Die Verjährung soll nur dann laufen, wenn der Gläubiger die Möglichkeit hat, den Lauf der Verjährung zu verhindern[730].

Die Möglichkeiten des Gläubigers, die Verjährung zu verhindern wurden durch das Schuldrechtsmodernisierungsgesetz erheblich erweitert[731]. Hinzugekommen ist z.B. die Möglichkeit, die Verjährung durch Verhandlungen zu hemmen (§ 203 BGB). Die einzige Möglichkeit zur Verjährungshemmung gegen oder ohne das Zutun des Schuldners verbunden mit einer effektiven Anspruchsdurchsetzung ist im Regelfall die gerichtliche Geltendmachung im Klagewege. Die Möglichkeit, stattdessen einen Mahnbescheid zu beantragen hilft dem Gläubiger nur dann, wenn er nach dem Widerspruch durch den Schuldner seinen Anspruch im streitigen Verfahren durchsetzen kann (vgl. § 696 Abs. 1 S. 1 ZPO). Das Adhäsionsverfahren nach § 404 Abs. 2 StPO steht der Klageerhebung gleich und erfordert letztlich ein identisches Wissen[732]. Der Gläubiger muss daher in der Lage sein, im Klageverfahren seinen Anspruch durchzusetzen[733]. Die anderen Hemmungsmöglichkeiten sind nicht in jedem Fall geeignet, eine effektive Durchsetzung der Forderung sicherzustellen, da sie entweder von einer Mitwirkung des Schuldners abhängen oder aber nur in bestimmten Fällen überhaupt möglich sind. Relevant ist daher allein die Klageerhebung. Falls der Gläubiger nicht über die erforderlichen Mittel verfügt, um eine Klage erheben zu können, so ist dies unbeachtlich. Eine faire Chance bleibt ihm dennoch, da die Einreichung eines Prozesskostenhilfegesuchs die Verjährung hemmt (§ 204 Abs. 1 Nr. 14). Das Gesuch wird aber nur Erfolg haben, wenn er die Tatsachen darlegen und beweisen kann, die eine Klage erfolgversprechend erscheinen lassen (vgl. § 114 S. 1 ZPO).

2. Möglichkeit der Leistungsklage

Ausreichend ist es in jedem Fall, wenn die Möglichkeit der Leistungsklage besteht[734]. Diese führt nach § 204 Abs. 1 Nr. 1, Abs. 2 S. 1 BGB zunächst zur

729 Zeuner, S. 940.
730 Vgl. Peters/Zimmermann, S. 304f; Staudinger-Peters, § 199 Rn 3.
731 Vgl. Staudinger-Peters, § 199 Rn 1.
732 Vgl. BGH NJW-RR 2005, 69 (70).
733 Vgl. Staudinger-Peters, § 199 Rn 3.
734 Staudinger-Peters, § 199 Rn 3 m.w.N..

Hemmung. Die gerichtliche Entscheidung führt zu einer Verjährung nach §§ 197 Abs. 1 Nr. 3, 201 BGB, die dem Gläubiger eine faktisch unendliche Möglichkeit bietet, den Schuldner in Anspruch zu nehmen. Zum einen beträgt die Verjährungsfrist nunmehr 30 Jahre (§ 197 Abs. 1 Nr. 3 BGB), zum anderen bewirkt jede Vollstreckungsmaßnahme einen Neubeginn der Verjährung (§ 212 Abs. 1 Nr. 2 BGB). Dadurch wird seine faire Chance, den Anspruch durchzusetzen im Vollstreckungsrecht fortgesetzt[735]. Die **praktisch lebenslange Haftung** bedeutet, dass der Schuldner bei einer einmal titulierten Forderung praktisch keinen Schutz mehr durch das Verjährungsrecht genießt. Falls sein Vermögen den Anspruch nicht abdeckt, bietet ihm aber das Insolvenzrecht ggf. eine Möglichkeit, sich von seinen Schulden zu befreien[736].

Ist der Gläubiger aus anderen Gründen als durch Unkenntnis an der Klageerhebung gehindert, so beginnt die Verjährung trotzdem. Die hier relevante Möglichkeit der Klageerhebung bedeutet nur, dass die Klageerhebung nicht an fehlenden Kenntnissen scheitert. Ihm hilft in solchen Fällen aber häufig, dass die Verjährung aufgrund des Hindernisses gehemmt ist, z.B. wegen Vorliegens höherer Gewalt (§ 206 BGB).

3. Möglichkeit der Feststellungsklage ausreichend?

Nach der Rechtsprechung des Reichsgerichts und des Bundesgerichtshofes war es bisher ausreichend, wenn eine Feststellungsklage mit einiger Aussicht auf Erfolg erhoben werden konnte[737]. Diese soll nach der überwiegenden Literatur auch zukünftig gelten[738]. Selbst ein erst noch zu erwartender Schaden rechtfertigt nach Ansicht des BGH bereits die Erhebung einer Klage auf Feststellung der Ersatzpflicht[739]. Es soll ausreichend sein, wenn die Verjährungsfrist sonst abzulaufen drohe[740]. Hintergrund der Überlegung war, dass bisher nur Schadensersatzansprüche aus unerlaubter Handlung nach § 852 Abs. 1 BGB a.F. verjährten. Bei ihnen stellte sich das Problem, dass die Entstehung eines Scha-

---

735 Weber S. 24.

736 Weber S. 24.

737 Vgl. Schlegelmilch-Hübinger, S. 273 mit zahlreichen Nachweisen; BGHZ 102, 246 (248); BGH NJW 1994, 3092 (3093); BGH NJW 2001, 885 (886); BGH NJW-RR 1987, 916; 2001, 1168 (1169); BGH VersR 1976, 166 (167); 1995, 551 (552); Engelmann, S. 215 m.wN. in Fn 33.

738 Erman-Schmidt-Räntsch, § 199 Rn 18 m.w.N.; Küppersbusch Rn 787; Krämer, S. 63.

739 BGHZ 87, 321 (324).

740 Stein/Jonas-Schumann, § 256 Rn 76

dens im Einzelfall sehr problematisch ist, weswegen mit dem Grundsatz der Schadenseinheit entgegengewirkt wurde. Die einheitliche Verjährung von Schadensersatzansprüchen kann nur erfolgen, wenn zum einen angenommen wird, dass der Anspruch im Grundsatz einheitlich in voller Höhe mit der Schädigung entsteht und außerdem die Möglichkeit der Feststellungsklage ausreichend ist.

Die Möglichkeit einer Feststellungsklage spielte auch für das Amtshaftungsrecht eine bedeutende Rolle. Dort kommt es, wie unten zu zeigen sein wird darauf an, dass das Fehlen einer anderweitigen Ersatzmöglichkeit bekannt sein muss, da davon der Anspruch abhängt.

Für die Auslegung des § 199 Abs. 1 Nr. 2 BGB sollte grundsätzlich gefordert werden, dass der Anspruch im Wege der Leistungsklage geltend gemacht werden kann. Zwar hemmt nach § 204 Abs. 1 Nr. 1 BGB auch die Feststellungsklage die Verjährung des Anspruches. Sie führt aber nicht zur Befriedigung des Gläubigers. Dieser müsste, wenn der Schuldner nicht leistet, später eine weitere Leistungsklage erheben. Dieser Aufwand ist ihm nicht zumutbar. Die Feststellungsklage ist eine bloße Option. Sie soll den Gläubiger besser stellen und nicht schlechter. Er kann die Möglichkeit nutzen, muss es aber nicht[741].

Die Möglichkeit der Feststellungsklage muss man aber genügen lassen, wenn man am Grundsatz der Schadenseinheit festhalten will. Dieser Grundsatz verpflichtet den Gläubiger zur Erhebung einer Feststellungsklage, will er die Verjährung möglicher Spätschäden vermeiden. Aber auch wenn man den Grundsatz der Schadenseinheit beibehalten will, wofür schließlich einiges spricht, sollte man eine Feststellungsklage nur im Anwendungsbereich dieses Grundsatzes, d.h. bei Schadensersatzansprüchen, ausreichen lassen. In allen anderen Situationen sollte es allein auf die Möglichkeit einer Leistungsklage ankommen. Ein gewichtiges Argument für diese Sichtweise dürfte sein, dass ansonsten in zahlreichen Fällen ein Zirkelschluss droht. Der Gläubiger hat Kenntnis, weil er eine Feststellungsklage erheben kann. Ihm droht daher die Verjährung. Die Feststellungsklage ist wiederum möglich, weil die Verjährung droht.

II. Kenntnis als Tatsachenkenntnis

1. Kenntnis der Tatsachen grundsätzlich ausreichend

Die Kenntnis muss sich nach dem Wortlaut der Norm nur auf die den Anspruch begründenden Umstände beziehen. Sie braucht sich nicht auf die Kenntnis der

741 Wie hier Staudinger-Peters, § 199 Rn 3.

Rechtslage zu beziehen[742]. Die bisherigen Grundsätze sollen auch für das neue Recht fort gelten[743].

Die Verjährung läuft also auch dann, wenn der Gläubiger nicht weiß, dass ihm aufgrund eines bestimmten Geschehens ein Anspruch zusteht. Dabei ist es unerheblich, ob seine Fehleinschätzung auf Unkenntnis der gesetzlichen Norm oder einer unzutreffenden rechtlichen Bewertung des Sachverhaltes beruht.

a) Gesetzesunkenntnis

Zunächst einmal braucht der Gläubiger die Norm, aufgrund derer ihm ein Anspruch gegen den Schuldner zusteht, nicht zu kennen[744]. Ansonsten würde für rechtsunkundige Gläubiger die Verjährung in vielen Fällen nicht durch Kenntnis sondern immer nur durch die Maximalfristen eintreten. Es ist daher unerheblich, wenn der Gläubiger den Rechtssatz, der ihm einen Anspruch verschafft, überhaupt nicht kennt oder wenn er seinen Anspruch irrtümlich als vertraglichen Anspruch einstuft, obwohl der Vertrag nichtig ist und der Anspruch nunmehr aus gesetzlichen Schuldverhältnissen herzuleiten ist[745].

Beispiel: Der durch eine amtspflichtwidrige Amtshandlung geschädigte Bürger muss nicht wissen, dass für einen solchen Schaden der Staat haftet, weil ihm die Bestimmungen in Art. 34 GG und § 839 BGB unbekannt sind.

b) Fehlerhafte rechtliche Bewertung

Außerdem muss keine rechtliche Bewertung vorgenommen werden. Es müssen nur die relevanten Tatsachen bekannt sein. Aus ihnen muss nicht die richtige rechtliche Schlussfolgerung gezogen werden[746]. So genügt es, wenn der

---

742 Deutsch/Ahrens, Rn 513; BGH, NJW 1996, 117 (118); MüKo-Grothe, § 199 Rn 26; a.A. Schlegelmilch-Hübinger, S. 273; BGH VIZ 2003, 353 (355); Medicus, KarlS. Forum 1994, S. 6, vgl. hierzu auch Riedhammer, S. 121ff.

743 Schmidt-Räntsch S. 17; Mansel/Budzikiewicz, § 3 Rn 122; Heinrichs, BB 2001, 1418; a.A. bezüglich des Reformvorschlages von Peters/Zimmermann Heinrichs, NJW 1982, 2026.

744 RGZ 67, 141 (145); RG HRR 1933, 1921 (falsche Rechtsauskunft durch Reichswehr); BGH VersR 1961, 910 (Unkenntnis einer Rechtsvorschrift).

745 Staudinger-Peters, § 199 Rn 47.

746 RGZ 142, 348 (350f); BGH NJW 1991, 2351; 1992, 3034; 1993, 648 (653); 1993, 2614; 1993, 2741 (2743); 1994, 3162 (3164); 1996, 117 (118); 1999, 2041 (2042) m.w.N.; NJW-RR 1988, 411 (412); 1988, 867 (868); 1990, 222; VersR 1959, 1045; 1966, 632 (634); Heinrichs BB, 2001, 1418; Lorenz/Riem, Rn 50; a.A. noch Engelmann, S. 214.

Gläubiger die Umstände kennt, die den Anspruch begründen, auch wenn er aus ihnen nicht die zutreffende Schlussfolgerung zieht, dass ihm deswegen ein Anspruch zusteht[747].

Verjährung tritt daher auch dann ein, wenn der Gläubiger zwar die relevanten Tatsachen kennt, irrtümlich aber eine andere Person für den Schuldner hält[748]. Auf die die richtige rechtliche Bewertung kommt es grundsätzlich nicht an, da sonst rechtsunkundige Personen unbillig privilegiert würden[749]. Im Übrigen kann sich der Gläubiger rechtlich beraten lassen[750].

Beispiel[751]: Ein Landwirt wird durch unerwartete Wirkungen eines Unkrautvernichtungsmittels geschädigt. Es fehlte an einem Hinweis auf der Verpackung, dass etwaige Tanks nach der Benutzung gründlich zu reinigen seien. Später berichtete ein Sachverständiger, dass ein solcher Hinweis auf den Verpackungen aller anderen Hersteller vorhanden sei. In diesem Fall nahm die Rechtsprechung Kenntnis an, da die tatsächlichen Umstände bekannt waren und es nur an der rechtlichen Schlussfolgerung auf die Haftung des Herstellers fehlte.

Die Rechtsprechung hat über die eben geschilderten Fälle hinaus für den Verjährungsbeginn nach §§ 1378 Abs. 4 S. 1, 2332 Abs. 1 1. Alt. BGB, wo es ebenfalls auf die Kenntnis des Gläubigers ankommt auch eine zutreffende rechtliche Bewertung gefordert[752]. Dies erscheint inkonsequent, da eine gegenüber § 199 Abs. 1 Nr. 2 BGB bzw. § 852 Abs. 1 BGB a.F. abweichende Behandlung nicht gerechtfertigt erscheint. Der Bundesgerichtshof hat in den zitierten Entscheidungen die Anforderungen an die Rechtskenntnis aber wiederum dadurch relativiert, dass er die Rechtslage für nicht sonderlich schwierig erachtete und daher davon ausging, dass der Gläubiger Kenntnis hatte.

Einen Sonderfall stellt es dar, wenn der Rechtsirrtum dazu führt, dass der Gläubiger das Vorliegen eines Schadens verkennt[753], z.B. weil ihm nicht klar ist, dass aufgrund eines bestimmten Geschehens Ersatzansprüche gegen ihn geltend gemacht werden können. Die Anforderungen dürften aber nicht überspannt werden. Es genügt, wenn dem Gläubiger laienhaft bekannt ist, dass solche Ansprüche bestehen können.

---

747 Vgl. Staudinger-Peters, § 199 Rn 47.
748 BGH NJW-RR 1990, 222.
749 RGZ 142, 348 (350); BGH VersR 1966, 632 (634).
750 BGH NJW 1999, 2041 (2042).
751 Nach BGH NJW-RR 2001, 1168.
752 RGZ 140, 75 (76); BGH NJW 1987, 1766 (1767).
753 BGH NJW 1960, 380 (381).

2. Ausnahmsweise Beachtlichkeit von Rechtsirrtum

Nur in sehr wenigen Ausnahmefällen kann ein Rechtsirrtum nach der Rechtsprechung überhaupt beachtlich sein[754]. Es bleibt kritisch zu hinterfragen, ob diese Fallgruppen im Rahmen der Kenntnis überhaupt noch eine Rolle spielen können.

a) Schuldner nicht erkennbar

Der Gläubiger muss seinen Schuldner kennen. Kennt er seinen Namen tatsächlich nicht, so kann er unter gewissen Umständen dazu veranlasst sein, diesen zu ermitteln. Dazu ist aber eine gewisse Rechtkenntnis erforderlich. Rechtsunkenntnis sollte nach der Rechtsprechung beachtlich sein, wenn sie das Hindernis bildet, den Ersatzpflichtigen zu erkennen[755]. Ansonsten drohte eine bei § 852 Abs. 1 BGB a.F. nicht vorgesehene Gleichstellung der Kenntnis mit dem Kennenmüssen[756]. Dennoch sollte es grundsätzlich nicht auf Rechtskenntnis ankommen, da sonst Rechtsunkunde immer privilegiert[757] wäre. Letztlich kann die Berechtigung dieser Einschränkung an dieser Stelle offen bleiben. Der Schuldner, dessen Name und Anschrift bekannt sein müssen, ist in solchen Fällen dem Gläubiger eben nicht bekannt, weswegen ein Verjährungsbeginn durch Kenntnis nicht in Betracht kommt. Es ist insofern gleichgültig, ob der relevante Umstand wegen mangelnder Tatsachenkenntnis oder mangelnder Rechtskenntnis nicht bekannt ist[758]. Die Erörterung dieser Frage im Zusammenhang mit der Kenntnis, wie sie sich noch vereinzelt findet, rührt allein daher, dass es unter der Geltung des § 852 Abs. 1 BGB a.F. eine Aufteilung in Kenntnis und grobfahrlässige Unkenntnis nicht gab.

Denkbar ist in diesen Fällen somit allein ein Verjährungsbeginn wegen grobfahrlässiger Unkenntnis. Die Problematik ist daher auch dort zu erörtern[759].

b) Besonders komplexe Rechtslage

Ein Rechtsirrtum soll aber dann beachtlich sein, wenn die Rechtslage so komplex ist, dass eine Klage auch nach bestem juristischem Wissen nicht sicher er-

---

754 BGHZ 138, 247 (252).

755 BGH NJW 1960, 380 (381).

756 RGZ 76, 61 (63); bestätigt in RG v. 13.5. 1912 - III 334/11; RGZ 142, 280 (283); 142, 348; 157, 14 (19); 161, 375 (377); BGHZ 6, 195 (202); BGH NJW 1960, 380 (381); 2001, 964 (965); BGH VersR 1958, 109; 1966, 632 (634); OLG Koblenz VersR 1981, 465 (466).

757 RGZ 76, 61 (63); 142, 348 (350); 157, 14 (19).

758 Vgl. Breucker, S. 27.

759 S. 232.

folgreich erhoben werden kann[760]. Der Gläubiger muss vielmehr in der Lage sein, sich ggf. rechtlich beraten zu lassen. Die dazu benötigten Informationen müssen vorhanden sein[761].

Dieses Zugeständnis an den Gläubiger erklärt sich daraus, dass er in derartigen Fällen nicht ohne ein erhebliches Risiko eine Klage erheben kann. Wenn ihm nicht einmal professioneller Rechtsrat weiterhelfen kann, so muss sich dies auf das Verjährungsrecht auswirken.

Dogmatisch lässt sich die Ausnahme auch als Fall der **nicht zumutbaren Klageerhebung** einordnen. Diese Einordnung nimmt auch die Rechtsprechung vor[762]. Dementsprechend wird diese Fallgruppe im Kapitel über die Zumutbarkeit der Klageerhebung näher erörtert. Eine inhaltliche Änderung ergibt sich dadurch aber nicht.

c) Zwischenergebnis

Es lässt sich daher als Zwischenergebnis festhalten, dass es für die Kenntnis der den Anspruch begründenden Umstände allein auf die Kenntnis der relevanten Tatsachen ankommt. Dies ist für den Gläubiger ggf. nachteilig. Er muss nämlich auf seine eigene Rechtskenntnis vertrauen oder sich unter Aufwendung von Kosten und Mühen professionellen Rechtsrat einholen, da ihm bei einer Fehleinschätzung verjährungsrechtliche Nachteile drohen.

III. Gegenstand der Kenntnis

1. Anspruch begründende Umstände

a) Notwendiges Wissen des Gläubigers

Der Gläubiger muss die den Anspruch begründenden Umstände kennen. Dies ist der Lebenssachverhalt, der die Grundlage des Anspruches bildet[763].

Die Kenntnis der den Anspruch begründenden Umstände muss soweit reichen, dass der bekannte Sachverhalt unter die Voraussetzungen der Anspruchsgrundlage subsumiert werden kann. Daraus folgt, dass der Umfang der zum

760 RGZ 142, 280 (283); 168, 215 (222f); RG JW 1935, 3154 (3155); BGHZ 6, 195 (202); 122, 317 (325f); BGH NJW 1974, 410; 1993, 648; 1994, 3162 (3164); 1999, 2041 (2042); VersR 1957, 30; 1958, 514; 1959, 467 (468); 1982, 898 (899).

761 BGH NJW 1999, 2041 (2042).

762 BGHZ 122, 317 (325f); BGH VersR 1957, 30 ; 1980, 846.

763 Erman-Schmidt-Räntsch, § 199 Rn 21; ähnlich Staudinger-Peters, § 199 Rn 45; vgl. hierzu Spiro I, § 85.

Verjährungsbeginn notwendigen Kenntnis je nachdem, auf welche Anspruchsgrundlage der Anspruch gestützt wird, unterschiedlich ist. Dies ist die Konsequenz daraus, dass alle Ansprüche grundsätzlich eigenständig verjähren. Es kann daher lohnend sein, nach weiteren Anspruchsgrundlagen zu suchen, deren andersartige Voraussetzungen eventuell erst später bekannt geworden sind. Alle Umstände, die dem Gläubiger bekannt sein müssen kann man als den "Gegenstand" der Kenntnis bezeichnen[764].

aa) Zur Klageerhebung notwendige Umstände

Der Gläubiger muss so viele Kenntnisse haben, dass er aufgrund dieser Kenntnisse mit hinreichender Erfolgsaussicht Klage erheben könnte. Hieraus und aus der Formulierung "anspruchsbegründende Umstände" folgt, dass seine Kenntnis sich nur auf solche Tatsachen beziehen muss, die er im Prozess darlegen und beweisen muss. Dies sind alle Voraussetzungen, die für eine stattgebende Gerichtsentscheidung benötigt werden, auch wenn sie nicht Tatbestandsmerkmale im engeren Sinne sind[765]. Der Gläubiger muss vielmehr zu einem schlüssigen und substantiierten Sachvortrag in der Lage sein[766].

(1) Allgemein notwendige Kenntnis

(a) Im Einzelnen gilt folgendes: Zunächst muss der Gläubiger die Umstände kennen, aus denen sich ergibt, dass gerade er als Inhaber eines Anspruches (**Anspruchsinhaberschaft**) in Betracht kommt[767].

Damit muss aber nicht unbedingt das Bewusstsein, Inhaber eines Anspruches zu sein (**Anspruchsbewusstsein**) einhergehen[768]. Dies ergibt sich schon aus dem Gesetzeswortlaut, der auf die Kenntnis der anspruchsbegründenden Umstände abstellt[769]. Umgekehrt reicht ein sicheres Anspruchsbewusstsein nicht aus, wenn die relevanten Tatsachen unbekannt sind.

Beispiel (nach BGH VersR 1985, 740 (741)): Der Vater eines durch eine fehlerhafte Operation getöteten Kindes äußert im Rahmen des Ermittlungsverfahrens gegen den Arzt

---

764 Schnaufer, S. 19.

765 AnwK-Mansel/Stürner, § 199 Rn 30; Mansel/Budzikiewicz, § 3 Rn 104.

766 Vgl. BGH NJW-RR 1990, 606; BGH NJW 1994, 3092 (3093); AnwK-Mansel/Stürner, § 199 Rn 50; so für die Vorgängernorm des § 852 Abs. 1 BGB a.F. im preußischen ALR Koch/Johow, I 6 § 54 Anm. 46..

767 BGH NJW 1996, 117 (118).

768 AnwK-Mansel/Stürner, § 199 Rn 49; Soergel-Niedenführ, § 199 Rn 40; Schwander, S. 14; BGH VersR 1985, 740 (741).

769 Lorenz/Riem, Rn 50.

in einem Brief die Ansicht, sein Sohn sei durch einen Behandlungsfehler ums Leben gekommen. Die genauen Zusammenhänge erfährt er aber erst später. Die Verjährung beginnt noch nicht mit dem Verfassen des Briefes sondern erst zu dem Zeitpunkt, in dem er die maßgeblichen Tatsachen tatsächlich kennt.

(b) Weiter müssen die Tatsachen bekannt sein, aus denen sich die **Fälligkeit des Anspruches** ergibt, denn erst bei Kenntnis dieser Umstände hat der Gläubiger Anlass, sich um die Durchsetzung seines Anspruches zu kümmern[770]. Dieser Grundsatz gilt nicht für Schadensersatzansprüche, wenn man den Grundsatz der Schadenseinheit zugrunde legt[771].

(2) Notwendige Kenntnis bei Schadensersatzansprüchen

(a) Die Kenntnis muss sich bei einem Schadensersatzanspruch auf die **Pflichtverletzung** oder die **Handlung beziehen, die den Schaden auslöste**[772]. Kommt es darauf an, dass der Gläubiger verletzt wurde, so muss er seine körperliche Verletzung erkennen. Er darf sie nicht für eine vorübergehende Unpässlichkeit halten[773].

(b) Sofern für die Anspruchsgrundlage ein vom Gläubiger **zu beweisendes Verschulden** erforderlich ist (z.B. § 823 Abs. 1 BGB), müssen Umstände bekannt sein, die auf ein Verschulden schließen lassen[774]. Es reicht also nicht aus, wenn dem Gläubiger der Sachverhalt so dargestellt wird, dass der Schuldner die im Verkehr erforderliche Sorgfalt eingehalten, also nicht fahrlässig gehandelt hat[775]. Haftet der Schuldner für das Verschulden eines Erfüllungsgehilfen, so müssen die Tatsachen, die dieses Verschulden begründen, bekannt sein[776]. Gerade bei Verkehrsunfällen beantworten die Beteiligten die Schuldfrage aber erfahrungsgemäß unterschiedlich. Es ist in einem solchen Fall Sache des Gläubigers, die Unsicherheit durch gerichtliche Geltendmachung zu beseitigen[777].

---

770 AnwK-Mansel/Stürner, § 199 Rn 31; kritisch Piekenbrock, S. 324.

771 A.a.O.; dies dürfte ein weiterer Grund sein, den Grundsatz der Schadenseinheit zu überdenken.

772 Soergel-Niedenführ, § 199 Rn 40.

773 Staudinger-Peters, § 199 Rn 45.

774 BGH VersR 1971, 154 (155) mit weiteren Nachweisen; BGH NJW 1973, 315 (316).

775 Staudinger-Peters, § 199 Rn 45.

776 Mansel/Budzikiewicz, § 3 Rn 119.

777 BGH NJW 1963, 1103 (1104).

(c) Der **Ursachenzusammenhang** zwischen Handlung und Schadenseintritt (**haftungsbegründende Kausalität**) muss zwar im Grundsatz bekannt sein[778], eine exakte Kenntnis naturwissenschaftlicher Zusammenhänge ist jedoch nicht gefordert[779]. Es kann vielmehr ausreichend sein, wenn der Gläubiger z.B. aus der Presse erfährt, dass bestimmte Ursachenzusammenhänge bestehen, z.B. die Schädlichkeit bestimmter Holzschutzmittel[780]. Bei deliktischen Ansprüchen muss auch der Kausalzusammenhang zwischen Rechtsgutsverletzung und Schadenseintritt (**sog. haftungsausfüllende Kausalität**) bekannt sein. Bei einem Anspruch aus Organhaftung (§ 31 BGB) muss der Gläubiger die konkrete Stellung des Schuldners im Betrieb kennen[781].

(d) Bei **Gefährdungshaftungstatbeständen** müssen neben der Kenntnis des Schadens nur die Umstände bekannt sein, aus denen das Eingreifen der Gefährdungshaftung folgt, z.B. dass bei einer Haftung nach dem StVG der Unfall bei Betrieb eines Kraftfahrzeuges eingetreten ist. Da diese Tatsachen im Allgemeinen leicht erkennbar sind, beginnt die Verjährung derartiger Tatbestände meist schon sehr früh.

(e) Die Kenntnis muss grundsätzlich auch die **Rechtswidrigkeit** einer unerlaubten Handlung erfassen, da diese zu den den Anspruch begründenden Voraussetzungen gehört[782].

Dies gilt aber dann nicht, wenn eine vorsätzliche unerlaubte Handlung vorliegt, da bei dieser die Rechtswidrigkeit vermutet wird, so dass der Geschädigte dazu keinen Sachvortrag vornehmen muss[783]. Ist die Rechtswidrigkeit nicht Teil der Anspruchsnorm, so muss sich die Kenntnis auf sie nicht beziehen.

(f) Der Gläubiger eines Schadensersatzanspruches muss zwar wissen, dass ein Schaden entstanden ist, also diejenigen **Umstände kennen, die einen Schaden begründen**[784]. Der Schaden ist nicht unbedingt identisch mit der Verletzung eines Rechtsgutes (wie z.B. bei § 823 Abs. 1 BGB erforderlich). Kenntnis des Schadens bedeutet mehr als Kenntnis der Rechtsgutsverletzung. Sie bedeutet

---

778 AnwK-Mansel/Stürner, § 199 Rn 33.

779 OLG Düsseldorf NJW 1986, 2377 (2378); vgl. OLG Frankfurt/Main, NJW-RR 1999, 1474 (1475).

780 OLG Düsseldorf, VersR 1997, 1241 (1242)

781 BGH NJW 2001, 964 (965); AnwK-Mansel/Stürner, § 199 Rn 39; Mansel/Budzikiewicz, § 3 Rn 116.

782 Soergel-Niedenführ, § 199 Rn 42.

783 Vgl. BGH NJW 1993, 2614; Soergel-Niedenführ, § 199 Rn 42.

784 BGH VersR 1957, 641; 1958, 109; 1974, 197; 1980, 846.

Kenntnis der negativen Folgen einer Rechtsgutsverletzung für das Vermögen[785]. Dabei ist es unerheblich, ob der Schaden bei der jeweiligen Norm als Element des Tatbestandes als Rechtsfolge eingestuft wird. Dieser Grundsatz galt bereits bei § 852 Abs. 1 BGB a.F. und der Gesetzgeber wollte daran nichts ändern[786].

(g) Gewissheit über **Umfang und Höhe des Schadens** ist dagegen nicht erforderlich[787]. Diese Überlegung hängt mit dem Grundsatz der Schadenseinheit zusammen. Insofern wird auf die Ausführungen oben verwiesen. In den praktisch bedeutsamen Fällen von Fehlern von Anlageberatern muss dem Anleger jedenfalls im Kern bekannt sein, dass der Berater ein unzweckmäßiges Anlagemodell gewählt hat. Bei einem Anspruch wegen unterlassener Aufklärung, z.B. über besondere Risken einer Geldanlage, müssen auch die Umstände bekannt sein, aus denen sich die Aufklärungspflicht ergibt. Dazu gehört zum Beispiel das Wissen, dass bestimmte Vorgehensweisen von den geschäftlichen Gepflogenheiten weit entfernt sind, wie zum Beispiel der pauschale Einbehalt von 50% der vom Anleger geleisteten Einlagen für Verwaltungszwecke[788].

(3) Sonstige Kenntnisse

(a) Beim sog. *"Churning"* (Reduzierung von Einlagen durch große Zahl von Geschäften mit dazu berechneten Provisionen) muss der Gläubiger sowohl den Geschäftsablauf kennen als auch zusätzlich wissen, dass die zahlreichen Geschäfte ausschließlich dem Provisionsinteresse des anderen Teils dienten[789]. Diese Grundsätze gelten auch in den Fällen **fehlerhafter Instruktionen** über gefährliche Produkte. In solchen Fällen muss bekannt sein, dass ein entsprechender Hinweis gefehlt hat und dass er üblich ist[790]. Bei unterlassener ärztlicher Aufklärung gelten Sonderregeln[791].

(b) Wenn Haftung davon abhängt, dass ein anderer nicht haftet (**Sekundärhaftung**), so muss Kenntnis davon bestehen, dass der Erstverpflichtete nicht haftet[792]. Ein Beispiel für die Sekundärhaftung ist neben dem separat zu

---

785 Vgl. Schwander, S. 13.

786 AnwK-Mansel/Stürner, § 199 Rn 32; Mansel/Budzikiewicz, § 3 Rn 105.

787 BGH NJW 1960, 380; RGZ 119, 204 (208); vgl. bereits Engelmann, S. 214f.

788 BGH NJW 1990, 2808 (2809); BGH NJW 2002, 2777 (2778); BGH NJW-RR 2002, 774; VersR 1995, 551 (552); BGH ZIP 2002, 475 (476) = WM 2002, 557 (558); ZIP 2002, 1289 (1291f); 2003, 940 (942).

789 BGH NJW-RR 2000, 51 (52).

790 BGH NJW-RR 2001, 1168 (1169).

791 Dazu sogleich unter b) bb) (S. 153)

792 Schlegelmilch-Hübinger, S. 279.

erörternden Amtshaftungsanspruch der Anspruch aus § 829 BGB, der davon abhängt, dass von einem aufsichtspflichtigen Dritten kein Schadensersatz zu erlangen ist[793]. Außerdem muss bekannt sein, dass die Billigkeit nach den Umständen eine Schadloshaltung erfordert[794].

(c) Bei **kumulativer Haftung** ist es für die Haftung eines Schuldners unerheblich, ob daneben noch ein anderer haftet.

Beispiel: Das Bauunternehmen X beschädigt das Fundament eines Hauses. Dessen Eigentümer nimmt zunächst die Gemeinde, die die Arbeiten in Auftrag gegeben hat in Anspruch, weil er glaubt, diese sei auch haftbar.

Da die Haftung des Bauunternehmens nicht von der Haftung der Gemeinde abhängt, ist dieses Wissen unerheblich[795]. Es ist daher unerheblich, dass vorrangig ein anderer Schuldner für verantwortlich gehalten wird, solange nur ein Mitverschulden angenommen werden muss. Das reicht aus, um eine Klage gegen den Mitverursacher zu erheben, notfalls als Feststellungsklage[796].

(d) Bei **inneren Tatsachen** (z.B. Zweck einer Wettbewerbshandlung) müssen die äußeren Tatsachen bekannt sein, aus denen auf die innere Tatsache geschlossen werden kann[797].

(e) Auch **lückenhafte Kenntnisse** reichen aus, wenn die Voraussetzungen der Anspruchsgrundlage in jedem Fall erfüllt sind. So ist es für die Haftung aus § 831 BGB unerheblich, welcher von mehreren Verrichtungsgehilfen des Schuldners die unerlaubte Handlung begangen hat, solange nur hinreichend sicher feststeht, dass keine andere Person verantwortlich sein kann[798].

(f) Bei Ansprüche, die nicht Schadensersatzansprüche sind, wird man auch die Kenntnis der **Höhe des Anspruches** kennen müssen, um Kenntnis im Sinne des § 199 Abs. 1 Nr. 2 BGB bejahen zu können. In manchen Fällen ist es nämlich geradezu typisch, dass der Gläubiger gerade die Höhe eines Anspruches nicht kennt. Zu denken ist dabei an Honoraransprüche von Autoren oder Provisionsansprüche von Handelsvertretern. Sie wissen typischerweise, dass ih-

793 Vgl. dazu bereits Breucker, S. 35 und S. 46; RGZ 94, 220 (222); RGZ 133, 1 (6); Palandt-Heinrichs, § 199 Rn 33; Soergel-Niedenführ, § 199 Rn 47.

794 Engelmann, S. 231.

795 BGH VersR 1962, 86 (87); 1975, 520 (521).

796 BGH NJW-RR 1990, 222 (223).

797 BGH NJW 1964, 494 = GRUR 1964, 218; BGH NJW-RR 1988, 411 (412); 1988, 867 (868).

798 Vgl. BGH VersR 1975, 520 (521).

nen Honorare bzw. Provisionsansprüche zustehen, können diese aber nicht beziffern und sind daher auf Auskunft angewiesen. Bei solchen Ansprüchen erfolgt bei zu niedriger Auskunft eine Aufteilung in den bekannten Teil und in den unbekannten. Für den bekannten Teil beginnt die Verjährung wegen Kenntnis, für den unbekannten Teil kann sich der Verjährungsbeginn nur wegen grobfahrlässiger Unkenntnis ergeben. Die Grundsätze der Schadenseinheit sollten auf solche Fälle nicht ausgedehnt werden, da diese Gläubiger sonst faktisch rechtlos wären bzw. sich ihre Ansprüche durch im Übrigen inhaltslose Feststellungsklagen sichern müssten, die das Vertrauensverhältnis zum Vertragspartner belasten würden.

(g) Ganz ähnlich verhält es sich bei **Bereicherungsansprüchen**. Der Bereicherungsgläubiger muss zunächst Kenntnis der Leistung oder der Bereicherung in sonstiger Weise haben. Außerdem muss er die Tatsachen kennen, aus denen sich das Fehlen des rechtlichen Grundes ergibt. Eine zutreffende rechtliche Wertung muss er dagegen nicht treffen[799].

Die Kenntnis aller Einzelheiten ist hier ebenso wie bei den Schadensersatzansprüchen nicht erforderlich. Bei ihnen müssen nicht nur die Umstände, die die Voraussetzungen des Bereicherungstatbestandes ausfüllen bekannt sein sondern auch der Umfang der Bereicherung. Solange also zum Beispiel der Gläubiger einer Eingriffskondiktion nicht weis, dass der Schuldner durch den Eingriff in seine Rechtsgüter einen Vermögensvorteil erlangt hat, genügt die Kenntnis nicht um die Verjährung in Gang zu setzen.

(h) Sofern ein Anspruch gegen einen Erben oder einen sonstigen **Rechtsnachfolger** geltend gemacht werden soll, müsste nach den allgemeinen Grundsätzen auch bekannt sein, dass eine Rechtsnachfolge stattgefunden hat. Dies gilt allerdings nur, wenn nicht vorher schon durch die Kenntnis betreffend den Erblasser oder sonstigen Rechtsnachfolger die Verjährung in Gang gesetzt worden ist. Dann würde die Forderung mit schon laufender Verjährung übergehen. Ansonsten müssen die Umstände bekannt sein, aus denen sich eine Rechtsnachfolge ergibt.

(i) Ist der Schuldner nicht prozessfähig, so beginnt die Verjährung erst, wenn Name und Anschrift des **gesetzlichen Vertreters** bekannt sind[800].

---

799 Vgl. Staudinger-Peters, § 199 Rn 46.
800 Mansel/Budzikiewicz, § 3 Rn 118.

(j) Der Gläubiger muss auch untergesetzliche (insbesondere technische) **Normen und andere Standards** kennen, wenn von ihnen die Haftung des Schuldners abhängt[801].

(k) Bei einem **Ausgleichsanspruch unter Gesamtschuldnern** kommt es nur auf die Kenntnis der Tatsachen, die die gemeinsame Verpflichtung begründen, an. Die Haftungsquote muss nicht bekannt sein. Etwas anderes gilt nur im Falle des § 426 Abs. 1 S. 2 BGB. Erhöht sich die Ausgleichsquote unter den Gesamtschuldnern später durch den Ausfall eines anderen Gesamtschuldners, so muss dies aber bekannt sein, bevor dieser Teil des Ausgleichsanspruches zu verjähren beginnt[802]. Man könnte dies auch als eine erst spätere Entstehung des (erweiterten) Ausgleichsanspruches einstufen.

Unterschiedliche Zeitpunkte können sich für den Ausgleichsanspruch und den Zahlungsanspruch ergeben. Das Wissen muss für den Zahlungsanspruch mit umfassen, dass eine Zahlung erfolgt ist[803], was der leistende Gesamtschuldner aber immer wissen dürfte.

(l) Kommt es für einen Anspruch gegen einen Dritten darauf an, von einer anderen Person abzustammen, so muss diese Abstammung rechtskräftig festgestellt sein[804]. Die bloße Kenntnis der Abstammung selbst genügt ausnahmsweise nicht. Grund hierfür ist die Sperrwirkung der familienrechtlichen Vorschriften (§§ 1594 Abs. 1, 1600d Abs. 4 BGB).

bb) Wirkung von Vermutungen

Enthält das Gesetz zugunsten des Gläubigers eine Vermutung, so muss der Gläubiger im Prozess nur die Voraussetzungen der Vermutung vortragen. Er braucht daher keinen Sachvortrag zu dem vermuteten Umstand vorzunehmen. Dementsprechend benötigt er auch kein entsprechendes Wissen.

(1) Vermutetes Vertretenmüssen

Der Gläubiger eines Anspruches, bei dem es auf ein Vertretenmüssen ankommt, das aber vom Gesetz vermutet wird (z.B. § 280 Abs. 1 S. 1, § 311a Abs. 2 S. 2 BGB) muss die Umstände, die für ein Vertretenmüssen sprechen, nicht vortragen, weswegen sich seine Kenntnis auch nicht darauf beziehen muss[805]. Ist dem Gläubiger eine Berufung auf die Kausalitätsvermutung des § 830 Abs. 1

801 Bamberger/Roth-Spindler, § 199 Rn 25; Erman-Schmidt-Räntsch, § 199 Rn 18.
802 Vgl. Staudinger-Peters, § 199 Rn 46.
803 In diesem Sinne Henssler/von Westphalen-Bereska, § 199 Rn 32.
804 OLG Karlsruhe vom 8.5. 2005 - Az.: 13 U 110/04.
805 Soergel-Niedenführ, § 199 Rn 42.

S. 2 BGB möglich, so muss seine Kenntnis nur die Beteiligung des jeweiligen Schädigers am Tatgeschehen umfassen. Einzelheiten zur genauen Urheberschaft des Schadens oder zum Anteil des einzelnen Schuldners am Schaden muss der Gläubiger im Verfahren nicht vortragen, weswegen er sie auch nicht kennen muss[806].

(2) Andere Vermutungen

Gleiches gilt auch für alle anderen Vermutungen. Entsprechend wird man bei von der Rechtsprechung eingeführten Verschiebungen der Darlegungs- und Beweislast entscheiden müssen. Muss der Gläubiger zum Beispiel im Rahmen der Produkthaftung nach § 823 Abs. 1 BGB bestimmte Details des Produktionsablaufes nicht darlegen und beweisen, ist ihm Klageerhebung auch ohne diese Kenntnis möglich. Die fehlende Kenntnis steht der Verjährung dann auch nicht entgegen.

cc) Unerheblichkeit von Einwendungen und Einreden

Die Kenntnis des Gläubigers muss sich nicht auf Einwendungen und Einreden beziehen. Der Gläubiger muss es vielmehr in Kauf nehmen, dass mit einer Verteidigung durch den Schuldner zu rechnen ist[807].

(1) Grundsätzliche Unbeachtlichkeit

Auf das mögliche Vorliegen von Einwendungen und Einreden kommt es nicht an. Dies folgt zum einen aus dem Wortlaut "anspruchsbegründende Umstände", zum anderen aus dem Sinn und Zweck der Vorschrift[808].

Beispiel: Der Gläubiger hat einen Anspruch auf Rückzahlung eines Darlehens. Den Anspruch hat er von seinem Vater geerbt. Der Schuldner behauptet, dass Darlehen sei bereits zurückgezahlt.

In diesem Fall hat der Gläubiger Kenntnis der den Anspruch begründenden Umstände (Darlehensvertrag). Die vom Schuldner behauptete Erfüllung ist eine Einwendung und hindert nicht die Kenntnis. Solche Umstände, die unter die Beweislast des Schuldners fallen, muss der Gläubiger nicht kennen[809]. Dies war schon unter der Geltung des § 852 Abs. 1 BGB a.F. ständige Rechtsprechung[810].

---

806 Vgl. BGH NJW 1994, 932 (934).

807 Vgl. Staudinger-Peters, § 199 Rn 47.

808 MüKo-Grothe, § 199 Rn 25; Palandt-Heinrichs, § 199 Rn 27.

809 Vgl. Schnaufer, S. 27.

810 BGH NJW 1993, 2614; BGH NJW-RR 1989, 472 (473); BGH VersR 1959, 274; vgl. bereits RG JW 1931, 2230 (2231f).

Würde man solche Umstände in Betracht ziehen, so würde es in vielen Fällen nie zum regelmäßigen Verjährungsbeginn kommen[811]. Ein für den Beklagten möglicher Entlastungsbeweise (z.B. nach § 831 BGB) hindert daher die Verjährung nicht[812].

Entsprechendes gilt auch für die entlastende Einwendungen bei §§ 832-838 BGB[813]. Auch das Vorliegen eines Haftungsausschlusses oder eines Mitverschuldens schließt die Verjährung im Grundsatz nicht aus[814]. Gleiches gilt, wenn dem Schuldner eine Entlastung nach § 280 Abs. 1 S. 2 BGB möglich sein könnte[815].

Aufgrund dieser Einschränkung kann es dazu kommen, dass trotz sehr ähnlicher Situationen unterschiedliche Ergebnisse zustande kommen:

Beispiel: Hat jemand ohne es zu wissen an einen anderen eine zu hohe Zahlung geleistet, so beginnt sein Anspruch aus § 812 Abs. 1 1. Alt. BGB nicht zu verjähren, solange er nichts von seiner Zuvielleistung weiß. Anders ist es, wenn dieselbe Person eine Geldleistung erhalten hat und irrtümlich davon ausgeht, sie habe den vollen Betrag erhalten. In diesem Fall sind die Vorraussetzungen der Anspruchsgrundlage bekannt. Der Irrtum bezieht sich allein auf das Vorliegen einer Einwendung (Erfüllung). Dieser Irrtum ist nach dem Wortlaut des § 199 Abs. 1 Nr. 2 BGB unerheblich.

Diese Sichtweise ist nach dem Sinn- und Zweck der Verjährung konsequent. Der Gläubiger soll eine faire Chance haben, seinen Anspruch durchzusetzen. Er muss dazu nur die Dinge wissen, die er für einen substantiierten Vortrag im Prozess benötigt.

Umstände, die in die Darlegungs- und Beweislast des Schuldners fallen, gehören nicht zu den anspruchsbegründenden Umständen und müssen daher auch nicht bekannt sein[816].

(2) Ausnahmsweise Beachtlichkeit

Eine Ausnahme wird nur dann anerkannt, wenn der Verletzte wegen Verletzungsfolgen selbst keine Erinnerung hat und Rechtfertigung oder Mitverschulden nahe liegend sind[817]. Zur Rechtfertigung wird auf die obigen Ausführungen

---

811 BGH VersR 1959, 274.

812 BGH VersR 1961, 910; BGH VersR 1983, 273; OLG Köln VersR 1996, 1289 (1290).

813 Vgl. RGZ 133, 1; MüKo-Grothe, § 199 Rn 38.

814 BGH VersR 1961, 910 ; BGH NJW 1963, 1103 (1104); MüKo-Grothe, § 199 Rn 25.

815 Palandt-Heinrichs, § 199 Rn 27.

816 Soergel-Niedenführ, § 199 Rn 39.

817 BGH NJW 1993, 2614 = BGH VersR 1993, 1121.

verwiesen. Grundsätzlich ist es bei einer unerlaubten Handlung Sache des Gläubigers im Prozess die Tatsachen vorzutragen, aus denen die Rechtswidrigkeit folgt. Bei vorsätzlichen unerlaubten Handlungen wird die Rechtswidrigkeit vermutet, so dass es auf das mögliche Bestehen von Rechtfertigungsgründen nicht ankommt. Diese Fallgruppe könnte man dogmatisch sauberer auch dadurch lösen, dass man die Klageerhebung in diesen Fällen als nicht zumutbar ansieht.

b) Sonderfälle

In einigen Fallgruppen bereitete das Merkmal der Kenntnis schon im Rahmen des § 852 Abs. 1 BGB a.F. gewisse Schwierigkeiten. Die Fallgruppen betrafen zum einen die Amtshaftung nach § 839 BGB und zum anderen die Haftung von Ärzten. Wegen ihrer praktischen Bedeutung werden diese Fallgruppen separat dargestellt.

aa) Amtshaftung

Amtshaftungsansprüche haben in der Vergangenheit verjährungsrechtlich eine Sonderrolle gespielt, die damit zusammenhängt, dass der Gläubiger zum einen versuchen muss, einen Schaden durch die Einlegung von Rechtsmitteln zu verhindern und dass er zum anderen anderweitige Möglichkeiten des Schadensersatzes nutzen muss[818].

(1) Allgemeine Voraussetzungen

Bei einem Amtshaftungsanspruch müssen die Umstände bekannt sein, aufgrund derer sich das Verhalten des Beamten als widerrechtlich und schuldhaft und infolgedessen als eine zum Schadensersatz verpflichtende Amtspflichtverletzung darstellte[819].

Bei Maßnahmen der Staatsanwaltschaft besteht zu deren Gunsten ein gewisser Beurteilungsspielraum. Sie sind nur pflichtwidrig, wenn sie unvertretbar erscheinen. Ob eine Maßnahme unvertretbar ist, wird erst nach der rechtskräftigen Ablehnung der Eröffnung des Hauptverfahrens feststehen[820]. Es reicht aber wie auch sonst aus, wenn die Amtshandlung in ihren Grundzügen bekannt ist und gewichtige Anhaltspunkte für ein Verschulden vorliegen[821].

---

818 Vgl. Lässig, NVwZ 2002, 304.

819 RGZ 168, 214 (220); BGH NJW 1979, 34 (35); BGH VersR 1960, 788; 1964, 289 (290) WM 1976, 643 (644).

820 BGHZ 138, 247 (252).

821 BGHZ 138, 247 (252); BGH VersR 1976, 859 (860); WM 1989, 1822 (1826); ähnlich BGH NJW-RR 2004, 1069 (1070) „mit Haftung ernsthaft zu rechnen“.

Da es ausreicht, wenn der Gläubiger die relevanten Tatsachen kennt, kommt es nicht darauf an, dass der Gläubiger die Haftung des Staates anstelle des Beamten kennt, da es sich dabei um reine Rechtskenntnis handelt[822].

(2) Kenntnis vom Fehlen anderweitiger Ersatzmöglichkeit

Zu beachten ist dabei aber die Subsidiaritätsklausel (vgl. § 839 Abs. 1 S. 2 BGB und § 19 Abs. 1 S. 2 BNotO). Sie besagt, dass der Amtshaftungsanspruch bei fahrlässigen Amtspflichtverletzungen nur insoweit besteht, als der Anspruchsinhaber nicht anderweitig Ersatz erlangen kann, z.B. indem er andere ebenfalls haftende Personen in Anspruch nimmt. Um die Relevanz der Subsidiaritätsklausel beurteilen zu können, muss feststehen, ob Vorsatz oder Fahrlässigkeit vorlag[823]. Auch insoweit genügt wiederum die Kenntnis der relevanten Tatsachen.

<u>Beispiel[824]:</u> Ein Passant stürzt auf einer öffentlichen Straße, weil diese bei Schneeglätte nicht geräumt ist. Als Verantwortliche kommen die Stadt oder die Mieter des dort befindlichen stadteigenen Hauses in Betracht, sofern ihnen die Streupflicht übertragen worden war. Erst wenn geklärt ist, dass die Mieter nicht haften oder von ihnen Ersatz nicht zu erlangen ist, besteht Kenntnis des Amtshaftungsanspruches gegen die Stadt.

Es handelt sich daher in solchen Fällen nicht um eine kumulative Haftung sondern um einen Sonderfall, in dem die fehlende Haftung der einen Person zur Voraussetzung der Haftung einer anderen Person gemacht wird (subsidiäre Haftung)[825]. Der Gläubiger muss, damit die Verjährung solcher Ansprüche beginnt wissen, dass er nicht auf andere Weise Ersatz erlangen kann[826]. Es muss bekannt sein, dass keine anderweitige Ersatzmöglichkeit besteht[827].

Gleiches gilt für einen Anspruch aus § 19 Abs. 1 S. 2 BNotO[828]. Der Kläger muss fähig sein, schlüssig darzulegen, dass die Haftung Dritter ausscheidet[829].

---

822 BGH VersR 1957, 428 (429).

823 BGH VersR 1953, 784f.

824 Nach BGH VersR 1985, 642 (643).

825 Dazu BGH NJW 1992, 3034 (3035) mit Nachweis.

826 RGZ 137, 20 823); 161, 375 (376)M RG JW 1926, 2284; 1937, 2113; BGH NJW 1959, 42; 1977, 198; 1986, 1866 (1867); BGH VersR 1963, 1169 (1170); 1964, 282.

827 RG JW 1915, 594 (595); BGHZ 121, 65 (71) mit weiteren Nachweisen; BGH NJW 1977, 198; 1986, 1866 (1867); BGH VersR 1964, 751; 1982, 653 (654).

828 Vgl. BGHZ 102, 246 (248); Haug, DNotZ 1977, 476ff; Palandt-Heinrichs, § 199 Rn 35.

Denkbare Ersatzmöglichkeiten müssen auf ihre Realisierbarkeit überprüft werden, wozu notfalls Klage gegen den Ersatzpflichtigen zu erheben ist[830]. Der Nachweis, dass eine anderweitige Ersatzmöglichkeit nicht besteht, kann aber auch im Amtshaftungsprozess selbst geführt werden[831].

Dabei müssen nur solche Ersatzmöglichkeiten widerlegt werden, für die sich aus dem Sachverhalt selbst Anhaltspunkte ergeben. Der Beklagte muss dann nachweisen, dass noch andere Ersatzmöglichkeiten bestanden haben.

Sofern allerdings anderweitige Ersatzmöglichkeiten nicht ersichtlich sind, ist die Erhebung einer Amtshaftungsklage durch solche Möglichkeiten auch nicht ausgeschlossen, weswegen für den Amtshaftungsanspruch die Verjährung zu laufen beginnt. Sie bietet dann nämlich genügend Aussicht auf Erfolg[832]. Ist zweifelhaft, ob der anderweitige Ersatz den Schaden voll abdecken wird, so kann der Gläubiger gegen den Staat bzw. den Notar eine Feststellungsklage erheben, wenn wenigstens wahrscheinlich ist, dass die Leistungen Dritter den Schaden nicht abdecken[833]. Zunächst ging der BGH davon aus, dass sich die Möglichkeit der Feststellungsklage nicht auf die Verjährung auswirkt. Obwohl also die Möglichkeit der Feststellungsklage bestand, sollte die Verjährung von derartigen Ansprüchen erst beginnen, wenn die Kenntnis soweit reicht, dass eine Leistungsklage über einen bestimmten Betrag erhoben werden kann, der Ausfall also feststeht[834].

Der Bundsgerichtshof hat diesen gläubigerfreundlichen Standpunkt später aufgegeben und verlangt, dass jedenfalls dann, wenn feststeht, dass der anderweitige Ersatz den Schaden nicht abdeckt, die Erhebung einer Feststellungsklage zumutbar ist und dass deswegen in solchen Fällen die Verjährung beginnt[835].

Bei der Haftung von Notaren besteht eine dem § 839 Abs. 1 S. 2 BGB entsprechende Subsidiaritätsklausel (§ 19 Abs. 1 S. 2 BNotO). Sie gilt jedoch dann nicht, wenn es sich um ein in §§ 23, 24 BNotO genanntes Amtsgeschäft handelt. Solange der Gläubiger die Tatsachen, aus denen sich die Abgrenzung zwischen der uneingeschränkten und der subsidiären Haftung ergibt, nicht kennt, hat er keine Kenntnis von den den Anspruch begründenden Umständen[836].

---

829 BGH NJW 1999, 2041 (2042).

830 BGHZ 121, 65 (71); BGH NJW 1993, 2741

831 BGH LM § 839 (E) Nr. 6.

832 BGH VersR 1967, 711 (712).

833 BGH VersR 1962, 825 (829); 1966, 237 (239).

834 BGH NJW 1977, 198 (199) mit weiteren Nachweisen; a.A. Haug, DNotZ 1977, 480.

835 BGHZ 102, 246 (248) mit weiteren Nachweisen; BGHZ 121, 65 (71).

836 BGH NJW 1999, 2041 (2042); vgl. auch BGH ZIP 2004, 719 (723).

(3) Verhältnis zum Primärrechtsschutz

Häufig wird in Amtshaftungsfällen parallel ein Abwehranspruch vor dem Verwaltungsgericht verfolgt werden. Der Gläubiger kann aber schon während dieses Verfahren läuft, soviel Kenntnis haben, dass sie für den Verjährungsbeginn ausreicht. Für den Verjährungsbeginn ist jedenfalls nicht zwingend notwendig, dass der Gläubiger seinen Standpunkt durch ein rechtskräftiges Obsiegen im Verwaltungsverfahren bestätigt bekommt[837]. Das kann allenfalls in bestimmten Einzelfällen der Fall sein[838]. Es kann sich aber in solchen Fällen eine Hemmung der Verjährung ergeben[839].

bb) Arzthaftung

Besonderheiten haben sich auch für die Kenntnis im Arzthaftungsrecht entwickelt. Sie dienen dazu, dem Patienten eine faire Chance der Anspruchsdurchsetzung zu gewähren, die er bei Zugrundelegung der allgemeinen Regeln möglicherweise nicht hätte.

(1) Reduzierte Anforderungen an die Kenntnis

Allgemein neigte die Rechtsprechung dazu, in Arzthaftungsfällen patientenfreundlich zu entscheiden. Sie verschärft die Anforderungen an den Begriff der Kenntnis, um die "Waffengleichheit" zwischen Arzt und Patient im Verjährungsrecht herzustellen[840].

So sollte nicht vorschnell von Kenntnis ausgegangen werden. Allein daraus, dass der Patient einen Gesundheitsschaden infolge einer Behandlung erlitten hat, kann nicht auf Kenntnis geschlossen werden. Es gehört nämlich zu den Besondertheiten des Arzthaftpflichtprozesses, dass nicht vorschnell aus der Verletzung auf einen Behandlungsfehler geschlossen werden kann. Die Kausalverläufe bei ärztlichen Eingriffen sind, weil jeweils ein anderer Organismus betroffen ist, dessen Zustand und Reaktion unsicher ist, häufig weder vorhersehbar noch eindeutig feststellbar. Daraus wurde die Konsequenz gezogen, dass Misserfolge und Komplikationen nicht unbedingt darauf hinweisen müssen, dass ärztliches Fehlverhalten vorliegt. Eine ausreichende Kenntnis soll daher z.B. voraussetzen, dass der wesentliche Ablauf des Behandlungsverlaufes bekannt ist inklusive etwaiger anatomischer Besonderheiten, dass von anerkannten medizinischen Standards

---

837 RGZ 168, 214 (219); BGH VersR 1960, 788 (789); NJW 1979, 34 (35); RGRK-Kreft, § 852 Rn 74.

838 BGHZ 95, 238 (241) mit Nachweis.

839 BGH NJW 1995, 2778 (2779) m.w.N.; vgl. auch S. 174.

840 BGH NJW 2001, 885.

abgewichen wurde bzw. welche Maßnahmen bei Komplikationen zu deren Beherrschung angewendet wurden. Die Kenntnis muss so weit reichend sein, dass auf ihrer Grundlage ohne weitere Nachforschungen eine Einschätzung der Prozessaussichten möglich ist[841]. Der nicht durch weitere Tatsachen begründete Verdacht, es seien Fehler des Arztes vorgekommen, reicht nicht aus[842].

Gleiches gilt für die Vermutung eines anderen Arztes, es sei ein Behandlungsfehler vorgekommen[843]. Sofern es zu postoperativen Folgen gekommen ist, muss für den Patienten feststehen, dass diese dauerhafter Natur sind[844].

Die für einen Rechtsstreit erforderliche Sicherheit wird der Patient häufig erst haben, wenn ihm eine sachverständige Stellungnahme vorliegt, z.B. durch einen anderen Arzt[845]. Eine notwendige Bedingung ist dies aber nicht[846]. Nicht ausreichend ist eine ärztliche Stellungnahme zu einer nur möglichen Ursache, solange auch noch andere Ursachen in Betracht kommen[847].

Andererseits muss der Patient nicht subjektiv davon überzeugt sein, dass ihm ein Anspruch zusteht[848]. Entsprechend den allgemeinen Regeln ist auch hier ein Anspruchsbewusstsein nicht notwendig.

Kommt es auf die Beurteilung komplexer Kausalverläufen, so wird der Gläubiger wie schon unter der Geltung des § 852 Abs. 1 BGB sich nicht darauf berufen können, dass ihm die notwendigen Kenntnisse gefehlt haben. Ansonsten käme es für den Verjährungsbeginn auf die kaum nachprüfbare intellektuelle

841 BGH NJW 1984, 661ff mit Anmerkung Taupitz; 1985, 2194L; 1988, 1516 (1517); ; 1991, 2350; 1991, 2350; 1995, 776 (777); 1998, 2736 = VersR 1998, 634 (636); 1999, 2734 (2735); 2001, 885f m.w.N.; BGH AP Nr. 4 zu § 852 BGB S. 4; OLG Düsseldorf NJW 1986, 2377f; OLG Karlsruhe VersR 1994, 604 (606); OLG München NJW-RR 1992, 1505f; OLG OldenbuRG VersR 1994, 178 (179); OLG Hamm NJW 1985, 685; OLG Frankfurt VersR 1986, 1195; MedR 1990, 349 (351) mit Anmerkung Stegers; OLG Zweibrücken VersR 1998, 1286; zustimmend Schnaufer, S. 46.

842 BGH VersR 1985, 740 (741); OLG Stuttgart VersR 1988, 1300; OLG Frankfurt MedR 1990, 349 (351) mit Anmerkung Stegers.

843 LG Aurich VersR 1983, 46.

844 BGH NJW 1976, 363.

845 Vgl. BGH VersR 1985, 740 (741); OLG Frankfurt MedR 1990, 349 (351) mit Anmerkung Stegers.

846 BGH NJW 2001, 885 (886).

847 BGH NJW 1994, 932 (934).

848 BGH NJW 1984, 661 mit weiteren Nachweisen; a.A. noch OLG Düsseldorf, NJW 1983, 1383f, wo dies mit den Besonderheiten des Arzthaftungsprozesses begründet wurde.

oder gar emotionale Verfassung des Gläubigers an[849]. Eine laienhafte Kenntnis reicht auch hier also aus.

(2) Kenntnis von unterlassener Aufklärung

Gewisse Zugeständnisse hat die Rechtsprechung auch bei Arzthaftungsfällen im Hinblick auf eine unterlassene Aufklärung gemacht. Dort muss der Arzt darlegen und beweisen, dass seine Aufklärung über mögliche Operationsrisiken vollständig und richtig war. Bei der Einwilligung des Patienten handelt es sich schließlich um eine Einwendung des Beklagten. Dennoch soll der Gläubiger in solchen Fällen zum Verjährungsbeginn diejenigen Umstände kennen müssen, aus denen sich die versäumte Aufklärungspflicht ergab[850].

Dazu muss er wissen, dass die später eingetretene Folge schon zum Zeitpunkt der Behandlung als mögliche Folge bekannt war[851]. Sie darf sich dem Patienten nicht als Ergebnis eines unvorhersehbaren Zufalls darstellen, sondern muss als ein dem Eingriff innewohnendes Risiko bekannt sein[852]. Eindeutiger wäre es, wenn man in solchen Fällen die Zumutbarkeit der Klageerhebung verneint, weil die Rechtfertigung aufgrund der vorhandenen Einwilligung besonders nahe liegend ist.

cc) § 945 ZPO

Besondere Probleme bereitete die Entstehung von Ansprüchen aus § 945 ZPO[853].

Ansprüche aus § 945 ZPO verjähren mangels Sonderbestimmung nach § 195 BGB. Vor der Schuldrechtsreform wurde wegen der Ähnlichkeit mit Deliktsansprüchen § 852 Abs. 1 BGB a.F. angewendet.

Die Problematik bestand stets darin, dass es für die Entstehung eines Anspruches aus § 945 ZPO jedenfalls in der ersten Alternative formal nicht darauf ankam, dass das Arrestverfahren bzw. das Verfahren über die einstweilige Verfügung rechtskräftig abgeschlossen war. Das Rechtsgericht ging daher dem Wortlaut der Norm folgend davon aus, dass die Verjährung im Grundsatz schon vor der rechtskräftigen Entscheidung im Arrest- bzw. Verfügungsverfahren beginnen konnte[854].

---

849 BGH NJW 1984, 661.

850 BGH NJW 1976, 363 (365); OLG Köln VersR 1988, 744 (745).

851 BGH NJW 1976, 363 (365).

852 OLG Düsseldorf VersR 1986, 1194 ; OLG Köln, VersR 1988, 744; OLG Oldenburg NJW-RR 1998, 1245.

853 Vgl. MüKO-Grothe, § 199 Rn 22.

854 RGZ 106, 289 (291).

Später wurde diese Rechtsprechung dahingehend präzisiert, dass es eine Frage des Einzelfalles sei, ob die Erfolgsaussichten im Schadensprozess so groß seien, dass dieser vor dem Abschluss des Eilverfahrens zumutbar erschien[855].

Dadurch entstand erhebliche Rechtsunsicherheit, die den Vollstreckungsschuldner dazu zwang, schon vor Ende des Eilverfahrens ein kostspieliges weiteres Verfahren durchzuführen, dessen Erfolgsaussichten schwer einschätzbar waren.

Die Ansicht des Reichsgerichts wurde in der Literatur aus diesem Grunde auch von Anfang an kritisiert. *Kadow*[856] schlug zur Vermeidung der Unklarheiten vor, die Kenntnis erst mit der Entscheidung im Eilverfahren beginnen zu lassen, was das Reichsgericht jedoch ablehnte[857].

Der BGH schloss sich schließlich der von *Kadow* vertretenen Auffassung im Grundsatz an. Die Gefahr einer doppelten Prozessführung sei aus ökonomischen Gründen abzulehnen. Ähnlich dem Ersatzanspruch aus § 717 Abs. 2 ZPO sei § 945 ZPO eine Art Formaltatbestand, was durch den Wortlaut "erweist" ergibt, bei dem vor einer Entscheidung des Eilverfahrens die Verjährung nicht beginnen kann[858].

Die Erörterung des eben dargestellten Problems wurde nicht immer sehr stringent durchgeführt. Häufig wurden die Erwägungen unter dem Gesichtspunkt durchgeführt, ob die Kenntnis gegeben war, manchmal aber auch bei der Frage, wann der Anspruch entstanden ist[859].

c) Kenntnis des Schaden

Dem Gläubiger muss bei einem Schadensersatzanspruch zunächst bekannt sein, dass er selbst geschädigt worden ist[860]. Eine genaue Kenntnis der naturwissenschaftlichen Kausalverläufe ist nicht erforderlich. Es reicht aus, wenn die Kenntnis soweit reicht, dass ein konkreter Gutachtenauftrag erteilt werden könnte. Bei komplexen Langzeitschäden muss eine ausreichend sichere Tatsachengrundlage bestehen. Der bloße Verdacht, dass ein Schaden vorliegen könnte, reicht aber nicht aus[861].

---

855 RGZ 157, 14 (18).

856 Zeitschrift Deutsches Gemein- und Wirtschaftsrecht 1936, 97ff.

857 RGZ 157, 14 (20)

858 BGHZ 75, 1 (5) = NJW 1980, 189 (190); BGH NJW 1992, 2297; 1993, 863 (864); vgl. auch BGH EwiR 1993, § 945 ZPO 1/93, S. 519f mit Anmerkung Vollkommer/Gleußner und Verweisen auf die bisherige Rechtsprechung.

859 Vgl. MüKo-Grothe, § 199 Rn 22.

860 BGH NJW 1996, 117 (118).

861 BGH VersR 1956, 507; 1960, 365 (366).

Die **reduzierten Anforderungen** an die Schadenskenntnis sind eine Folge der sog. Schadenseinheit. Der Schaden entsteht einheitlich und nicht in einzelnen Schadensposten, wodurch eine einheitliche Verjährung erreicht wird[862].

Daraus folgt, dass der genaue Umfang des Schadens nicht bekannt sein muss. So reicht es zum Beispiel aus, dass das Opfer eines Anlagebetruges den Verlust seiner Einlagen dem Grundsatz nach kennt, ohne dass ihm schon eine abschließende Abrechnung erteilt worden sein muss[863].

Bei einem Schadensersatzanspruch wegen nicht termingerechter Zahlung wird der Schaden in der Regel mit dem Ausbleiben der Zahlung bekannt sein. Bei einem Anspruch wegen einer Nebenpflichtverletzung ist dies dagegen nicht zwingend der Fall[864].

2. Person des Schuldners

Der Gläubiger muss Kenntnis von der Person des Schuldners haben. Dies wurde schon unter der Geltung des § 852 Abs. 1 BGB a.F. in der Weise verstanden, dass zum einen bekannt ist, gegen wen sich der Anspruch richtet und zum anderen die notwendigen persönlichen Daten des Schuldners bekannt sein. An der bisherigen Rechtsprechung wird festzuhalten sein[865].

a) Kenntnis bei Alternativschuldnern

Besondere Probleme stellen sich, wenn nach dem Sachverhalt aufgrund der Umstände verschiedene Personen alternativ verantwortlich sein können. Sofern ein solcher Fall der Alternativschuld vorliegt, dürfen an der Haftung des Schuldners keine begründeten Zweifel mehr bestehen[866]. Dies gilt aber nach dem oben Gesagten nicht bezüglich der Schuldfrage bei einem Verkehrsunfall. Diese wird erfahrungsgemäß unterschiedlich beantwortet. In solchen Fällen ist es Sache des Gläubigers, die Verantwortlichkeit gerichtlich klären zu lassen[867].

Solange ein Prozess gegen einen möglichen Alternativschuldner anhängig ist, beginnt die Verjährung gegen einen anderen Alternativschuldner nicht[868]. Die Rechtsprechung stellt damit sicher, dass der Gläubiger nicht gewissermaßen auf

862 Vgl. BGH JR 1958, 100 (101); MüKo-Grothe, § 199 Rn 37 m.w.N.
863 BGH NJW 1990, 2808 (2809).
864 Erman-Schmidt-Räntsch, § 199 Rn 22.
865 Henssler/von Westphalen-Bereska, § 199 Rn 18.
866 RG JW 1935, 3154 (3155f); BGH NJW 1999, 2734 (2735); VersR 1964, 927 (928); OLG Frankfurt/M. VersR 1970, 912.
867 BGH NJW-RR 1990, 222 (223).
868 OLG Hamm NZV 1993, 270.

bloßen Verdacht gegen verschiedene Schuldner vorgehen muss, obwohl letztlich nur einer verantwortlich sein kann. Diese Grundsätze gelten nicht, wenn die betreffenden Personen ggf. als Gesamtschuldner kumulativ haften[869]. Dogmatisch könnte man die Problematik der Alternativschuldner auch im Rahmen der den Anspruch begründenden Umstände einordnen. Solange nämlich eine alternative Haftung denkbar ist, besteht keine Kenntnis, dass einer der Schuldner der Haftende ist. Allgemein ist die Abgrenzung zwischen den beiden Merkmalen nicht immer ganz eindeutig möglich[870].

b) Kenntnis von Namen und Anschrift

§ 199 Abs. 1 Nr. 2 BGB verlangt, dass die Person des Schuldners bekannt sein muss. Aus der Vorgabe, dass aufgrund der Kenntnis eine Klage gegen den Schuldner möglich sein muss folgt, dass regelmäßig dessen Name und Anschrift bekannt sein müssen[871]. Nur mit Hilfe dieser Daten ist eine Klageerhebung oder eine andere Maßnahme nach § 204 Abs. 1 BGB möglich (vgl. §§ 130 Nr. 1, 253 ZPO), da nur so die Zustellung einer Klageschrift und die Begründung eines Prozessrechtsverhältnisses möglich sind[872]. Dabei muss nur die Partei bezeichnet werden (§ 253 Abs. 2 Nr. 1 ZPO), während die Angabe der Anschrift nach dem in Bezug genommenen § 130 Nr. 1 ZPO nur erfolgen "soll"[873]. Ist der Schuldner eine juristische Person, so gelten diese Grundsätze entsprechend. Es muss der Name der juristischen Person, die Adresse sowie derjenige, der die juristische Person vertritt bekannt sein[874].

Es genügt im Grundsatz auch eine ausländische Anschrift des Schuldners oder eine Geschäftsanschrift. In solchen Fällen ist aber zu prüfen, ob eine Klageerhebung auf dieser Grundlage wegen der damit verbundenen Kosten und Mühen zumutbar ist[875].

Die Rechtsprechung hat dieses Kriterium aber nicht immer strikt behandelt. Sie hat es zum Beispiel in den sog. "Kinderteefällen" auch ausreichen lassen, wenn nur der Name des Schuldners bekannt war, dieser aber über das Unterneh-

---

869 BGH NJW-RR 2001, 1168 (1169); vgl. auch BGH VersR 1972, 394 (395).

870 Vgl. Palandt-Heinrichs, § 199 Rn 33.

871 BGH NJW 1985, 2022; 1987, 3120; 1998, 988 (989); 2001, 1721 (1722); NJW-RR 1990, 343; VersR 1976, 166 mit Nachweisen; 1995, 551 (552).

872 BGHZ 102, 332 (335).

873 BGHZ 102,332 (334); 145, 358 (363).

874 Vgl. Anmerkung Sandmann zu BGH JZ 2001, 713.

875 Vgl. BGH NJW 1988, 988 (989); zustimmend Henssler/von Westphalen-Bereska, § 199 Rn 18; dazu unter VI.2. (S. 171).

men geladen werden konnte. Auf die Kenntnis seiner Privatanschrift kam es damit nicht entscheidend an[876].

Es bestehen aber gute Gründe, die Zustellungsmöglichkeit am Arbeitsplatz oder an anderen Orten sehr restriktiv zu handhaben, da sie nicht immer eine faire Chance für den Gläubiger beinhaltet. Zwar ist es grundsätzlich möglich, dem Schuldner eine Klage an jedem Ort zuzustellen (vgl. § 177 ZPO). Auch würde es dem Schuldner in einer solchen Situation nichts nützen, die Annahme der Klageschrift zu verweigern, weil dies eine Zustellungsfiktion auslösen würde (§ 179 S. 3 ZPO). Probleme ergeben sich aber, wenn die gesuchte Person nicht angetroffen wird. Dies ist innerhalb einer größeren Organisationseinheit wahrscheinlich. Eine Ersatzzustellung ist in solchen Fällen nicht möglich, da es sich nicht um die Wohnung oder Geschäftsräume dieser Person handelt (vgl. §§ 178, 180, 181 ZPO). Man sollte daher die Kenntnis einer anderen als der Wohn- oder Geschäftsanschrift nur dann ausreichen lassen, wenn es hinreichend wahrscheinlich ist, dass die gesuchte Person dort angetroffen werden wird. Ein Kriterium hierfür ist die Position einer Person innerhalb der Organisation. So wird eine Zustellung an den Leiter einer medizinischen Abteilung oder an ein Vorstandsmitglied des Unternehmens in der Regel durchführbar sein[877]. Für Mitarbeiter in nachgeordneter Stellung wird dies dagegen eher nicht der Fall sein.

Ist zwar der Name des Schuldners bekannt, dessen Aufenthaltsort aber nicht und ist dieser auch nicht ermittelbar, so muss der Gläubiger die öffentliche Zustellung der Klage beantragen[878].

c) Kenntnis bei Rechtsnachfolge

Die Kenntnis der Person des Schuldners soll nicht die Kenntnis einer möglichen Rechtsnachfolge umfassen müssen. Es kommt daher zum Beispiel nicht darauf an, dass die Forderung sich nach dem Tod einer Person gegen die Erben richtet. Diese müssen nicht bekannt sein[879]. Diese lässt sich damit begründen, dass der Gläubiger nach § 1961 BGB die Nachlasspflegschaft beantragen kann, womit dann nach § 211 BGB die Ablaufhemmung für Nachlassfälle laufen würde[880].

---

876 OLG Frankfurt, NJW-RR 1999, 1474.

877 Vgl. BGHZ 145, 358 (364f).

878 Staudinger-Peters, § 199 Rn 48.

879 OLG Neustadt MDR 1963, 413; MüKo-Grothe, § 199 Rn 27; Erman-Schmidt-Räntsch, § 199 Rn 26; so wohl auch Breucker, S. 48f, der den Anspruch als unselbstständige Fortsetzung des Anspruches gegen den Erblasser einstuft; ähnlich Engelmann, S. 235f; offengelassen von RG JW 1907, 302ff.

880 AnwK-Mansel/Stürner, § 199 Rn 42; Staudinger-Peters, § 199 Rn 48.

d) Identität einer Person mit dem Schuldner

Eine ähnliche Frage taucht auf, wenn zwar Name und Anschrift einer bestimmten Person bekannt sind, sich jedoch die Frage stellt, ob es sich bei dieser Person um den gesuchten Schuldner handelt. Die Kenntnis von der Person des Schuldners entspricht der Kenntnis der Identität einer Person mit der gesuchten Person[881].

Dies ist konsequent, da ohne die Sicherheit über diese Frage eine Klage gegen die besagte Person nicht sinnvoll erhoben werden könnte. In der Klageschrift müsste schließlich jedenfalls konkludent behauptet werden, die verklagte Person sei passivlegitimiert.

e) Keine Kenntnis des Verursachers erforderlich

Das Abstellen auf die Person des Schuldners stellt klar, dass der Gläubiger nicht wissen muss, wer der Verursacher eines Schadens sein muss[882].

Personen, die zwar den Schaden verursacht haben, für die aber ein anderer haftet, müssen daher nicht selbst bekannt sein. So kommt es zum Beispiel bei einem Anspruch aus § 831 BGB nicht darauf an, dass der Verrichtungsgehilfe namentlich bekannt ist[883]. Der Gläubiger muss für eine erfolgreiche Klage nur wissen, dass der Schaden von einem Verrichtungsgehilfen des Schuldners hervorgerufen wurde[884].

Entsprechend kommt es nicht darauf an, bei einem vertraglichen Anspruch den Stellvertreter des Schuldners namentlich zu kennen. Es reicht aus, dass bekannt ist, dass die Einigung mit einer Person erfolgte, deren Willenserklärung sich der Schuldner nach den Regeln der Stellvertretung zurechnen lassen muss. Auch die Person eines Erfüllungsgehilfen des Schuldners muss nicht bekannt sein[885].

Gleiche Überlegungen lassen sich anstellen, wenn nicht klar ist, welches von mehreren Kindern derselben Eltern einen nach § 832 BGB zu ersetzenden Schaden hervorgerufen hat oder welcher Beamte derselben Körperschaft die Haftung nach § 839 BGB begründet hat.

Es kommt in Fällen dieser Art zu einer unterschiedlichen Verjährung. Sofern der Verursacher ebenfalls haftet, z.B. nach § 823 Abs. 1 BGB beginnt die

881 BGH VersR 1966, 632 (634).

882 Vgl. bereits Breucker, S. 25f; MüKo-Grothe, § 199 Rn 38, Palandt-Heinrichs, § 199 Rn 33; vgl. BGH NJW 1999, 423 (424).

883 Vgl. bereits Engelmann, S. 220.

884 AnwK-Mansel/Stürner, § 199 Rn 41; Erman-Schmidt-Räntsch, § 199 Rn 29.

885 AnwK-Mansel/Stürner, § 199 Rn 40; Soergel-Niedenführ, § 199 Rn 48.

Verjährung der gegen ihn gerichteten Ansprüche erst, wenn sein Name und seine Anschrift bekannt sind.

IV. Intensität der Kenntnis

1. Grundsätzliches

Kenntnis bedeutet nun nicht, dass der Gläubiger alle Einzelheiten des Geschehens kennen muss[886]. Ansonsten würde die Norm praktisch leer laufen, da gerade bei komplexeren Geschehensabläufen nie alle Umstände genau bekannt sein werden. Die Anforderungen sind danach zu bemessen, was der Gläubiger für die prozessuale Durchsetzung seiner Ansprüche wissen muss. Die Kenntnis muss soweit reichen, dass ein hinreichend konkreter und substantiierter Prozessvortrag möglich ist.

Dafür ist es nicht erforderlich, dass der Gläubiger alle Einzelheiten kennt[887]. Er muss einerseits keine Gewissheit über die relevanten Tatsachen haben, andererseits genügen bloß Verdachtsmomente aber auch nicht[888].

Letztlich muss der Grad der Kenntnis also funktional bestimmt werden. Die Kenntnis muss soweit reichen, dass der Gläubiger durch die Kenntnis vernünftigerweise veranlasst werden muss, vor Gericht zu gehen[889]. Die Kenntnis muss von der Gewissheit abgegrenzt werden. Gewissheit ist nicht erforderlich, um Kenntnis zu begründen[890].

2. Keine Gewissheit notwendig

Nicht erforderlich ist, dass der Gläubiger vollständige Gewissheit bezüglich aller relevanten Tatsachen hat. Es genügt vielmehr, wenn gewichtige Anhaltspunkte für Haftung des Schuldners bestehen[891].

---

886 Vgl. schon RG WarnRspr. 1912 Nr. 432; BGH VersR 1956, 507; vgl. Peters/Zimmermann, S. 178.

887 BGH NJW 1993, 2741 (2744) m.w.N.; MüKo-Grothe, § 199 Rn 25; Palandt-Heinrichs, § 199 Rn 27: Bamberger/Roth-Spindler, § 199 Rn 21; vgl. bereits RG JW 1909, 724ff.

888 BGHZ 97, 97 (111); BGH NJW 1990, 176 (179); OLG Frankfurt NJW-RR 1996, 21.

889 Peters, JZ 1983, 121 (124).

890 Staudinger-Peters, § 199 Rn 49.

891 BGHZ 6, 195 (202); BGH NJW 1985, 2022 (2023); VersR 1974, 197 (198); Betrieb 74, 1907.

Die Begründung für diese Rechtsprechung ist, dass die Kenntnis die Verjährung auslösen soll. Die Verjährung soll zu einem Zeitpunkt beginnen, der dem Gläubiger eine faire Chance lässt, seine Ansprüche durchzusetzen. Er braucht dazu keine vollständige Gewissheit sondern nur soviel Sicherheit, dass eine Klage zumutbar ist[892].

Bei Ansprüchen aus einem Verkehrsunfall genügen gewichtige Anhaltspunkte für ein Verschulden. Die Schuldfrage wird erfahrungsgemäß unterschiedlich gesehen. Der Geschädigte muss dann durch Klageerhebung für Klarstellung sorgen[893]. Dem Verjährungsbeginn stehen derartige Unsicherheiten nicht entgegen.

Es soll daher ausreichen, wenn das schädigende Ereignis in Grundzügen bekannt ist[894]. Die Einzelheiten eines komplexen naturwissenschaftlichen Vorgangs müssen nicht bekannt sein, z.B. der genaue Hergang einer fehlerhaften Behandlung[895]. Dies bedeutet, dass die Richtung des Tatgeschehens bekannt ist, z.B. dass betrügerische Anlagegeschäfte getätigt wurden. Dabei sind vorhandene Anhaltspunkte in einer Gesamtschau zu würdigen[896].

In solchen Fällen besteht kein allgemeiner Grundsatz, dass der Ausgang eines Ermittlungsverfahrens abgewartet werden kann[897].

3. Bloßer Verdacht nicht ausreichend

a) Allgemeines

Es genügt nicht, dass der Gläubiger lediglich einen Verdacht hat, dass die Voraussetzungen eines Anspruches vorliegen könnten[898]. Allein aufgrund eines Verdachts kann schließlich eine Klage nicht mit hinreichender Aussicht auf Erfolg erhoben werden. Dies gilt insbesondere bei ärztlicher Fehlbehandlung. Bei ihr muss wegen der schwierigen medizinischen Fragestellungen die Vermutung durch ärztliche Stellungnahmen gestützt werden[899].

---

892 Staudinger-Peters, § 199 Rn 49.

893 BGH NJW 1963, 1103 (1104); VersR 1960, 754 (755); 1961, 158 (159); VersR 1961, 910; OLG Hamburg, MDR 2001, 215 (216).

894 RG WarnRspr. 1912, 432; BGHZ 48, 181 (183) VersR 1956, 507; 1960, 754 (755); 1961, 910.

895 OLG Düsseldorf NJW 1986, 2377 (2378); Schnaufer, S. 41 Fn 178 m.w.N..

896 BGH NJW-RR 1992, 282 (283).

897 BGH NJW-RR 1992, 282 (283) unter Einschränkung von BGH NJW 1990, 2808.

898 RGZ 162, 202 (208); BGH VersR 1956, 507; 1960, 365 (366); 1967, 162 (164); 1968, 453; 1963, 161 (163); NJW 1993, 648 (653).

899 BGH VersR 1960, 752 (754).

b) Kenntnis aufgrund von staatlichen Ermittlungen

Allein das gegen eine bestimmte Person Ermittlungen durchgeführt werden, genügt nicht. Das gilt jedenfalls dann, wenn mit der so erlangten Kenntnis noch kein Schadensersatzprozess gegen den Schädiger möglich ist[900]. Nur bei sehr einfachen Sachverhalten wird die Zeugenvernehmung dazu führen, dass der Gläubiger die notwendigen Kenntnisse erlangt. Bei komplizierten Verfahren, z.B. betreffend betrügerische Warentermingeschäfte wird dies dagegen nicht der Fall sein[901]. Bei komplexen Sachverhalten wie bei Anlagebetrügereien können selbst die **Verfolgung des Verfahrens** und die **Vernehmung als Zeuge** im Strafverfahren ggf. nicht ausreichen, um Kenntnis zu bejahen[902]. In allen Verdachtsfällen ist aber besonders gründlich zu prüfen, ob der Gläubiger aufgrund des Verdachtes weitere Nachforschungen hätte unternehmen müssen und ob bei Unterlassen dieser Nachforschungen ein Verjährungsbeginn wegen grob fahrlässiger Unkenntnis in Betracht kommt. Ob aus dem Erlass eines Haftbefehls und des dazu erforderlichen dringenden Tatverdachts Kenntnis herzuleiten ist, ist eine Frage des Einzelfalles und kann ebenfalls nicht allgemeinverbindlich beantwortet werden[903]. Es bleibt also festzuhalten, dass Ermittlungen aller Art gegen den Schuldner zwar zur Kenntnis des Gläubigers beitragen können, es aber keine festen Regeln darüber gibt, wann zwingend auf Kenntnis zu schließen ist.

4. Anlehnung an prozessuale Erforderlichkeit

Die Kenntnis des Gläubigers muss soweit reichen, dass er aufgrund dieses Wissens mit einigermaßen sicherer Aussicht auf Erfolg eine Klage erheben kann. Dabei ist als Kontrollfrage zu überlegen, ob das vorhandene Wissen für eine zusprechende Entscheidung ausreichen würde[904].

Details müssen also dann bekannt sein, wenn sie den Lebenssachverhalt entscheidend prägen und für die Entscheidung, ob ein Anspruch besteht oder nicht relevant sind[905]. Andere Details müssen nicht bekannt sein[906]. Einen Anhalts-

900 OLG Bremen OLGR 2003, 506 (508).

901 BGH NJW 1994, 3092 (3093).

902 BGH NJW 1994, 3092 (3093); LG Frankfurt WM 1993, 329 (330f) = WuB IV A. § 852 BGB 1.94.

903 BGH NJW 2004, 510 unter Abänderung der Vorentscheidung des SchlHOLG SchlHA 2003, 77 = OLGR 2003, 108; BGH NJW-RR 1992, 282; so bereits BGH NJW-RR 1992, 282.

904 Vgl. Schnaufer, S. 24 m.w.N..

905 Erman-Schmidt-Räntsch, § 199 Rn 21.

punkt bietet es, wenn das Wissen zwar unvollständig ist, aber nach den Gundsätzen des Anscheinsbeweises es sich aufdrängen muss, dass gegen eine bestimmte Person ein Schadensersatzanspruch bestehen muss[907]. Das ist zum Beispiel der Fall, wenn bei Ausbruch eines Feuers allen Beteiligten klar ist, dass dieses im Zusammenhang mit Arbeiten einer bestimmten Person entstanden ist und eine andere Brandursache fern liegt[908].

5. Kenntnis unabhängig von persönlichen Umständen

Für die Kenntnis wird nicht nach den persönlichen Umständen des jeweiligen Gläubigers unterschieden. Es ist unerheblich, ob der jeweilige Gläubiger aus seiner Sicht genügend Sicherheit für die Klageerhebung hätte. Ansonsten würde man für sehr selbstbewusste und leichtfertige Personen die Kenntnis eher bejahen müssen als für ängstliche und vorsichtige Personen. Dieses Ergebnis ist abzulehnen[909].

Letztlich stellt sich eine entsprechende Frage erneut im Zusammenhang mit der grobfahrlässigen Unkenntnis. Dort ist näher darauf einzugehen, ob eine individuelle Komponente notwendig ist[910].

6. Konsequenzen für den Rechtsanwender

An einer ganz genauen Kenntnis der Umstände wird es insbesondere bei Schadensersatz- und Bereicherungsansprüchen häufig fehlen[911]. Es wird sich daher in vielen Fällen die Frage stellen, ob eine Kenntnis schon ausreichend ist oder ob die vorhandenen Informationen noch ungenügend sind. Nach dem oben gesagten dürfte diese Abgrenzung nicht immer ganz leicht vorzunehmen sein. Das Kriterium der grobfahrlässigen Unkenntnis wird in vielen Fällen über diese Probleme hinweghelfen. Wenn nämlich das vorhandene Wissen schon recht erheblich ist, und nur noch Details aufzuklären sind, wird man relativ einfach das Vorliegen grober Fahrlässigkeit bejahen können. Zusammen mit der Jahresendverjährung wird man die Einzelheiten dann häufig unaufgeklärt lassen können, da jedenfalls grobfahrlässige Unkenntnis vorgelegen hat.

906 OLG Frankfurt/Main, NJW-RR 1999, 1474 (1475).
907 BGH NJW-RR 1990, 343 (344).
908 Vgl. BGH NJW-RR 1990, 343 (344).
909 Vgl. Breucker, S. 11.
910 S. 201.
911 Vgl. Palandt-Heinrichs, § 199 Rn 27.

V. Einzugehende Risken

Der Verjährungsbeginn hängt wiederum nicht davon ab, dass die Klageerhebung ohne jedes Risiko ist[912]. Der Gläubiger wird nämlich dadurch geschützt, dass ihm eine Überlegungsfrist von 3 Jahren eingeräumt wird[913]. Die Klage muss lediglich hinreichende Erfolgsaussichten besitzen[914], dem Kläger wird daher nicht jedes Risiko abgenommen[915]. Andernfalls würde es in vielen Fällen gar nicht zu einem Verjährungsbeginn nach § 199 Abs. 1 BGB kommen[916].

1. Prozess muss nicht risikolos sein

a) Allgemeines

Die Kenntnis des Gläubigers soll nicht zur erfolgreichen Durchführung des Rechtsstreites ausreichen, sondern nur die Verjährung in Gang setzen. Dem Gläubiger bleibt dann eine Frist von 3 Jahren, die noch offenen Fragen zu klären[917]. Die Frist des § 195 BGB wird damit zu einer Überlegungsfrist. Es ist keine über jeden Zweifel erhabene Gewissheit über Obsiegen erforderlich, da sonst Verjährung in vielen Fällen ausgeschlossen wäre[918]. Der Gläubiger muss vielmehr das allgemeine Prozessrisiko tragen[919].

aa) Sonstige laufende Verfahren

Grundsätzlich kann auch nicht abgewartet werden, bis ein Strafverfahren rechtskräftig abgeschlossen wurde. Dies ist nur unter ganz besonderen Bedingungen der Fall[920]. Die Kenntnis kann daher schon vor Abschluss des Strafverfahrens vorhanden sein[921]. Allein deshalb, weil ein Strafgericht den Schuldner freigesprochen hat kann aber auch nicht der Schluss gezogen werden, zu diesem

---

912 BGHZ 6, 195 (202); BGH VersR 1959, 274; 1963, 578 (579); VersR 1973, 232.
913 Dazu schon oben, S. 117.
914 Bamberger/Roth-Spindler, § 199 Rn 21 m.w.N..
915 BGH NJW 1994, 3092 (3093); VersR 1995, 551 (552).
916 BGH VersR 1959, 274; 1976, 166.
917 BGH VersR 1974, 1082 (1083); BGH NJW-RR 1990, 343 (344).
918 RG JW 1912, 640; BGH NJW 1985, 2022 (2023); 1994, 1150 (1152); 1994, 3092 (3093); VersR 1975, 520 (521); 1980, 846 mit weiteren Nachweisen; 1995, 551 (552).
919 BGH NJW 1998, 988.
920 BGH NJW 1994, 1150 (1151); OLG München VersR 2000, 505; OLG Hamm NJW-RR 2002, 750; a.A. OLG Hamm NJW-RR 1994, 866.
921 BGH VersR 1983, 273.

Zeitpunkt habe noch keine Kenntnis vorgelegen[922]. Es ist daher auch unerheblich, wenn bei sonst vorhandener Kenntnis ein parallel laufendes Ermittlungsverfahren eingestellt wird[923]. Die Zustellung einer Anklageschrift an den Gläubiger kann bereits zu dessen Kenntnis führen, muss es aber nicht[924]. Letztlich gelten für staatliche Maßnahmen und private Rechtsverfolgung unterschiedliche Maßstäbe[925]. Allgemein darf der Ausgang eines Vor- oder Parallelprozesses nicht in jedem Fall abgewartet werden[926].

Gleiches gilt für andere Verfahren, wie Verfahren nach dem Sozialgesetzbuch oder nach der Abgabenordnung[927]. Es wird daher noch zu erörtern sein, ob eine Obliegenheit zur Verfolgung von Strafverfahren und anderen Verfahren besteht.

bb) Änderung der Rechtsprechung

Es ist auch unerheblich, wenn sich die höchstrichterliche Rechtsprechung zu einer bestimmten Frage ändert[928]. Es ändert sich weder an der Entstehung des Anspruches noch an der Kenntnis der Tatsachen etwas, wenn sich die höchstrichterliche Rechtsprechung in der Weise ändert, dass erst ab dieser Änderung ein Anspruch bestehen würde. Ansonsten würde jede Änderung der Rechtsprechung dazu führen, dass ohne vorherige Vorwarnung Ansprüche in unabsehbarer Zahl unverjährt geltend gemacht werden könnten. Offengelassen hat die Rechtsprechung aber, ob dies auch dann gelten würde, wenn die vorher bestehende Rechtsprechung einen Anspruch ausdrücklich verneint hätte[929]. Dies wird wegen der eben beschriebenen Gefahr der allgemeinen Rechtsunsicherheit ebenfalls bejahen müssen.

b) Besonderheiten bei der Amtshaftung

Bei Amtshaftung wegen unberechtigter Klageerhebung darf abgewartet werden, bis das Strafgericht die Eröffnung des Hauptverfahrens abgelehnt hat[930].

Wie bereits oben festgestellt, kann in einem Fall von Amtshaftung die notwendige Kenntnis schon dann gegeben sein, wenn das Verfahren vor dem Verwaltungsgericht noch läuft. Die Verjährung soll aber in solchen Fällen solange

922 BGH VersR 1957, 181 (182); 1960, 754 (755).
923 BGH NJW-RR 1990, 222 (223).
924 BGH VersR 1983, 273.
925 BGH NJW-RR 2005, 69 (70).
926 BGH VersR 1975, 520 (521).
927 Vgl. RGRK-Kreft, § 852 Rn 29 mit Nachweisen aus der älteren Rechtsprechung.
928 A.A. wohl Brüggemeier, Anmerkung zu BGH ZIP 2001, 379, ZIP 2001, 381f.
929 BAG NJW 2002, 1066.
930 BGH VersR 1998, 1019.

gehemmt sein, bis in dem Verfahren vor dem Verwaltungsgericht rechtskräftig entschieden wurde. Dazu zog der BGH unter Aufgabe seiner früheren Rechtsprechung zunächst § 209 BGB a.F. entsprechend heran, der damals noch als Unterbrechungstatbestand ausgestaltet war[931]. Später wurde diese Rechtsprechung auf diejenigen Fälle ausgeweitet, in denen ein sozialrechtlicher Herstellungsanspruch vor dem Sozialgericht geltend gemacht wurde[932].

Der Primärrechtsschutz muss sich aber gegen den Staat als Schuldner richten. Nicht ausreichend ist es aber, wenn der Geschädigte einen Rechtsstreit gegen einen Dritten führt[933]. Die Verjährung wird nur aufgehalten, wenn das amtspflichtwidrige Verhalten genau diejenige Maßnahme ist, gegen die der Gläubiger Rechtsschutz zu erlangen versucht hat[934].

Heute wird man stattdessen § 204 Abs. 1 Nr. 1, 12 BGB entsprechend heranziehen[935]. Die umstrittenen Einzelheiten dieses Problems sollen, da sie sich nicht auf den Verjährungsbeginn auswirken unerörtert bleiben. § 213 BGB zeigt aber, dass die bisherigen Annahmen zutreffend sind[936].

Die Rechtsprechung hat aber offen gelassen, ob diese Überlegungen auch dann gelten, wenn sich der Gläubiger gegen einen gegen ihn erlassenen rechtswidrigen Bußgeldbescheid wehrt[937]. Man sollte dies bejahen, um unnötige Parallelprozesse zu vermeiden.

2. Bestreiten durch den Schuldner unerheblich

Es ändert an der Kenntnis und der Zumutbarkeit der Klageerhebung grundsätzlich nichts, wenn der Schuldner die bekannten Tatsachen bestreitet[938] oder sonst Gründe anführt, die eine Haftung ausschließen. Durch das Bestreiten wird dem Gläubiger allein die Beweisführung aufgenötigt[939]. Dies lässt sich nach dem Zweck der Verjährung damit begründen, dass der Schuldner gerade

931 BGHZ 95, 238; bestätigt in BGHZ 97, 97 (111).

932 BGHZ 103, 242.

933 Vgl. BGH NJW 1990, 176 (179).

934 BGHZ 122, 317 (323f); BGH WM 2001, 145 (146); 2003, 2242 (2244f).

935 Vgl. Lässig, NVwZ 2002, 304.

936 Vgl. vertiefend Peters, NJW 1986, 1087ff, der alternativ eine Hemmung wegen Stillstands der Rechtspflege vorschlägt; zum neuen Recht Staudinger-Peters, § 199 Rn 28.

937 BGH NJW 1994, 3162 (3164).

938 OLG Düsseldorf, VersR 1997, 1241 (1242).

939 BGH JR 1958, 100; OLG Düsseldorf NJW-RR 1998, 1244 = VersR 1997, 1241.

auch dann schützenswert ist, wenn er Entlastungsgründe zwar behauptet, diese aber nicht mehr beweisen kann[940].

Die Beweisnot des Gläubigers ist insgesamt verjährungsrechtlich unerheblich. Sie stellt auch keinen Fall höherer Gewalt i.S.d. § 206 BGB dar[941].

Das gilt auch, wenn ein Arzt gegenüber seinem Patienten das Bestehen von Schadensersatzansprüchen bestreitet[942]. Es gilt jedenfalls solange, wie die Tatsachen nicht verschwiegen oder verdreht werden[943]. Wenn der Arzt dagegen den Patienten mit sachlich falschen Angaben irreführt, wird man in der Regel die Kenntnis des Patienten verneinen müssen.

3. Keine volle Beweisbarkeit erforderlich

Die Kenntnis wird so definiert, dass dem Gläubiger Maßnahmen nach § 204 Abs. 1 BGB zuzumuten sind. Dazu gehört nicht, dass nach seiner Einschätzung eine völlig eindeutige Beweislage besteht. Er kann also nicht so lange abwarten, bis sich die Beweislage verbessert hat. Er muss die Beweismittel auch nicht kennen[944].

Grund für diese Bewertung ist, dass zum einen auch die Verteidigungsmöglichkeiten des Schuldners durch Zeitablauf verschlechtert werden und zum anderen, dass die regelmäßige Verjährungsfrist genügend Zeit lässt, fehlende Beweise zu beschaffen[945].

Würde man abwarten, bis der Gläubiger nicht nur bezüglich der anspruchsbegründenden Umstände sondern auch bezüglich der fehlenden Verteidigungsmöglichkeiten des Schuldners Sicherheit hätte, so würden zu diesem Zeitpunkt die Beweismöglichkeiten des Schuldners schon erheblich eingeschränkt sein. Der Schuldnerschutz als einem Kernziel der Verjährung wäre nicht mehr gewahrt.

Zweifel an der Beweisbarkeit der relevanten Tatsachen schließen demnach die Kenntnis nicht aus[946]. Dies gilt auch bei Arzthaftungsfällen. Der Patient muss bei ausreichender Kenntnis das Risiko auf sich nehmen, das schadensursächliche

---

940 Vgl. Spiro I, § 85 Fn 20.

941 BGH NJW 1975, 1466; vgl. Palandt-Heinrichs, § 206 Rn 8.

942 BGH NJW 1984, 661; BGH AP Nr. 4 zu § 852 BGB S. 5.

943 BGH NJW 1984, 661 (662).

944 A.A. Spiro I, § 85.

945 Staudinger-Peters, § 199 Rn 47.

946 BGH VersR 1963, 578 (579); 1974, 1082, (1083); NJW 1994, 1150 (1152); 2001, 885f = BGHZ 145, 358 (dort nicht abgedruckt).

ärztliche Fehlverhalten ggf. nicht nachweisen zu können[947].Es bedarf keineswegs immer eines Privatgutachtens, um die notwendige Sicherheit zu erlangen[948].

Dass ansonsten noch Gutachten zur Sicherung und Untermauerung von einzelnen Voraussetzungen der Anspruchsgrundlage ausstehen, ist für die Kenntnis ohne Belang[949].

Beweisschwierigkeiten sind im Übrigen auch kein Grund, eine Hemmung der Verjährung anzunehmen. Der insoweit als einziger in Betracht kommende Hemmungsgrund des § 206 BGB, die Hemmung wegen höherer Gewalt ist insoweit nicht einschlägig[950]. Dies ist konsequent. Ansonsten würde der Schutz des Schuldners auf unbegrenzte Zeit hinausgeschoben, womit das Gläubigerinteresse an der Durchsetzung seiner Forderung einseitig überbewertet würde.

4. Beurteilung aus juristischer Sicht

Die Beurteilung, ob eine Klage hinreichende Erfolgsaussichten bietet, ist aus der Sicht eines Rechtskundigen vorzunehmen[951]. Letztlich ist dies dieselbe Überlegung, die bereits dazu geführt hat, allein die Tatsachenkenntnis und nicht die richtige Einschätzung der Rechtslage für relevant zu halten.

VI. Zumutbarkeit der Klageerhebung

Die Klage muss dem Gläubiger nicht nur möglich sein sondern sie muss ihm auch zumutbar sein[952]. Dieses Merkmal wirkt als Korrektiv in solchen Fällen, in denen die Klage zwar grundsätzlich möglich wäre, man ihre Erhebung dem Gläubiger aber nicht ansinnen möchte. Er hätte in diesen Fällen nämlich keine faire Chance, seinen Anspruch durchzusetzen. Der Begriff der Zumutbarkeit kann als Rechtsbegriff vom Revisionsgericht eigenständig beurteilt werden[953]. Eine Korrektur auf dieser Ebene ist daher noch in der Revisionsinstanz möglich.

---

947 BGH NJW 2001, 885f.

948 BGH NJW 2001, 885 (886).

949 BGH VersR 1976, 166 (167).

950 BGH NJW 1975, 1466; Palandt-Heinrichs, § 206 Rn 8.

951 BGH VersR 1971, 154 (155).

952 BGHZ 6, 195 (201); 97, 97 (111); 122, 317 (325); BGH NJW 1994, 1150 (1152); 1994, 3092 (3093); BGH NJW-RR 1990, 222 mit weiteren Nachweisen; Erman-Schmidt-Räntsch, § 199 Rn 18 m.w.N..

953 BGHZ 122, 317 (326).

Es haben sich verschiedene Fallgruppen herausgebildet, in denen die Klageerhebung als nicht zumutbar angesehen wurde. Diese Aufzählung muss aber nicht abschließend sein.

1. Anderweitige Konfliktlösung steht in Aussicht

Die Klageerhebung kann dann unzumutbar sein, wenn bei einem Amtshaftungsanspruch der Schuldner zwar nicht die Zahlung von Schadensersatz in Aussicht stellt, wohl aber eine anderweitige Kompensation, durch die eine bestehende Vermögenseinbuße ausgeglichen werden soll[954]. Eine Hemmung durch Verhandlungen (§ 203 S. 1 BGB) wird in diesen Fällen in der Regel daran scheitern, dass zwar verhandelt wird, jedoch nicht über den Schadensersatzanspruch.

Beispiel (nach BGHZ 122, 317): Dem Inhaber eines Amtshaftungsanspruches wird von der Behörde zwar kein Schadensersatz, wohl aber eine andere befriedigende Lösung in einer Verwaltungsstreitigkeit in Aussicht gestellt.

Da die Behörde nicht über den Schadenersatzanspruch verhandelt, hilft dem Gläubiger § 203 BGB nicht weiter. Ihm ist aber in einer solchen Situation, in der für ihn noch die Aussicht auf eine gütliche Lösung besteht, die Klageerhebung nicht zumutbar, da er so die anderweitige Konfliktlösung gefährden würde.

Ansonsten kann für den Gläubiger das Problem entstehen, dass er in den Verhandlungen mit der Behörde einen anderen Standpunkt vertreten muss als im parallel dazu geführten Amtshaftungsprozess, z.B. indem er gegenüber der Behörde im Verwaltungsverfahren einen ihn begünstigenden Bauvorbescheid als rechtmäßig einstufen müsste, um dessen Aufhebung zu vermeiden und im Amtshaftungsverfahren zeitgleich der Standpunkt, dass derselbe Bescheid rechts- und amtspflichtswidrig sei[955].

Diese Rechtsprechung gilt aber nicht für die subsidiäre Haftung von Notaren, wenn diese für eine unrichtige Auskunft haften und der Mandant zugleich gegen eine belastende öffentlich-rechtliche Maßnahme vorgeht. Er ist in solchen Fällen nämlich nicht zu widersprüchlichem Parteivortrag gehalten. Die parallele Vorgehensweise ist in diesem Fall zumutbar[956].

---

954 BGHZ 122, 317 (325f); BGH NJW 1990, 245 (247); WM 2001, 145 (146f); dazu Lässig NVwZ 2002, 305.

955 BGHZ 122, 317 (325f); bestätigt in BGH MDR 2000, 29 (30).

956 BGH NJW-RR 2004, 1069 (1071).

2. Keine sichere Möglichkeit der Klagezustellung

Die Klageerhebung ist dann nicht zumutbar, wenn die Klage im Ausland zugestellt werden müsste und dabei erhebliche Risiken bestehen[957].

Beispiel (nach BGH NJW 1998, 988): Einem durch Börsentermingeschäfte geschädigten Anleger ist lediglich eine Londoner Geschäftsadresse des Schädigers bekannt. Er könnte zwar in Deutschland eine Klage erheben, müsste diese jedoch in London zustellen lassen.

Das Risiko der erfolgreichen Klageerhebung ist so hoch, dass sie dem Kläger nicht zugemutet werden kann. Es wäre praktisch vom Zufall abhängig, ob der Anspruchsgegner angetroffen werden wird und ob die Zustellung einer rechtlichen Überprüfung standhält.

Diese Bewertung mag sich zukünftig ändern, wenn z.B. innerhalb der Europäischen Union einfache und sichere Möglichkeiten bestehen, eine Klagezustellung vorzunehmen.

3. Besonders komplexe Rechtslage

Die Frage, ob ein Rechtsirrtum verjährungsrechtlich relevant ist, wurde zunächst unter dem Aspekt, ob Kenntnis auch Rechtskenntnis erfordert erörtert (vgl. oben). Der Bundesgerichtshof hat diese Frage später unter dem Aspekt der Zumutbarkeit der Klageerhebung erörtert[958].

Diese Einstufung erscheint dogmatisch vorzugswürdig, da dadurch die Vermengung von unterschiedlichen Wertungen vermieden und der Kerngedanke des Kenntniskriteriums, nämlich dem Gläubiger eine faire Chance einzuräumen, besser zum Ausdruck kommt. Es wird dann nämlich klar, dass dem Gläubiger in solchen Fällen kein Vorwurf gemacht werden kann, Tatsachen nicht ermittelt zu haben, womit zugleich der Vorwurf grobfahrlässiger Unkenntnis verworfen werden muss. Die Rechtsprechung ist durchweg zu § 852 Abs. 1 BGB a.F. ergangen. Es hat sich aber an der Rechtslage durch die Schuldrechtsmodernisierung insoweit nichts geändert[959].

---

957 Vgl. BGH NJW 1998, 988 (989).

958 Ab BGH VersR 1957, 30; in diesem Sinne auch Schnaufer, S. 37.

959 Bamberger/Roth-Spindler, § 199 Rn 22; Mansel, NJW 2002, 92 Fn 36; a.A. Mansel/Budzikiewicz, § 3 Rn 125.

a) Beseitigung der Unkenntnis durch Prozesskostenhilfe

Auf das Vorliegen einer ggf. zu komplexen Rechtslage kommt es dann nicht mehr an, wenn der Gläubiger durch das zuständige Gericht bereits eine Einschätzung über die Erfolgsaussichten der Klage erhalten hat. Sie ist ihm dann ohne weiteres zumutbar. Eine komplexe Rechtslage bestand damit unter der Geltung des § 852 Abs. 1 BGB a.F. dann nicht mehr, wenn für die Klage gegen eine bestimmte Partei Prozesskostenhilfe gewährt worden war[960]. Diese Rechtsprechung dürfte sich jetzt weitgehend erledigt haben, da schon die Einreichung eines Prozesskostenhilfegesuches nach § 204 Abs. 1 Nr. 14 BGB zur Hemmung führt. Relevant ist sie nur dann, wenn das Verfahren trotz der Prozesskostenhilfe nicht durchgeführt wird oder wenn nur ein Teilbetrag geltend gemacht wird. Diese Fälle haben aber nur eine geringe praktische Relevanz.

b) Voraussetzungen einer komplexen Rechtslage

Eine besonders schwierige Rechtslage kann aber nicht ohne weiteres angenommen werden. Sie wurde in einem Fall, bei dem ein Autofahrer durch eine ungenügend gesicherte Autobahnbaustelle geschädigt wurde, verneint[961]. Er hatte nicht erkannt, dass er deswegen das Bauunternehmen und nicht die Bundesrepublik Deutschland in Anspruch nehmen musste. Dieses Ergebnis folgte aus § 3 Abs. 3 S. 3 StVO in der damals gültigen Fassung. Bei Rechtsfragen, die sich relativ eindeutig mit Hilfe des reinen Gesetzestextes klären lassen, liegt keine so komplexe Rechtslage vor, dass die Klageerhebung unzumutbar wäre. In einem Fall von Prospekthaftung entschied der BGH, dass es in rechtlicher Hinsicht nicht sonderlich schwierig gewesen wäre, einen Anspruch aus unerlaubter Handlung herzuleiten[962]. Ähnliches galt für Ansprüche von ehemaligen Zwangsarbeitern. Trotz erheblicher Unsicherheit wegen entgegenstehender völkerrechtlicher Regelungen wurden ihre erst 1996 erhobenen Ersatzklagen als verjährt angesehen[963].

Eine komplexe Rechtslage in diesem Sinne liegt auch dann nicht vor, wenn lediglich zweifelhaft ist, zu welchem Ergebnis die Anwendung von feststehenden Rechtsnormen auf einen im Wesentlichen bekannten Sachverhalt kommen wird[964]. Solche rechtlich zweifelhaften Ansprüche in verjährungsrechtlicher

---

960 BGH VersR 1958, 514f.

961 BGH VersR 1959, 1040.

962 BGH VersR 1980, 846.

963 OLG Stuttgart, NJW 2000, 2680 (2681); ähnlich schon BGHZ 48, 125 (132).

964 BGH VersR 1974, 197 (198).

Hinsicht zu bevorzugen ist weder der Zweck der gesetzlichen Regelung noch wäre dies rechtspolitisch erwünscht[965].

c) Generelle Unbeachtlichkeit von Rechtsirrtümern

Mansel vertritt den Standpunkt, dass Rechtsirrtümer für die Verjährung generell unbeachtlich sein sollten[966]. Er begründet dies damit, dass es nicht das Risiko des Schuldners sein soll, wenn der Gläubiger falschen Rechtsrat einholt. Die Dreijahresfrist als Überlegungsfrist sollte ausreichen, um die Rechtslage zutreffend zu würdigen.

Dieser Argumentation sollte nicht gefolgt werden. Die bisher für beachtlich gehaltenen Fälle waren stets solche, bei denen selbst die besten und fähigsten Rechtsberater keine hinreichend sichere Aussage zur Rechtslage treffen konnten. Es geht daher also nicht um die Folgen einer fachlich falschen Rechtsberatung. Solche Folgen muss ohnehin immer der Gläubiger tragen. Man sollte daher die Fallgruppe daher weiterhin verwenden.

d) Konsequenzen

Im Ergebnis wird man festhalten können, dass die Abgrenzung einer schwierigen, die Verjährung ggf. ausschließenden Rechtslage von einer nach Maßstäben des BGH einfachen Rechtslage nicht ohne größere Schwierigkeiten möglich ist. Rechtsanwälte ist in solchen Situationen daher zu einer sehr gründlichen Prüfung zu raten und ggf. gegen mehrere in Betracht kommende Personen Klage zu erheben, auch wenn dadurch unnötige Prozesskosten entstehen.

4. Keine eigene Wahrnehmung des Gläubigers

Im Zusammenhang mit der Unzumutbarkeit der Klageerhebung sollten auch diejenigen Fälle eingeordnet werden, bei denen der Gläubiger zwar an sich die relevanten Tatsachen kennt, ihm aber ein ganz ungewöhnliches prozessuales Risiko droht, dass er wegen fehlender Erinnerung nicht ausräumen kann.

Beispiel[967]: Der Gläubiger kann sich wegen einer schweren Verletzung nicht daran erinnern, wie es zu der Verletzung kam. Der Schädiger behauptet, es habe eine Notwehrlage vorgelegen.

Dieser Gedanke wurde vom BGH erst kürzlich auf alle Fälle erweitert, in denen der Gläubiger selbst keine persönliche Wahrnehmung des relevanten

965 BGH VersR 1972, 394 (395f).
966 AnwK-Mansel/Stürner, § 199 Rn 46.
967 Nach BGH NJW 1993, 2614.

Sachverhaltes hatte und sich deswegen auf die unsicheren Angaben Dritter verlassen musste. Dies gilt zum einen für mittelbar Geschädigten, wie z.B. die Witwe des Getöteten, der Ansprüche nach §§ 844, 845 BGB zustehen können[968], den anspruchsberechtigten Sozialversicherungsträger[969] oder den gesetzlichen Vertreter[970].

Man wird in diesen Fällen aber besonders gründlich zu prüfen haben, ob die Ungewissheit nicht durch anderweitige Erkundigungen hätte vermieden werden können und deswegen ein Fall grobfahrlässiger Unkenntnis vorliegt.

5. Abschluss eines verwaltungsrechtlichen Verfahrens

Es wurde bereits oben dargelegt, dass die Inanspruchnahme von Primärrechtsschutz gegen behördliche Maßnahmen zu einer Hemmung der Verjährung führen kann. Nun sind aber Fälle denkbar, in denen diese Hemmung nicht greift, z.B. weil der Gläubiger sich nicht gegen die Verwaltungsmaßnahme selbst wehrt sondern gegen einen damit in Zusammenhang stehenden Bußgeldbescheid[971]. Entsprechendes gilt, wenn er einen formlosen Rechtsbehelf wählt, der nicht unter § 204 Abs. 1 BGB fällt, z.B. Erinnerung oder Gegenvorstellung[972]. Nur wenn die Behörde eine inhaltliche Prüfung der Eingabe zusagt, ist § 203 BGB erfüllt.

In den eben genannten Fällen kann es dem Gläubiger unzumutbar sein, neben dem laufenden Verfahren eine Amtshaftungsklage gegen den Schuldner zu erheben, da deren Erfolgsaussichten sich nicht hinreichend sicher abschätzen lassen. Für den Schuldner bedeutet dies keinen unzumutbaren Nachteil, da er damit rechnen muss, dass der Gläubiger, der sich gegen die Maßnahme selbst wehrt, auch versuchen wird, Schadensersatz zu erlangen.

VII. Zurechnung fremder Kenntnis

Hat der Gläubiger selbst nicht die erforderliche Kenntnis, so muss er sich mitunter die Kenntnis anderer Personen zurechnen lassen.

968 Vgl. BGH VersR 1983, 273, wo die Information aber ausreichend war.
969 BGH NJW 2004, 510 (511).
970 BGH NJW-RR 2005, 69 (70).
971 Vgl. BGH NJW 1994, 3162 (3164).
972 Staudinger-Peters, § 199 Rn 29.

1. Allgemeines

Für die Kenntnis kommt es nach dem Gesetzeswortlaut zunächst auf die Person des Gläubigers selbst an. Gläubiger ist grundsätzlich der Inhaber des Anspruches[973].

Das bedeutet, dass in den Fällen der §§ 844f BGB nicht die Kenntnis des tatsächlich Verletzten sondern die desjenigen relevant ist, dem wegen der unerlaubten Handlung ein Anspruch zusteht[974]. Beim **Vertrag zugunsten Dritter** sind der Versprechensempfänger und der Dritte nebeneinander forderungsberechtigt. Für sie gilt daher jeweils eine je nach Kenntnisstand unterschiedliche Verjährungsfrist. Dem steht nicht § 334 BGB entgegen. Beide sind nämlich von Anfang an eigenständig berechtigt, die Leistung zu fordern[975].

Bei der **Drittschadensliquidation** soll es auf denjenigen ankommen, der den Schaden erlitten hat. Die rein formelle Berechtigung des Anspruchsinhabers soll daran nichts ändern[976].

Sofern die Person des Gläubigers durch **Anspruchsübergang** wechselt, muss geklärt werden, wie sich dies auf die Verjährung auswirkt. Aus Gründen der Sachnähe wird diese Frage an anderer Stelle erörtert.

Neben der Inhaberschaft der Forderung reicht es auch aus, wenn jemand Kenntnis erlangt, der betreffend die Forderung verfügungsbefugt ist, z.B. als **Partei kraft Amtes** oder im Wege der **gewillkürten Prozessstandschaft**[977].

Ein mit der Zurechnung eng verwandtes Problem ist die Kenntnis beim Übergang der Forderung auf einen anderen Gläubiger (Zession). Diese Problematik wird an anderer Stelle[978] näher erörtert.

Die zivilrechtlichen Wissensregelungen sind grundsätzlich auf Einzelpersonen bezogen konzipiert[979], weswegen die Wissenszurechnung anhand des Gesetzeswortlautes nicht in allen Fällen befriedigend begründet werden kann. Seit ihrer Schaffung waren sie nie Gegenstand von Reformüberlegungen[980].

973 Staudinger-Peters, § 199 Rn 41; Erman-Schmidt-Räntsch, § 199 Rn 12
974 A.a.O.
975 Staudinger-Peters, § 199 Rn 41
976 Erman-Schmidt-Räntsch, § 199 Rn 12
977 Vgl. Staudinger-Peters, § 199 Rn 42.
978 Vgl. hierzu S. 216ff
979 Buck, S. 1.
980 Buck, S. 5.

2. Gesetzliche Vertreter

In Fällen gesetzlicher Vertretung muss sich die betroffene natürliche oder juristische Person das Wissen ihrer gesetzlichen Vertreter zurechnen lassen[981].

Unerheblich ist, wie ein gesetzlicher Vertreter Kenntnis erlangt hat. Es reicht aus, wenn die Kenntniserlangung rein zufällig erfolgt ist. Dabei ist unerheblich, ob sie im Zusammenhang mit der Tätigkeit als gesetzlicher Vertreter oder in einem anderen, privaten, Zusammenhang erlangt wurde[982].

a) Natürliche Personen

Bei Personen, die geschäftsunfähig oder in der Geschäftsfähigkeit beschränkt sind, kommt es allein auf die Kenntnis des gesetzlichen Vertreters an[983]. Gesetzliche Vertreter sind bei einem Minderjährigen dessen Eltern (§ 1629 Abs. 1 BGB) bzw. ein Vormund (§ 1793 Abs. 1 BGB) und in anderen Fällen von Geschäftsunfähigkeit ein Betreuer (§ 1902 BGB).

Die bisher ergangenen Entscheidungen betreffen im Schwerpunkt Minderjährige[984]. Sie müssen sich das Wissen ihrer Eltern zurechnen lassen, wobei das Wissen eines Elternteiles genügen kann, wenn nämlich dieser eine Elternteil Wissensvertreter ist[985]. Teilweise wird dieses Ergebnis mit einer Analogie zu § 1629 Abs. 1 S. 2 Hs. 2 BGB begründet[986]. Das Wissen eines nicht sorgeberechtigten Elternteils ist dem Kind aber nicht zuzurechnen[987].

Hat die Verjährung bereits begonnen, so gewährt § 210 Abs. 1 BGB eine Ablaufhemmung, wenn eine geschäftunfähige oder beschränkt geschäftsfähige Person keinen gesetzlichen Vertreter hat. Auf diese Weise wird demjenigen, der selbst einen Anspruch nicht geltend machen kann die faire Chance erhalten, den Anspruch später mithilfe eines gesetzlichen Vertreters zu realisieren.

---

981 Vgl. MüKo-Grothe, § 199 Rn 31; Palandt-Heinrichs, § 199 Rn 23.

982 Vgl. Schwander, S. 10.

983 BGHZ 133, 192 (199; BGH NJW 1976, 2344; 1989, 2323; 1991, 2350; 1993, 2614; 1995, 776 (777); VersR 1963, 161 (162); OLG Frankfurt/Main. VersR 1986, 1195; 1992, 708; OLG München VersR 1996, 63 (64).

984 BGH NJW 1989, 2323; 1991, 2350; OLG Frankfurt/M. VersR 1992, 708; BayObLG NJW-RR 2004, 1157 (1159); vgl. bereits RGZ 152, 115 (116).

985 Dazu sogleich, vgl. BGH NJW 1976, 2344 und Palandt-Heinrichs, § 199 Rn 23.

986 AnwK-Mansel/Stürner, § 199 Rn 58; Erman-Schmidt-Räntsch, § 199 Rn 13.

987 Staudinger-Peters, § 199 Rn 43.

b) Juristische Personen

Bei juristischen Personen kommt es im Grundsatz auf das Wissen der zuständigen Organe an. Dies sind diejenigen Organe, die die juristische Person im Prozess vertreten[988]. Dies folgt aus §§ 31, 89 BGB[989].

Sofern mehrere Personen die juristische Person gemeinsam vertreten, genügt die Kenntnis von einem von ihnen. Das gilt auch, wenn Gesamtvertretung besteht[990].

3. Zurechnung nach § 166 BGB

§ 166 BGB betrifft von seinem Wortlaut her nur die Kenntnis eines rechtsgeschäftlichen Vertreters. Außerdem bezieht sich die Norm nur auf das Vertragsrecht[991]. Ihre Anwendung auf die Kenntnis wurde für § 852 Abs. 1 BGB a.F. daher auch vom BGH verneint[992]. Dies dürfte entsprechend für § 199 Abs. 1 Nr. 2 BGB gelten[993].

Zu erwägen wäre allein, für die nun ebenfalls nach § 199 Abs. 1 BGB verjährenden vertraglichen Ansprüche eine Ausnahme zu machen und § 166 BGB direkt anzuwenden. Dagegen spricht aber, dass es hier nicht um das Wissen betreffend ein bestimmtes Rechtsgeschäft sondern um das Wissen betreffend einen bestimmten Anspruch geht[994]. § 166 BGB behandelt ausdrücklich die Folgen einer Willenserklärung. Die Verjährung gehört jedoch nicht zu den Folgen einer Willenserklärung sondern begründet sich nach gesetzlichen Vorschriften. Die direkte Anwendung des § 166 BGB sollte daher auch für vertragliche Ansprüche unterbleiben.

---

988 Staudinger-Peters, § 199 Rn 43; Soergel-Niedenführ, § 199 Rn 37; vgl. MüKo-Grothe, § 199 Rn 31.

989 Erman-Schmidt-Räntsch, § 199 Rn 14.

990 Staudinger-Peters, § 199 Rn 43; RGRK-Kreft, § 852 Rn 36.

991 Vgl. Medicus, Karlsr. Forum 1994, S. 8.

992 RGZ 157, 14 (19); BGHZ 117, 104 (106); 133, 129 (139); BGH NJW 1955, 706; 1968, 988; 1985, 2583; 1993, 648 (649).

993 Vgl. MüKo-Grothe, § 199 Rn 33.

994 So wohl Erman-Schmidt-Räntsch, § 199 Rn 14.

4. Zurechnung nach den Grundsätzen der Wissenszurechnung

a) Allgemeines

Auch wenn § 166 BGB nicht direkt angewendet werden kann, kann sein Gedanke doch entsprechend herangezogen werden[995]. Die Rechtsprechung hat auf der Grundlage von § 166 BGB die Figur des sog. *Wissensvertreters* entwickelt[996]. Dem liegt die Überlegung zugrunde, dass es gegen Treu und Glauben verstößt, wenn jemand einen anderen mit bestimmten Aufgaben betraut und so die Vorteile der Arbeitsteilung nutzt, sich dessen Wissen aber nicht zurechnen lassen will[997]. Wissensvertreter ist jeder, der nach der Organisation des Geschäftsherren dazu berufen ist, im Rechtsverkehr als dessen Repräsentant bestimmte Aufgaben in eigener Verantwortung zu erledigen und die dabei anfallenden Informationen zur Kenntnis zu nehmen und ggf. weiterzuleiten[998].

Wesentlich für die Wissensvertretung ist also, dass derjenige, dessen Kenntnis als Wissensvertreter zugerechnet werden soll, gerade die Aufgabe hat, entsprechende Kenntnisse zu erlangen[999]. Nicht jeder, der zur rechtsgeschäftlichen Vertretung eines anderen befugt ist, ist damit automatisch auch Wissensvertreter[1000].

Dies ist zum Beispiel der Fall, wenn der Geschäftsinhaber den Betrieb so organisiert, dass Tatsachen, deren Kenntnis rechtserheblich ist, nicht von ihm sondern von einem Angestellten zur Kenntnis genommen werden oder wenn für einen bestimmten Aufgabenbereich jemand mit der Kenntnisgewinnung beauftragt wird[1001].

Allgemein kann davon ausgegangen werden, dass die Geltendmachung von Ansprüchen bei allen größeren Organisationseinheiten nicht zu den Aufgaben der Organe gehört, sondern dass dafür andere Mitarbeiter zuständig sind[1002]. Letztlich wird der in § 166 BGB zum Ausdruck gebrachte Grundgedanke entsprechend herangezogen. Voraussetzung ist, dass dem Dritten, dessen Wissen

---

995 Kritisch Medicus, Karlsr. Forum 1994, S. 9, der einwendet, dass weder Voraussetzungen noch Rechtsfolgen von § 166 BGB auf diese Fälle passen.

996 Vgl. grundlegend Richardi, Die Wissensvertretung, AcP 169 (1969), 385ff.

997 BGH NJW 1968, 988.

998 HK-BGB-Dörner, § 166 Rn 7 unter Verweis auf BGHZ 117, 104 (106f) und BGH NJW-RR 2004, 1196 (1197f).

999 Erman-Schmidt-Räntsch, § 199 Rn 15.

1000 Erman-Schmidt-Räntsch, § 199 Rn 15.

1001 RGZ 101, 402 (403); BGHZ 55, 307 (311); BGH NJW 1968, 988; 1976, 2344; 1977, 2106; 1985, 2583; NJW 1989, 2323; 1997, 2049 (2050); NJW-RR 1989, 1255; 1990, 222; OLG Hamm, NJW-RR 1999, 1678 (1679).

1002 Erman-Schmidt-Räntsch, § 199 Rn 14.

zugerechnet werden soll, die Erledigung der betreffenden Angelegenheit in eigener Verantwortung aufgegeben worden ist[1003]. Es muss sich nicht unbedingt um jemanden handeln, der zur Vertretung des Gläubigers befugt ist[1004]. Auch muss nicht unbedingt die Zuständigkeit für die gerichtliche oder außergerichtliche Geltendmachung des Anspruches maßgeblich sein[1005]. Dem Dritten ist typischerweise ein bestimmter Aufgabenkreis zur eigenverantwortlichen und selbstständigen Wahrnehmung übertragen worden, z.B. die Verwaltung eines Vermögenskomplexes oder eines Grundstückes[1006].

Innerhalb dieses Aufgabenkreises besteht die Möglichkeit, die Verjährung zu hemmen, indem entweder der Dritte selbst nach § 203 BGB verjährungshemmend verhandelt oder aber Maßnahmen nach § 204 Abs. 1 BGB eingeleitet oder angeregt werden können[1007].

Die Kenntnis wird aber nur für solche Ansprüche zugerechnet, für deren Verfolgung der Dritte zuständig wäre[1008].

Die Kenntnis von Personen, die reine Hilfstätigkeiten leisten, wie z.B. Schreibkräfte wird nicht zugerechnet[1009]. Unabhängig von einem bestehenden Vertretungsverhältnis hat sich daher derjenige, der einen anderen mit der Erledigung bestimmter Angelegenheiten in eigener Verantwortung betraut, das in diesem Rahmen von dem anderen erlangte Wissen zurechnen zu lassen[1010].

Die Anforderungen an den Wissensvertreter hat der BGH dahingehend präzisiert, dass der Wissensvertreter zum einen ein gewisses Maß an Sachzuständigkeit und an eigener Verantwortlichkeit aufweisen muss[1011].

Die Wissensvertretung bewirkt eine einheitliche Verjährung, wenn einer von zwei Elternteilen oder einer von mehreren Gesamtgläubigern die Aufklärung einer bestimmten Angelegenheit übernimmt. Seine Erkenntnisse müssen sich der oder die anderen Personen als eigene Kenntnis zurechnen lassen[1012]. Dies gilt auch für mehrere Gesellschafter einer Personengesellschaft[1013]. Einen Spezialfall der Wissensvertretung stellt die Zurechnung des Wissens eines Verwalters

---

1003 BGH NJW 1993, 1150 (1151) m.w.N..
1004 AnwK-Mansel/Stürner, § 199 Rn 59.
1005 BGH NJW 1994, 1150 (1151).
1006 Vgl. MüKo-Grothe, § 199 Rn 33.
1007 Staudinger-Peters, § 199 Rn 43.
1008 A.a.O..
1009 A.a.O..
1010 BGHZ 55, 307 (311); 83, 293 (296) mit weiteren Nachweisen.
1011 BGHZ 133, 129 (138f); BGH NJW 1985, 2583; 2000, 1411 (1412).
1012 Erman-Schmidt-Räntsch, § 199 Rn 16.
1013 Erman-Schmidt-Räntsch, § 199 Rn 16; Bamberger/Roth-Spindler, § 199 Rn 38.

bei einer Wohnungseigentümergemeinschaft dar. Dessen Wissen müssen sich die Wohnungseigentümer regelmäßig zurechnen lassen[1014].

b) Juristische Personen des Privatrechts

Bei juristischen Personen des Privatrechts kommt es entscheidend darauf an, ob die betreffende Person allgemein zur Entgegennahme von entsprechenden Informationen zuständig ist[1015]. Dabei ist nicht erforderlich, dass die jeweilige Person gerade zur Bearbeitung des gegeben Falles zuständig ist[1016].

Es können damit auch Bedienstete mehrerer Abteilungen zugleich Wissensvertreter sein, die mit einer bestimmten Sache unter verschiedenen Gesichtspunkten befasst sind[1017].

Ist zum Beispiel ein Bediensteter einer juristischen Person mit der Vorbereitung von Schadenersatzansprüchen befasst und deswegen ein Wissensvertreter, kann seine Kenntnis auch dann maßgeblich sein, wenn neben ihm noch eine andere Abteilung zuständig ist. Anderes gilt aber, wenn nur eine Stelle zuständig ist[1018]. Bei weit verzweigten juristischen Personen genügt die Kenntnis des Zweigstellenleiters[1019].

Die Eigenschaft als Wissensvertreter ist eine bereichsspezifische. Die Zuständigkeit muss sich gerade auf die Gewinnung der relevanten Erkenntnisse beziehen. So wird für Ansprüche aus dem UWG, bei denen in § 11 Abs. 2 UWG eine dem § 199 Abs. 1 BGB entsprechende Regelung besteht, angenommen, dass nur die Kenntnis solcher Mitarbeiter zuzurechnen ist, die gerade mit der Aufnahme und Weiterleitung wettbewerbsrechtlicher Informationen beauftragt sind. Es muss allerdings nicht unbedingt eine Person sein, die über die Einleitung wettbewerbsrechtlicher Schritte abschließend entscheidet[1020].

1014 Gaier, NZM 2003, 93ff.

1015 vgl. MüKo-Grothe, § 199 Rn 33.

1016 vgl. MüKo-Grothe, § 199 Rn 33.

1017 BGH NJW 1994, 1150 (1151) = WuB IV.A. § 852 BGB 2.94 mit Anmerkung Grunewald; MüKo-Grothe, § 199 Rn 33.

1018 BGH NJW 1994, 1150.

1019 Schlegelmilch-Hübinger, S. 275.

1020 Harte-Bavendamm/Henning-Bodewig, § 11 Rn 76 mit Nachweis.

c) Behörden und juristische Personen des öffentlichen Rechts

Bei Behörden kommt es auf die Kenntnis des zuständigen Bediensteten der zuständigen Behörde an[1021]. Zuständig im Sinnen dieser Rechtsprechung ist die verfügungsberechtigte Behörde[1022]. Das ist diejenige Behörde, der die Entscheidungskompetenz für die zivilrechtliche Verfolgung von Ansprüchen zusteht. Dies gilt auch für öffentlich rechtliche Leistungsträger, wie zum Beispiel die gesetzliche Unfallversicherung[1023]. Das Wissen einer anderen Behörde ist grundsätzlich nicht zuzurechnen[1024], soweit der anderen Behörde nicht eine Aufgabe zur Erledigung übertragen worden ist[1025]. Der praktisch wichtige Fall, dass das Versorgungsamt einen Rentenantrag entgegennimmt, führt nicht zu einer Wissenszurechnung, weil diese Übertragung nur den Zweck hat, eine Präsenz vor Ort sicherzustellen[1026].

Damit respektiert das Verjährungsrecht die öffentlich-rechtlichen Zuständigkeitsregelungen[1027]. Sie begründet dies damit, dass die Verwaltungsorganisation durch gesetzliche Zuständigkeitsregelungen festgelegt ist und dass eine andere Betrachtungsweise hierin in unzulässiger Weise eingreifen würde[1028]. Das gilt nicht nur für gesetzliche Zuständigkeitsregelungen sondern auch für behördeninterne Organisationspläne[1029], bzw. wenn innerhalb einer Behörde verschiedene Abteilungen zuständig sind[1030]. Die Zuständigkeitsabgrenzung wurde auch dann respektiert, wenn hierfür sachliche Gründe nicht erkennbar waren und ein Informationsaustausch möglich gewesen wäre[1031].

Auf die Zuständigkeit eines bestimmten Sachbearbeiters soll es dagegen nicht entscheidend ankommen. Es reicht daher auch aus, wenn ein anderer Sach-

---

1021 BGH NJW 1986, 2315; 1992, 1755 (1756); 1994, 1150 (1151); VersR 1974, 340 (342); 1976, 147; 1996, 1126; 1997, 635; RGRK-Kreft, § 852 Rn 39 mit Nachweisen zur älteren Rechtsprechung.

1022 BGHZ 134, 343 (346); BGH NJW 1992, 1755 (1756); VersR 1985, 735 m.w.N.; 1986, 163; 1986, 917 (918).

1023 BGH NJW 1974, 319; OLG Hamm VersR 1977, 132.

1024 BGHZ 134, 343 (345 und 348); BGH VersR 1986, 163 (165).

1025 BGH NJW 1974, 319.

1026 BGH NJW 1977, 2106.

1027 BGHZ 134, 343 (348f); BGH VersR 1974, 340 (342); NVwZ 1986, 152 (153); Scheithauer-Prase, DAngVers 1987, Nr. 472.

1028 BGHZ 134, 343 (349).

1029 OLG Bremen OLGR 2003, 58 (59).

1030 BGH NJW 1992, 1755 (1756).

1031 BGH NVwZ 1986, 152 (153).

bearbeiter der zuständigen Abteilung die notwendigen Kenntnisse erlangt[1032]. Sind mehre Abteilungen für die Bearbeitung eines Sachverhaltes zuständig, von denen aber nur eine für den Regress zuständig ist (z.B. eine Regressabteilung), so kommt es nur auf deren Kenntnis an[1033]. Daran ändert es nichts, wenn eine andere Abteilung eine gewisse Vorsortierung vornimmt. Dadurch soll nicht das Maß an Verantwortlichkeit begründet werden, das die Eigenschaft als Wissensvertreter begründet[1034].

In einer früheren Entscheidung hatte der BGH noch entschieden, dass auch ein Angehöriger einer anderen Abteilung Wissensvertreter sein konnte, wenn er maßgeblich zur Klärung der tatsächlichen Anspruchsvoraussetzungen tätig sein sollte[1035].Dies gilt aber keinesfalls für Mitarbeiter verschiedener Behörden[1036].

Damit bestehen für den Bereich der öffentlichen Verwaltung tendenziell strengere Anforderungen als im Bereich der Privatwirtschaft.

Andererseits können auch Mitglieder einer Abteilung, die nicht zur gerichtlichen oder außergerichtlichen Vertretung zuständig ist, Wissensvertreter sein, wenn sie nach ihrer Aufgabe maßgeblich damit betraut sind, die tatsächliche Aufklärung der Umstände herbeizuführen und so die Verfolgung von Regressansprüchen vorzubereiten[1037].

Es bleibt als Ergebnis festzuhalten, dass die Wissenszurechung im öffentlichrechtlichen Bereich in vielen Fällen dazu führt, dass die Kenntnis verneint werden muss. Dabei wirkt sich die behördliche Zuständigkeitsverteilung zugunsten der öffentlichen Hand aus. Es wird im Rahmen der grobfahrlässigen Unkenntnis zu prüfen sein, ob diese Bevorzugung dort angemessen zu berücksichtigen ist.

d) Weitergehende Zurechnung

Der Bundesgerichtshof hat für § 852 Abs. 1 BGB a.F. eine weitergehende Wissenszurechnung entschieden abgelehnt[1038]. Dabei wurde vor allem geltend gemacht, die gefundene Lösung diene der Rechtsklarheit und verhindere im Übrigen schwierige Abgrenzungen. Außerdem sei nur so der Schutz des Geschädigten zu gewährleisten[1039]. Die Neufassung des § 199 Abs. 1 BGB bie-

1032 Vgl. BGH NJW 1986, 2315 (2316).

1033 BGH NJW 1992, 1755 (1756); 2000, 1411; zustimmend Dahm, SozVers 2001, 92f.

1034 BGH NJW 2000, 1411 (1412) unter Abweichung von OLG Jena OLG-NL 1999, 155.

1035 BGH NJW 1994, 1150 (1151).

1036 BGHZ 134, 343 (348).

1037 BGHZ 134, 343 (348) ; so auch schon OLG Jena OLG-NL 1999, 155.

1038 BGHZ 133, 129 (139); BGH NJW 1992, 1755 (1756).

1039 BGH NJW 1992, 1755 (1756).

tet Anlass, die Grundsätze der Wissenszurechnung zu überdenken. Entsprechende Überlegungen finden sich bereits in der Kommentarliteratur[1040].

Eine weitere Frage stellt sich hinsichtlich der Wissenszurechnung in großen Organisationseinheiten. Es wird zu erörtern sein, ob sie verpflichtet sind, sich über die Wissensvertretung hinaus das in ihren Reihen vorhandene Wissen nutzbar zu machen. Diese Frage sollte aber nicht als ein Problem der Kenntnis verstanden werden, sondern als Anwendungsbereich der grobfahrlässigen Unkenntnis. Die durch eine größere Organisation entstehende Wissensaufspaltung kann schließlich als Verschulden gegen sich selbst aufgefasst werden[1041].

Es besteht dagegen kein Grund, die Grundsätze der Wissenszurechnung zu ändern. Dies hat der Gesetzgeber nicht bezweckt. Eine solche Änderung ist auch gar nicht notwendig, da die entstehenden Probleme mit dem Begriff der groben Fahrlässigkeit befriedigend lösbar sind.

e) Rechtsanwalt als Wissensvertreter

Das Wissen eines beauftragten Rechtsanwaltes muss sich der Auftraggeber nach dem Rechtsgedanken des § 166 BGB und den Grundsätzen der Wissensvertretung zurechnen lassen[1042]. Dies gilt aber frühestens ab Mandatsübernahme[1043]. Der Rechtsanwalt ist aber nur dann Wissensvertreter, wenn die Tatsachenermittlung zu seinen Aufgaben gehört[1044], nicht, wenn er allein einen feststehenden Sachverhalt rechtlich bewerten sollte. Ob die Zurechnung auch bei überobligationsmäßiger Heranziehung eines Rechtsanwaltes gelten soll, wird an anderer Stelle erörtert.

Die Kenntnis von Hilfspersonen des Rechtsanwaltes muss sich der Gläubiger nicht zurechnen lassen[1045]. Man wird aber in solchen Situationen kritisch zu prüfen haben, ob der Rechtsanwalt nicht grob fahrlässig handelt, wenn er es unterlässt, sich von wichtigen Sachverhalten selbst Kenntnis zu verschaffen[1046]. Sollte ihm der Vorwurf grober Fahrlässigkeit zu machen sein, so wäre dies wiederum dem Gläubiger zurechenbar. Die Zurechnung gilt analog auch für zur Bauaufsicht eingeschalteten Architekten[1047].

1040 Vgl. Erman-Schmidt-Räntsch, § 199 Rn 14.
1041 Erman-Schmidt-Räntsch, § 199 Rn 14.
1042 BGHZ 83, 293 (296) = NJW 1982, 1585; BGH NJW 1968, 988f; BGH NJW 1985, 2583; 1992, 3034; NJW-RR 1990, 222; 1992, 282 (283); VersR 1984, 160 (161).
1043 LG Frankfurt WM 1993, 329 (331).
1044 BGH NJW 1968, 988.
1045 OLG Düsseldorf, VersR 1999, 893 (894); Zöller-Vollkommer, § 85 Rn 20.
1046 BGH NJW 1990, 2808; BGH NJW-RR 1990, 606; BGH VersR 1999, 893 (894).
1047 Staudinger-Peters, § 199 Rn 43.

5. Ausnahme von der Zurechnung

Eine Ausnahme von der Zurechnung besteht, wenn sich der betroffene Anspruch gerade gegen diejenige Person richtet, deren Wissen zugerechnet werden soll. In solchen Fällen ist nicht damit zu rechnen, dass die betreffende Person ein gerichtliches Vorgehen gegen sich selbst einleitet[1048].

Die Zurechnung soll nach § 242 BGB in solchen Fällen ausgeschlossen sein, in denen sich die vom Wissensvertreter erlangten Kenntnisse auf Ansprüche bezogen, die sich gegen den Wissensvertreter selbst richteten[1049]. In derartigen Fällen kann nicht damit gerechnet werden, dass der Wissensvertreter seine Kenntnisse dem Gläubiger mitteilt.

Dieser Grundsatz gilt nicht nur für Ansprüche, die sich allein gegen den gesetzlichen Vertreter oder den Wissensvertreter richten sondern damit im Zusammenhang stehende Ansprüche. Es ist nämlich zu befürchten, dass auch solche Ansprüche nicht seriös verfolgt werden[1050].

VIII. Späterer Wegfall der Kenntnis

Mit dem Eintritt der Kenntnis beginnt die Verjährung. Eine Überlegungs- oder Bearbeitungsfrist steht dem Gläubiger nicht zu[1051].

Dafür besteht auch kein Bedarf, da die dreijährige Frist des § 195 BGB ausreichend Zeit zum Überdenken der Lage lässt.

Es bleibt zuletzt die Frage, welche Folgen eintreten, wenn die zunächst vorhandene Kenntnis zu einem späteren Zeitpunkt wieder entfällt, z.B. weil der Gläubiger das notwendige Maß an Sicherheit durch scheinbare neue Erkenntnisse nicht mehr hat oder weil die zunächst bekannte Adresse durch einen Umzug nicht mehr zutrifft und die neue Anschrift unbekannt ist. Ein sehr häufiger Fall dürfte auch der Rechtsübergang sein, z.B. durch Erbschaft. Häufig kennt der neue Rechtsinhaber die Umstände nicht in gleicher Weise wie der ursprüngliche Rechtsinhaber.

Breucker[1052] hat dazu vorgeschlagen, eine Hemmung der Kenntnis anzunehmen. Nach seiner noch zu § 852 Abs. 1 BGB entwickelten Ansicht, setzt die Kenntnis eine dauerhafte Kenntnis voraus. Dieses Merkmal sollte als unge-

---

1048 Vgl. MüKo-Grothe, § 199 Rn 33 mit weiteren Nachweisen und Einzelheiten; vgl. Staudinger-Peters, § 199 Rn 44.

1049 BGH NJW 1993, 648 (653); vgl. Staudinger-Peters, § 199 Rn 44.

1050 BGH NJW-RR 1989, 1255 (1258f).

1051 RG JW 1937, 1237; BGH VersR 1964, 510 (512); 1964, 1201.

1052 S. 12ff.

schriebenes Merkmal zusätzlich zu beachten sein. Er verweist auch auf den Wortlaut, der von Kenntnis "erlangt" und nicht "erlangt hat" spricht. Nach dieser Ansicht wäre es denkbar, dass die Verjährung länger als 3 Jahre dauert, da Zeiten ohne ausreichende Kenntnis herauszurechnen wären[1053].

Die Ansicht ist abzulehnen[1054]. Zum einen geht es um den Verjährungsbeginn und damit um einen einzelnen Zeitpunkt und nicht um einen Dauerzustand. Zum anderen würde seine Ansicht zu erheblichen praktischen Schwierigkeiten führen, da das Gericht aufklären müsste, wann im Einzelnen Kenntnis vorhanden war und wann nicht. Auch die Rechtsprechung zu § 852 Abs. 1 BGB a.F. ging daher davon aus, dass spätere Zweifel für die laufende Verjährung unerheblich seien[1055]. Bei § 199 Abs. 1 BGB ergibt sich schon aus der Jahresschlussverjährung, dass Kenntnis als einmaliges Ereignis verstanden werden soll. Hätte der Gesetzgeber die Kenntnis als Dauerzustand verstehen wollen, so hätte er sie als Hemmungsgrund ausgestalten können, wie dies auf europäischer Ebene versucht wird. Spätere Zweifel und Bedenken können also die einmal gewonnene Kenntnis nicht mehr erschüttern[1056].

Die Konsequenz aus dieser Überlegung ist, dass einmal erlangte Kenntnis auch bei späteren neuen Ereignissen und Erkenntnissen nicht wieder entfällt bzw. dass dies keine Auswirkungen auf den Lauf der Verjährung hat[1057]. Helfen kann man dem Gläubiger in solchen Fällen nur mit der Annahme einer Hemmung wegen höherer Gewalt, wenn die veränderte Lage eine Anspruchsdurchsetzung als unmöglich erscheinen lässt. Diesen Weg hielt auch die Rechtsprechung zu § 852 Abs. 1 BGB a.F. für gangbar[1058].

D. Grobfahrlässige Unkenntnis

I. Unkenntnis

Ein Verjährungsbeginn wegen grobfahrlässiger Unkenntnis kommt nur in Betracht, wenn nicht bereits die notwendige Kenntnis vorhanden ist. Die Kenntnis ist insoweit logisch vorrangig. Probleme ergeben sich in den Fällen, in denen die

1053 Ähnlich RGRK-Kreft, § 852 Rn 32.

1054 Staudinger-Peters, § 199 Rn 62.

1055 BGH VersR 1972, 394 (395)

1056 BGH VersR 1963, 677, 679; 1972, 394 (396); offengelassen in BGH VersR 1960, 788 (789).

1057 Vgl. BGH VersR 1979, 1106 (1107).

1058 BGH VersR 1972, 394 (395f)

Kenntnis nicht alle Einzelheiten umfassen muss oder in denen die fehlenden Informationen für die zumutbare Möglichkeit der Klageerhebung irrelevant sind. Die Unkenntnis kann sich auf die beiden Gegenstände der Kenntnis beziehen, nämlich auf die den Anspruch begründenden Umstände und/oder auf die Person des Schuldners. Vor jeder Überlegung zur grobfahrlässigen Unkenntnis ist zu prüfen, ob nicht die Kenntnis bereits bejaht werden kann. Häufig kommt es nämlich auf die Umstände, die der Gläubiger nicht kennt, gar nicht an. Er hat vielmehr Kenntnis i.S.v. § 199 Abs. 1 Nr. 2 BGB, ohne alle Einzelheiten zu kennen.

Das Merkmal der grobfahrlässigen Unkenntnis beinhaltet eine wesentliche Änderung gegenüber dem allein auf positive Kenntnis abstellenden § 852 Abs. 1 BGB a.F.. Es kommt zukünftig nämlich nicht mehr auf die zufällige Frage an, ob der Gläubiger Kenntnis besessen hat sondern es reicht aus, wenn er sie grobfahrlässig nicht besessen hat. Er ist zukünftig gehalten, sich um Kenntnis zu bemühen, d.h. ihn trifft eine Obliegenheit zur Kenntnisgewinnung.

II. Obliegenheit zur Kenntnisnahme

Zu § 852 Abs. 1 BGB wurde noch der Standpunkt vertreten, der Schädiger habe kein vom Gesetz geschütztes Interesse an einem möglichst frühen Verjährungsbeginn[1059] und der Gläubiger sei im Grundsatz nicht zu Erkundigungen verpflichtet[1060]. Dieser Standpunkt kann zu § 199 Abs. 1 Nr. 2 BGB nicht mehr aufrechterhalten werden. Das Gesetz mutet dem Gläubiger vielmehr gewisse Bemühungen zu, um den Verjährungsbeginn zu verhindern[1061]. Er ist zwar nicht rechtlich verpflichtet, sich um seinen Anspruch zu kümmern. Ihm droht aber der Verjährungsbeginn, wenn er es nicht tut. Der Verstoß verletzt keine fremden Interessen, sondern fügt allein dem Gläubiger selbst einen Rechtsnachteil zu[1062]. Insoweit handelt es sich bei § 199 Abs. 1 Nr. 2 BGB um eine Obliegenheit[1063]. Derjenige, der sich in zumutbarer Weise selbst vor Schaden bewahren kann, indem er Kenntnis erlangen kann, der muss nicht geschützt werden[1064]. Der Begriff der Obliegenheit geht auf *Reimer Schmidt* zurück[1065] Bei

1059 BGH NJW 1977, 2106.

1060 Vgl. zuletzt BGHZ 150, 94 (97ff).

1061 Vgl. Staudinger-Peters, § 199 Rn 50.

1062 Riedhammer, S. 50.

1063 Mansel, NJW 2002, 91; Mansel/Budzikiewicz, JURA 2003, 5; Staudinger-Peters, § 199 Rn 50; Birr, Rn 32; Riedfhammer, S. 65.

1064 Riedhammer, S. 57.

1065 Schmidt, Die Obliegenheiten, Karlsruhe 1953.

einer Obliegenheit wird ein an sich bestehender Anspruch mit einem Tatbestand unzulässiger Rechtsausübung verknüpft[1066].

Bei § 199 Abs. 1 Nr. 2 BGB besteht die Verknüpfung dahingehend, dass der an sich begründete und mit noch nicht laufender Verjährung versehene Anspruch zu verjähren beginnt, wenn der Gläubiger aufgrund grobfahrlässiger Verletzung seiner Obliegenheit die rechtzeitige Kenntniserlangung unterlässt. Bei § 199 Abs. 1 Nr. 2 BGB handelt es sich um eine besondere Obliegenheit, die nur im Rahmen schon vorhandener Schuldverhältnisse bzw. in Ausnahmefällen schon im Vorfeld eines Schuldverhältnisses[1067] besteht.

Die Verwendung des Begriffes der groben Fahrlässigkeit ist in der Literatur kritisiert worden[1068], da aus dem Begriff eine Verpflichtung des Schuldners zu Aufklärungen hervorgehe, was jedoch inhaltlich erkennbar nicht gewollt war[1069].

Besser wäre es demnach gewesen, von "sich aufdrängender Kenntnis" oder "ohne weiteres zu beschaffender Kenntnis" zu sprechen[1070]. Andererseits verwenden auch andere Normen des Zivilrechts den Begriff der groben Fahrlässigkeit, obwohl es sich bei ihnen um Obliegenheiten handelt[1071]. Beispiele innerhalb des BGB sind § 442 Abs. 1 S. 2 BGB und § 932 Abs. 2 BGB. Außerhalb des BGB ist § 48 Abs. 2 S. 3 Nr. 3 VwVfG zu nennen.

Der Umfang der Bemühungen mag problematisch sein. Der Gläubiger ist im Grundsatz gehalten, sich um seinen Anspruch zu kümmern und in einem gewissen noch näher zu bestimmenden Rahmen Bemühungen zu entfalten[1072]. Die grobe Fahrlässigkeit stellt den Maßstab der Bemühungen dar, die der Gläubiger seinem Anspruch angedeihen lassen muss, will er den Verjährungsbeginn vermeiden[1073]. Tendenziell dürfen an den Gläubiger aber keine überzogenen Anforderungen gestellt werden. Er ist vielmehr auf vergleichsweise einfache Maßnahmen beschränkt und auch dies nur bei offensichtlichen Verdachtsmomenten[1074].

1066 Deutsch, § 16 I. 1..
1067 Hierzu zählen die Fälle, in denen es um organisatorische Mängel bei der Informationserfassung geht.
1068 Vgl. AnwK-Mansel/Stürner, § 199 Rn 57; Mansel, NJW 2002, 91.
1069 Vgl. nur Lorenz/Riem, Rn 53.
1070 Vgl. Zimmermann u.a., JZ 2001, 687.
1071 Piekenbrock, S. 325.
1072 Vgl. Staudinger-Peters, § 199 Rn 50.
1073 A.a.O.
1074 Vgl. Sallawitz, S. 109.

Der Begriff grobfahrlässige Unkenntnis ist in dem Sinne zu verstehen, dass ein Verstoß gegen die wohlverstandenen eigenen Interessen vorliegt[1075]. Was im Einzelnen unter dem Begriff grobfahrlässige Unkenntnis zu verstehen ist, soll im nächsten Kapitel (III.) erörtert werden. Dabei wird zunächst untersucht, welche Rückschlüsse aus dem Begriff der "groben Fahrlässigkeit" gezogen werden können (III. 1.). In einem weiteren Schritt werden Kriterien ermittelt, die für den anzulegenden Sorgfaltsmaßstab herangezogen werden können (III.2.). Zuletzt werden Fallgruppen entwickelt, in denen grobfahrlässige Unkenntnis bejaht werden kann (III.3.).

III. Grobe Fahrlässigkeit

1. Begriff der groben Fahrlässigkeit

a) Problemstellung

Es soll an dieser Stelle keine vollständige Erörterung des Begriffes der groben Fahrlässigkeit und seiner Entstehungsgeschichte[1076] erfolgen. Hierzu kann auf die gleichnamige Arbeit von *König*[1077] verwiesen werden. Die wesentlichen Überlegungen sollen vielmehr nur kurz wiedergegeben und die Konsequenzen für die Auslegung des § 199 Abs. 1 Nr. 2 BGB gezogen werden.

Der Begriff der groben Fahrlässigkeit ist trotz seiner großen praktischen Bedeutung - er kommt in über 100 Normen und richterrechtlichen Rechtsinstituten vor[1078] inhaltlich äußerst unpräzise. Eine brauchbare Beschreibung, was darunter zu verstehen ist, liegt bis heute nicht vor[1079].

Auch die Funktionen dieses Begriffes innerhalb der Rechtsordnung sind sehr unterschiedlich. *König* unterscheidet zwischen Erkundigungsobliegenheiten, Normen des Privatversicherungsrechts und Haftungsbeschränkungen[1080]. § 199 Abs. 1 Nr. 2 BGB enthält eine Erkundigungsobliegenheit. Der Gläubiger soll dazu veranlasst werden, sich das notwendige Wissen zur Durchsetzung eines Anspruches zu verschaffen.

Im Weiteren ist zu klären, welche Schlussfolgerungen aus dem Begriff der groben Fahrlässigkeit und aus den bisher dazu vorhandenen Erkenntnissen für die Auslegung dieser Norm zu ziehen sind. Dazu ist zunächst zu klären, ob eine

---

1075 Vgl. Peters, JZ 1983, 121 Fn 6; ähnlich Staudinger-Peters, § 199 Rn 50.

1076 Vgl. hierzu Riedhammer, S. 79ff.

1077 König, Die grobe Fahrlässigkeit, DisS. HambuRG 1997.

1078 König, S. 15.

1079 König, S. 16.

1080 König, S. 19ff.

Definition gefunden werden kann, mit deren Hilfe einige oder alle Fälle befriedigend gelöst werden können (unter b)). Anschließend ist zu fragen, ob der Begriff der groben Fahrlässigkeit in allen Kontexten eine identische Bedeutung hat oder ob er für jeden Anwendungsbereich unterschiedlich ausgelegt werden muss (unter c)). Die weiteren Abschnitte befassen sich mit den objektiven Anforderungen an das Vorliegen grober Fahrlässigkeit (unter d)) und mit der Frage, ob es auch einer subjektiven Komponente bedarf (unter e)).

b) Definitionen des Begriffes

Ausgangspunkt für die Bestimmung des Begriffes grobe Fahrlässigkeit muss sein, eine Definition zu finden, mit deren Hilfe die Fälle erfasst werden können.

aa) Legaldefinitionen

Der Begriff der groben Fahrlässigkeit ist im BGB bzw. im gesamten Zivilrecht nicht definiert[1081]. Der zunächst vorhandene Plan, eine Definition aufzunehmen wurde letztlich nicht umgesetzt[1082]. Sein Inhalt muss daher für den Bereich des Zivilrechts durch Auslegung gewonnen werden.

Eine Legaldefinition findet sich allerdings im Sozialrecht. Seit 1981 besteht in § 45 Abs. 2 S. 3 Nr. 3, 2.Hs. SGB X eine Legaldefinition. Demnach liegt grobe Fahrlässigkeit vor, *„wenn der Begünstigte die erforderliche Sorgfalt in besonders schwerem Maße verletzt hat"*. Diese Definition wurde vom Gesetzgeber im Hinblick auf die ohnehin in der Rechtsprechung benutzte Definition eingeführt[1083].

bb) Definitionen durch die Rechtsprechung

(1) Definition des Reichsgerichts

Das Reichsgericht hat die grobe Fahrlässigkeit zunächst folgendermaßen definiert[1084]:

"Grobe Fahrlässigkeit liegt vor, wenn die im Verkehr erforderliche Sorgfalt nach den gesamten Umständen in ungewöhnlich hohem Maße verletzt worden ist und dasjenige unbeachtet geblieben ist, was im gegebenen Fall jedem hätte einleuchten müssen."[1085]

[1081] Riedhammer, S. 83.

[1082] Vgl. König, S. 39f mit Nachweisen zur Entstehungsgeschichte des BGB.

[1083] König, S. 49.

[1084] Vgl. König, S. 40f.

[1085] RGZ 141, 129 (131); 166, 98 (101).

In einer späteren Entscheidung[1086] erklärte das Reichsgericht, dass auch subjektive, in der Individualität des Handelnden liegende Umstände zu beachten seien.

(2) Definition des Bundesgerichtshofes

Der Bundesgerichtshof schloss sich der Definition des Reichsgerichts an und behielt sie in seiner späteren Rechtsprechung bei[1087].

Allein in der Formulierung fanden sich gewisse Abweichungen. Der Sorgfaltsverstoß wurde teilweise als im besonders "hohem Maße" oder im "ungewöhnlich hohem" Maße bezeichnet[1088]. Der Bundesgerichtshof neigte aber dazu, auf die Umstände des Einzelfalles abzustellen[1089]. Damit blieb stets ein gewisser Spielraum für die Berücksichtigung der Besonderheiten des jeweiligen Rechtsgebietes und des konkreten Einzelfalles.

(3) Die Definition des Bundessozialgericht

Das Bundessozialgericht[1090] hat eine Definition gefunden, in der auch die subjektive Komponente der groben Fahrlässigkeit zum Ausdruck kommt. Grobe Fahrlässigkeit erfordert demnach *"eine besonders grobe und auch subjektiv schlechthin unentschuldbare Pflichtverletzung, die das gewöhnliche Maß an Fahrlässigkeit erheblich übersteigt"*, wobei *"das Maß der Fahrlässigkeit insbesondere nach der persönlichen Urteils- und Kritikfähigkeit, dem Einsichtsvermögen des Beteiligten sowie den besonderen Umständen des Falles zu beurteilen"* ist.

cc) Definitionen in der Literatur

In der Literatur hat sich bis heute keine allgemein anerkannte Definition entwickelt[1091]. Es finden sich vielmehr verschiedene Ansätze, die zu einfachen, der Definition des Bundesgerichtshofs weitgehend entsprechenden Definition oder auch zu komplexeren Definitionen führen. Die komplexeren Definitionen sind dabei schon keine Definitionen im eigentlichen Sinne, da ihr Umfang eine Sub-

---

1086 RG JW 1924, 1977 (1979).

1087 Vgl. nur BGH 10, 14 (16); BGH NJW 1981, 1271 (1272); NJW 1985, 2648; BGH VersR 1988, 474; zuletzt BGH NJW-RR 2002, 1108 (1109); vgl. Palandt-Heinrichs, § 277 Rn 5 m.w.N..

1088 Vgl. König, S. 42f.

1089 Nachweise bei König, S. 43 Fn 31.

1090 BSG Der Betrieb 1978, 307 (308).

1091 Vgl. König, S. 43ff; Deutsch, VersR 2004, 1485.

sumtion nicht mehr ohne weiteres erlaubt. Sie sind vielmehr eigenständige Gedankengebäude.

Manchmal wird es auch allgemein abgelehnt, die grobe Fahrlässigkeit zu definieren, da die so entstehenden Definitionen ohnehin inhaltsleer seien[1092].

Alle bisher gefundenen Definitionen sind praktisch kaum verwertbar. Sie eignen sich nicht, um Einzelfälle zu entscheiden. Außerdem lassen sie offen, ob neben einem schweren objektiven Sorgfaltsverstoß auch ein personales Verschulden notwendig ist.

dd) Definition in der Gesetzesbegründung

Der Gesetzgeber der Schuldrechtsmodernisierung[1093] wollte den Begriff der groben Fahrlässigkeit unter Anlehnung an Definitionen der Rechtsprechung[1094] folgendermaßen definieren:

"Grob fahrlässige Unkenntnis liegt vor, wenn die im Verkehr erforderliche Sorgfalt in ungewöhnlich großem Maße verletzt worden ist und der Gläubiger auch ganz naheliegende Überlegungen nicht angestellt hat oder dasjenige nicht beachtet hat, was im gegebenen Fall jedem hätte einleuchten müssen."

Der Gesetzgeber geht davon aus, dass eine schwere Form von "Verschulden gegen sich selbst" gegeben sein muss[1095]. Auch diese Definition ist ähnlich den bereits vorhandenen nicht geeignet, konkrete Einzelfälle zu subsumieren. Es bedarf daher einer weiteren Klärung und der Fallgruppenbildung. In Anlehnung an die Rechtsprechung zu § 852 Abs. 1 BGB a.F. geht der Gesetzgeber jedenfalls davon aus, dass die grobfahrlässige Unkenntnis von der positiven Kenntnis nicht sehr weit entfernt ist[1096].

ee) Neuere Literatur zu § 199 Abs. 1 Nr. 2 BGB

Der Begriff der groben Fahrlässigkeit ist auch in der neueren Literatur als nicht sonderlich scharf bezeichnet worden. Es dürfte jedoch zum gesicherten Bestand der Erkenntnisse gehören, dass ein leichtes Versehen nicht ausreicht[1097]. Grob

[1092] Vgl. König, S. 47f mit Nachweisen.
[1093] Begr. RegE BT-DruckS. 14/6040 S. 108.
[1094] BGHZ 10, 14 (16); 89, 153 (161); BGH NJW 1992, 3235 (3236); BGH NJW-RR 1994, 1469 (1471).
[1095] Begr. RegE BT-DruckS. 14/6040 S. 108.
[1096] BT-Drucks 14/6040 S. 108.
[1097] Staudinger-Peters, § 199 Rn 58.

fahrlässig handelt der Gläubiger, wenn seine Unkenntnis auf einer besonders schweren Vernachlässigung der im Verkehr erforderlichen Sorgfalt beruht[1098].

ff) Ergebnisse

Aus den bisherigen Überlegungen ergibt sich, dass auf begrifflicher Ebene keine Anhaltspunkte für die Auslegung des Begriffes der groben Fahrlässigkeit zu gewinnen sind. Man wird daher speziell für § 199 Abs. 1 Nr. 2 BGB eigene Maßstäbe entwickeln müssen.

Als Ergebnis kann nur festgehalten werden, dass der Begriff eine objektive und eine subjektive Seite aufweist. Hierzu wird zu erörtern sein, was aus einem Sorgfaltsverstoß einen groben Sorgfaltsverstoß macht und welche Anforderungen dazu bei § 199 Abs. 1 Nr. 2 BGB zu stellen sind (unter d)). Dem schließt sich die Frage an, ob daneben bei § 199 Abs. 1 Nr. 2 BGB noch eine subjektive Komponente erforderlich ist (unter e)).

c) Relativer Begriff

Der Begriff der groben Fahrlässigkeit kommt in zahlreichen Rechtsnormen vor und zwar nicht nur im Zivilrecht sondern auch im öffentlichen Recht. Die Rechtsprechung geht davon aus, dass der Begriff der groben Fahrlässigkeit im gesamten Zivilrecht übereinstimmend auszulegen ist[1099].

König hat gegen diese Rechtsprechung eingewandt, dass der Begriff nicht immer und in jedem denkbaren Kontext eine identische Bedeutung hat sondern dass er durchaus je nach der auszulegenden Norm unterschiedlich verstanden werden kann[1100].

Auch die Rechtsprechung hat den von ihr vertretenen Standpunkt, dass es eine einheitliche Definition geben können nicht immer durchgehalten, sondern stets betont, dass die Umstände des Einzelfalles entscheidend seien[1101]. Damit wird zwar eine einheitliche Definition beibehalten, die jedoch je nach Bedarf und damit auch je nach der relevanten Norm anders verwendet werden kann[1102].

Daraus ergibt sich, dass für § 199 Abs. 1 Nr. 2 BGB nicht ohne weiteres auf die vorhandene Auslegung zu anderen Normen zurückgegriffen werden kann, sondern dass es für § 199 Abs. 1 Nr. 2 BGB einer eigenständigen Auslegung bedarf. Dies ist schon deshalb konsequent, weil auch beim Begriff der Kenntnis

---

[1098] Palandt-Heinrichs, § 199 Rn 36 mit Verweis auf § 277 Rn 5.

[1099] Vgl. zuletzt BGH NJW 2003, 1118 m.w.N.; MüKo-Grundmann, § 276 Rn 276 Fn 321 m.w.N..

[1100] Vgl. König, S. 64ff und 148f; in diesem Sinne auch Deutsch, VersR 2004, 1487.

[1101] Vgl. nur BGH VersR 1959, 222 (223); 1966, 1150.

[1102] Vgl. Riedhammer, S. 94.

eine je nach der betroffenen Norm eine unterschiedliche Auslegung gefunden wurde[1103]. Bei § 199 Abs. 1 Nr. 2 BGB handelt es sich um eine Aufklärungsobliegenheit. Die Auslegung kann sich daher daran orientieren, wie der Begriff bei anderen Aufklärungsobliegenheiten ausgelegt wird. Letztlich richtet sich die Auslegung aber nach dem Sinn und Zweck der jeweiligen Bestimmung, hier also des § 199 Abs. 1 Nr. 2 BGB. Diesen Ansatzpunkt verfolgen auch alle komplexeren Inhaltsbestimmungen des Begriffes grobe Fahrlässigkeit[1104].

Für § 199 Abs. 1 Nr. 2 BGB bedeutet dies, dass Sinn- und Zweck der Verjährung bei der Auslegung ganz wesentlich heranzuziehen sind. Insofern wird auf die obigen Ausführungen verwiesen[1105].

Die Bestimmung will einen Ausgleich zwischen Gläubiger- und Schuldnerinteresse schaffen. Der Schuldner soll durch die Verjährung vor der Inanspruchnahme geschützt werden. Zugleich soll dem Gläubiger eine faire Chance bleiben, seinen Anspruch durchzusetzen.

d) Objektive Anforderungen

Weitgehend unumstritten dürfte sein, dass für das Vorliegen von grober Fahrlässigkeit ein objektiv besonders schwerer Sorgfaltsverstoß notwendig ist. Mag es auch schwierig sein, das exakte Maß, ab dem aus einer einfachen Fahrlässigkeit eine grobe Fahrlässigkeit wird, in einer Definition zu umschreiben, so besteht doch ein derartiger gradueller Unterschied.

aa) Steigerung der einfachen Fahrlässigkeit

Die obigen Ausführungen haben ergeben, dass die grobe Fahrlässigkeit in ihrer objektiven Komponente eine graduelle Steigerung der einfachen Fahrlässigkeit darstellt. Dabei mag die Beschreibung des graduellen Unterschiedes Probleme bereiten, im Grundsatz dürfte diese Überlegung jedoch unproblematisch sein. Der graduelle Unterschied muss sich auf die Elemente der einfachen Fahrlässigkeit beziehen. Dies sind eine höhere Erkennbarkeit der Sorgfaltspflicht und eine höhere Vermeidbarkeit. Wesentlich für die grobe Fahrlässigkeit im Rahmen eines Erkennbarkeitskriteriums dürfte die Steigerung des kognitiven Elements sein, d.h. dass die Umstände besonders leicht erkennbar sein[1106]. Der Sorgfaltsverstoß, den es zu vermeiden gilt, ist schließlich die Unkenntnis, so dass auch die gesteigerte Vermeidbarkeit sich auf die Kenntnis bezieht. Letztlich kann

---

1103 S. 133.

1104 Vgl. König, S. 50.

1105 S. 34.

1106 Riedhammer, S. 77f.

man die Überlegung dahingehend zusammenfassen, dass die Unkenntnis besonders leicht vermeidbar gewesen sein muss. Der Unterschied ist somit quantitativer Art, wobei bisher weitgehend unklar geblieben ist, ab wann die Umstände so leicht erkennbar sind, dass die Annahme grober Fahrlässigkeit gerechtfertigt ist[1107].

bb) Folgerungen aus dem Sinn- und Zweck der Verjährung

Die Auslegung muss im besonderen Umfang den Sinn und Zweck der Verjährung insgesamt berücksichtigen. Insofern ist auf die Ausführungen in Teil 1 der Arbeit zu verweisen. Die wesentlichen Aspekte für § 199 Abs. 1 Nr. 2 BGB dürften demnach sein, zum einen einen angemessenen Interessenausgleich zwischen Gläubiger und Schuldner vorzunehmen und zum anderen den Rechtsverkehr vor vermeidbaren Unsicherheiten zu schützen. Letzteres ist bei der Auslegung im Hinblick auf die allgemeine Kritik am subjektiven System[1108] im besonderen Maße zu berücksichtigen.

(1) Ausgleich von Gläubiger- und Schuldnerinteressen

§ 199 Abs. 1 BGB soll die Interessen von Gläubiger und Schuldner gemäß dem Zweck der Verjährung zum Ausgleich bringen. Dem Gläubiger droht durch die Verjährung der Verlust seines Anspruches. Dies soll nur dann eintreten, wenn er zuvor eine faire Chance zur Anspruchsdurchsetzung erhalten hat. Es bleibt festzuhalten, dass es sich im Grundsatz um eine gläubigerfreundliche Norm handelt, was zu strenge Anforderungen an den Gläubiger ausschließt[1109].

Die Auslegung darf daher die Grenzen zur einfachen Fahrlässigkeit nicht überschreiten[1110]. Der Schuldner soll durch die Verjährung geschützt werden. Dabei ist aber zu beachten, dass er auch außerhalb des subjektiven Verjährungsbeginns einen Schutz durch die objektiven Maximalfristen genießt. Der Schwerpunkt dürfte daher bei § 199 Abs. 1 BGB darin liegen, dem Gläubiger seinen Anspruch zu erhalten, solange er keine faire Chance hatte, ihn durchzusetzen.

(2) Schutz des Rechtsverkehrs

Die Auslegung des Begriffes grobfahrlässige Unkenntnis darf nicht dazu führen, dass der Rechtsverkehr mit unzumutbaren Ungewissheiten belastet wird. Es

---

1107 Riedhammer, S. 78.
1108 Insb. S. 79.
1109 Vgl. BGH NJW 1955, 706.
1110 Vgl. Finkenauer, S. 296.

würde dem Zweck der Verjährung widersprechen, wenn gerade ihretwegen Prozesse geführt werden müssten. Die Kritik, dass § 199 BGB mit seiner subjektiven Verjährungsfrist zu Streitigkeiten Anlass bieten wird, muss daher durchaus ernst genommen werden. Die Abgrenzung muss so erfolgen, dass sie mit hinreichender Einfachheit vorgenommen werden kann.

cc) Fallgruppenbildung durch die Rechtsprechung

Die begrifflichen Überlegungen zur groben Fahrlässigkeit haben ergeben, dass eine wie auch immer zu formulierende Definition nicht zur befriedigenden Lösung aller oder auch nur der gängigsten Fälle führen kann. Die Definitionen haben sich als zu vage und als bloße Umschreibung erwiesen.

Die Festlegung des Begriffsinhaltes kann daher nur durch die Bildung von Fallgruppen erfolgen. Dabei hat die Rechtsprechung eine ganz herausgehobene Position[1111]. Ihre Aufgabe ist es, Fallgruppen herauszuarbeiten, die eine Orientierung ermöglichen[1112]. Sie wird letztlich die Deutungshoheit darüber haben, welche Anforderungen an den Gläubiger im Rahmen des § 199 Abs. 1 Nr. 2 BGB zu stellen sein werden.

(1) Rechtsprechung zu § 199 Abs. 1 Nr. 2 BGB

Der Begriff der groben Fahrlässigkeit muss also im Rahmen des § 199 Abs. 1 Nr. 2 BGB durch die Bildung von Fallgruppen konkretisiert werden. Die Fallgruppenbildung wird zu einem ganz wesentlichen Teil der Rechtsprechung obliegen. Die endgültige begriffliche Klärung des Begriffes ist daher erst von einer zukünftigen höchstrichterlichen Rechtsprechung zu erwarten[1113].

Bisher ist soweit ersichtlich, noch keine ober- oder höchstrichterliche Rechtsprechung zu § 199 Abs. 1 Nr. 2 BGB ergangen. Dies ist auch nicht verwunderlich, da Ansprüche wegen grober Fahrlässigkeit bei ihrer Aufklärung erst mit dem Schluss des Jahres 2002 zu verjähren beginnen können. Schließlich gilt die Regelung erst seit dem 1.1. 2002. Der früheste Verjährungstermin wäre damit der 31.12. 2005.

§ 199 Abs. 1 Nr. 2 BGB wurde jedoch nach dem Vorbild des § 852 Abs. 1 BGB a.F. entworfen. Dementsprechend kann auf die zu ihm vorhandene Rechtsprechung zurückgegriffen werden[1114]. Der Gesetzgeber hat ausdrücklich erklärt, dass die vorhandene, kaum noch überschaubare[1115] Rechtsprechung wei-

---

1111 Vgl. König, S. 69.
1112 Peters/Zimmermann, S. 306; König, S. 146.
1113 Birr, Rn 33.
1114 MüKo-Grothe, § 199 Rn 25; Mansel/Budzikiewicz, § 3 Rn 102.
1115 Schneider, MDR 1998, 691.

terhin gelten soll[1116]. Das gilt insbesondere für diejenigen Fälle, bei denen bisher eine Gleichstellung zwischen Unkenntnis und Kenntnis vorgenommen wurde[1117]. Im folgenden Abschnitt soll daher die Rechtsprechung zu § 852 Abs. 1 BGB a.F. kurz vorgestellt werden.

(2) Die bisherige Rechtsprechung zu § 852 Abs. 1 BGB a.F.

(a) Gleichstellung der "missbräuchlichen Unkenntnis"

Schon unter der Geltung des § 852 Abs. 1 BGB ergaben sich häufig Fälle, in denen die dort noch ausdrücklich geforderte Kenntnis des Gläubigers fehlte, er sich diese aber relativ einfach beschaffen konnte. Man kann die entsprechende Fälle mit *Breucker*[1118] als "**Fastkenntnis**" bezeichnen. Die Rechtsprechung nahm unter gewissen Umständen eine Gleichstellung der missbräuchlichen Unkenntnis mit der positiven Kenntnis vor[1119]. Sie stellt diejenigen Fälle der Kenntnis gleich, in denen der Verletzte sich einer gewissermaßen auf der Hand liegenden Erkenntnismöglichkeit verschloss, obwohl ihm deren Ausnutzung ohne nennenswerte Mühe oder Kosten möglich gewesen wäre[1120].

Dazu wurde ausgeführt, dass jeder andere in der Lage des Geschädigten unter denselben konkreten Umständen die Kenntnis gehabt hätte. Die Berufung auf Unkenntnis wäre reine Förmelei[1121]. Der Verletzte sollte es nicht in der Hand haben, einseitig die Verjährung hinauszuschieben, indem er die Augen vor der Kenntnis verschloss[1122]. Grundlegender Gedanke dafür war § 162 BGB. Wer den Eintritt einer Bedingung vereitelte, sollt so gestellt werden, wie er bei ihrem Eintritt stünde[1123].

1116 Begr. FraktE BT-DruckS. 14/6040 S. 108; Leenen, DStR 2002, 35.

1117 MüKo-Grothe, § 199 Rn 25.

1118 S. 15; kritisch zu diesem Begriff Schnaufer, S. 30.

1119 Vgl. BGH NJW 1985, 2022 (2023) mit weiteren Nachweisen..

1120 BGHZ 133, 192 (198f) ; BGH NJW 1955, 706f; 1968, 988;1973, 702 (703); 1973, 1496; 1976, 363 (365); 1985, 2022 (2023); 1987, 3120; 1989, 2323 (2324); 1990, 2808; 1993, 648 (653); 1994, 3092 (3093); 1995, 776 (778); 1998, 988; 1999, 423; 2000, 953; 2001, 964; BGH NJW-RR 1988, 411 (412); 1988, 867 (868); 1990, 606; ähnlich RG JW 1907, 302; kritisch dazu Larenz/Canaris, § 83 V 1a).

1121 BGH 133, 192 (198ff); 150, 94 (97ff); BGH NJW 1994, 3092 (3093); 1998, 988; 2000, 953; NJW-RR 1990, 606; VersR 1995, 551.

1122 OLG HambuRG MDR 1968, 583 (584); BGH NJW 1985, 2022.

1123 BGHZ 133, 192 (198); BGH NJW 1985, 2022 (2023) mit Nachweisen; 1990, 2808 (2810); 2001, 1721 (1722); BGH NJW-RR 1988, 411 (412); 1988, 867 (868).

Die Entscheidungen des BGH haben soweit ersichtlich aber bisher in keinem Fall die Voraussetzungen der Missbräuchlichkeit bejaht, sondern in fast allen Fällen den Verjährungsbeginn wegen missbräuchlicher Unkenntnis verneint[1124].

(b) Voraussetzungen für die Missbräuchlichkeit

Ein Geschädigter musste zwar im Grundsatz alle zumutbaren Erkenntnisquellen ausnutzen[1125], was allerdings sehr restriktiv gesehen wurde. Die Erkenntnismöglichkeiten mussten sich anbieten und auf der Hand liegen[1126].

Dabei wurde in der Tendenz von dem Gläubiger nur eine geringe Aufklärungsinitiative erwartet[1127]. Er war im Grundsatz nicht zu Aufklärungsmaßnahmen verpflichtet[1128]. Die Rechtsprechung war insoweit nicht unumstritten. *Büning* ging unter Hinweis auf Treu und Glauben davon aus, dass der Geschädigte verpflichtet sei, bei der Kenntniserlangung mitzuwirken[1129]. Die Ansicht fand aber in der Rechtsprechung keine Zustimmung.

Die typischen Fälle waren solche, in denen der Verletzte durch ganz einfache Nachfragen die relevanten Tatsachen ermitteln konnte. Die Rechtsprechung mutete ihm zu, sich nach den relevanten Daten mündlich oder schriftlich zu erkundigen, wenn ihm eine einigermaßen sichere Auskunftsmöglichkeit zur Verfügung steht.

Die Kenntnis musste mühelos und ohne besonderen Kostenaufwand zu erlangen sein[1130].

Eine Obliegenheit, bestimmte Nachforschungen anzustellen, die über eine einfache Nachfrage hinausgehen, wurde jedenfalls allgemein abgelehnt[1131]. Standen mehrere Auskunftsmöglichkeiten zur Verfügung, so musste grundsätzlich die schnellste und sicherste gewählt werden. Der Verletzte brauchte weder viel Zeit noch größere Kosten auf sich zu nehmen. Hinzunehmen waren allein die

---

1124 Vgl. von Gerlach, DAR 2001, 248; Müller, VersR 1998, 139 stellt fest, dass derartige Ausnahmen nur selten vorkämen.

1125 OLG Köln VersR 1974, 1089; OLG Braunschweig VersR 1974, 1183; OLG Koblenz NJW-RR 1993, 799.

1126 BGH NJW 1989, 2323; 1990, 2808 (2810); 2000, 953 mit weiteren Nachweisen; 2001, 1721 (1722); BGH NJW-RR 1988, 411; 1990, 343; 1990, 606.

1127 BGH NJW 1990, 2808 (2810); 2002, 288 (289).

1128 Vgl. zuletzt BGHZ 150, 94 (97ff).

1129 Büning, S. 32ff, 44, 45.

1130 BGH NJW 1985, 2022; BGH NJW-RR 1988, 411; 1990, 343.

1131 BGHZ 133, 192 (199); BGH NJW 1990, 2808 (2810); 1994, 3092 (3093); 1995, 776 (778); 2000, 953; NJW-RR 1988, 411 (412); 1988, 867 (868);1990, 606 (607); VersR 1995, 551 (552).

Kosten für eine einfache telefonische Nachfrage oder für einen oder mehrere einfache Briefe[1132]. Der Verletzte war im Allgemeinen nicht verpflichtet, auf eine schnelle Aufklärung des Sachverhaltes gerichtete Nachforschungen durchzuführen[1133]. Der Verletzer hatte demnach kein vom Gesetz geschütztes Interesse an einem frühen Verjährungsbeginn[1134]. Es bestand für den Gläubiger kein bestimmtes Verhaltensprogramm[1135].

Daraus herrührende Unbilligkeiten mussten hingenommen werden. Das Interesse des Geschädigten sollte gegenüber dem des Anspruchsgegners Vorrang genießen[1136]. Die Rechtsprechung hat immer wieder festgestellt, dass fahrlässige[1137] und sogar grobfahrlässige[1138] Unkenntnis nicht ausreicht[1139].

Kennenkönnen und Kennenmüssen sollten der Kenntnis ausdrücklich nicht gleichstehen[1140]. Ein gutes Argument dafür, eine Gleichstellung abzulehnen war, dass das BGB an anderer Stelle eine Gleichstellung von Kenntnis und verschuldeter Unkenntnis ausdrücklich festlegt (vgl. § 122 Abs. 2 BGB). Daraus war zu folgern, dass in anderen Fällen diese Gleichstellung nicht vorgesehen war[1141].

Die Literatur hat der Rechtsprechung allerdings schon vorgeworfen, dass sie die Grenze zur grobfahrlässigen Unkenntnis überschritten hat[1142].

1132 Vgl. BGHZ 133, 192 (198ff).

1133 BGH NJW-RR 1988, 867 (868).

1134 BGH NJW 1977, 2106; 2000, 953; BGH NJW-RR 1990, 606 (607); BGH VersR 1995, 551 (552).

1135 BGH NJW 1985, 2022 (2023); Schnaufer, S. 31.

1136 OLG Frankfurt/Main VersR 1982, 1148 (1149).

1137 RGZ 76, 61 (63); RG JW 1915, 594 (595); WarnRspr. 1930 Nr. 107; HRR 1930 Nr. 1213; BGH NJW 1973, 702 (703); 1977, 198; 1977, 2106; 1985, 2022 (2023); 1993, 648 (650); 1996, 117 (118); VersR 1959, 467 (468); 1963, 161 (163); 1995, 551 (552).

1138 BGHZ 133, 192 (198); BGH NJW 1985, 2022 (2023); 1987, 3120; 1988, 867 (868); 1989, 2323; 1990, 606; 1990, 2808 (2810); 1991, 1172 (1183); 1994, 3092 (3093); 1996, 2934; 1999, 2734 (2735); 2000, 953; 2001, 1721 (1722); 2002, 2787 (2788); 2003, 288; 2004, 510 (511); NJW-RR 1988, 411 (412); 1990, 606 ; OLG Frankfurt/Main, NJW-RR 1999, 1474 (1475).

1139 BGH NJW 1987, 3120.

1140 RGZ 76, 61 (63); BGH NJW 1955, 706; 1973, 702 (703); 1977, 198; 1991, 1172.

1141 Vgl. Schnaufer, S. 24.

1142 Vgl. nur Anmerkung Harmsen zu BGH GRUR 1964, 218 (221).

(c) Konsequenzen für § 199 Abs. 1 Nr. 2 BGB

Im Ergebnis wird die zu § 852 Abs. 1 BGB ergangene Rechtsprechung zukünftig als grobfahrlässige Unkenntnis zu subsumieren sein, da grobfahrlässige Unkenntnis gegenüber der missbräuchlichen Unkenntnis der weitere Begriff ist.

Zusätzlich bieten diejenigen Fälle, in denen die Rechtsprechung bisher missbräuchliche Unkenntnis verneint hat Anlass, sie unter dem weiteren Merkmal der groben Fahrlässigkeit zu überdenken. Man wird festhalten müssen, dass die neu eingeführte grob fahrlässige Unkenntnis einen größeren, eventuell sogar deutlich größeren Anwendungsbereich hat als die missbräuchliche Unkenntnis.

(3) Erweiterungen gegenüber § 852 Abs. 1 BGB a.F.

Diese Fälle werden zukünftig unter den Begriff der groben Fahrlässigkeit zu subsumieren sein[1143]. Eine eigenständige Bedeutung wird die Fallgruppe der missbräuchlichen Unkenntnis nicht mehr haben[1144]. Ein Rückgriff auf § 162 BGB oder gar § 242 BGB wird nicht mehr erforderlich sein[1145]. Nur bei den Normen, die noch keine Erweiterung um den Begriff der grobfahrlässigen Unkenntnis erfahren haben, kann die bisherige Rechtsprechung zur missbräuchlichen Unkenntnis noch direkt angewendet werden.

Es ist aber durchaus offen und im Rahmen dieser Arbeit zu diskutieren, ob durch die Aufnahme des Begriffes grobe Fahrlässigkeit tatsächlich höhere Anforderungen an den Gläubiger gestellt werden.

Dies lässt sich den Gesetzgebungsmaterialien nicht eindeutig entnehmen, die einerseits davon ausgehen, dass grobfahrlässige Unkenntnis von der missbräuchlichen Unkenntnis nicht weit entfernt sei, andererseits aber ausdrücklich als Erweiterung bezeichnet wird[1146].

Die Literatur hält dies teilweise für offen[1147]. Einige Literaturstimmen nehmen sogar an, die Änderung habe allein die praktischen Ergebnisse der Rechtsprechung nachvollzogen, dem Gläubiger aber keine Ermittlungspflicht auferlegt[1148].

Riedhammer geht davon aus, dass die Neufassung im Grundsatz nur die ohnehin bestehende Rechtslage kodifizieren und die mit dem Merkmal der positiven

1143 Palandt-Heinrichs, § 199 Rn 37; Soergel-Niedenführ, § 199 Rn 49.
1144 Heß, NZV 2002, 66.
1145 AnwK-Mansel/Stürner, § 199 Rn 54.
1146 Vgl. Riedhammer, S. 15.
1147 Vgl. MüKo-Grothe, § 199 Rn 28; Leenen, DstR 2002, 35.
1148 Erman-Schmidt-Räntsch, § 199 Rn 20, der diese Aussage an gleicher Stelle aber wieder relativiert.

Kenntnis einhergehenden Beweisprobleme reduzieren sollte[1149]. Er stützt sich dabei darauf, dass der Gesetzgeber ausdrücklich auf das Gutachten von *Peters / Zimmermann* Bezug genommen habe und dass sich aus diesem ergebe, dass eine Ausweitung nicht beabsichtigt gewesen sei[1150]. Diese Argumentation ist nicht unproblematisch. Im Gutachten wird ausdrücklich festgestellt, dass der Inhalt des Begriffes der groben Fahrlässigkeit noch von der Rechtsprechung näher zu präzisieren sei[1151]. Damit ergibt sich, dass für die Verfasser keineswegs feststand, dass der Begriff allein der Vermeidung von Beweisproblemen dienen sollte.

Canaris vertritt hierzu die Ansicht, dass es sich um eine lediglich aus Praktikabilitätsgründen eingefügte Randkorrektur handele[1152].

Nach überwiegender Ansicht soll aber mit der Änderung ein erweiterter Anwendungsbereich einhergehen[1153]. Dies habe der Gesetzgeber bei der Neuregelung verkannt[1154]. Es soll sich vielmehr um eine "radikale Änderung" gegenüber § 852 Abs. 1 BGB a.F. handeln[1155].

Hierfür spricht, dass die bisherige Rechtsprechung schließlich zur positiven Kenntnis entwickelt[1156] wurde. Eine Beschränkung auf die vorhandene Rechtsprechung lässt sich jedenfalls § 199 Abs. 1 Nr. 2 BGB nicht entnehmen[1157]. Man wird daher zunächst feststellen müssen, dass mit der Neuregelung eine Erweiterung des Anwendungsbereiches einhergegangen ist. Allein der Umfang dieser Erweiterung bedarf der Klärung.

Die vorhandenen Entscheidungen lassen sich jedenfalls ohne größere Probleme als Fälle grober Fahrlässigkeit einstufen[1158]. Eine genaue Prognose über den

1149 S. 197ff.

1150 Riedhammer, S. 198 mit Verweis auf Peters / Zimmermann, S. 306 und 247.

1151 Peters / Zimmermann, S. 306.

1152 Canaris, Einführung, S. LI.

1153 Palandt-Heinrichs, § 199 Rn 37; Soergel-Niedenführ, § 199 Rn 49; Bamberger/Roth-Spindler, § 199 Rn 17 ("bedeutende Weiterung"); Erman-Schmidt-Räntsch, § 199 Rn 20; Mansel, NJW 2002, 91; Mansel/Budzikiewicz, § 3 Rn 102; Henssler/von Westphalen-Bereska, § 199 Rn 22 ("in Nuancen verschärft"); Gaier, NZM 2003, 93; Schmid, ZGS 2002, 181; Lorenz/Riem, Rn 53; Pick, ZIP 2001, 1174; Krämer, ZGS 2003, 380f; derselbe, S. 61; Schellhammer, Rn 2488; in diesem Sinne wohl auch Jaeger, ZGS 2003, 329.

1154 Piekenbrock, S. 325.

1155 Staudinger-Peters, § 199 Rn 50; ähnlich Dauner-Lieb, S. 250, die von einer wesentlich weiteren Definition spricht.

1156 Bamberger/Roth-Spindler, § 199 Rn 19.

1157 Palandt-Heinrichs, § 199 Rn 37; MüKo-Grothe, § 199 Rn 28.

1158 Bamberger/Roth-Spindler, § 199 Rn 19.

Umfang der Erweiterungen hat bisher noch niemand in der Literatur gewagt. Nur vereinzelt finden sich Einschätzungen, wonach bei § 199 Abs. 1 Nr. 2 BGB "etwas höhere" Anforderungen zu stellen seien als bei § 852 Abs. 1 BGB a.F.[1159].

Im Rahmen dieser Arbeit wird als zentrale Frage näher zu klären sein, in welchem Umfang § 199 Abs. 1 Nr. 2 BGB über die bisherige Rechtsprechung hinausgeht. Allgemein wird man aber nicht mehr an der pauschalen Einschätzung festhalten können, dass das Interesse des Gläubigers stets Vorrang vor dem Interesse des Schuldners hat[1160]. Anders als im bisherigen Anwendungsbereich des Deliktsrechts muss der Zweck der Verjährung, den Schuldner zu schützen, stärker betont werden. Es muss dabei aber immer beachtet werden, dass der entwickelte Maßstab nicht die Grenze zur einfachen Fahrlässigkeit überschreitet[1161].

e) Notwendigkeit einer individuellen Komponente

aa) Grundsätzliches

Im Rahmen dieser Arbeit soll nicht der allgemeinen Frage, ob eine subjektive Komponente der groben Fahrlässigkeit allgemein benötigt wird[1162]. Diese Frage kann für verschiedene Normen sehr unterschiedlich zu entscheiden sein. Hier geht es allein darum, ob für § 199 Abs. 1 Nr. 2 BGB eine subjektive Komponente benötigt wird. Es wurde bereits festgestellt, dass es sich bei § 199 Abs. 1 Nr. 2 BGB um eine Erkundigungsobliegenheit handelt. Die vorhandenen Inhaltsbestimmungen innerhalb der Rechtsprechung und der Literatur sind damit nur bezüglich derartiger Obliegenheiten heranzuziehen.

bb) Erfordernis bei anderen Erkundigungsobliegenheiten

Generell nimmt die Rechtsprechung an, dass zur groben Fahrlässigkeit auch ein subjektiv schwerwiegender Verstoß notwendig ist[1163]. Dieser Grundsatz dürfte heute ständige höchstrichterliche Rechtsprechung sein[1164]. Er wird aber nicht für alle Normen durchgehalten, insbesondere dann nicht, wenn es um Verkehrsschutz und Organisationsmängel geht[1165]. Der Vorwurf lautet dann

---

1159 Bamberger/Roth-Spindler, § 199 Rn 19.

1160 Vgl. noch OLG Frankfurt/Main VersR 1982, 1148 (1149).

1161 Finkenauer, S. 296.

1162 Dazu König, 150ff.

1163 RG JW 1924, 1977 (1979); BGHZ 10, 14 (16); BAG NJW 1999, 966; zuletzt BGH NJW 2003, 1118 (1119).

1164 König, S. 150.

1165 MüKo-Grundmann, § 276 Rn 95; BGH VersR 1974, 766 (768).

nicht, dass einem Mitarbeiter ein besonders schwerer Vorwurf zu machen sei sondern dass die Organisation so mangelhaft gewesen ist, dass daraus der Vorwurf zu begründen ist. Allgemein abgelehnt wird ein subjektiver Sorgfaltsmaßstab auch bei juristischen Personen. Bei ihnen soll ohnehin stets ein rein objektiver Maßstab gelten, da ein subjektiv schwerer Verstoß von Ausnahmen abgesehen kaum nachweisbar wäre[1166].

Beim **gutgläubigen Erwerb**, bei dem es ebenfalls um eine Erkundigungsobliegenheit geht, macht die Rechtsprechung ebenfalls stillschweigend eine Ausnahme[1167]. Entweder beachte sie das Merkmal überhaupt nicht[1168] oder aber sie führt es zwar auf, schenkt ihm aber für die Entscheidung keinerlei Beachtung[1169]. Vermutlich handelt es sich in beiden Fällen um eine stereotype Wiederholung der Standarddefinition[1170]. Die Literatur hat diese Ausnahme bisher nahezu einhellig gebilligt[1171].

Insbesondere in der Entscheidung NJW 1965, 687 erklärt der BGH ausdrücklich, dass es für die grobe Fahrlässigkeit beim gutgläubigen Erwerb nicht auf die individuelle geschäftliche Unerfahrenheit des Erwerbers ankomme. Eine Begründung hierfür wird nicht abgegeben.

Auch in der Literatur wird für den Sonderfall des gutgläubigen Erwerbs bzw. ganz allgemein für alle Erkundigungsobliegenheiten ein subjektiver Fahrlässigkeitsvorwurf nicht verlangt[1172]. Zu den Erkundigungsobliegenheiten sind neben dem gutgläubigen Erwerb auch die Fälle eines **Gewährleistungsausschlusses** wegen grobfahrlässiger Unkenntnis eines Mangels (§ 442 Abs. 1 BGB) zu zählen. Auch bei ihnen kommt es auf subjektive Momente nicht an. Es gilt vielmehr ein rein objektiver Maßstab, was damit begründet wird, dass diese Erkundigungsobliegenheiten eine objektiv bestehende Haftung ausschließen[1173]. Dies entspricht auch dem Zweck dieser Regelung, als ein beweiserleichternder Auffangtatbestand zu dienen[1174].

1166 Staudinger-Löwisch, § 276 Rn 96.

1167 Vgl. Staudinger-Löwisch, § 276 Rn 103 mit Nachweisen.

1168 BGH NJW 1965, 687; 1991, 1415 (1416f); 1996, 2226 (2227); LG Bochum NJW 1992, 1274 (1275).

1169 BGHZ 10, 14 (16); BGH NJW 1994, 2093 (2094).

1170 Vgl. König, S. 165 Fn 482.

1171 Riedhammer, S. 95 m.w.N. in Fn 465; Buck, S. 32.

1172 Vgl. König, S. 151 und 165.

1173 Vgl. Deutsch, § 16 IV. 1..

1174 Riedhammer, S. 144 m.w.N. in Fn 778.

Bei Normen, die dem Interessenausgleich dienen, soll nämlich allgemein ein objektiver Maßstab gelten[1175]. Der Begriff der groben Fahrlässigkeit dient bei Erkundigungsobliegenheiten in erster Linie volkswirtschaftlichen Interessen[1176]. Die Normen haben nicht den Zweck, den geschäftlich Unerfahrenen, den Sprachunkundigen oder den gänzlich Naiven zu schützen. Die Regelungen setzen vielmehr unter Effizienzgesichtspunkten die allgemeinen Anforderungen an den Rechtsverkehr herab.

Es lässt sich daher feststellen, dass aus dem Begriff der groben Fahrlässigkeit und aus den dazu vorhandenen Entscheidungen und der vorhandenen Literatur nicht zwingend eine subjektive Komponente für diesen Begriff anzunehmen ist.

cc) Entstehungsgeschichte der Norm

Wegen seiner Anknüpfung an die Bestimmung in § 852 Abs. 1 BGB a.F. muss zur Lösung der Frage auch auf die Entstehung des § 199 Abs. 1 Nr. 2 BGB und die zu seiner Vorgängernorm vertretenen Auslegungen zurückgegriffen werden.

(1) Entstehungsgeschichte des § 199 Abs. 1 Nr. 2 BGB

Die Gesetzesbegründung verweist auf die Rechtsprechung des Bundesgerichtshofes zur groben Fahrlässigkeit[1177]. Diese Rechtsprechung nimmt, wie soeben dargelegt, allgemein an, dass es zur Bejahung grober Fahrlässigkeit auch ein subjektives Verschulden bedarf. Die Begründung nennt ausdrücklich verschiedene Entscheidungen des BGH[1178].

Zwei dieser Entscheidungen betreffen allerdings grobe Fahrlässigkeit als Haftungsminderung[1179]. Selbst hier wird nicht immer auf eine subjektive Komponente bestanden. Bei der ebenfalls von der Gesetzesbegründung zitierten Entscheidung BGHZ 10, 14 (16) handelt es sich um eine Entscheidung zum gutgläubigen Erwerb nach § 932 BGB, mithin zu einer Erkundigungsobliegenheit. Sie nennt zwar das subjektive Kriterium, beachtet es aber am Ende nicht. Es ist daher mehr als fraglich, ob die von der Gesetzesbegründung herangezogene Rechtsprechung als Beleg dafür zu werten ist, dass es bei § 199 Abs. 1 Nr. 2 BGB auf einen subjektiv besonders schweren Sorgfaltsverstoß ankommen muss.

1175 Vgl. König, S. 162 m.w.N..

1176 König, S. 165.

1177 Begr. RegE BT-DrucksS. 14/6040 S. 108.

1178 BGHZ 10, 14 (16); 89, 153 (161); BGH NJW 1992, 3235 (3236); NJW-RR 1994, 1469 (1471).

1179 BGHZ 89, 153 (161); BGH NJW-RR 1994, 1469 (1471).

Die Gesetzesbegründung enthält jedenfalls keinen ausdrücklichen Hinweis darauf, dass es auf ein subjektives Kriterium ankommen soll.

(2) Rechtslage bei § 852 Abs. 1 BGB a.F.

Von der Gesetzesbegründung wird ganz wesentlich auf die zu § 852 Abs. 1 BGB a.F. bestehende Rechtsprechung hingewiesen[1180]. Bei § 852 Abs. 1 BGB wurde aber ein individueller Maßstab ganz allgemein abgelehnt[1181]. Die Kenntnis und auch die missbräuchliche Unkenntnis sollten nicht von den individuellen Fähigkeiten der jeweiligen Kenntnisperson abhängig sein[1182]. Es käme zu bedenklichen Differenzierungen, für die kein sachlicher Grund besteht[1183]. Alle Kenntnispersonen sollen vielmehr nach einem einheitlich objektiven Maßstab beurteilt werden. Auf die intellektuelle und emotionale Verfassung der jeweiligen Kenntnisperson sollte es nicht ankommen, weil diese kaum nachprüfbar ist[1184]. Ansonsten drohte schon bei § 852 Abs. 1 BGB die Gefahr, dass die Norm leer läuft[1185]. Der Grad der Kenntnis sollte dementsprechend danach bestimmt werden, wann ein vernünftiger Mensch Klage erheben würde[1186]. Insgesamt wurde eine Objektivierung des subjektiven Merkmals gefordert, da nur so Rechtssicherheit zu erlangen wäre[1187].

(3) Ergebnis

Die Gesetzgebungsgeschichte enthält somit keinen zwingenden Hinweis darauf, dass es auf ein individuelles Merkmal bei § 199 Abs. 1 Nr. 2 BGB ankommen soll.

dd) Die neuere Literatur zu § 199 Abs. 1 Nr. 2 BGB

Die bisher zu § 199 Abs. 1 Nr. 2 BGB erschienene Literatur nimmt nur in wenigen Fällen Stellung zur Notwendigkeit eines individuellen Merkmals der groben Fahrlässigkeit. Die erste Erwähnung dieses Problems findet sich bei *Heinrichs*, der bezogen auf den Reformvorschlag von *Peters/Zimmermann* darauf hinweist, dass es damit nach der Rechtsprechung des BGH auf individuelle Umstände ankomme und die Rechtsprechung damit erheblichen Spielraum für die Beurteilung

---

1180 BT-DruckS. 14/6040 S. 108.

1181 Vgl. Anmerkung Taupitz, NJW 1984, 662 (663).

1182 Vgl. umfassend Schnaufer, S. 38f mit Nachweisen.

1183 Peters, NZV 1991, 145.

1184 BGH NJW 1984, 661.

1185 A.a.O..

1186 Peters, JZ 1983, 121 (123f).

1187 Schnaufer, S. 226f.

erhalte[1188]. Sofern in der neueren Literatur eine Stellungnahme erfolgt, soll es bei § 199 Abs. 1 Nr. 2 BGB nach überwiegender Ansicht zusätzlich auf einen auch subjektiv schweren Verstoß ankommen[1189], wobei zumeist ohne nähere Begründung[1190] auf *Heinrichs* verwiesen wird. Nach *Heinrichs*[1191] sind auch subjektive, individuelle für den Gläubiger geltende Umstände zu berücksichtigen; ihm muss auch subjektiv ein schwerer Obliegenheitsverstoß in seiner eigenen Angelegenheit der Anspruchsverfolgung zur Last fallen.

Mansel verweist hierzu auf zwei Entscheidungen des BGH[1192]. Beide Entscheidungen beziehen sich jedoch auf versicherungsrechtliche Fragestellungen. Dort wird der Begriff der groben Fahrlässigkeit durchaus so ausgelegt, dass eine subjektive Komponente benötigt wird. Aus diesen Entscheidungen folgt jedoch nicht, dass dies bei § 199 Abs. 1 Nr. 2 BGB ebenfalls so sein muss. Weiter führt *Mansel* aus, dass allein aus einem objektiv schweren Verstoß nicht auf einen subjektiv gesteigerten Vorwurf geschlussfolgert werden kann. Dies ist zutreffend, lässt aber die Frage offen, ob es für den Verjährungsbeginn auf einen subjektiven Verstoß sinnvollerweise ankommen soll.

Die bisher aufgeführten Argumente können nicht davon überzeugen, dass es bei § 199 Abs. 1 Nr. 2 BGB auf ein individuelles Merkmal ankommen soll[1193].

ee) Stellungnahme

Die Beantwortung der Frage setzt eine Auseinandersetzung mit dem Sinn und Zweck der Verjährung und der besonderen Funktion des § 199 Abs. 1 Nr. 2 BGB voraus. Aus dem Begriff selbst kann hierfür nichts hergeleitet werden. Die Gesetzgebungsgeschichte ergibt auch keineswegs ein eindeutiges Bild. Gegen einen zusätzlichen subjektiven Maßstab spricht, dass er zum einen die Rechtssicherheit erheblich beeinträchtigen würde und dass zum anderen dadurch kein angemessener Ausgleich zwischen Gläubiger- und Schuldnerinteressen erreicht wird.

1188 Heinrichs, NJW 1982, 2025 unter Hinweis auf BGHZ 10, 14 (17) und BGH NJW 1972, 475 (476).

1189 Vgl. Palandt-Heinrichs, § 199 Rn 36; Bamberger/Roth-Spindler, § 199 Rn 20; Mansel, NJW 2002, 91; a.A. Schudnagies, NJW 2002, 399 und Riedhammer, S. 60, 71, 95f und 149.

1190 Hierauf weist Riedhammer, S. 186 hin.

1191 BB 2001, 1417 (1418).

1192 BGH NJW 1999, 966 (967); BGH NJW 1988, 1265 (1266).

1193 Vgl. Riedhammer, S. 87, der die Argumente für diese These als „eher mager“ bezeichnet.

(1) Mangelnde Rechtssicherheit

Dagegen spricht zunächst das Anliegen der Verjährung, Rechtsunsicherheit möglichst zu vermeiden[1194]. Ein individueller Verjährungsbeginn würde Gerichtsentscheidungen zum einen sehr schwierig machen, da der individuelle Leistungsstand des Gläubigers zu ermitteln wäre. Außerdem würden die Entscheidungen kaum vorhersehbar. Die Befriedungsfunktion der Verjährung würde ganz erheblich reduziert. Würde man nämlich eine subjektive Komponente verlangen, so wäre nach den allgemeinen Grundsätzen ein Beweis im Wege des Anscheinsbeweises nicht möglich[1195], womit bei dem hier vorliegenden inneren Merkmal der Unkenntnis der Beweis stark erschwert wäre. Dieses Risiko war auch einer der Hauptkritikpunkte an der Einführung des subjektiven Systems[1196]. Dieser Kritik kann begegnet werden, indem man auf eine subjektive Komponente generell verzichtet. Durch die Objektivierung des subjektiven Merkmals wird dieses nämlich für die Praxis handhabbarer gemacht[1197]. Eine rein objektive Sichtweise würde dazu führen, dass die zu § 199 Abs. 1 Nr. 2 BGB ergehenden Entscheidungen über den Einzelfall hinaus eine Aussage entfalten könnten. Es könnte unter Nutzung der zu § 852 Abs. 1 BGB a.F. vorhandenen Rechtsprechung eine Entwicklung von Fallgruppen stattfinden, mit deren Hilfe spätere Fälle einigermaßen sicher entschieden werden könnten. Auf ein weiteres Argument weist *Riedhammer*[1198] hin: Im Rahmen des § 199 Abs.1 Nr. 2 BGB ist das Vertrauen des Schuldners ein schützenswertes Gut. Dieses Vertrauen würde nicht angemessen geschützt, wenn es auf Umstände ankäme, die für Außenstehende nicht erkennbar sind.

Auch der Verweis auf die Maximalfristen hilft nicht weiter. Zwar würden diese irgendwann dazu führen, dass Rechtssicherheit eintritt. Bis zu diesem Zeitpunkt würde aber erhebliche Unsicherheit bestehen und dies kann schon wegen der Länge der Maximalfristen nicht hingenommen werden[1199].

(2) Gefährdung der Auffangfunktion

Eine subjektive Komponente würde außerdem die oben ermittelte Funktion der grobfahrlässigen Unkenntnis als Auffangtatbestand gefährden[1200]. Da

---

1194 Vgl. Riedhammer, S. 188.
1195 Palandt-Heinrichs, § 277 Rn 7.
1196 S. 79.
1197 Schnaufer, S. 44.
1198 S. 72.
1199 Vgl. Riedhammer, S. 188.
1200 Vgl. Riedhammer, S. 191.

zuverlässige Maßstäbe in diesem Fall nicht eingreifen würden, müsste in vielen Fällen versucht werden, die positive Kenntnis festzustellen, was wiederum mit großen Problemen verbunden wäre. Letztlich würde der erwünschte Entlastungseffekt nicht erreicht werden.

(3) Ausgleich zwischen Gläubiger und Schuldnerinteressen

Es würde außerdem den Gläubiger erheblich bevorzugen, wenn er individuelle Schwächen geltend machen könnte. Andererseits würde ihm persönlich die reelle Möglichkeit der Anspruchsdurchsetzung abhanden kommen, wenn seine persönlichen Schwächen nicht berücksichtigt werden. Darauf kann es aber nicht ankommen. Der Zweck der Verjährung fordert nur, dass allgemein eine faire Chance besteht. Sie muss nicht in jedem Einzelfall bestehen. Ansonsten wäre auch ein objektives Verjährungssystem, bei dem von vornherein nur eine typisierte Chance besteht, nicht hinnehmbar. Anerkanntermaßen hat der Gesetzgeber aber insoweit einen großen Spielraum. Es leuchtet jedenfalls nicht ein, dass der Gläubiger entgegen den sonstigen Prinzipien des Zivilrechts gerade im Verjährungsrecht vor individuellen Schwächen geschützt werden soll.

(4) Zwischenergebnis

Insgesamt zeigt die am Zweck der Verjährung orientierte Auslegung, dass ein individueller Maßstab, eine subjektive Komponente der groben Fahrlässigkeit nicht verlangt werden sollte.

ff) Ergebnis

Mit der Ablehnung einer subjektiven Komponente ist aber noch nicht entschieden, dass nicht je nachdem, welche Stellung der Gläubiger im Rechtsverkehr einnimmt, unterschiedliche Maßstäbe anzuwenden sind. Es bleibt offen, je nach der Position des Gläubigers unterschiedliche Anforderungen zu stellen. Diese Anforderungen sind aber nicht individueller Art, sondern eher typisiert. Damit lassen sich auch die entstehenden Unbilligkeiten vermeiden. Welchen Einfluss die Stellung des Gläubigers haben soll, wird im folgenden Abschnitt erörtert.

2. Der Maßstab für das Vorliegen grober Fahrlässigkeit

Dieser Abschnitt befasst sich mit den Umständen, die den Maßstab für die grobfahrlässige Unkenntnis festlegen. Dabei ist davon auszugehen, dass der Maßstab der groben Fahrlässigkeit nicht in allen Fällen ein völlig identischer ist, sondern dass sich je nach den Umständen unterschiedliche Maßstäbe ergeben. Es wird zu untersuchen sein, welche Umstände sich auf den Maßstab auswirken können.

a) Umstände betreffend des Gläubiger

Im vorigen Abschnitt wurde ein subjektives Kriterium der groben Fahrlässigkeit für § 199 Abs. 1 Nr. 2 BGB abgelehnt. Zugleich wurde offen gelassen, die Anforderungen an die Gläubiger verschiedener Verkehrskreise unterschiedlich zu handhaben. Es soll zunächst geklärt werden, ob und wie dies geschehen kann.

aa) Stellung des Gläubigers im Rechtsverkehr

(1) Allgemeine Stellung

Die Rechtsprechung hat bisher den Standpunkt vertreten, dass die Zumutbarkeit einer Auskunftseinholung nach einem objektiven auf allgemeine Verkehrsbedürfnisse ausgerichteten und nicht nach einem individuellen Sorgfaltsmaßstab richtet[1201].

Die Anforderungen an den Gläubiger richten sich also nach dessen Verkehrskreis. Es kommt somit darauf an, **welchem Verkehrskreis der Gläubiger angehört**. So sind die Anforderungen, die an einen Rechtsanwalt zu stellen wären höher, als die Anforderungen an einen Hilfsarbeiter

Diese Einteilung nach Verkehrskreisen ist für die einfache Fahrlässigkeit allgemein anerkannt[1202]. Dieser unterschiedliche Maßstab fand sich in typisierter Form bereits in §§ 196, 197 BGB a.F., wo für bestimmte Berufszweige kürzere Verjährungsfristen vorgesehen waren. Es galt aber als Fortschritt auf eine solche Typisierung zu verzichten[1203].

Ein Beispiel für die unterschiedlichen Anforderungen sind die Kinderteefälle. Die Mutter des geschädigten Kindes kann zwar erkennen, dass Haftungsansprüche gegen das Unternehmen bestehen werden, nicht aber dass solche auch gegen einzelne Mitarbeiter bestehen können[1204]. Sie muss daher das Unternehmen ermitteln, nicht aber die einzelnen Mitarbeiter.

Die Neuregelung ist insofern flexibler und kann sich mehr den Umständen des Einzelfalles anpassen. Es bleibt aber die Gefahr, dass durch eine unterschiedliche Interpretation Streitigkeiten entstehen[1205].

1201 Staudinger-Peters, § 199 Rn 56; für § 11 UWG vgl. Harte-Bavendamm/ Henning-Bodewig, § 11 Rn 80.

1202 Vgl. Erman-H.P. Westermann, § 276 Rn 11f; Riedhammer, S. 40f.

1203 Vgl. Spiro in FS für Müller-Freienfels, S. 619.

1204 BGH NJW 2001, 964 (965); zust. Foerste, VersR 2002, 1 (5f); a.A. Wagner, VersR 2001, 1057 (1061).

1205 Zimmermann, JZ 2000, 858.

Für eine im Rechtsverkehr gewandte und erfahrene Person gelten daher im Grundsatz strengere Maßstäbe[1206]. Von einem Rechtsanwalt kann zum Beispiel nicht nur verlangt werden, dass er versucht, über die Staatsanwaltschaft die Akten eines Strafverfahrens einzusehen, sondern, dass er wenn ihm die Anklageerhebung bekannt ist, eine telefonische Anfrage bei der Strafkammer versucht. Gegebenenfalls hätte er sogar an der Hauptverhandlung als Beobachter teilnehmen müssen[1207].

Eine andere Ansicht hat die Rechtsprechung in **Arzthaftungsfällen** verfolgt. Dort wurde zum einen dem geschädigten Patienten eingeräumt, dass er sehr umfassend über die Umstände seiner Behandlung informiert sein musste, um die Verjährung beginnen zu lassen. Die Rechtsprechung stellte darauf ab, ob der Patient als medizinischer Laie die Abweichung vom allgemein üblichen Standard erkennen konnte[1208]. Zugleich sollte aber für das Abschätzen der naturwissenschaftlichen Kausalverläufe dem Patienten nicht zugute kommen, wenn er das dazu notwendige Wissen nicht hat, da die Verjährung sonst von der kaum nachvollziehbaren intellektuellen oder emotionalen Verfassung des Gläubigers abhängen würde[1209].

In neuerer Zeit hat die Rechtsprechung allgemein gläubigerfreundlicher entschieden. So wird bei Schädigungen aufgrund komplizierter technischer Vorgänge die Kenntnis bzw. die Erkennbarkeit des Ursachenzusammenhangs davon abhängig gemacht, dass der Gläubiger aus seiner Sicht, die häufig eine Laiensicht sein wird, erkennen kann, dass übliche Schutzmaßnahmen unterlassen wurden[1210].

Man wird daher zusammenfassend sagen können, dass die Anforderungen an den jeweiligen Gläubiger von dessen allgemeiner Stellung im Rechtsverkehr abhängen. Schaltet der Gläubiger eine kompetentere Hilfsperson zur Tatsachenermittlung ein, in der Regel einen Rechtsanwalt, so gelten für diesen ggf. höhere Anforderungen. Entspricht die Hilfsperson diesen Anforderungen nicht, so begründet dies den Vorwurf grober Fahrlässigkeit, die wiederum dem Gläubiger zuzurechnen wäre[1211]. Es kann daher ggf. einen Nachteil darstellen, professionellen Rat einzuholen.

1206 HansOLG MDR 1968, 583 (584).
1207 HansOLG MDR 1968, 583f.
1208 BGH NJW 1991, 2350; 1995, 776 (777).
1209 BGH NJW 1984, 661.
1210 BGH NJW 2001, 1168 (1169).
1211 Vgl. Staudinger-Peters, § 199 Rn 57.

Innerhalb einer juristischen Person können sich unterschiedliche Anforderungen an die grob fahrlässige Unkenntnis ergeben. So kann ein Organmitglied eher grob fahrlässig handeln als ein Stellvertreter oder ein sonstiger nachgeordneter Wissensvertreter[1212].

(2) Verbraucher und Unternehmer

Für die Auslegung des § 199 Abs. 1 Nr. 2 BGB soll es nach verschiedentlich vertretenen Ansicht darauf ankommen, ob der Gläubiger ein Verbraucher (§ 13 BGB) oder ein Unternehmer (§ 14 BGB) ist[1213]. Damit könnte die im Verbraucherschutzrecht angewandte Wertung, dass ein Verbraucher eher schutzbedürftig ist als ein Unternehmer auch für das Verjährungsrecht angewandt werden[1214].

Die Differenzierung ist jedoch problematisch. Im Verbraucherschutzrecht geht es stets um die Beurteilung vertraglicher Ansprüche. Eine Einstufung in Verbraucher und Unternehmer ist daher im Grundsatz immer möglich, mag sie auch im Einzelfall schwierig sein. Bei § 199 Abs. 1 Nr. 2 BGB dagegen kann der Anspruch, dessen Verjährungsbeginn festgestellt werden soll, aus verschiedensten Bereichen herrühren. Wird zum Beispiel ein Rechtsanwalt bei einem Unfall verletzt, so stellt sich die Frage, ob er nun als Verbraucher oder als Unternehmer eingestuft werden sollte[1215].

Noch deutlicher wird diese Problematik, wenn zum Beispiel ein Eisverkäufer durch einen Unfall verletzt wird. Ist er dann Unternehmer oder Verbraucher? Oder gelten unterschiedliche Anforderungen, wenn der Kunde sich im ungenügend gesicherten Geschäft verletzt und ihm dabei zugleich Ansprüche aus § 280 Abs. 1 S. 1 BGB und § 823 Abs. 1 BGB zustehen?

Die Einordnung als Verbraucher oder Unternehmer ist anders als die Einordnung als Kaufmann oder Nichtkaufmann, wie sie im Handelsrecht vorgenommen wird, immer auf ein bestimmtes Geschäft bezogen und dieser Bezugspunkt fehlt bei § 199 Abs. 1 Nr. 2 BGB. Alternativ könnte man jeden, der in irgendeinem

---

1212 Buck, S. 36.

1213 Heinrichs, BB 2001, 1418; Palandt-Heinrichs, § 199 Rn 36; Bamberger/Roth-Spindler, § 199 Rn 19; Erman-Schmidt-Räntsch, § 199 Rn 20; AnwK-Mansel/Stürner, § 199 Rn 52; Mansel, NJW 2002, 91; Mansel / Budzikiewicz, Rn 132 ; Däubler, NJW 2001, 3730 Fn 12; Krämer, ZGS 2003, 381; Conradi, S. 38.

1214 Vgl. Heinrichs, BB 2001, 1418; kritisch zu diesem Ansatz bereits Eidenmüller, S. 407, der diese Aussage für weder deskriptiv zutreffend noch normativ angemessen hält.

1215 Vgl. schon vgl. Peters/Zimmermann, S. 290, die eine Differenzierung für gesetzliche Ansprüche ablehnen.

Zusammenhang Unternehmer ist, immer als Unternehmer einstufen. Das wäre zwar eine einfache, aber wenig sinnvolle und kaum gerechte Regelung. Auch die Einteilung danach, ob der Anspruch die unternehmerische Tätigkeit betrifft oder nicht wird in vielen Fällen nicht sicher durchführbar sein.

Die Unterscheidung kann daher wenn überhaupt, dann nur für vertragliche Ansprüche eine Bedeutung haben[1216]. Dadurch wird aber, wie oben dargestellt, ihr Anwendungsbereich sehr klein. Einen größeren Erkenntnisgewinn für die Entscheidung von Einzelfällen gewinnt man durch sie ebenfalls nicht. Aus ihr würde nur folgen, dass Unternehmer tendenziell größere Anstrengungen unternehmen müssten als Verbraucher. Eine quantitative Aussage lässt sich daraus nicht gewinnen, weswegen man das Kriterium allenfalls als Anhaltspunkt verwenden kann. Letztlich kommt es auf den Einzelfall an, für den die Unterscheidung aber keine Hilfe liefert. Man sollte dieses Kriterium daher verwerfen.

(3) Stellung einer juristischen Person

Für eine juristische Person müssen gewisse typisierte Maßstäbe gelten. Es kann nicht darauf ankommen, welche Stellung die Personen, die "hinter" der juristischen Person stehen, haben. Dadurch wird man an alle juristischen Personen im Grundsatz identische Anforderungen stellen müssen. Unterschiede können sich allerdings aus dem unterschiedlichen Zweck der juristischen Person ergeben.

So kann von einer GmbH oder Aktiengesellschaft ein bestimmtes Maß an Organisiertheit verlangt werden. Dies kann gerade bei Kleinunternehmen, hinter denen faktisch nur der Alleingesellschafter als Geschäftsführer und einziger Mitarbeiter steht Schwierigkeiten machen. Häufig ist die Frage, ob eine natürliche Person oder eine juristische Person Gläubiger eines Anspruchs ist, eher zufälliger Natur.

Beispiel: Der Tischlermeister T wickelt seine Geschäfte über eine GmbH ab, deren einziger Gesellschafter er selbst ist.

In solchen Fällen gelten die allgemeinen Maßstäbe für juristische Personen. Wer sich also für seine geschäftlichen Tätigkeiten einer juristischen Person bedient und deren Vorteile genießt, muss auch die Nachteile ertragen und verjährungsrechtlich ggf. die über seine persönlichen Fähigkeiten hinausgehenden Anforderungen gegen sich gelten lassen. Dies entspricht einer auch im Handelsrecht üblichen Wertung, die juristischen Personen des Privatrechts als Handelsgesellschaften den strengeren Regelungen des Handelsrechts zu unterwerfen.

1216 In diesem Sinne Zimmermann, JZ 2000, 858.

bb) Konkrete Verfassung des Gläubigers

Auch die konkrete Verfassung des Gläubigers kann sich darauf auswirken, ob ein Verhalten als grob fahrlässig einzustufen ist oder nicht.

Bei Schwerverletztem ist Erkundigung nach Personalien des Unfallgegners nicht zumutbar. Die unterlassene Nachfrage würde daher keine grobe Fahrlässigkeit bewirken[1217].

Außerdem muss der Gläubiger in der Lage sein, den Vorgang zu erfassen und zu überdenken. Hieran kann es bei einer schweren Gehirnerschütterung oder ähnlichen Verletzungen fehlen. Dazu ist nicht erforderlich, dass der Gläubiger bewusstlos ist[1218].

Dass eine solche Störung vorlag, ist allerdings vom Gläubiger zu beweisen[1219]. Durch die neuerdings eingeführte Jahresendverjährung wird ein Krankheitszustand von wenigen Tagen aber in den allermeisten Fällen keine Auswirkungen auf den Verjährungsbeginn haben. Nur dann, wenn die vorübergehende Hinderung gerade über den Jahreswechsel besteht, verlängert sich die Verjährung effektiv um ein Jahr.

Mit der Berücksichtigung der konkreten Verfassung des Gläubigers wird kein subjektives Kriterium der groben Fahrlässigkeit eingeführt. Es handelt sich vielmehr um ein objektives Kriterium. Es würde nämlich für jeden Gläubiger in dieser konkreten Lage gelten. Auf die individuellen Fähigkeiten des Gläubigers kommt es damit nicht an.

b) Umstände betreffend den Anspruch

In diesem Abschnitt wird untersucht, welchen Einfluss die jeweilige Forderung auf die Anforderungen an den Gläubiger hat. Unterschiede können sich ergeben, je nachdem wie wahrscheinlich das Bestehen der Forderung ist, wo die Forderung herrührt und welche Höhe sie hat.

aa) Wahrscheinlichkeit für das Bestehen des Anspruches

Die erste Frage ist daher, ob sich die Wahrscheinlichkeit für das Bestehen der Forderung auf die an den Gläubiger zu stellenden Anforderungen auswirkt.

Wenn eine Forderung höchstwahrscheinlich besteht, ist man geneigt dem Gläubiger größere Anstrengungen zuzumuten als bei einer nur entfernt möglic-

---

1217 BGH VersR 1960, 1142 (1143).

1218 BGH VersR 1959, 445 (447); 1960, 630 (631), 1961, 701 (702); 1961, 886 (887); 1964, 302.

1219 BayObLG MDR 1968, 149f.

hen Forderung. Dies deckt sich mit der Überlegung, dass konkrete Anhaltspunkte für das Bestehen der Forderung gegeben sein müssen.

Wenn schon etliche Informationen vorhanden sind, die auf das Bestehen der Forderung hinweisen und es nur noch einer einfachen Nachfrage bedarf, um die Kenntnis zu erlangen, so muss Nachfrage durchgeführt werden[1220].

Hintergrund dieser Überlegungen ist die ökonomische Analyse des Zivilrechts. Wenn das Bestehen einer Forderung sehr wahrscheinlich ist, dann ist es dem Gläubiger eher zuzumuten, für die Aufklärung Kosten und Mühen zu opfern, als wenn der Erfolg eher fernliegend ist.

Für eine höchstwahrscheinlich bestehende Forderung wird man daher mehr Einsatz verlangen können als für eine nur entfernt mögliche.

bb) Herkunft der Forderung

(1) Art der Anspruchsgrundlage

Die Natur des Anspruches ist im Allgemeinen eine wesentliche Grundlage für die Bemessung einer angemessenen Verjährungsfrist[1221]. Dies gilt jedenfalls dann, wenn die Verjährungsfrist nach objektiven Kriterien bemessen wird. Dann muss die Frist berücksichtigen, wann typischerweise Kenntnis gegeben ist.

Bei der Regelverjährung nach neuem Recht wird die effektive Länge der Verjährungsfrist wesentlich dadurch gesteuert, wann die Verjährung beginnt. Es ist daher im Grundsatz möglich, Differenzierungen nach verschiedenen Anspruchsgrundlagen dadurch herbeizuführen, dass die Maßstäbe für die Annahme grobfahrlässiger Unkenntnis je nach Anspruchsgrundlage unterschiedlich gehandhabt werden.

Hierzu bieten sich gröbere oder feinere Differenzierungen an, z.B. danach, ob es sich um einen vertraglichen oder gesetzlichen Anspruch oder um einen Anspruch aus unerlaubter Handlung handelt. Im Folgenden soll untersucht werden, ob derartige Differenzierungen in sinnvolles Auslegungskriterium sind.

(a) Vertragliche und gesetzliche Ansprüche

Es wurde vereinzelt gefordert, die Anforderungen an den Gläubiger je nachdem ob der Anspruch vertraglicher oder gesetzlicher Art ist anzupassen[1222]. Diese

---

1220 Schlegelmilch-Hübinger, S. 273.

1221 Vgl. Spiro, S. 610.

1222 MüKo-Grothe, § 199 Rn 28; Bamberger/Roth-Spindler, § 199 Rn 37; unentschlossen Erman-Schmidt-Räntsch, § 199 Rn 14 einerseits, Rn 20 andererseits.

Forderung geht bereits den Reformvorschlag von *Peters/Zimmermann*[1223] zurück.

Dies erscheint aber als problematisch. Aus der Herkunft der Forderung lassen sich keine Rückschlüsse auf die leichtere Erkennbarkeit oder Vermeidbarkeit eines Sorgfaltsverstoßes ziehen. Damit ist auch der Schluss auf eine erhöhte Fahrlässigkeit nicht möglich. Insoweit kann auf die obigen Ausführungen[1224] verwiesen werden. Dort wurde bereits festgestellt, dass es keinen Grundsatz gibt, wonach z.B. deliktische oder gesetzliche Ansprüche prinzipiell leichter erkennbar seien als andere Ansprüche.

Außerdem droht bei dieser Unterscheidung die Gefahr, eine Abgrenzung zwischen gesetzlichen und vertraglichen Ansprüchen vornehmen zu müssen, die zum einen unnötige Schwierigkeiten machen kann und zum anderen zu willkürlichen Ergebnissen führen würde[1225]. Dadurch würden außerdem die Abgrenzungsprobleme des objektiven Verjährungssystems "durch die Hintertür" wieder eingeführt werden[1226].

Es ergäben sich auch praktische Schwierigkeiten. Hängt nämlich die Entscheidung einer Verjährungsfrage davon ab, wie bestimmte Details des Sachverhalts beschaffen sind, so müssen diese Details vom Gericht aufgeklärt werden, bevor über das Vorliegen der Verjährungsvoraussetzungen entschieden werden könnte[1227]. Damit ginge der von der Verjährung an sich angestrebte Entlastungseffekt weitgehend verloren.

Auch der Primärzweck der Verjährung, den Schuldner zu schützen, wird dadurch gefährdet. Er müsste sonst nämlich zur Vermeidung von Nachteilen dazu Stellung nehmen, welcher Art der Anspruch wäre und dabei können ihn wieder Beweisprobleme treffen.

Die Abgrenzung zwischen vertraglichen und gesetzlichen Ansprüchen ist auch nicht immer einfach vorzunehmen, häufig gehen solche Ansprüche miteinander einher, z.B. bei Ansprüchen aus Nebenpflichtverletzungen und aus unerlaubter Handlung. Würde man unterschiedliche Maßstäbe anwenden, so droht wegen desselben Ereignisses eine ungewünschte Aufspaltung der Verjährung[1228]. Das vielfach kritisierte Ausweichen auf andere Anspruchsgrundlagen würde wieder gefördert werden.

1223 S. 306.

1224 S. 75.

1225 Vgl. insofern die Kritik von Heinrichs, Karlsr. Forum 1991, 4 am alten Verjährungssystem; BT- Drucks 14/6040 S. 90; ähnlich Rolland, NJW 1992, 2383.

1226 Unterrieder, S. 273.

1227 Vgl. Peters/Zimmermann, S. 194; Rolland, NJW 1992, 2383.

1228 Von Bar / Zimmermann, S. 746.

Die Abgrenzung kann auch zu zufälligen Ergebnissen führen. So kann die Rückabwicklung des Vertrages bei nur geringfügiger Änderung des Sachverhaltes nach §§ 346ff BGB oder nach §§ 812ff BGB erfolgen. Würde man eine starre Abgrenzung zwischen vertraglichen und gesetzlichen Ansprüchen vornehmen, so wären die Ergebnisse zufällig.

Zuletzt erscheint es bedenklich und mit deutscher Rechtstradition unvereinbar, der Rechtsprechung einen so weit reichenden Gestaltungsspielraum einzuräumen[1229].

Ob ein Anspruch vertraglicher oder gesetzlicher Art ist, ist daher kein entscheidungserhebliches Kriterium.

(b) Besonderheiten bei unerlaubten Handlungen

Bei unerlaubten Handlungen ist der Schuldner tendenziell weniger schutzwürdig als bei anderen Ansprüchen. Es wurde daher bereits in Frage gestellt, ob diese veränderte Schutzwürdigkeit die Benutzung des Begriffes "grobe Fahrlässigkeit" für diesen Bereich angemessen ist. Tatsächlich geht damit im Grundsatz eine Besserstellung des Deliktsschuldners gegenüber § 852 Abs. 1 BGB a.F. einher[1230].

Hierzu sind folgende Überlegungen anzustellen: Zunächst soll die Verjährung als ein formales Prinzip jeden Schuldner schützen. Auch der schlimmste Verbrecher kann sich auf die Verjährung berufen. Es ist also zunächst kein Widerspruch, für unerlaubte Handlungen eine identische Verjährung vorzusehen wie für andere Ansprüche.

Eine weitere Überlegung hierzu muss sein, dass unerlaubte Handlungen und andere Ansprüche häufig in einem kaum lösbaren Zusammenhang stehen. Durch die freie Anspruchskonkurrenz bestehen sie häufig wegen desselben Sachverhaltes nebeneinander. Wollte man nun für die verschiedenen Ansprüche unterschiedliche Maßstäbe für die Bejahung grober Fahrlässigkeit annehmen, so würde man dadurch Abgrenzungsprobleme schaffen, die eine einheitliche Verjährungsregelung gerade vermeiden will.

Weiter ist zu bedenken, dass die Wertung, wonach eine unerlaubte Handlung mit einem stärkeren Vorwurf gegen den Schuldner verbunden ist nur bei einigen Fällen besteht. Sofern die unerlaubte Handlung in einer Tat besteht, die zugleich ein strafrechtliches relevantes Unrecht enthält oder die jedenfalls vorsätzlich erfolgt ist, ist der Zusammenhang noch nachvollziehbar. Bei anderen Taten, insbesondere bei fahrlässigen Taten relativiert sich der Unterschied zu anderen An-

---

1229 Piekenbrock, S. 327.

1230 Elb, S. 24 Fn 5.

spruchsgrundlagen. So wird man bei fahrlässigen Verstößen gegen Schutzrechte nicht zwingend eine gesteigerte Unrechtsintensität gegenüber einem sonstigen zivilrechtlichen Anspruch feststellen können.

Zuletzt ist zu bedenken, dass das Verjährungsrecht keine Straffunktion haben soll. Würde man aber bei Ansprüchen aus unerlaubter Handlung andere Maßstäbe anlegen als sonst, würde man genau diese Straffunktion herbeiführen.

Eine denkbare Konsequenz eines Anspruches aus einer mit einem Unwerturteil verbundenen strafbaren Handlung wird man aber ziehen können: Dem Opfer einer solchen Tat wird man nicht zumuten können, seinen Schädiger oder dessen Umfeld um Auskunft zu ersuchen. Diese Einschränkung wird aber ohnehin selten relevant sein, da von dort kaum mit Auskunft gerechnet werden kann, so dass derartige Nachfragen ohnehin nicht veranlasst sind.

(c) Ergebnis

Die bisher vorgeschlagenen Differenzierungen haben sich als nicht tragfähige Kriterien erwiesen. Die Notwendigkeit, zwischen verschiedenen Ansprüchen zu unterscheiden bringt die Probleme des alten Rechts mit seinen je nach Anspruchsgrundlage unterschiedlichen Verjährungsfristen zurück. Außerdem drohen kaum lösbare Abgrenzungsprobleme.

Es ist aber auch kein Bedürfnis ersichtlich, unterschiedliche Maßstäbe für verschiedene Anspruchsarten zu entwickeln. Ein einheitlicher Maßstab der groben Fahrlässigkeit führt in allen Fällen zu befriedigenden Ergebnissen.

Richtig scheint daher, aus der formalen Grundlage eines Anspruches keine Konsequenzen für den Sorgfaltsmaßstab des Gläubigers zu ziehen. Diese Überlegungen sprechen auch dagegen, die Art des Anspruches überhaupt als bedeutsam für den Sorgfaltsmaßstab anzuwenden. Stets droht nämlich die Gefahr, die nach altem Recht problematischen Abgrenzungen letztlich doch wieder durchführen zu müssen[1231].

(2) Abtretung und andere abgeleitete Forderungen

Fälle der Rechtsnachfolge spielen im Verjährungsrecht relativ häufig eine Rolle. Zumeist geht es dabei um den gesetzlichen Anspruchsübergang auf Sozialversicherungsträger oder auf private Versicherungen. Bei allen Übergängen gilt grundsätzlich, dass die schon laufende Verjährung mit der Abtretung der Forderung übergeht. Läuft die Verjährung noch nicht, so kommt es ab dem Übergang

1231 Unterrieder, S. 272.

auf die Kenntnis oder grobfahrlässige Unkenntnis des Neugläubigers an[1232]. Auf die Einzelheiten wird sogleich näher eingegangen.

Insgesamt galt die bisherige Entwicklung als problematisch und es war angeregt worden, dass der Gesetzgeber sich mit diesen Fragen im Rahmen der Gesetzesbegründung beschäftigt[1233]. Diese Anregung ist jedoch nicht aufgegriffen worden.

Für das Merkmal der grobfahrlässigen Unkenntnis stellt sich die Frage, ob eine durch Zession erworbene Forderung eine besondere Obliegenheit begründet, beim Altgläubiger Informationen zu beschaffen. Mit einer solchen Obliegenheit könnten die bisher bestehenden Unbilligkeiten behoben werden.

(a) Cessio legis

Eine erhebliche verjährungsrechtliche Bedeutung hat der Anspruchserwerb durch Legalzession. Er spielt immer dann eine große Rolle, wenn eine private oder staatliche Stelle Ersatzleistungen erbringt und dafür als Ausgleich die Ansprüche gegen einen Schädiger abgetreten bekommt.

In solchen Fällen gilt zunächst, dass der Anspruch gegen den Schädiger zunächst beim Anspruchsinhaber selbst entsteht. Es kommt daher im Grundsatz zunächst auf seine Kenntnis an[1234]. Erfolgt nun der Forderungsübergang, so geht die schon laufende Verjährung nach §§ 404, 412 BGB mit über[1235]. Dies gilt aber nur, wenn Anspruch schon entstanden ist. Dieser Grundsatz galt schon für § 852 Abs. 1 BGB a.F. [1236] und folgt bei § 199 Abs. 1 BGB aus dessen Nr. 1.

Hat die Verjährung bei Anspruchsübergang noch nicht begonnen, so kommt es ab dem Rechtsübergang nur noch auf die Kenntnis des neuen Gläubigers an[1237]. In diesem Fall ist es unerheblich, ob der Zedent später Kenntnisse erlangt, die den Verjährungsbeginn begründen würden.

Durch eine teilweise erfolgte Legalzession kann es somit zu einer unterschiedlichen Verjährung der Forderung kommen, wenn der Gläubiger des einen und der Gläubiger des anderen Teils zu unterschiedlichen Zeitpunkten Kenntnis erlangen[1238].

1232 Vgl. Staudinger-Peters, § 199 Rn 42.

1233 Ahrens, Diskussionsbeitrag, JZ 2001, 561.

1234 BGHZ 48, 181 (183); BGH VersR 1961, 910.

1235 So schon RGZ 152, 113 (117); BGHZ 48, 181 (183); MüKo-Grothe, § 199 Rn 34 m.w.N.; Lepa, VersR 1986, 302.

1236 BGH NJW 1991, 1172 (1173) mit weiteren Nachweisen.

1237 BGHZ 48, 181 (183) hierzu Anmerkung Arndt bei LM Nr. 54 zu § 1542 RVO; BGH NJW 1982, 1761; OLG Braunschweig VersR 1977, 450 m.w.N..

1238 MüKo-Grothe, § 199 Rn 34.

(aa) Späterer Übergang

Die soeben vorgestellte Grundregel kommt für Privatversicherungen und Entgeltfortzahlungsansprüche[1239] ohne weitere Modifikationen zur Anwendung.

Erleidet ein Privatversicherter einen Schaden, so geht ein Ersatzanspruch gegen einen Schädiger erst dann auf die Versicherung über, wenn diese dem Versicherten Ersatz geleistet hat (§ 67 VVG)[1240]. Hat der Versicherte in der Zwischenzeit Erkenntnisse gewonnen oder hätte er sie gewinnen müssen, so geht die Forderung mit schon laufender Verjährung über[1241].

Auf die Kenntnis oder grobfahrlässige Unkenntnis des Versicherers kommt es daher nur dann an, wenn der Versicherte vorher den Verjährungsbeginn nicht ausgelöst hat[1242]. Ein Privatversicherer wird seine Leistung daher in der Regel von einer detaillierten Schadensmeldung abhängig machen[1243]. Die Schadensmeldung verschafft ihm in der Regel die Kenntnisse, die zur Anspruchsverfolgung notwendig sind.

Wird ein Arbeitnehmer ohne sein Verschulden arbeitsunfähig und steht ihm deswegen aufgrund gesetzlicher Vorschriften ein Schadensersatzanspruch gegen einen Dritten zu, so geht dieser Anspruch auf den Arbeitgeber über, wenn dieser ihm Entgeltfortzahlung gewährt (§ 6 Abs. 1 EFZG)[1244]. Der Übergang erfolgt also nicht schon mit der Schädigung selbst, sondern erst wenn tatsächlich Leistungen erfolgt sind. Dementsprechend wird in vielen Fällen der Schadensersatzanspruch mit schon laufender Verjährung übergehen.

Der Arbeitgeber wird daher in den meisten Fällen einen Anspruch mit schon laufender Verjährung erhalten. Auf seine eigene Kenntnis kommt es dann nicht mehr an. Er wird zur Durchsetzung der Ansprüche Auskünfte des Arbeitnehmers einholen. Dieser ist nach § 6 Abs. 2 EFZG zur Auskunftserteilung verpflichtet. Für die Verjährung ist dies aber aus oben genannten Gründen irrelevant. Anders verhält es sich, wenn der Arbeitnehmer zunächst keine Kenntnis erlangt hat. In diesem Fall erwirbt der Arbeitgeber den Anspruch ohne laufende Verjährung. Der Arbeitnehmer ist auch in diesem Fall nach § 6 Abs. 2 EFZG zur Auskunftserteilung verpflichtet. Der Arbeitgeber handelt aber grob fahrlässig, wenn er es unterlässt, bei seinem Arbeitnehmer nach den relevanten Umständen nachzufragen. Ob er zu einer weiteren Nachfrage zu einem späteren Zeitpunkt verpflichtet

1239 OLG Koblenz, VersR 1981, 465.

1240 BGHZ 38, 385 (389); BGH VersR 1966, 330; LG Frankenthal VersR 1979, 809.

1241 BGH VersR 1967, 974; BGH NJW-RR 1990, 343.

1242 MüKo-Grothe, § 199 Rn 36.

1243 BGH NJW 1963, 490.

1244 Müller, VersR 1998, 139

ist, wird an anderer Stelle erörtert. Auch wird man vom Arbeitgeber nicht verlangen, dass er gegen einen nicht auskunftswilligen Arbeitnehmer den Auskunftsanspruch zwangsweise durchsetzt, da dies mit erheblichen Kosten und Mühen verbunden ist.

(bb) Sofortiger Übergang

In zahlreichen Fällen sieht die Rechtsordnung vor, dass die Ersatzansprüche einer geschädigten Person auf einen öffentlich-rechtlichen Träger übergehen.

Die wichtigsten Fälle sind:

- § 116 SGB X[1245]
- § 87a BBG[1246]
- § 5 OEG[1247]
- 52 BRRG
- 30 Abs. 3 SoldG
- 81a BeamtVG

Der Übergang ist ein Ausgleich dafür, dass der öffentliche Träger der verletzten Person Hilfeleistungen erbringt. Der Zeitpunkt des Anspruchsüberganges ist in § 116 SGB X und auch in allen anderen Übergangsnormen nicht unmittelbar geregelt, doch folgt aus dem Zweck des gesetzlichen Anspruchsübergangs auf den Versicherungsträger, dass der Übergang so schnell wie möglich erfolgen muss, um eine Verfügung des Geschädigten über diesen Anspruch zu verhindern[1248].

In den eben genannten Fällen vollzieht sich entgegen der oben ausgeführten Grundregel der Anspruchsübergang sofort im Zeitpunkt der Schädigung **innerhalb einer sog. "juristischen Sekunde"**[1249], also bei Entstehung des Anspruches, wodurch es auf die Kenntnis des ursprünglich Geschädigten nicht ankommt[1250].

1245 Früher § 1542 RVO und § 90a BSHG.

1246 Dazu OLG Frankfurt/Main, VersR 1982, 1148 (1149).

1247 Dazu Steyer, MDR 1995, 1093 mit abweichender Ansicht zum zeitpunkt des Anspruchsübergangs.

1248 Krauskopf/Marburger, S. 78f; vgl. Scheithauer-Prase, DAngVers 1987, Rn 471.

1249 Zur Herkunft des Begriffes der juristischen Sekunde vgl. Wiacker, Die juristische Sekunde, in: FS für Wolf, S. 421ff.

1250 MüKo-Grothe, § 199 Rn 35 mit Nachweisen; Palandt-Heinrichs, § 199 Rn 25; RGRK-Kreft, § 852 Rn 39 mit Nachweisen zur älteren Rechtsprechung; Krauskopf/Marburger, S. 82; Müller, VersR 1998, 139.

Dabei wurde zeitweise die Auffassung vertreten, diese juristische Sekunde könne auch als ein etwas längerer Zeitraum verstanden werden[1251]. Zur juristischen Sekunde sollte auch die Situation direkt nach dem Unfallgeschehen bzw. der Schädigung zählen[1252]. Dadurch würde die im unmittelbaren Zusammenhang mit der Anspruchsentstehung erlangte Kenntnis des Altgläubigers verjährungsrechtlich relevant.

Diese Auffassung wurde aber von Anfang an bekämpft[1253]. Sie würde für den Neugläubiger zu unbilligen Belastungen führen, da er von fremder Kenntnis abhängig wäre. Der Geschädigte kann schließlich die Weitergabe seiner Kenntnisse unterlassen, z.B. um nahe Angehörige vor einem Regress zu schützen. Außerdem besteht ein wesentlicher Unterschied zwischen der vertraglichen Abtretung und der Legalzession. Bei letzterer kann der Neugläubiger seine Leistung nicht im Hinblick auf § 402 BGB bis zur Auskunftserteilung verweigern.

Der Gedanke der juristischen Sekunde wurde später vom BGH stark verengt. Zwar soll der Schadensersatzanspruch in der Person des Geschädigten entstehen und von diesem auf den Versicherungsträger übergehen, doch soll dieser Übergang sofort erfolgen. Nur so wird die gesetzliche Unfallversicherung davor geschützt, dass über den Anspruch verfügt werden kann[1254].

Ausreichend für den Übergang ist bereits, dass die entfernte Möglichkeit dafür besteht, dass der Versicherungsträger Leistungen erbringen muss[1255]. Dazu reicht auch aus, wenn solche Leistungen gegebenenfalls erst zu einem späteren Zeitpunkt erbracht werden müssen. Die Höhe der Leistungen muss nicht feststehen. Der Grund für diese Sonderregelung im Versicherungsrecht ist, dass der Versicherungsträger umfassend davor geschützt wird, dass der Geschädigte über den Schadensersatzanspruch verfügt und er so wegen des Prioritätsprinzips nicht mehr auf den Versicherungsträger übergehen kann[1256]. Diese Überlegungen gelten auch für den Sozialhilfeträger. Dort besteht zwar zunächst keine Sonderver-

---

1251 RGZ 151, 344 (346); RGZ 152, 115 (117); gegen jede Ausdehnung Meyer, VersR 1957, 762.

1252 BGH VersR 1960, 1142 (1143), wo eine noch weitergehende Ausdehnung aber abgelehnt wurde.

1253 Meyer a.a.O..

1254 BGHZ 48, 181 (190f); a.A. noch Blaesner, ZfV 1954, 631f.

1255 Vgl. zuletzt nur BGH VersR 2004, 492 (493).

1256 BGHZ 48, 181 (184ff) mit Verweisen auf ältere Rechtsprechung; 127, 120 (126) = NJW 1994, 3097; 131, 274 (279ff) = NJW 1996, 726; 133, 129 (134ff); BGHZ 133, 192 (197).

bindung zwischen ihm und dem Opfer, doch wird dieses dadurch ersetzt, dass mit der Inanspruchnahme von Sozialleistungen gerechnet werden muss[1257].

Spätere Kenntnis des Geschädigten wirkt nicht mehr gegen den neuen Anspruchsinhaber, da der Geschädigte zu diesem Zeitpunkt nicht mehr Gläubiger des Anspruches ist. Etwas anderes gilt nur, wenn das Sozialversicherungsverhältnis erst nach dem Schadensereignis entsteht. Der Sozialversicherungsträger muss sich dann die schon laufende Verjährung entgegenhalten lassen[1258].

Einen ähnlichen Sonderfall stellt es dar, wenn eine gesetzliche Rückgriffsmöglichkeit erst nach der Schädigung eingeführt wird. In dieser Konstellation wird man einen Schaden des Primärgeschädigten daraus herleiten, dass andernfalls kein Anspruch auf den neuen Anspruchsinhaber übergehen könnte. Auch in diesem seltenen Fall soll die Verjährung daher frühestens mit der Schaffung der Übergangsnorm beginnen[1259].

Aber auch dann, wenn die Leistungspflicht im Zeitpunkt der Schädigung nicht einmal voraussehbar war, kommt es erst später zum Anspruchsübergang[1260].

Geht der Anspruch später auf einen anderen Versicherungsträger über, z.B. aufgrund eines Zuständigkeitswechsels, so muss der neue Anspruchsinhaber die schon laufende Verjährung gegen sich gelten lassen[1261]. Für den Verjährungsbeginn kommt es in diesem Fall auf die Kenntnis des ersten Versicherungsträgers an[1262].

Es lässt sich daher festhalten, dass bei einem späteren Übergang der neue Gläubiger sich die Kenntnis des Altgläubigers entgegenhalten muss, indem er eine Forderung mit schon laufender Verjährung erwirbt[1263]. Dies entspricht wiederum der oben aufgestellten allgemeinen Grundregel.

Bei teilweisem Anspruchsübergang hemmt eine spätere Feststellungsklage des Geschädigten gegen den Schädiger nicht mehr die Verjährung gegenüber dem Versicherungsträger[1264].

Die Ansprüche gehen nur insoweit über, in denen ihnen kongruente Leistungen gegenüberstehen. Ansprüche wegen Erwerbsunfähigkeit gehen daher sogleich auf die Rentenversicherung über und nicht erst auf die Krankenversiche-

---

1257 Vgl. dazu die Anmerkung Rittweger zu BGH LM § 852 Nr. 136 Bl.5 und 6.

1258 BGH VersR 1966, 111; 1984, 136 (137); Schlegelmilch-Hübinger, S. 277.

1259 BGH NJW 1965, 908f.

1260 MüKo-Grothe, § 199 Rn 35 m.w.N..

1261 BGH VersR 1958, 153; 1982, 546 (547); MüKo-Grothe, § 199 Rn 36 m.w.N..

1262 BGH VersR 1967, 974; 1973, 371.

1263 BGH NJW 1992, 1912 (Sozialversicherungsträger); BGH LM RVO § 1542 Nr. 23 (Versicherer); BGH NJW 1965, 90 (Dienstherr).

1264 Vgl. BGH VersR 1965, 610.

rung. Das hat zur Folge, dass Kenntnis durch die Krankenkasse sich nicht auf die Verjährung auswirkt[1265].

(cc) Konsequenzen

Die soeben durchgeführten Überlegungen haben ergeben, dass ein Neugläubiger sich in vielen Fällen die Kenntnis des Altgläubigers nicht zurechnen lassen muss. Dennoch ist es für ihn als jemandem, der über die Entstehung des Anspruches häufig nicht ausreichend informiert ist, nahe liegend, dass seine Kenntnisse unvollständig sein können. Zugleich besteht in fast allen Fällen die Möglichkeit, beim früheren Anspruchsinhaber nach dessen Kenntnisstand nachzufragen.

Der Versicherungsträger kann sich im Regelfall die Kenntnisse des Geschädigten durch einfache Nachfrage bei diesem verschaffen. Die Nachfrage verursacht nur ganz geringe Mühen und nur geringe Kosten. Sie kann im Regelfall formularmäßig erfolgen und ist bei privaten Versicherungsgesellschaften in Form der Schadensmeldung üblich[1266]. Der Privatversicherer wird in der Regel seine Leistung von der Schadensmeldung abhängig machen. Auch wenn der Sozialversicherungsträger diese Möglichkeit nicht hat, kann er die Nachfrage dennoch versuchen. In den weitaus meisten Fällen wird der Versicherte ohne große Probleme die erforderlichen Angaben machen. Es erscheint unter diesem Gesichtspunkt als angemessen, die Versäumung einer solchen Möglichkeit als grobfahrlässig einzustufen.

Diese Überlegung entspricht auch der Rechtsprechung zu den Gutglaubensvorschriften. Auch dort kann sich auch ohne konkrete Anhaltspunkte aus einer verkehrstypischen Gefahrenlage eine Nachforschungspflicht ergeben[1267]. Eine solche Gefahrenlage kann man bei den Versicherungsträgern ebenfalls bejahen.

Der Bundesgerichtshof hat unter der Geltung des § 852 Abs. 1 BGB a.F. auch ausgesprochen, dass derjenige, auf den ein Anspruch übergegangen ist, eine Nachfrage nach dem Kennzeichen eines unfallverursachenden Kraftfahrzeuges[1268] beim Geschädigten versuchen muss und außerdem die polizeilichen Vorgänge über die Unfallaufnahme einzusehen hat[1269], wenn Anhaltspunkte für Tatsachen vorliegen, die auf die Person des Schuldners hinweisen. Der Dienstherr eines verletzten Beamten sollte verpflichtet sein, bei diesem nach der Ursa-

---

[1265] BGH NJW 1983, 1912 (1913) = BGH VersR 1983, 536.

[1266] Vgl. BGH NJW 1963, 490.

[1267] Vgl. Riedhammer, S. 76f unter Verweis auf BGHZ 77, 274 (277), BGH NJW 1992, 310 und BGH NJW 1994, 2022 (2023); Buck, S. 45 m.w.N..

[1268] OLG Frankfurt VersR 1982, 1148 (1149).

[1269] BGH VersR 1976, 147 (148).

che der Verletzung nachzufragen[1270]. Sofern dies gesetzlich möglich ist, sollte die Leistungserbringung bis zur Erteilung der Auskünfte verweigert werden. Hinzu kommt, dass Sozialversicherungsträger, private Versicherungsgesellschaften und auch sonstige öffentlich-rechtliche Organisationseinheiten geschäftlich erfahren sind und dass daher an sie ohnehin höhere Anforderungen zu stellen sind. Eine unterlassene Nachfrage wird daher in den oben geschilderten Zessionsfällen verhältnismäßig leicht den Vorwurf grober Fahrlässigkeit begründen können[1271].

(b) Erbschaft

Bei der Erbschaft kommt es, sofern nicht bereits die Kenntnis oder grobfahrlässige Unkenntnis des Erblassers den Verjährungsbeginn ausgelöst hat, auf die Kenntnis aller Erben an. Dies ist die Konsequenz daraus, dass die Erben auch nur gemeinsam die Klage erheben können (§ 2040 BGB). Irrelevant soll es dagegen sein, dass auch ein einzelner Erbe die Klage erheben kann, sofern er nur Leistung an alle Erben verlangt (§ 2039 BGB). Die Verjährung gegenüber der Gesamthand soll dadurch nicht beeinflusst werden[1272]. Die Erben sind Gesamthandsgläubiger und keine Gesamtgläubiger, da nicht jeder Gläubiger voll forderungsbedürftig ist sondern nur Leistung an die Erbengemeinschaft verlangen kann[1273], so dass eine Einzelwirkung nach §§ 429 Abs. 3, 425 Abs. 2 BGB nicht in Betracht kommt.

Man wird aber relativ leicht grobe Fahrlässigkeit derjenigen Erben, die keine Kenntnis erlangt haben, annehmen können, wenn sie es trotz gewisser Anhaltspunkte unterlassen, bei den anderen Miterben nach deren Kenntnissen zu fragen. Anders als bei sonstigen Gläubigern haben Miterben in der Regel ein gleichgerichtetes Interesse, die zur Erbschaft gehörenden Ansprüche aufzuklären und durchzusetzen. Die Situation ist insoweit ähnlich wie bei den sonstigen Fällen einer Legalzession mit dem Unterschied, dass die Nachfrage nicht beim Altgläubiger sondern beim Mitgläubiger vorgenommen werden muss.

1270 BGH VersR 1976, 147 (148).

1271 Staudinger-Peters, § 199 Rn 54.

1272 OLG Celle NJW 1964, 869 m.w.N. = OLG Celle BB 1964, 1320 ; MüKo-Grothe, § 199 Rn 34; Palandt-Heinrichs, § 199 Rn 25.

1273 MüKo-Bydlinski, § 428 Rn 3.

(c) Rechtsgeschäftliche Abtretung

Bein einer rechtsgeschäftlichen Abtretung geht die schon laufende Verjährung nach § 404 BGB mit über[1274]. Der Neugläubiger muss sich daher die schon laufende Verjährung entgegenhalten lassen. Läuft die Verjährung noch nicht, so kommt es ab dem Übergang auf die Kenntnis des Neugläubigers an. Man muss daher zunächst fragen, ob der Altgläubiger bereits die Verjährung durch Kenntnis oder grobfahrlässige Unkenntnis in Lauf gesetzt hat. Sofern das nicht der Fall ist, sind die Kenntnis oder Unkenntnis des Neugläubigers ab der Abtretung relevant[1275].

Praktisch sind nur wenige, dafür aber sehr wichtige Konstellationen denkbar, in denen rechtsgeschäftlich eine Forderung abgetreten wird, die nicht bekannt ist. Dies ist zum einen der Verkauf von Sachgesamtheiten, bei denen unter anderem auch alle damit zusammenhängenden Forderungen abgetreten werden, ohne diese näher zu spezifizieren. Der praktisch wichtigste Fall dürfte der Kauf eines Unternehmens sein. Ein weiterer praktisch bedeutsamer Fall ist die Abtretung von allen Ansprüchen, die aus einem bestimmten Geschehen herrühren, z.B. aus einem bestimmten Unfall. Zuletzt ist die für das Kreditsicherheitenrecht bedeutsame Globalzession zu nennen, also die Abtretung aller Ansprüche. In allen Fällen ist durch Auslegung zu ermitteln, ob auch unbekannte Ansprüche abgetreten werden sollten. Beim Unternehmenskauf und bei den Ansprüchen aus einem Unfall spricht das Interesse der Beteiligten eher dafür, bei der Globalzession wird man dies eher verneinen müssen.

Für den Neugläubiger kann sich dann, wenn er gewisse Anhaltspunkte für das Bestehen einer ihm mit abgetreten aber bisher unbekannten Forderung ergeben, eine Obliegenheit ergeben, den Altgläubiger nach dessen Kenntnissen vor bzw. nach der Abtretung zu befragen und ausgehend davon ggf. weitere Ermittlungen anzustellen. Man wird die Anforderungen in solchen Fällen aber nicht überziehen dürfen. Der Altgläubiger ist jedenfalls nach § 402 BGB verpflichtet, dem Neugläubiger die erforderlichen Auskünfte zu erteilen.

[1274] Vgl. BGH NJW 1990, 2808 (2809); BGH 1996, 117 (118); BGH NJW-RR 2001, 1168 (1169).

[1275] Vgl. OLG Düsseldorf, VersR 1999, 893.

(d) Andere abgeleitete Forderungen

Neben den durch Abtretung übergeleiteten Forderungen gibt es auch andere, die in gewisser Weise durch einen anderen hindurch abgeleitet sind. Dabei ist an die Ansprüche aus §§ 844f BGB zu denken. Bei ihnen steht der Anspruch einem nicht durch die unerlaubte Handlung geschädigten Dritten zu. Dieser erhält einen eigenen Anspruch gegen den Schädiger. Jedenfalls im Fall des § 845 BGB wird man von dem Anspruchsinhaber grundsätzlich verlangen können, dass er beim Primärgeschädigten nach den relevanten Tatsachen nachfragt. Größere Probleme dürfte es in dieser Fallgruppe nicht geben, da diese beiden Personen in aller Regel in einem Lager stehen und die benötigten Informationen austauschen werden.

(3) Besondere Haftungsgründe

Eine Anknüpfung an bestimmte Haftungstatbestände als Maßstab grober Fahrlässigkeit wurde bereits abgelehnt. Es haben sich aber gewisse Bereiche herauskristallisiert, in denen die Anwendung des allgemeinen Maßstabes sich als zu streng oder zu milde erweisen könnte. Für diese Bereiche wird man für alle insoweit relevanten Anspruchsgrundlagen Modifikationen vornehmen müssen.

(a) Amtshaftungsrecht

Im Amtshaftungsrecht ist die Inanspruchnahme des Staates oder eines Notars in der Regel davon abhängig, dass nicht in anderer Weise Ersatz erlangt werden kann. Wie oben dargestellt, sind die Anforderungen an den Gläubiger relativ hoch. Er muss vorhandenen Anhaltspunkte überprüfen und darüber hinaus sogar im Klageweg die Realisierbarkeit von Ansprüchen gegen Dritte überprüfen[1276].

Die Anforderungen sind erheblich höher, als dies in anderen Fällen der Sekundärhaftung, namentlich im Rahmen des § 829 BGB der Fall ist. Diese Abweichung bedarf der Rechtfertigung. Die Klageerhebung ist zeit- und kostenintensiv. Die Anforderungen gehen damit wesentlich über das hinaus, was in anderen Fällen gefordert wird. Es stellt sich daher die Frage, ob diese Privilegierung des Staates bzw. von Notaren sachlich gerechtfertigt ist. Aus der Fassung des Gesetzes folgt, dass ihre Haftung nur subsidiärer Art sein soll. Vorrangig sollen andere Personen haften. Diese Wertentscheidung ist hinzunehmen. Würde man den Gläubiger nicht dazu zwingen, die anderweitige Verantwortlichkeit durch prozessuale Maßnahmen zu klären, so würde dem Staat bzw. dem Notar die subsidiäre Haftung keinen Nutzen bringen. Dementsprechend lässt sich die bis-

---

[1276] RG JW 1936, 2975 (2976); ähnlich BGH WM 1982, 615 (616) "durch Klageerhebung oder in sonstiger Weise"; BGHZ 121, 65 (71); BGH NJW 1993, 2741; MüKo-Grothe, § 199 Rn 28; Soergel-Niedenführ, § 199 Rn 45.

herige Rechtsprechung als sachlich gerechtfertigt aufrechterhalten. In Fällen subsidiärer Haftung begründet daher das Unterlassen der Rechtsverfolgung zukünftig den Vorwurf der groben Fahrlässigkeit.

(b) Arzthaftungsrecht

Im Arzthaftungsrecht werden an die Kenntnis des Patienten erhöhte Anforderungen gestellt. Damit soll das Informationsgefälle, welches üblicherweise besteht, ausgeglichen werden[1277]. Es reicht zum Beispiel nicht aus, dass bloße Vermutungen über die Ursache von Beschwerden bestehen[1278]. Auch muss die Irreversibilität einer Schädigung bekannt sein[1279].

Die im Rahmen der positiven Kenntnis gemachten Zugeständnisse zugunsten des Patienten würden weitgehend wertlos, wenn man in diesem Bereich vorschnell grobfahrlässige Unkenntnis annehmen würde. Man wird daher die Anforderungen an Erkundigungen tendenziell verhältnismäßig niedrig ansetzen können. Der Patient darf grundsätzlich auf die Auskünfte seines Arztes vertrauen und muss nicht ohne weiteres Initiative entwickeln. Bei Ansprüchen wegen nicht ordnungsgemäßer Aufklärung über die möglichen Folgen eines Eingriffs verstärken sich die Aufklärungspflichten des Patienten durch den Eintritt eines Schadens schon nach alter Rechtsprechung aber nicht unwesentlich[1280]. Hieran wird man festhalten müssen.

(c) Haftung beratender Berufe

Eine ähnliche Sonderrolle wie die Ärzte nehmen auch alle beratenden Berufe ein. Bei ihnen besteht die Besonderheit, dass es gerade dem Sinn der Beratung entspricht, dass der insoweit nicht kundige Mandant sich auf die Ratschläge verlassen kann. Nun ist es aber im Rahmen der Kenntnis im Grundsatz unerheblich, wenn der Gläubiger die Rechtslage unzutreffend würdigt. Diese Wertung wird man im Rahmen der groben Fahrlässigkeit nicht ungeprüft übernehmen können. Dies gilt erst recht bei Ansprüchen wegen fehlerhafter Beratung über rechtliche Zusammenhänge. Wenn man bei Fällen der Fehlberatung davon ausgehen würde, dass mangelnde Rechtskenntnis unerheblich wäre, so würde die Verjährung fast immer unmittelbar mit der (ohnehin problematischen) Entstehung des Anspruches beginnen. Eine faire Chance hätte der Mandant nicht. Aus diesem Grund wird man für den Bereich der Beraterhaftung verlangen müssen,

---

1277 Grundlegend BGH NJW 1984, 661 mit Anmerkung Taupitz; OLG Frankfurt MedR 1990, 349ff.

1278 BGH VersR 1960, 752 (754); OLG Stuttgart, VersR 1988, 1300.

1279 BGH VersR 1963, 161 (163).

1280 BGH NJW 1976, 363 (365).

dass für den Mandanten aus dessen Laiensicht erkennbar ist, dass die Beratung fehlerhaft gewesen sein kann, z.B., weil ein ihm zugängliches Urteil oder eine Behördenentscheidung darauf hinweist. Vorher wird man tendenziell überhaupt keine Aufklärungsobliegenheit bejahen können. Auch wird man dem Gläubiger zubilligen müssen, dass er sich auf die Auskünfte seines Beraters über dessen eigene Haftung verlassen darf. Dies widerspricht zwar dem allgemeinen Grundsatz des Verjährungsrechts, wonach das Schuldnerverhalten grundsätzlich unerheblich ist, bzw. wonach man sich auf Auskünfte des Schuldners nicht ohne Weiteres verlassen darf[1281], doch verlässt sich der Schuldner in diesem Fall nicht nur auch die Auskunft seines Beraters sondern auch auf das im Verkehr übliche besondere Vertrauen auf die Auskünfte der beratenden Berufe. Er sollte in diesem Vertrauen geschützt werden.

cc) Höhe der Forderung

Die Höhe des durch einen Sorgfaltsverstoß möglicherweise eintretenden Schadens wird allgemein als Kriterium für das Vorliegen grober Fahrlässigkeit angesehen[1282]. Von einem Schaden kann man bei § 199 Abs. 1 Nr. 2 BGB nicht ohne weiteres sprechen. Der "Schaden", der bei Nichtbeachtung der Kenntnisnahmeobliegenheit eintritt ist die Verjährung der Forderung und damit wirtschaftlich betrachtet ihr Verlust. Es bietet sich daher an, die Höhe der Forderung als Anhaltspunkt zu bewerten, welche Bemühungen der Gläubiger zur Kenntniserlangung aufwenden muss. Mit zunehmender Höhe wird der Gläubiger schutzbedürftiger, zugleich wird aber auch der Schuldnerschutz im Hinblick auf dessen Dispositionsinteresse größer.

Dabei darf nicht als Kriterium herangezogen werden, dass die Verjährungsfrist für geringe Forderungen ohnehin häufig zu lang dauert. Dieser Unterschied ist Resultat des formalisierten Verjährungssystems und ist daher als gesetzgeberische Entscheidung hinzunehmen.

Bei einer recht niedrigen Forderung oder einem wenig bedeutsamen Anspruch wird man dem Gläubiger nur sehr geringe Bemühungen zumuten können. Sie können allenfalls in ganz einfachen Erkundigungen bestehen. Kosten und Zeitaufwand müssen minimal sein.

Handelt es sich dagegen um eine bedeutsame Forderung, so wird man die Anforderungen erhöhen müssen. Einem Gläubiger wird für einen seine Existenz bedrohenden Anspruch mehr Aufwand treiben müssen, als dies sonst der Fall ist.

1281 S. 230.

1282 Vgl. König, S. 87ff, insb. S. 92.

Mit zunehmendem Wert der Forderung kann auch eine Obliegenheit bestehen, höhere Kosten und Mühen auf sich zu nehmen. Wer zum Beispiel vermutet, mit einer lebensbedrohlichen Krankheit infiziert worden zu sein wird gehalten sein, mindestens eine einfache ärztliche Untersuchung durchzuführen zu lassen, z.B. durch eine Blutprobe. Auch die Einschaltung eines Rechtsanwaltes kann ab einer gewissen Forderungshöhe zu verlangen sein. Zwar nehmen auch die Gebühren nach dem RVG mit zunehmender Forderungshöhe ebenfalls zu, doch besteht ein System degressiver Gebühren, so dass die Inanspruchnahme von Rechtsrat mit zunehmender Forderungshöhe günstiger wird.

Vermutet zum Beispiel ein Unternehmen, bei einer Transaktion um mehrere Millionen Euro geschädigt worden zu sein, so wird es im Rahmen der Obliegenheit liegen, die dazu notwendigen Ermittlungen durch einen Rechtskundigen durchführen zu lassen.

Bei diesen Überlegungen kommt die ökonomische Analyse des Rechts zum Tragen. Wenn die Kosten einer Maßnahme im vergleich mit dem bei Unterlassen drohenden Schaden in einem erheblichen Missverhältnis stehen, so wird man die Maßnahme durchführen müssen[1283].

3. Einzelne grobfahrlässige Obliegenheitsverletzungen

Die Ausführungen unter 1.) haben ergeben, dass aus dem Begriff der groben Fahrlässigkeit keine wesentlichen Gesichtspunkte für die Auslegung des § 199 Abs. 1 Nr. 2 BGB gewonnen werden können. Die Lösung der Einzelfragen muss über die Bildung von Fallgruppen erfolgen.

Wenn Fahrlässigkeit die Voraussehbarkeit und zumutbare Vermeidbarkeit der drohenden Tatbestandsverwirklichung voraussetzt, so muss grobe Fahrlässigkeit voraussetzen, dass Vorhersehbarkeit und Vermeidbarkeit in gesteigerter Form vorliegen[1284]. Zwischen einfacher und grober Fahrlässigkeit liegt damit ein quantitativer Unterschied[1285].

Es muss nun systematisch nach Anhaltspunkten dafür gesucht werden, wann dieses mehr an Vorhersehbarkeit und Vermeidbarkeit vorliegt. Diese Anhaltspunkte sollen hier als Kriterien bezeichnet werden. Man könnte sie auch als Gesichtspunkte bzw. Indizien bezeichnen[1286].

Einen besonderen Stellenwert hierfür haben präjudizielle Gerichtsentscheidungen. Hierzu kann und muss auf die Rechtsprechung zu § 852 Abs. 1 BGB

1283 Vgl. König, S. 88 m.w.N..
1284 Vgl. König, S. 71f.
1285 Vgl. König, S. 68.
1286 Vgl. König, S. 68.

a.F. zurückgegriffen werden. Dabei ist jeweils kritisch zu hinterfragen, wie weit grobfahrlässige Unkenntnis über diese Rechtsprechung hinausreicht.

König nennt insgesamt 12 Kriterien, die für oder gegen grobe Fahrlässigkeit sprechen können[1287]. Für § 199 Abs. 1 Nr. 2 BGB helfen die Kriterien nur teilweise weiter, da sie sich nicht nur auf Erkundigungsobliegenheiten sondern auch auf Haftungsbeschränkungen und Normen des Versicherungsrechts beziehen. Es ist daher notwendig, für § 199 Abs. 1 Nr. 2 BGB eigene Fallgruppen zu entwickeln. Im Grundsatz wird man von drei Situationen ausgehen können, in denen grobe Fahrlässigkeit gegeben sein kann. Die eine ist die Unterlassung einzelner notwendiger Erkundigungen (a)). Die zweite Möglichkeit besteht darin, dass die Organisation des Gläubigers so mangelhaft ist, dass deswegen die relevante Stelle keine positive Kenntnis besitzt (b)). Die Dritte Möglichkeit besteht darin, dass in einer Organisation vorhandenes Wissen nicht genutzt wird (c)).

a) Unterlassung notwendiger Erkundigungen

Wesentlich für die Entscheidung, ob ein Verhalten als grob fahrlässig bezeichnet werden kann, ist auch die Art der Erkenntnismöglichkeit. Dieser Abschnitt befasst sich deswegen damit, unter welchen Voraussetzungen welche Erkundigungen eingezogen werden müssen. Die Ausführungen stellen den regelmäßig erforderlichen Aufwand dar. Er kann dadurch modifiziert werden, dass an den Gläubiger aufgrund seiner Stellung höhere oder niedrigere Anforderungen zu stellen sind. Wesentliche Grundlage der Überlegungen sind die Anforderungen, die bereits an die früher im Rahmen des § 852 Abs. 1 BGB a.F. verwendete „missbräuchliche Unkenntnis“ zu stellen waren.

aa) Bewusstsein der Erkenntnismöglichkeit

Ein zentraler Grundsatz aller Erkundigungen muss sein, dass der Gläubiger, der Erkundigungen unterlässt, nur dann grob fahrlässig handelt, wenn er einen Anlass dafür haben musste, sich zu erkundigen. Hat er einen solchen Anlass nicht, so ist eine unterlassene Erkundigung nicht vorwerfbar.

(1) Keine Erkundigungen wenn Informationen vollständig

Wenn der Gläubiger meint, den Sachverhalt vollständig zu kennen, wird er wenig Veranlassung haben, weitere Nachforschungen zu unternehmen. Es war daher im Rahmen des § 852 BGB a.F. ständige Rechtsprechung, dass in solchen

[1287] König, S. 72ff.

Fällen keine missbräuchliche Unkenntnis vorliegt[1288]. Es stellt sich aber die Frage, ob dieser Grundsatz aufrechterhalten werden kann[1289].

Ausgangspunkt der Überlegungen muss sein, dass einem Gläubiger, der ohne Verschulden davon ausgeht, dass seine Sicht der Dinge die zutreffende ist, kein Vorwurf zu machen ist. Es kann aber sein, dass der Vorwurf gerade darin liegt, sich über fehlende Informationen keine Gedanken gemacht zu haben bzw. zu leichtfertig eine bestimmte Version als die richtige eingestuft zu haben. Die wichtigsten Fälle dürften solche sein, in denen der Gläubiger über seiner Meinung nach vollständige Informationen verfügt, die objektiv nicht zutreffend sind.

Sofern er aus seiner Sicht davon ausgehen kann, dass die Informationen zutreffend sind und für ihn ein vollständiges Bild ergeben, kann ihm deswegen nicht der Vorwurf der groben Fahrlässigkeit gemacht werden. Wenn aber die bekannten Informationen ganz offensichtlich unlogisch bzw. widersprüchlich sind, so kann der Gläubiger nicht davon ausgehen, dass ihm alle Umstände bekannt sind. Er muss in einem solchen Fall, will er den Vorwurf der groben Fahrlässigkeit vermeiden, weitere Erkundigungen vornehmen. Besondere Vorsicht ist geboten, wenn der Gläubiger seine Informationen allein vom Schuldner erhalten hat. In diesem Fall ist das Risiko, dass diese Auskünfte unzutreffend sind, schließlich besonders hoch. Der Schuldner wird nämlich in der Regel versuchen, die Umstände so darzustellen, dass sich daraus kein Anspruch gegen ihn ergibt. Der Gläubiger wird in solchen Fälle somit besonders kritisch hinterfragen müssen, ob ihm wirklich ein vollständiges Bild vermittelt wurde oder ob es nicht veranlasst ist, nach anderen Erkenntnismöglichkeiten zu suchen, mit deren Hilfe die Darstellung des Schuldners überprüft werden kann.

Als Ergebnis bleibt festzuhalten, dass das Unterlassen weiterer Nachforschungen dann nicht grob fahrlässig ist, wenn der Gläubiger unter Anwendung der erforderlichen Sorgfalt davon ausgehen darf, dass sein Wissen im Wesentlichen vollständig und richtig ist.

(2) Erkundigung nach weiteren Schuldnern

Wenn dem Geschädigten einer von mehreren Gesamtschuldnern bekannt ist, so wird häufig versäumt, weitere Gesamtschuldner zu ermitteln. Das gilt jedenfalls dann, wenn von dem bekannten Gesamtschuldner Ersatz der Schäden erwartet wird.

1288 BGH VersR 1958, 519 (520); 1959, 467 (468).

1289 Vgl. MüKo-Grothe, § 199 Rn 29, der dies in Frage stellt; so aber Erman-Schmidt-Räntsch, § 199 Rn 26.

Beispiel: Das Kind K hat in seiner frühen Kindheit ständig Kindertee der Firma M konsumiert. Infolgedessen hat es einen schweren Zahnschaden erlitten. Die Mutter hat sich zunächst nicht um die Durchsetzung von Ersatzansprüchen gekümmert. Später hat sie die M (als Beklagte zu 1) sowie verschiedene ihrer Vorstandsmitglieder (als Beklagte zu 2-4) und andere leitende Mitarbeiter (Beklagte zu 5 bis 7) in Anspruch genommen. .

Der Gläubiger wird in solchen Fällen nicht viel Mühe auf weitere Ermittlungen verschwenden. Unter der Geltung des § 852 Abs. 1 BGB wurde daher auch nicht angenommen, dass diese Unkenntnis der Kenntnis gleichstehen sollte, da das Versäumnis nicht sehr groß gewesen sei[1290]. Dies galt insbesondere dann, wenn anfängliche Nachfragen sich als nicht erfolgreich erwiesen. Von einem Gläubiger konnte man im Regelfall nicht erwarten können, dass er weitere Schuldner ermittelt, solange er eine begründete Aussicht darauf hat, Ersatz zu erlangen. Die Situation konnte sich allerdings ändern, wenn sich herausstellte, dass die Erwartungen sich nicht erfüllen.

Hierzu wird man aber nach neuem Recht einen strengeren Standpunkt vertreten müssen[1291]. So soll es in einer solchen Situation grob fahrlässig sein, die weiteren Gesamtschuldner nicht zu ermitteln. Es ist nicht das Risiko eines Schuldners, dass der Gläubiger zunächst die Absicht hat, sich an einen anderen Gesamtschuldner zu halten oder dass er eine solche Möglichkeit irrtümlich annimmt. Ein Schuldner ist nämlich nicht deswegen weniger schutzwürdig, weil zunächst die Haftung eines anderen, leistungsfähigeren Schuldners im Raum steht. Außerdem droht die Gefahr, dass der andere Schuldner durch einen Rückgriff des Alternativschuldners letztlich doch zahlen muss. Dieses Risiko besteht dann, wenn dem später in Anspruch genommenen Schuldner ein Rückgriffsanspruch zusteht, z.B. als Organ, als Arbeitnehmer oder schlicht nach § 426 Abs. 1 BGB. Daraus folgt aber nur, dass der Gläubiger die Kenntnis betreffend Ansprüche gegen andere Schuldner erlangen muss. Welchen Aufwand er dazu treiben muss, ist damit noch nicht entschieden. Auch ist damit nicht entschieden, ob alle dazugehörigen Erkundigungen zumutbar sind.

Kellner[1292] versucht, die Problematik der divergierenden Verjährung bei Gesamtschuldnern in den Produkthaftungsfällen durch eine restriktive Auslegung des § 425 BGB zu erzielen. Er nimmt damit einen Gleichlauf der Verjährung beider Ansprüche an. Um den Gläubiger nicht unbillig zu benachteiligen, verweigert er dem Unternehmen die Berufung auf die Verjährung nach § 242 BGB,

---

1290 OLG Stuttgart NJW 1984, 182 (183); BGH NJW 2003, 288 (289).

1291 Palandt-Heinrichs, § 199 Rn 32; Erman-Schmidt-Räntsch, § 199 Rn 20; Dauner-Lieb, S. 250; strenger auch bereits BGH NJW-RR 1990, 222 (223).

1292 Vgl. S. 235

wenn das Unternehmen auf die Anfrage des Gläubigers den Namen des Mitarbeiters nicht preisgegeben hat. Es wird abzuwarten bleiben, ob sich die Rechtsprechung dieser Ansicht anschließen wird. Zu den Bedenken gegen diese Lösung wurde bereits an anderer Stelle[1293] Stellung genommen.

(3) Mangelnde Rechtskenntnis als Hinderungsgrund

Bisher ging die Rechtsprechung davon aus, dass Rechtsirrtümer einen Grund darstellen können, bestimmte Ermittlungen nicht durchzuführen.

Ein Gläubiger wird nämlich nur dann Auskünfte einholen, wenn ihm diese relevant erscheinen. Bisher wurde in solchen Fällen immer Unkenntnis angenommen, da die benötigten Tatsachen tatsächlich nicht bekannt waren sondern allenfalls hätten bekannt sein können[1294].

Eine Gleichstellung von Kenntnis und Kennenmüssen hat die Rechtsprechung für § 852 Abs. 1 BGB a.F. stets abgelehnt und daher in diesen Fällen den Verjährungsbeginn verneint.

Die Neufassung lässt offen, ob in solchen Fällen grobfahrlässige Unkenntnis bejaht werden soll. *Spiro* hat eingewandt, dass die dazu notwendigen Abgrenzungsprobleme so erheblich seien, dass man deswegen insgesamt auf das Merkmal der groben Fahrlässigkeit verzichten sollte[1295].

Zur Beantwortung der Frage ist vom Zweck der Verjährung auszugehen. Sie soll den Schuldner schützen und zugleich dem Gläubiger eine faire Chance geben, seinen Anspruch durchzusetzen. Würde man die Rechtskenntnis für vollständig irrelevant halten, so würde der Gläubiger in komplexeren Situationen keine reelle Chance haben, den Anspruch durchzusetzen oder aber er müsste faktisch in jedem Fall einen Anwalt einschalten. Ihm wären zwar die Auskünfte bzw. Erkundigungen möglich, doch würde seine Unkenntnis ihn davon abhalten. Um eine Auskunft einholen zu können, muss man schließlich wissen, worauf es ankommt. Aus diesem Grund muss eine andere Wertung getroffen werden.

Eine angemessene Lösung erreicht man, wenn man verlangt, dass der Gläubiger dann Auskünfte einholen muss, wenn dies aus der Sicht eines objektiven Dritten in der Person und der sozialen Stellung des Gläubigers geboten erscheint. Der Gläubiger muss daher nicht den rechtlichen Zusammenhang kennen, der eine bestimmte Information für bedeutend hält. Ansonsten würde es in den allermeisten Fällen nicht möglich sein, das Merkmal "grobfahrlässige Unkenntnis" zu bejahen. Nur Rechtskundige könnten dann grobfahrlässig handeln. Der

---

1293 S. 115.

1294 Vgl. BGH NJW 2001, 964 (965).

1295 Spiro in FS für Müller-Freienfels, S. 622.

Gläubiger muss daher ggf. nach Laienart bzw. nach dem Wissenstand seines Verkehrskreises erkennen können, dass die Information relevant ist.

Dadurch ergeben sich für die Praxis keine unzumutbaren Probleme. Es kommt schließlich nicht darauf an, welche Vorstellungen der jeweilige Gläubiger gehabt hat, sondern, welche Vorstellungen er in seiner beruflichen und sozialen Stellung hätte haben müssen. Eine Aufklärung der tatsächlichen Vorstellungen kann daher unterbleiben. Es ist außerdem kein neuer Gedanke, auf eine Parallelwertung in der Laiensphäre zurückzugreifen. Dies ist im Strafrecht im Zusammenhang mit Tatbestandsirrtümern seit langem üblich und bereitet auch keine übermäßigen Schwierigkeiten.

Damit könnte zum Beispiel der Mutter eines durch Kindertee geschädigten Kindes abverlangt werden, dass sie den Name des herstellenden Unternehmens und dessen Anschrift ermittelt, ggf. noch den Namen des Vorstandsvorsitzenden. Nicht erwartet werden kann von ihr dagegen, dass sie im Hinblick auf Deliktsansprüche gegen Mitarbeiter die interne Organisation des Unternehmens aufklärt, weil ihr die Relevanz dieser Information nicht bekannt ist und nach ihrer sozialen Stellung auch nicht bekannt sein muss.

Ist der Gläubiger dagegen ein Rechtsanwalt oder sonst Rechtskundiger, so wird man von ihm weitergehende Aufklärungen erwarten, sofern diese nach den sonstigen Maßstäben zumutbar sind. Mangelnde Rechtskenntnisse helfen ihm daher nicht.

Sehr zurückhaltend muss man dagegen bei Ansprüchen gegen Angehörige der rechtsberatenden Berufe sein. In diesen Fällen wird man sehr deutliche Hinweise auf eine Fehlberatung verlangen müssen, bevor der Mandant zu irgendwelchen Erkundigungen verpflichtet ist[1296].

Bei der Parallelwertung droht auch nicht das Risiko, den Gläubiger dafür zu belohnen, ein nicht intaktes Rechtsempfinden zu besitzen[1297]. Dies wird dadurch vermieden, dass man auf einen objektiven Maßstab abstellt.

bb) Vorhandene Anhaltspunkte

Ist dem Gläubiger bewusst, dass sein Wissen unvollständig ist, so nützt ihm dies zunächst wenig. Er benötigt eine konkrete Möglichkeit, sein Wissen zu vervollständigen.

Schon zu § 852 Abs. 1 BGB wurde die Ansicht vertreten, dass Unkenntnis nur vorwerfbar ist, wenn der Betroffene eine konkrete Möglichkeit gekannt hat, seine Unkenntnis zu beseitigen. Er muss also eine Möglichkeit gehabt haben, sich so

---

1296 Vgl. bereits S. 226.

1297 Vgl. Buck, S. 94f.

zu verhalten, dass er die erforderliche Kenntnis erlangt[1298]. Dies gebietet bereits der Grundsatz, dass ihm eine faire Chance eingeräumt werden muss.

Dem Gläubiger ist nur dann ein Vorwurf zu machen, wenn er eine Erkundigung unterlässt, obwohl ihm diese möglich ist. Kennt der Gläubiger die Erkundigungsmöglichkeit nicht, so ist ihm kein Vorwurf zu machen.

Beispiel: Das Fahrzeug des Gläubigers ist von einem Unbekannten beschädigt worden. Er erstattet Anzeige bei der Polizei, die daraufhin ein Ermittlungsverfahren einleitet. Ergebnisse ergeben sich daraus nicht, für andere Erkenntnismöglichkeiten hat der Gläubiger keine Anhaltspunkte.

Um Erkundigungen einzuziehen benötigt der Gläubiger ausreichende Anhaltspunkte[1299] bzw. einen gewichtigen Anlass[1300]. Es müssen daher hinreichende Anhaltspunkte für Tatsachen vorliegen, die auf die Person des Ersatzpflichtigen hinweisen[1301].

Es müssen für den Gläubiger gerade dafür hinreichende Anhaltspunkte erkennbar sein, dass die Person des Ersatzpflichtigen ermittelt werden könnte[1302]. Je konkreter die Anhaltspunkt sind, desto eher wird bei Unterlassen der Erkundigung grobe Fahrlässigkeit vorliegen[1303]. In gewisser Weise wirkt sich dabei aus, dass durch konkrete Anhaltspunkte in der Regel die Schwierigkeit der Nachforschungen, die ebenfalls ein relevantes Kriterium sind, sinkt[1304]. Je mehr der Gläubiger bereits an Kenntnissen gewonnen hat desto stärker ist die Obliegenheit, die noch fehlende Kenntnis zu gewinnen. Der Gläubiger muss somit etwaigen Indizien, die auf einen Anspruch gegen den Schuldner hinweisen nachgehen[1305].

Ein bloßer Verdacht einer anspruchsbegründenden Situation genügt indes nicht, insbesondere dann nicht, wenn keine konkrete Erkenntnismöglichkeit vorhanden ist. So reicht es nicht aus, wenn die Vermutung besteht, dass bestimmte Sparkassenmitarbeiter eine Schädigung durch unerlaubte Handlung

---

1298 BGH NJW 1968, 988; vgl. allgemein für das Wissenmüssen Buck, S. 42.
1299 BGH NJW 1955, 706.
1300 BGH VersR 1963, 161 (163).
1301 OLG Frankfurt VersR 1982, 1148 (1149); BGH NJW 1989, 2323.
1302 OLG Frankfurt/Main VersR 1982, 1148 (1149).
1303 Vgl. Palandt-Heinrichs, § 199 Rn 37 unter Verweis auf BGH NJW 2002, 2787 (2788) und BGH NJW 2003, 288 (289), die demnach nach neuer Rechtslage anders zu entscheiden wären.
1304 OLG Nürnberg, VersR 1986, 1109 (1110); BGH NJW-RR 1988, 867 (868).
1305 Staudinger-Peters, § 199 Rn 55.

herbeigeführt haben[1306]. Es reicht also nicht aus, dass lediglich ein Gerücht ohne konkrete Anhaltspunkte vorliegt. Der Anspruchsinhaber muss vielmehr über so konkrete Anhaltspunkte verfügen, dass er sich die noch fehlende Kenntnis verschaffen kann. Ein entsprechendes Beispiel bietet die Ersatzpflicht im Jagdrecht für Wild- und Jagdschäden. Bei ihr wird gefordert, dass der Grundstückeigentümer so konkrete Informationen über den Schaden erhält, dass er sich selbst davon überzeugen kann[1307]. Dazu muss zum Beispiel bekannt sein, an welcher Stelle ein Schaden aufgetreten ist, so dass eine direkte Kontrolle möglich ist.

cc) Dauer der Erkundigungsobliegenheit

Die Dauer des Sorgfaltsverstoßes ist als Kriterium für das Vorliegen grober Fahrlässigkeit allgemein anerkannt[1308]. Gleiches gilt für die Zeitdauer, die zur Überlegung zur Verfügung steht[1309].

Man wird daher eine unterlassene Erkundigung umso eher als grob fahrlässig einstufen müssen, wenn der Gläubiger dazu ausreichend Zeit hatte. Versäumt er dagegen eine nur ganz kurz gegebene Möglichkeit der Erkundigung, so wird man darin noch keine grobe Fahrlässigkeit erblicken können.

Beispiel: Bei einem Flohmarkt wird ein parkende Auto durch ein anderes vorbeifahrendes Fahrzeug beschädigt. Der abwesende Eigentümer bemerkt dies nicht, da er zu diesem Zeitpunkt selbst einen Marktrundgang unternimmt. Als er zurückkehrt und den Schaden bemerkt, sucht er zunächst einen der auf dem Markt anwesenden Polizeibeamten auf. Die Personen, die einen Marktstand wenige Meter von seinem Auto betreiben, fragt er zunächst nicht, obwohl offenkundig ist, dass sie den Täter beobachtet haben müssen. Als der Eigentümer schließlich zu seinem Wagen zurückkommt, ist dieser Stand bereits abgebaut und die Betreiber sind verschwunden.

Sollte der Gläubiger die Erkundigung wegen seiner eigenen Verfassung unterlassen, z.B. weil er schwer verletzt ist, so ist dies ohnehin ein Umstand, der grobe Fahrlässigkeit ausschließt[1310].

1306 Vgl. RGZ 162, 202 (208).
1307 Vgl. Rose, § 34 BJagdG Nr. 2.
1308 Vgl. König, S. 77ff.
1309 Vgl. König, S. 98f.
1310 Dazu oben, S. 212.

dd) Risiken der Erkenntnismöglichkeit

Auch die mit einer Erkundigung einhergehenden möglichen Risiken können einen Anhaltspunkt dafür bieten, ob sie dem Gläubiger abverlangt werden kann. Das Risiko einer Erkundigung besteht vor allem darin, dadurch die Durchsetzung der eigenen Ansprüche zu gefährden.

Häufig stehen Ansprüche mehreren Gläubigern nebeneinander zu, z.B. bei mehreren Opfern einer Betrugstat. Dabei können die verschiedenen Gläubiger ganz unterschiedlich gut informiert sein. In solchen Fällen wäre es dem einzelnen Gläubiger möglich, bei den anderen Gläubigern nach deren Informationsstand anzufragen. Eine solche Anfrage kann aber für den anfragenden Gläubiger mit gewissen Risiken verbunden sein. Der jeweils andere Gläubiger wird nur bereit sein, Informationen herauszugeben, wenn der anfragende Gläubiger ebenfalls Wissen preisgibt. Sofern zwischen den Gläubigern eine Konkurrenzsituation besteht, z.B. weil das Schuldnervermögen nicht alle Ansprüche abdeckt, wird man derartige Anfragen nicht zumuten können.

Erkundigungen können auch dann riskant sein, wenn sie im Umfeld des Schuldners vorgenommen werden müssen und diesen so vor drohenden Ansprüchen warnen. Es sind Fallgestaltungen denkbar, in denen damit gerechnet werden muss, dass der Schuldner die Durchsetzung der gegen ihn gerichteten Ansprüche zu vereiteln versucht, wenn er rechtzeitig davon Kenntnis erlangt. Ihm ist es zum Beispiel möglich, Vermögen auf nahe Angehörige oder ins Ausland zu verschieben.

Man wird dem Gläubiger daher Erkundigungen nicht zumuten können, die die Durchsetzung des eignen Anspruches gefährden.

ee) Auswahl bei alternativen Erkenntnismöglichkeiten

Zu § 852 Abs. 1 BGB a.F. wurde vertreten, dass er nicht den Zweck habe, einen möglichst schnellen Verjährungsbeginn herbeizuführen[1311]. Für § 199 BGB gilt dies nicht mehr. Der Gläubiger soll vielmehr dazu angehalten werden, zügig die erforderliche Kenntnis zu erlangen.

Auch bei § 852 Abs. 1 BGB a.F. ging man aber davon aus, dass bei zwei gleichwertigen Erkundigungsmöglichkeiten die schnellere gewählt werden musste[1312]. Aus diesem Grund wird man auch heute verlangen müssen, dass der Gläubiger sich grundsätzlich bei zwei gleich sicheren Erkundigungsmöglichkeiten, die ihm bekannt sind, diejenige zu wählen, die voraussichtlich

---

1311 BGH NJW 1977, 2106.

1312 BGH VersR 1959, 757.

schneller zum Erfolg führt. So wird eine kurze Internetabfrage für einfache Informationen schneller zum Erfolg führen als ein Anschreiben.

Beispiel: Das Unternehmen U wird durch die Registrierung einer Internetseite durch einen Privatmann in seinen Markenrechten verletzt. Es kann den Namen und die Adresse des Verletzers zum einen durch eine kostenlose Internetabfrage[1313] oder durch einen Anruf oder ein Schreiben an die Vergabestelle für diese Internetadressen ermitteln. In diesem Fall muss die Internetabfrage versucht werden.

Bei § 852 Abs. 1 BGB a.F. war aber auch anerkannt, dass der Gläubiger bei mehreren Möglichkeiten der Kenntniserlangung nicht unbedingt die schnellste sondern die umfassendste Möglichkeit wählen durfte[1314]. Auch dieser Grundsatz sollte auch bei der Neuregelung gelten. Es entspricht schließlich einem nachvollziehbaren Interesse des Gläubigers, so vollständige Informationen zu erlangen wie möglich. Eine Verletzung der Erkundigungsobliegenheit lässt sich bei derartigen Bemühungen nicht feststellen. So kann von einer telefonischen Anfrage nach dem Namen des Schuldners abgesehen werden, wenn stattdessen die Ermittlungsakten angefordert werden.

ff) Erforderlicher Aufwand

Ein wesentliches Kriterium, das Vorliegen grober Fahrlässigkeit zu bewerten ist der Aufwand, der zur Kenntnisgewinnung erforderlich ist. Es kann in Anlehnung an § 852 Abs. 1 BGB a.F. festgehalten werden, dass der Gläubiger nicht gehalten ist, umfängliche Nachforschungen über die anspruchsbegründenden Umstände und die Person des Schuldners vorzunehmen[1315]. Er soll sich aber über die Umstände informieren, die er mühelos und ohne besondere Kosten erfahren kann.

Die Literatur geht daher davon aus, dass man grobe Fahrlässigkeit stets dann annehmen kann, wenn der Verletzte Umstände erfährt, die ohne nennenswerte Mühe und ohne besonderen Kostenaufwand zur Feststellung von Name und Adresse des Schädigers führen können[1316].

(1) Keine besonderen Kosten und Mühen

Der Bundesgerichtshof hat zur missbräuchlichen Unkenntnis nach § 852 Abs. 1 BGB a.F. die Formel geprägt, die Informationen müssten *"in zumutbarer*

[1313] Sog. "whois"- Abfrage.
[1314] BGH NJW 1985, 2022 (2023).
[1315] MüKo-Grothe, § 199 Rn 28.
[1316] Küppersbusch Rn 788: vgl. allgemein Buck, S. 71.

Weise ohne besondere Mühe" zu verschaffen sein[1317]. Der Gläubiger müsse die "im Einzelfall billigerweise zuzumutenden Maßnahmen zu ergreifen"[1318].

Ausgangspunkt der Überlegungen war, dass bei einer deliktischen Schädigung, um die es bei § 852 Abs. 1 BGB ging, dem Gläubiger neben dem ohnehin erlittenen Schaden nicht auch noch besondere Arbeit und Kosten für die Ermittlung der relevanten Umstände auferlegt werden sollten[1319].

Diese Sichtweise wird, da an § 852 Abs. 1 BGB angeknüpft werden soll, auch für § 199 Abs. 1 Nr. 2 BGB vertreten. Grobe Fahrlässigkeit soll vorliegen, wenn der Gläubiger sich die erforderliche Kenntnis ohne weiteres hätte beschaffen können[1320].

Die Entscheidung, ob eine Maßnahme zur Kenntniserlangung durchgeführt werden muss oder nicht hängt daher von zwei Parametern ab.

Die erste Frage betrifft die Kosten der Maßnahme. Sind sie nur sehr gering, z.B. das Porto für einen oder mehrere Briefe oder einige Telefongebühren, so wird man eher von grober Fahrlässigkeit ausgehen können als wenn die Maßnahme mit hohen Kosten, z.B. für eine Untersuchung einhergeht. Dem Gläubiger sollen nicht umfangreiche und teure Maßnahmen zugemutet werden. Dies ist Ausdruck der ökonomischen Analyse des Rechts. Sie geht bei Verjährungsregelungen davon aus, dass die gesetzliche Regelung und auch ihre Auslegung sich daran orientieren sollten, was rational handelnde Parteien vereinbart hätten[1321]. Eine solche Vereinbarung würde darauf hinauslaufen, dass der Gläubiger zwar zu einfachen und kostengünstigen Erkundigungen verpflichtet sein soll, insbesondere, wenn sie einen schnellen Erfolg versprechen. Zu teuren und womöglich wenig erfolgreichen Nachforschungen wird er dagegen nicht verpflichtet sein.

Die zweite Frage betrifft die notwendigen Bemühungen. Ist eine Maßnahme in wenigen Minuten oder ggf. in mehreren Tagen und ohne große Vorbereitungen durchführbar, so wird der Gläubiger dazu eher verpflichtet sein, als wenn die Maßnahme umfangreiche und lange dauernde Tätigkeiten voraussetzt.

Die Kosten und Mühen sind immer aus einer ex ante Sicht zu beurteilen. Aus dieser Sicht muss schließlich auch der Gläubiger entscheiden, ob er tätig wird oder nicht. Es ist daher unerheblich, wenn sich im Nachhinein herausstellt, dass die Maßnahmen tatsächlich erheblich schwieriger oder einfacher bzw. günstiger oder teurer gewesen wären.

1317 BGH NJW 1955, 706.

1318 BGH NJW 1973, 1496; BGH VersR 1979, 278 (280) mit weiteren Nachweisen.

1319 Vgl. Breucker, S. 15.

1320 Mansel, NJW 2002, 91.

1321 Vgl. Eidenmüller, S. 408.

Dies entspricht auch dem Sinn der Verjährung. Der Verjährungsbeginn ist die Sanktion dafür, dass der Gläubiger eine faire Chance zur Anspruchsdurchsetzung nicht nutzt[1322]. Eine faire Chance besteht aber nur, wenn die Mühen für den Gläubiger nicht übermäßig hoch sind. Größere Mühen sind ihm zwar möglich, doch wäre seine Chance dann nicht mehr fair. Letztlich handelt es sich um graduelle Unterschiede. Für die Entscheidung von Einzelfällen kommt es darauf an, dass Fallgruppen entwickelt werden. In den nächsten Abschnitten erfolgt daher unter Heranziehung der Rechtsprechung zu § 852 Abs. 1 BGB a.F. eine Sammlung von bedeutsamen und verallgemeinerungsfähigen Fällen.

(2) Zumutbare Kosten und Mühen

Grundsätzlich zumutbar sind einfache Nachfragen, mit denen eine bestimmte Detailinformation beschafft werden soll. Ein Beispiel ist die Nachfrage bei einer Firma betreffend einen bestimmten Mitarbeiter[1323], eine Anfrage beim Registergericht oder der Industrie und Handelskammer[1324].

Auch eine einfache Nachfrage danach, ob eine bestimmte Person mit der gesuchten nicht nur vom Namen sondern tatsächlich identisch ist, ist zumutbar[1325]. Die Nachfragen können grundsätzlich beim Schuldner oder bei Dritten Personen erfolgen, je nachdem, wo Auskunft erwartet werden kann[1326]. Es muss sich aber um eine einfache Nachfrage handeln.

Nicht verlangt wurde unter der Geltung des § 852 Abs. 1 BGB a.F., dass komplizierte oder langwierige Nachforschungen unternommen wurden[1327], hieran wird man festhalten müssen.

Die Abgrenzung zwischen einer einfachen und einer überobligationsmäßig komplizierten Anfrage ist aber nicht immer einfach. Im Grundsatz ist davon auszugehen, dass eine einfache Nachfrage nach eindeutigen und leicht übermittelbaren Informationen fragt. Beispiele sind die Nachfrage nach einem Namen, einer Adresse, einem Datum oder einer ähnlich einfachen Information. Anfragen, bei denen es um komplexe Bewertungen geht, z.B. um eine Wetterlage an einem bestimmten Unfalltag oder um komplexe Schadensbilder, gehen über das übliche Maß hinaus. Bei solchen Anfragen wäre weder die Anfrage mit wenigen Sätzen zu beschreiben, noch könnte man die Antwort in wenige Sätze fassen.

1322 Vgl. Eidenmüller, S. 409.

1323 BGH NJW-RR 1990, 343 (344).

1324 BGH NJW 1963, 1103 (1105); OLG Köln VersR 1975, 91.

1325 BGH VersR 1966, 632 (634).

1326 Staudinger-Peters, § 199 Rn 55.

1327 Vgl. BGH NJW 2000, 953 (954).

Besonders einfach sind in der Regel solche Nachfragen, die allein darauf abzielen, Namen und Adresse des Schuldners zu erfahren. Ein weiteres Beispiel ist, wenn der Halter eines bestimmten Fahrzeuges, dessen Kennzeichen bekannt ist, ermittelt werden soll[1328].

Bei den Nachfragen muss nicht offen gelegt werden, dass die Information für eine haftungsrechtliche Inanspruchnahme benötigt wird. Schon nach altem Recht wurde es als ausreichend angesehen, wenn sich nach dem Namen eines Mitarbeiters erkundigt wurde, ohne dass darauf hingewiesen wurde, dass dessen Inanspruchnahme bezweckt war[1329].

(a) Nutzung eigener Wissensspeicher

Die naheliegendste und kostengünstigste Möglichkeit, fehlendes Wissen zu erlangen, ist die Nutzung eigener Wissensspeicher. Darunter lassen sich bei einer natürlichen Person ihre persönlichen Aufzeichnungen und elektronisch erfassten Datenbestände subsumieren.

Beispiel: Der Gläubiger will wegen einer Wettbewerbsverletzung gegen einen Handelsvertreter vorgehen, dessen Name er kennt. Ihm fehlt aber die Adresse dieser Person. Diese Information könnte er aber seiner Datenbank entnehmen. Dort ist der besagte Vertreter erfasst, da er früher einmal für den Gläubiger tätig war.

Man kann sich in diesen Fällen fragen, ob bei derartigen Datenbeständen nicht von Anfang an schon positive Kenntnis bejaht werden kann. Dafür spricht, dass die dort erfassten Informationen schließlich vom Nutzer selbst erfasst worden sind. Dies ist aber in dieser Eindeutigkeit zu verneinen. Die Erfassung kann schließlich vor der Entstehung des Anspruches erfolgt sein und die Information kann dem Nutzer mittlerweile wieder in Vergessenheit geraten sein. Es wäre eine kaum erträgliche Fiktion, wenn man alles latent vorhandene Wissen als bekannt voraussetzen würde.

Eine solche Fiktion ist auch gar nicht notwendig. Die Fälle dürften ohne größere Probleme unter den Begriff der groben Fahrlässigkeit zu subsumieren sein. Dies setzt freilich voraus, dass ein konkreter Anhaltspunkt für die Abfrage des Wissensspeichers bestand.

Die Rechtsprechung hat in anderem Zusammenhang eine ähnliche Überlegung angestellt[1330]. Sie nahm an, dass in einer Konstellation wie im Beispielsfall sogar positive Kenntnis zu bejahen sei, sofern ein konkreter Anlass

1328 MüKo-Grothe, § 199 Rn 29; vgl. BGH NJW 1985, 2022 (2023).
1329 BGH NJW 2001, 1721 (1722).
1330 BGH NJW 1993, 2807

bestanden habe, die Datenspeicher abzufragen. Diese Annahme ist aus den eben genannten Gründen zum einen problematisch, zum anderen bedarf es dieser über den Wortlaut hinausgehenden Auslegung nicht.

(b) Erfassung der vertraglichen Grundlagen

Keine überobligationsmäßigen Mühen verursacht es für den Gläubiger, sich über die in einem schriftlichen Vertrag enthaltenen Ansprüche zu informieren. Die Tatsache, dass bestimmte Abreden getroffen wurden, lässt sich durch einfaches Studium des Vertrages ohne besondere Kosten und Mühen feststellen[1331]. Häufig wird in dieser Fallgruppe tatsächlich Kenntnis vorliegen, der Schuldner aber aus Gründen der leichteren Beweisbarkeit sich darauf beschränken, die Voraussetzungen grobfahrlässiger Unkenntnis zu behaupten. Das schwierigere Problem, aus dem Vertragstext ggf. den zutreffenden rechtlichen Schluss zu ziehen, ist dagegen im irrelevant. Auf eine richtige rechtliche Einschätzung kommt es nämlich wie oben festgestellt, jedenfalls im Regelfall nicht an.

Etwas anderes kann dann gelten, wenn der Vertragstext nicht selbst auf den Anspruch hinweist, man aber aus dem Text auf einen Anspruch schließen kann. Dies ist zu Beispiel der Fall, wenn in dem Text über eine Geldanlage nicht ausreichend aufgeklärt wird. In solchen Fällen nahm die Rechtsprechung bisher Unkenntnis an. Daran kann man festhalten, da in solchen Fällen die Kenntnis auch das Wissen erfordert, dass eine entsprechende Aufklärung notwendig war. Die Anspruchsvoraussetzungen sind damit allein durch die Kenntnis des Vertragstextes gerade nicht bekannt.

(c) Erkundigung beim Schuldner

In vielen Fällen ist der Gläubiger auf eine Auskunft des Schuldners angewiesen. Ohne diese Auskunft kann er nicht wissen, ob und mit welchem Umfang ihm ein Anspruch zusteht. Er wird in diesen Fällen den Schuldner um Auskunft ersuchen müssen. Hierfür steht ihm bezüglich aller wichtigen Ansprüche ein Auskunftsanspruch zu, der entweder aus einer der zahlreichen Sondervorschriften[1332] oder sonst direkt aus § 242 BGB[1333] herrührt. Die Verpflichtung beschränkt sich aber darauf, den Schuldner ernsthaft um Erteilung der Auskunft zu bitten. Weitergehende Maßnahmen wie gerichtliche Geltendmachung des Auskunftsanspruchs sind dagegen in der Regel überobligationsmäßig.

1331 Vgl. Staudinger-Peters, § 199 Rn 51, der davon ausgeht, dass die Unkenntnis vertraglicher Ansprüche in aller Regel auf vorwerfbarer Unkenntnis beruht.

1332 Vgl. nur die Aufzählung bei Palandt-Heinrichs, § 261 Rn 3.

1333 Palandt-Heinrichs, § 261 Rn 8ff.

(d) Erkundigung beim Einwohnermeldeamt

Es entspricht der Lebenserfahrung, dass Schuldner häufig versuchen, sich der Verfolgung durch Wechsel des Wohnortes zu entziehen. Sofern der Wohnort gleichzeitig mit den anderen relevanten Fakten bekannt gewesen ist, wurde bereits dadurch die Verjährung ausgelöst. Auf spätere Unkenntnis kommt es dann nicht mehr an. Etwas anderes gilt aber, wenn die Kenntnis der den Anspruch begründenden Umstände erst nach dem Umzug eingetreten ist. In diesem Fall müsste der Gläubiger versuchen, Namen und Anschrift des Schuldners zu ermitteln. Dazu muss er versuchen, die Daten beim Einwohnermeldeamt zu erfragen. Derartige Anfragen sind zum einen nahe liegend, zum anderen nicht mit erheblichen Kosten und Mühen verbunden[1334]. Es gibt allerdings keinen Grundsatz, wonach die Erkundigung nach Name und Anschrift immer einfach und mühelos möglich wäre. Die Erkundigungen können einfacher oder auch schwieriger sein[1335]. Nur dann, wenn also die Erkundigung einfach und mühelos möglich ist, ist ihre Unterlassung grob fahrlässig.

(e) Ermittlung des Halters eines Kraftfahrzeuges

Besonders einfach ist die Ermittlung des Halters eines KfZ, wenn dessen Kennzeichen bekannt ist. Dementsprechend hat die Rechtsprechung schon unter der Geltung des § 852 Abs. 1 BGB a.F. die diesbezügliche Unkenntnis der Kenntnis gleichgestellt[1336]. Hieran ist festzuhalten. Die entsprechende Erkundigung ist bei der Polizei oder über den Zentralruf der Versicherer ohne größere Mühe und Kosten möglich[1337]. Durch die Auskunft wird der Halter des Fahrzeuges und der Versicherer ermittelt. Sollte das Kennzeichen selbst nicht bekannt sein, so wird es im Regelfall angebracht sein, dieses herauszufinden, wenn dies ohne größere Probleme möglich ist, z.B. durch Nachfrage bei der Polizei, wenn diese eine entsprechende Ermittlungsakte führt[1338].

(f) Erkundigung beim Grundbuchamt

Sofern ein Schaden durch den Zustand eines Grundstückes hervorgerufen wird, muss der Gläubiger wissen, wer Eigentümer dieses Grundstückes ist. Dies zu

---

1334 Vgl. Henssler/von Westphalen-Bereska, § 199 Rn 26.
1335 Vgl. BGH ZIP 2003, 940 (942).
1336 BGH VersR 1976, 147 (148).
1337 Küppersbusch Rn 788; Heß, NZV 2002, 66 Fn 19.
1338 Küppersbusch Rn 788.

erfahren ist durch eine einfache Anfrage beim Grundbuchamt ohne weiteres möglich[1339].

(g) Anfrage bei den Ermittlungsbehörden

Sofern der Sachverhalt, der Grundlage des Anspruches ist zugleich Gegenstand eines Ermittlungs- oder Strafverfahrens ist, ist es Erfolg versprechend, die dort gewonnenen Kenntnisse zu nutzen.

Ein Gläubiger kann bei Vorliegen eines berechtigten Interesses Auskunft aus den Akten verlangen. Dazu bestehen je nachdem, ob es sich um den Verletzten oder um einen sonst betroffenen Dritten handelt unterschiedliche aber inhaltlich weitgehend identische Rechtsgrundlagen (§§ 406e, 475 StPO). Diese Auskünfte erhält der Gläubiger, ohne dass er hierzu die Hilfe eines Rechtsanwaltes in Anspruch nehmen muss (§§ 406e Abs. 5, 475 Abs. 4 StPO). Sofern die allgemeinen Voraussetzungen vorliegen, der Gläubiger also z.B. überhaupt davon weiß, dass ein Verfahren geführt wird und dass die Auskunft Erfolg versprechend ist, so wird er einfache Anfragen durchführen müssen. Dies wird jedenfalls dann der Fall sein, wenn nur eine Detailinformation fehlt, z.B. der Name des Täters[1340].

(h) Ausnutzung von Rechtsvorschriften

In bestimmten Fällen kann der Gläubiger eine für ihn unklare Situation durch eine Rechtshandlung auf einfache Art und Weise klären. In solchen Fällen wird man von grobfahrlässiger Unkenntnis ausgehen müssen, wenn von dieser Möglichkeit kein Gebrauch gemacht wird. Dabei ist an folgende Fälle zu denken:

Sofern der Gläubiger Zweifel an der Vertretungsmacht hat, kann er demjenigen, der angeblich vertreten worden ist nach § 177 Abs. 2 BGB eine Frist zur Erklärung über die Genehmigung setzen. Dadurch wird dieser zu einer Erklärung genötigt. Unterlässt er sie, so gilt die Genehmigung als verweigert. Der Gläubiger kann so also ohne Kosten und Mühen die Rechtslage eindeutig klären lassen.

Sofern der Gläubiger die Vermutung hat, dass dem Schuldner seine Leistung unmöglich geworden ist und dass dem Gläubiger deswegen ein Anspruch aus §§ 280 Abs. 1 S. 1, Abs. 3, 283 BGB zustehen kann, ist es dem Gläubiger möglich, sich über eine Nachfristsetzung die erforderliche Gewissheit zu verschaffen. Entweder der Schuldner erbringt die Leistung und widerlegt damit den Verdacht der Unmöglichkeit oder aber er erbringt sie nicht und ermöglicht dem Gläubiger, gegen ihn mit einer alternativ auf § 281 und § 283 BGB gestützten Klage vorzu-

---

[1339] Vgl. Spiro I, § 85 Fn 5.

[1340] Vgl. BGH NJW-RR 1990, 343 (344).

gehen. Da die Nachfristsetzung ohne Kosten und Mühen notwendig ist und auch ohne besondere Risiken notwendig ist, ist ihr Unterlassen als grob fahrlässig einzustufen. In gleicher Weise kann ein Rücktritt vom Vertrag in gleicher Weise alternativ auf § 323 Abs. 1 BGB und auf § 326 Abs. 5 BGB gestützt werden.

(i) Andere einfache Erkenntnismöglichkeiten

Der Gläubiger muss in jedem Fall auch sonstige einfache Erkenntnismöglichkeiten nutzen. So ist er gehalten, ein auf einem ungenügend gesicherten Baugrundstück zu sehendes Schild auf einen Hinweis auf den Bauunternehmer zu untersuchen[1341]. Eine ganz einfache Möglichkeit, die Adresse einer namentlich bekannten Person herauszufinden, ist das Telefonbuch.

Eine andere einfache Möglichkeit, eine Information zu erhalten wird vielfach auch sein, den gesuchten Namen im Internet in eine Suchmaschine einzugeben. Diese Methode eignet sich freilich nur für einfache Detailinformationen.

Hat zum Beispiel ein Unternehmer mit einem Mitarbeiter ein Wettbewerbsverbot vereinbart und erfährt er, dass eine Person mit identischem Nachnamen im relevanten Markt tätig ist, so kann und muss durch eine einfache Nachfrage geklärt werden, ob es sich um den besagten Mitarbeiter handelt. Eine andere einfache Möglichkeit, Informationen zu erlangen, wird vielfach ein Aushang sein. So kann mit einem Aushang nach Zeugen für einen Diebstahl oder eine Sachbeschädigung gesucht werden. Dies wird zwar nicht in allen, wohl aber in vielen Fällen Erfolg versprechend sein.

(3) Unzumutbare Kosten und Mühen

In manchen Fällen wird der Gläubiger zwar in der Lage sein, die erforderlichen Kenntnisse zu erlangen, jedoch nur unter Inkaufnahme größerer Anstrengungen oder höherer Kosten. In solchen Fällen wird man im Regelfall keine grobe Fahrlässigkeit annehmen können.

(a) Ärztliche Untersuchungen

So kann der Gläubiger sich nach einer Körperverletzung von einem Arzt untersuchen lassen und so Erkenntnisse über seine Verletzung verschaffen. Die damit einhergehenden Kosten und Mühen und insbesonderc der Zeitaufwand lassen derartiges aber in der Regel als nicht zumutbar erscheinen[1342]. Diese Frage stellt

---

1341 Vgl. OLG München VersR 2000, 505.

1342 Vgl. RG JW 1918, 303 (304) - Krankheitsverdacht nach Ansteckung mit Geschlechtskrankheit.

sich allerdings nur, wenn nicht im Rahmen der ohnehin erforderlichen Heilbehandlung die relevanten Informationen erlangt worden sind.

Dabei ist ferner zu beachten, dass sich die Frage nach ärztlichen Untersuchungen nur dann stellt, wenn der Verjährungsbeginn nicht ohnehin bereits nach den Grundsätzen der Schadenseinheit zu bejahen ist. Es bleiben daher hier nur die Fälle übrig, in denen die Schädigung an sich bereits unklar ist, z.B. bei Verdacht einer Vergiftung oder einer Schädigung durch Strahlen.

Ohne Auswirkungen muss es dabei sein, dass die Kosten für eine Untersuchung in der Regel von der gesetzlichen oder privaten Krankenversicherung des Gläubigers übernommen werden. Dies darf nicht zugunsten des Schuldners gehen. Es handelt sich dabei um eine Konstellation, die dem sog. normativen Schaden ähnlich ist. Die Kostenübernahme durch die Versicherung soll nur den Gläubiger entlasten, nicht einen etwaige Schuldner.

(b) Einholung von Sachverständigengutachten

In der Literatur wird teilweise die Ansicht vertreten, nach neuem Recht sei dem Gläubiger zur Vermeidung der Verjährung die Einschaltung eines Sachverständigen anzusinnen[1343].

Dieser Standpunkt erscheint problematisch. Die Einschaltung eines Sachverständigen wurde nach bisherigem § 852 Abs. 1 BGB a.F. nicht verlangt. Nur im Rahmen des § 12 Abs. 1 ProdHaftG wurde die Einschaltung eines Sachverständigen bisher verlangt. Dort kommt es freilich auf Kennenkönnen, also (einfach) fahrlässige Unkenntnis an[1344]. Grund hierfür war, dass sie zum einen Kosten verursacht und zum anderen Mühe, da der Gläubiger einen entsprechenden Sachverständigen finden und diesem einen hinreichend konkreten Gutachtenauftrag erteilen müsste[1345].

Es scheint daher konsequent, diese Fälle als fahrlässige Unkenntnis zu bezeichnen, nicht jedoch als grob fahrlässige. Es ist nämlich wie auch bei der Einschaltung eines Rechtsanwaltes zu bedenken, dass es auf die Perspektive des Gläubigers ankommt. In dem Zeitpunkt, in dem er die Entscheidung treffen muss, hat er keine Gewissheit, dass die Ermittlungen durch den Sachverständigen Erfolg versprechend sind. Es kann vielmehr am Ende der kostspieligen Ermittlungen die Erkenntnis stehen, dass die vermuteten Zusammenhänge nicht bestehen. Der Gläubiger hätte dann erhebliche Kosten und Mühen aufgewendet, ohne dass sich dies für ihn auszahlt. Dieses Ergebnis

---

1343 Bamberger/Roth-Spindler, § 199 Rn 19; Krämer, ZGS 2003, 381.

1344 Vgl. von Westphalen-von Westphalen, § 79 Rn 4.

1345 OLG Stuttgart, VersR 1988, 1300; BGH NJW 2000, 953 (954)

ist für § 199 Abs. 1 Nr. 2 BGB als tendenziell gläubigerfreundliche Norm nicht hinnehmbar. Nur bei sehr hohen Ansprüchen oder aus den sonstigen allgemeinen Überlegungen wird man eine solche Obliegenheit ausnahmsweise herleiten können.

(c) Einschaltung eines Rechtsanwaltes

Die Einschaltung eines Rechtsanwaltes wurde vom Gläubiger schon nach altem Recht nicht verlangt[1346]. Die Literatur fordert teilweise, bei § 199 Abs. 1 Nr. 2 BGB eine andere Wertung vorzunehmen[1347].

Dabei ist das einzige Argument, dass § 199 Abs. 1 Nr. 2 BGB über § 852 Abs. 1 BGB a.F. hinausgeht. Eine Aussage, ob gerade insoweit die Maßstäbe erschwert worden sind, wird aber nicht getroffen. Die überwiegende Meinung geht daher noch immer davon aus, dass die Einschaltung eines Rechtsanwaltes nicht erforderlich ist[1348]. Daran sollte im Grundsatz festgehalten werden. Dem Gläubiger würden sonst zunächst Gebühren nach dem Rechtsanwaltsvergütungsgesetz entstehen, von denen er nicht sicher sein kann, dass sie ihm am Ende ersetzt werden. Einen Erstattungsanspruch wegen außerprozessualer Gebühren hätte der Gläubiger nur in zwei Konstellationen: Zum einen dann, wenn sich am Ende herausstellt, dass der Anspruch besteht und zusätzlich der Schuldner sich bereits im Verzug befindet, zum anderen dann, wenn ein Schadensersatzanspruch besteht und zugleich die Rechtslage so kompliziert ist, dass die Einschaltung eines Rechtsanwaltes zu den nach § 280 Abs. 1 S. 1 BGB zu ersetzenden Schäden gehört. Beide Konstellationen dürften selten sein. Verzug dürfte bei unsicheren Ansprüchen kaum je vorliegen und die Notwendigkeit, wegen der Schwierigkeit der Rechtslage einen Anwalt einzuschalten dürfte auch eher die Ausnahme sein. Und selbst wenn ein Erstattungsanspruch bestehen würde, ist seine Durchsetzung äußerst zweifelhaft. Aus der ex-ante Sicht des Gläubigers ist die Einschaltung eines Rechtsanwaltes somit ein riskantes Unterfangen. Diese Unsicherheit ist einem Gläubiger grundsätzlich nicht zuzumuten.

Aus der Tatsache, dass der Gläubiger zur Anspruchsdurchsetzung ohnehin einen Rechtsanwalt einschalten müsste, kann für die Sachaufklärung nichts hergeleitet werden. Die Situation ist nämlich aus der Sicht des Gläubigers zu beurteilen und für diesen ist in einem frühen Stadium noch nicht erkennbar, ob die Einschaltung des Rechtsanwaltes zu einer späteren erfolgreichen Klage führen

---

1346 BGH NJW 1994, 3092 (3093) ; NJW-RR 1990, 606 (607) ; a.A. OLG Hamm, MDR 1992, 1031 (1032).

1347 Bamberger/Roth-Spindler, § 199 Rn 19; Krämer, ZGS 2003, 381.

1348 Vgl. nur Staudinger-Peters, § 199 Rn 58.

würde[1349]. Etwas anderes kann sich dann ergeben, wenn aus den anderen Kriterien eine weitergehende Obliegenheit des Gläubigers ergibt. So ist es denkbar, dass der Anspruch eine Höhe aufweist, die die Einschaltung eines Rechtsanwaltes nahe legt. Wegen des degressiven Gebührenmodells des RVG reduzieren sich die Gebühren im Vergleich zur Höhe des Anspruches bei höheren Gegenstandswerten. Die Forderung, einen Rechtsanwalt einzuschalten gilt umso mehr, wenn der Gläubiger geschäftlich erfahren ist, z.B. als Großunternehmen oder wenn sich sehr konkrete Anhaltspunkte für das Bestehen des Anspruches ergeben.

Man wird daher festhalten können, dass im Regelfall die Einschaltung eines Rechtsanwalts zur Erlangung der notwendigen Kenntnis nicht geboten ist. Der Verzicht darauf begründet keine grobe Fahrlässigkeit.

Die Einschaltung eines Rechtsanwaltes wird dennoch in vielen Fällen zu empfehlen sein. Wie bereits oben festgestellt, kommt es für die Kenntnis nur auf die Kenntnis der Umstände und nicht auf eine richtige rechtliche Bewertung an. Wer daher in der rechtlichen Bewertung nicht sicher ist, wird durch den Verjährungsbeginn in § 199 BGB nicht geschützt. Er sollte daher einen Anwalt zur rechtlichen Würdigung heranziehen.

Zur Frage, ob sich der Gläubiger das Wissen eines überobligationsmäßig herangezogenen Rechtsanwaltes zurechnen lassen muss, wird an anderer Stelle Stellung genommen[1350].

(d) Schwierige Erkundigungen

Grobe Fahrlässigkeit ist in Übereinstimmung mit der zu § 852 Abs. 1 BGB a.F. ergangenen Rechtsprechung dann nicht anzunehmen, wenn die zur Kenntnisgewinnung erforderliche Anfrage entweder inhaltlich besonders komplex ist oder aber die Umstände eine an sich einfache Anfrage erheblich erschweren. Dabei ist zu fragen, ob die jeweilige Anfrage für eine Person in der sozialen Stellung des Gläubigers ohne große Mühe formulierbar ist[1351].

Wenn die Anfrage Tatsachen betrifft, die nicht in einer einzelnen Nachfrage eindeutig geklärt werden können sondern einen komplexen Sachverhalt mit Wertungsmomenten betreffen, so macht dies eine Anfrage in der Regel überobligationsmäßig schwierig[1352]. Schwierigkeiten können auch dadurch begründet sein, dass die Informationen nicht mit einer Anfrage, sondern ggf. mit mehreren zeitraubenden Telefonaten zusammenzutragen wären[1353]. Ähnliches

---

[1349] Vgl. BGH NJW 1994, 3092 (3094); offen gelassen in BGH NJW 1990, 2808 (2810).

[1350] S. 281.

[1351] Vgl. BGH VersR 1995, 551 (552).

[1352] Vgl. BGHZ 133, 192 (199).

[1353] Vgl. BGH NJW 2000, 953 (954); BGHZ 133, 192 (199).

gilt, wenn die betreffenden wirtschaftlichen Abläufe und Zusammenhänge nur schwer durchschaubar sind, z.B. bei Warentermingeschäften[1354].

Wenn keine konkrete Auskunftsmöglichkeit besteht, sondern erst längere zeitraubende Telefonate oder umfangreiche Schriftwechsel benötigt werden, um diese zu erlangen, so ist dies in der Regel bereits überobligationsmäßig[1355]. Der Gläubiger wird daher wie schon nach altem Recht nicht versuchen müssen, sich bei einer größeren Organisation zur zuständigen Person durchzufragen, indem er zum Beispiel ohne Aktenzeichen bei der Polizei oder Staatsanwaltschaft anruft[1356]. Etwas anderes muss aber gelten, wenn schon sehr konkrete Anhaltspunkte vorhanden sind, namentlich dann, wenn das Aktenzeichen bekannt ist[1357]. Gleiches muss gelten, wenn sonstige Anhaltspunkte vorhanden sind, die schnellen Erfolg bei der Nachfrage versprechen, wie zum Beispiel die Kenntnis des zuständigen Sachbearbeiters bzw. dessen Durchwahlnummer.

Bei einem Unfall mit einer bestimmten Straßenbahn reicht die Kenntnis der Linie aus, um damit eine Anfrage durchführen zu können[1358]. Für einen Rechtsanwalt können strengere Maßstäbe gelten, da er in der Regel erheblich schneller die begehrten Auskünfte erhält[1359].

Die grobe Fahrlässigkeit kann auch deswegen zu verneinen sein, weil die begehrte Information zwar einfacher Art ist, die Auskunftsmöglichkeit aber mit erheblichen Problemen belastet ist. So wird nicht zu verlangen sein, dass eine sprachunkundige oder wenige sprachbegabte Person eine Auskunft durch Anruf im Ausland einholt[1360].

(e) Akteineinsicht

Es wurde bereits festgestellt, dass es zu den Obliegenheiten des Gläubigers gehören kann, Informationen aus laufenden Strafverfahren nutzbar zu machen.

Diese Obliegenheit gilt aber nicht unbeschränkt. Er muss nur einfache und wenig kostenintensive Maßnahmen durchführen. Ein Gläubiger muss nicht eine umfangreiche Anklageschrift beschaffen und diese durcharbeiten[1361]. Dass wäre bei relativ ungewissen Erfolgsaussichten mit einer kaum zumutbaren Belastung verbunden. Sehr häufig enthalten Strafakten die für einen Ersatzanspruch we-

---

1354 Palandt-Heinrichs, § 199 Rn 37.
1355 BGH NJW 2000, 953 (954); BGH NJW-RR 1988, 411 (412); 1988, 867 (868).
1356 BGH NJW 1973, 1496.
1357 OLG Nürnberg, VersR 1986, 1109 (1110); BGH NJW-RR 1988, 867 (868).
1358 Vgl. BGH NJW 1955, 706.
1359 OLG HambuRG MDR 1968, 583 (584).
1360 BGH NJW 1998, 988 (989).
1361 BGH VersR 1995, 551 (552f).

sentlichen Informationen. Es stellt sich dann die Frage, ob der Gläubiger bei einem bestimmten Verdacht Einsicht in diese Akten nehmen muss. Dazu sind zunächst die Vorschriften der StPO zur Akteneinsicht zu beachten. Es ist grundsätzlich möglich, bei einem berechtigten Interesse Auskünfte aus Strafakten zu erhalten. Ein solches Interesse ist bei möglichen Ersatzansprüchen immer gegeben. Akteneinsicht erhält aber nur ein Rechtsanwalt (§§ 406e Abs. 1, 475 Abs. 1 und 2 StPO), nicht aber eine Privatperson[1362]. Diese Beschränkung ist verfassungsrechtlich nicht zu beanstanden[1363]. Da die Einschaltung eines Rechtsanwaltes wegen der damit verbundenen Kosten in der Regel nicht verlangt werden kann, besteht für einen nicht als Rechtsanwalt zugelassenen Gläubiger auch keine Verpflichtung, Akteneinsicht zu nehmen. Allgemein war es aber schon zu § 852 Abs. 1 BGB a.F. die Tendenz der Rechtsprechung, die Akteneinsicht nicht als missbräuchliches Sichverschließen anzusehen[1364]. Eine Obliegenheit zu Akteneinsicht wird daher auch allgemein abgelehnt[1365].

Mitunter wurde es aber auch als sich aufdrängend bezeichnet, in Ermittlungsakten Einsicht zu nehmen. Dies wird zum Beispiel für einen Rechtsanwalt gelten, der diese Akten angefordert hat[1366]. Für eine Versicherung oder eine sonstige professionell mit der Abwicklung von Unfällen befassten Stelle kann aber auch das Anfordern der Ermittlungs- bzw. Strafakten erforderlich sein, z.B. um den Hergang eines Verkehrsunfalls zu erfahren[1367]. Insofern wirkt sich die Stellung des Gläubigers erschwerend aus.

Als Ergebnis bleibt festzuhalten, dass ein Gläubiger in der Regel keinen Einblick in Ermittlungsakten nehmen muss.

(f) Überprüfung von Krankenhausunterlagen

Bei ärztlichen Behandlungsfehlern ist es durchaus Erfolg versprechend, die Unterlagen des Krankenhauses einzusehen und sich so ein Bild der Behandlung zu machen. Der Gläubiger muss dazu aber einiges an Mühe investieren, weswegen ihm diese Kenntniserlangung nicht zumutbar sein dürfte. Grundsätzlich ist der Patient bzw. sein gesetzlicher Vertreter oder Wissensvertreter nach der zu § 852 Abs. 1 BGB a.F. ergangenen Rechtsprechung nicht gehalten, Kranken-

---

1362 Vgl. dazu Meyer-Goßner, § 475 StPO Rn 1.
1363 Vgl. BVerfG NJW 2002, 2307.
1364 Vgl. BGH EWiR § 831 BGB 1/03, S. 155 mit Anmerkung Wendehorst.
1365 MüKo-Grothe, § 199 Rn 29; Erman-Schmidt-Räntsch, § 199 Rn 20.
1366 OLG Düsseldorf, VersR 1999, 893 (894).
1367 OLG NürnbeRG VersR 1986, 1109 (1110).

hausunterlagen auf ärztliche Behandlungsfehler zu untersuchen[1368]. Etwas anderes kann gelten, wenn dadurch lediglich der Name des behandelnden Arztes ermittelt werden soll[1369]. In einem solchen Fall darf es der Gläubiger nicht dem Zufall überlassen, ob er den Namen erfährt. Er muss vielmehr selbst tätig werden[1370]. Diese Erkundigung ist schließlich relativ einfach.

Neuerdings wird die Ansicht vertreten, es sei grob fahrlässig, vorhandene Krankenhausunterlagen nicht einzusehen[1371]. Diese Sichtweise dürfte die Anforderungen zu hoch ansetzen. Der durch eine fehlerhafte Behandlung geschädigte Gläubiger kann einen medizinisch schwierigen Sachverhalt nur unter sehr großen Mühen aus Krankenhausunterlagen rekonstruieren. Die bisher in der Rechtsprechung stets betonte Waffengleichheit würde erheblich eingeschränkt, wenn man dies vom Patienten verlangen würde. Es würde auch dazu führen, dass der Patient gewissermaßen auf Verdacht tätig werden müsste. Die Behandlungsakten werden ihm in den meisten Fällen ohne fachlichen Rat meistens ohnehin nicht weiterhelfen.

(g) Verfolgung von Verfahren

Der Gläubiger hat in vielen Fällen unerlaubter Handlung die Möglichkeit, ein etwaiges Strafverfahren gegen den Schuldner zu verfolgen und daraus die notwendigen Erkenntnisse zu gewinnen. In vielen Fällen wird der damit verbundene Aufwand aber so hoch sein, dass es nicht grob fahrlässig ist, davon abzusehen[1372]. So kann nicht verlangt werden, dass der Gläubiger ein umfangreiches Strafverfahren gegen einen Anlagebetrüger verfolgt[1373]. Es schadet insgesamt nicht, wenn der Geschädigte ein anhängiges Strafverfahren gegen einen Schädiger nicht verfolgt[1374]. Dies hat seinen Grund nicht zuletzt darin, dass die strafrechtliche Beurteilung nach anderen Gesichtspunkten erfolgt, als sie für eine Ersatzpflicht im Zivilrecht. Es kann daher sein, dass trotz strafrechtlicher Verurteilung die Kenntnis zu verneinen ist[1375].

Strafrechtliche Ermittlungen haben allenfalls mittelbare Indizwirkung für das Vorliegen einer unerlaubten Handlung. Es kann nämlich sein, dass gar kein

---

1368 BGH NJW 1989, 2323 (2324); 1995, 776 (778); OLG Frankfurt MedR 1990, 349 (351) mit Anmerkung Stegers.

1369 BGH NJW 1989, 2323 (2324); OLG Koblenz NJW 1996, 1603 (1604).

1370 Erman-Schmidt-Räntsch, § 199 Rn 20.

1371 Palandt-Heinrichs, § 199 Rn 37; a.A. Erman-Schmidt-Räntsch, § 199 Rn 20.

1372 Vgl. Erman-Schmidt-Räntsch, § 199 Rn 20.

1373 BGH NJW 1990, 2808 (2810).

1374 BGH NJW-RR 1990, 606 (607).

1375 Vgl. BGH NJW-RR 1990, 606.

Strafverfahren stattfindet, die Strafverfolgung nach § 154 StPO beschränkt wird oder der Angeklagte aus welchen Gründen auch immer freigesprochen wird[1376]. Wenn sich das Verfahren aber explizit gegen den Schuldner richtet, können so konkrete Anhaltspunkte bestehen, dass das Verfahren verfolgt werden muss[1377].

Sofern gegen den Schuldner ermittelt wird, stellt dies für den Gläubiger eine schwierige Situation dar. Es kann zum einen trotz Kenntnis der Ermittlungsvorgänge die Kenntnis des Gläubigers von den relevanten Tatsachen fehlen, zum anderen kann die Kenntnis unabhängig davon vorhanden sein. Zugleich trifft den Gläubiger keine Obliegenheit, bestimmte Ermittlungen zu verfolgen, sofern nicht sehr konkrete Anhaltspunkte vorliegen. Auch dies ist für ihn jedoch kein sicheres Kriterium, da in Ausnahmefällen eine Erkundigungsobliegenheit besteht.

(h) Prozessuales Vorgehen

Der Gläubiger kann in fast allen Fällen die Ungewissheit über die Person des Anspruchsgegners im Klagewege klären lassen. Dies ist jedoch mit Kosten und Mühen verbunden und wird von ihm nicht verlangt[1378].

Auch kann bei Unkenntnis der Höhe eines Anspruches mitunter auf Auskunftserteilung geklagt werden. Dadurch kann der Auskunftsanspruch gegen einen Schuldner prozessual durchgesetzt werden, ggf. verbunden mit einer Verurteilung zur Abgabe der eidesstattlichen Versicherung (vgl. §§ 259 Abs. 2, 260 Abs. 2 BGB). Dies wird man wegen der damit verbundenen Kosten vom Gläubiger ebenfalls nicht verlangen können.

Etwas anderes kann nur dann gelten, wenn der Gläubiger im Rahmen eines ohnehin geführten Prozesses gegen einen Dritten dem Schuldner den Streit verkünden kann[1379]. Häufig wird der Schaden des Gläubigers davon abhängen, dass er in einem gegen ihn gerichteten Prozess unterliegt. Dann bietet es sich für ihn an, die Verjährung durch Streitverkündung zu verhindern (§ 204 Abs. 1 Nr. 6 BGB)[1380]

Die Streitverkündung bedeutet schließlich für den Gläubiger keinen finanziellen Aufwand[1381]. Dadurch kann er ohne dass Kosten und Mühen entstehen dem Schuldner gegenüber die Verjährung hemmen (§ 204 Abs. 1 Nr. 6 BGB).

1376 OLG Hamm, NJW-RR 2002, 750.

1377 Erman-Schmidt-Räntsch, § 199 Rn 20; Palandt-Heinrichs, § 199 Rn 37.

1378 MüKo-Grothe, § 199 Rn 27.

1379 Dazu OLG Köln VersR 1992, 334f.

1380 BGH NJW 1992, 3034 (3035).

1381 Vgl. Peters/Zimmermann, S. 258.

Man wird daher davon ausgehen müssen, dass zukünftig zur Vermeidung grober Fahrlässigkeit die Möglichkeit einer Streitverkündung genutzt werden muss, um den Verjährungsbeginn zu verhindern. Begrifflich ist dieses nahe liegende Ergebnis aber nicht unproblematisch. Die Streitverkündung allein führt schließlich nicht zur Kenntnis. Sie hat zunächst allein die Wirkung, die Verjährung während der Dauer des Prozesses zu hemmen. Hinterher führt sie aber zu einer vereinfachten Durchsetzung des eigenen Anspruches, da der Schuldner an die Feststellungen im Vorprozess gebunden ist (§§ 74 Abs. 3, 68 ZPO) und dadurch der Gläubiger Kenntnis über die zur Anspruchsdurchsetzung notwendigen Umstände erlangt. Mit dieser Überlegung lässt sich eine Obliegenheit zur Streitverkündung begründen.

gg) Erfolgsaussichten der Erkundigungen

Ein wichtiges Kriterium dürfte auch sein, ob eine Auskunftsmöglichkeit bei objektiver ex- ante Sicht Aussicht auf Erfolg verspricht. Je höher die Aussichten sind, desto eher wird dem Gläubiger zuzumuten sein, die Auskunft einzuholen. Ist dagegen die Erfolgsaussicht eher gering, so wird eine unterlassene Anfrage nicht ohne weiteres den Vorwurf grobe Fahrlässigkeit begründen.

Ein wichtiges Kriterium für die Erfolgsaussichten ist die potentielle Auskunftsbereitschaft einer Person oder Stelle. Sofern es sich um unbeteiligte Dritte oder um gesetzlich zur Auskunft verpflichtete Behörden handelt, sind die Erfolgsaussichten eher hoch.

So wird eine Anfrage bei einem Arzt wegen einer Schädigung durch ein Produkt in aller Regel bereitwillig und wahrheitsgemäß beantwortet werden[1382]. Anderes gilt, wenn die Auskunft beim Schuldner oder in dessen Umfeld eingeholt werden muss. In solchen Situationen ist mit Kooperation nicht unbedingt zu rechnen und ob auf die erteilten Auskünfte vertraut werden kann, ist ebenfalls zweifelhaft. Auch ohne dass dem Gläubiger eine Gefährdung seiner Position droht, wird man ihm in manchen Fällen einen Auskunftsversuch nicht zumuten wollen. Umgekehrt gibt es keinen allgemeinen Grundsatz, dass Auskünfte beim Schuldner und dessen Umfeld grundsätzlich nicht eingeholt werden müssen.

So ist in den Fällen von Produkthaftung sehr zweifelhaft, ob eine Anfrage nach verantwortlichen Mitarbeitern oder gar nach von diesen verletzten Pflichten besonders aussichtsreich ist[1383]. Es wird in den Produkthaftungsfällen daher auch nach neuem Recht nur geringe sachliche Unterschiede geben. Neben dem Anspruch gegen das Unternehmen selbst können zwar die Ansprüche gegen Or-

1382 Vgl. OLG Frankfurt/Main, NJW-RR 1999, 1474 (1476).
1383 Vgl. Foerste, VersR 2002, 5f.

gane und Mitarbeiter unterschiedlich verjähren. Die Ansprüche gegen die Organe dürften dabei relativ zeitgleich mit den Ansprüchen gegen das Unternehmen verjähren, da Name und Stellung eines Organmitgliedes auch ohne die Mithilfe des Unternehmens leicht herauszufinden sind. Hinsichtlich anderer Mitarbeiter verbleibt es bei der bisherigen Rechtslage. Deren Namen und Stellung sind nicht bekannt, eine darauf gerichtete Anfrage zu unterlassen dürfte im Regelfall nicht als grobfahrlässig einzustufen sein. Dementsprechend beginnt die Verjährung der Ansprüche gegen diese Mitarbeiter erst mit tatsächlicher Kenntnis.

So kann zum Beispiel auch nicht verlangt werden, dass der geschädigte Anleger versucht, bei einer im Ausland ansässigen Brokergesellschaft, die ihn zuvor deliktisch geschädigt hat, um auf diesem Wege den Namen oder die Adresse des Geschäftsführers zu erfahren[1384].

hh) Abwarten anderweitiger Ermittlungen

Für den Gläubiger stellt sich häufig die Frage, ob er vor seinem Vorgehen gegen den Schuldner abwarten kann, wie ein zum gleichen Sachverhalt stattfindendes Verfahren ausgeht.

(1) Allgemein

Unter ökonomischen Gesichtspunkten werden Gläubiger, bevor sie selbst aufwendige Ermittlungen anstellen, den Ausgang laufender staatlicher Verfahren abwarten, um die dort gewonnenen Erkenntnisse für die Durchsetzung ihrer Ansprüche zu nutzen. Dieses vernünftige Verhalten wurde von der Rechtsprechung bisher stets dadurch honoriert, dass der Verjährungsbeginn erst dann eintrat, wenn die Verfahren abgeschlossen waren und der Gläubiger dennoch trotz konkreter Anhaltspunkte untätig blieb.

Stets ist aber zu beachten, dass dieser Grundsatz nur weiterhilft, wenn die schon vorhandenen Kenntnisse nicht schon ausreichend zur Klageerhebung sind. Ist dies nämlich der Fall, so hindern die laufenden Ermittlungen die Verjährung nicht[1385]. Einen Grundsatz, wonach vor Abschluss eines Verfahrens keine Verjährung läuft, gibt es also nicht.

[1384] Vgl. BGH NJW 1998, 988 (989).

[1385] BGH NJW-RR 1990, 343 (344); vgl. BGH NJW-RR 1992, 282 (283).

(2) Einzelfälle

Der Gläubiger darf abwarten, ob in einem Verfahren nach dem Sozialgesetzbuch das Vorliegen eines Arbeitsunfalls festgestellt wird[1386].

Sofern wegen eines bestimmten Sachverhaltes die Polizei oder Staatsanwaltschaft bereits Ermittlungen durchführt, darf das Ergebnis dieser Ermittlungen abgewartet werden. Es müssen nicht parallel eigene Ermittlungen angestellt werden. Daraus folgt, dass ein Versicherungsunternehmen wegen einer Explosion in einem bei ihr versicherten Betrieb nicht zusätzlich eigene Ermittlungen anstellen muss[1387]. Ermittlungen müssen in solchen Fällen auch dann nicht angestellt werden, wenn bereits Pressemeldungen zu dem Sachverhalt vorliegen, diese aber noch nicht die erforderlichen Informationen enthalten[1388]. Einen Spezialfall, in dem der Gläubiger den Ausgang eines familienrechtlichen Statusverfahrens abwarten durfte behandelt die Entscheidung BGH MDR 1970, 38.

ii) Notwendigkeit erneuter Nachforschungen

Wenn der Gläubiger eine Auskunft eingeholt hat, stellt sich die Frage, ob er zu erneuten Erkundigungen verpflichtet ist. Die Frage stellt sich insbesondere dann, wenn er als Antwort auf eine Anfrage erfahren hat, dass gegenwärtig keine Erkenntnisse vorliegen. Im Grundsatz galt im Rahmen des § 852 Abs. 1 BGB a.F., dass der Gläubiger nicht verpflichtet war, ohne besonderen Grund in regelmäßigen Abständen wieder neue Anfragen zu versuchen[1389]. Hieran wird man bei § 199 Abs. 1 Nr. 2 BGB festhalten können. Ohne konkreten Anlass wird man nicht verlangen können, dass ständig erneut Anfragen erfolgen.

Andererseits darf er es ggf. nicht bei einer einzigen Anfrage belassen, wenn sich konkrete Anhaltspunkte dafür ergeben, dass eine erneute Anfrage zu einem anderen Ergebnis kommen wird.

Beispiel[1390]: Ein Unternehmen erteilt eine Spedition einen Transportauftrag. Das Transportgut wird auf dem Transport schwer beschädigt. Hierfür kommt die Versicherung des Unternehmens auf und versucht, Rückgriff beim Spediteur und bei dessen Mitarbeiter zu nehmen. Eine erste Anfrage nach den Verantwortlichen beim Spediteur ergibt, dass drei Mitarbeiter beteiligt gewesen seien, deren Namen aber nicht genannt werden. Die Versicherung unterlässt daraufhin eine weitere gezielte Nachfrage.

1386 OLG Stuttgart NJW 1956, 225 = AP § 852 Nr. 1 mit zustimmender Anmerkung Hueck.; OLG NürnbeRG VersR 1966, 1154

1387 BGH VersR 1962, 734.

1388 BGH Vers 1979, 278 (280).

1389 So schon OLG Frankfurt, VersR 1982, 1148 (1149).

1390 Nach BGH NJW 2001, 1721ff.

Dies wurde nach altem Recht noch anders beurteilt, im Beispielsfall wurde missbräuchliche Unkenntnis abgelehnt[1391] und eine einmalige Anfrage in der Regel für ausreichend erachtet. Die Neufassung reicht dagegen weiter. Es kann eine vom Schuldner oder einem Dritten erteilte Auskunft, die zwar noch nicht alle benötigten Informationen erhält dazu veranlassen, erneut um Auskunft zu bitten und dabei eventuell konkretere Einzelumstände zu erfragen. Es gibt also keinen Grundsatz, dass nur eine einzige Bemühung des Gläubigers genügt, um den Vorwurf grober Fahrlässigkeit zu vermeiden.

So kann es wie im Beispielsfall notwendig sein, nach einer allgemeinen Auskunft in einer weiteren Auskunft nach dem Namen und der Adresse von bestimmten verantwortlichen Mitarbeitern zu fragen[1392].

Bei der Anfrage nach Ermittlungsakten reicht, sofern hierzu überhaupt eine Obliegenheit besteht, eine einfache Anfrage nach den vorhandenen Ermittlungsakten. Die Bemühungen sollen aber zu intensivieren sein, wenn über lange Zeit (1-1 1/2 Jahre) keine Reaktion erfolgt ist. Dann muss auf das Übersenden der Akten gedrängt werden, wozu ggf. auch eine telefonische Anfrage gehört[1393].

Da die Notwendigkeit jeder Auskunft aus einer ex-ante Sicht zu beurteilen ist, kann es so zu einer Kette von Auskunftsobliegenheiten kommen, vorausgesetzt, nach jeder Bemühung sieht es für den Gläubiger so aus, als ob eine weitere Auskunft kurzfristig zur Kenntnis führen würde. Läuft die Verjährung schon, ohne dass der Gläubiger sich seines Anspruches bewusst ist, so können die Erkundigungen ausreichen, um Verhandlungen (§ 203 BGB) oder ggf. ein Anerkenntnis des Schuldners (§ 212 BGB) zu begründen.

jj) Auswirkungen des Verhaltens des Schuldners

Es gilt als ein Grundsatz des Verjährungsrechts, dass das Verhalten des Schuldners grundsätzlich keine Auswirkungen auf den Lauf der Verjährung haben soll[1394]. Es soll dabei wenn überhaupt dann auf das Verhalten des Gläubigers ankommen[1395]. Dieser Grundsatz verbietet es, dem Schuldnerverhalten im Rahmen des Merkmals grobfahrlässige Unkenntnis eine Bedeutung einzuräumen. Im Rahmen des Gesetzgebungsverfahrens war zunächst vorgesehen, bei arglistigem Verhalten des Schuldners eine längere Verjährungsfrist einzuführen, wovon aber

1391 Vgl. BGH NJW 2001, 1721.

1392 Vgl. BGH EWiR § 852 BGB 1/01, 1005 mit Anmerkung Wendehorst; vgl. auch AnwK-Mansel/Stürner, § 199 Rn 54; Dauner-Lieb, S. 250; a.A. Erman-Schmidt-Räntsch, § 199 Rn 20.

1393 OLG Nürnberg, VersR 1986, 1109.

1394 Vgl. HKK-Hermann, §§ 194-225 Rn 36 m.w.N..

1395 Vgl. HKK-Hermann, §§ 194-225 Rn 36.

letztlich abgesehen wurde[1396]. Eine ähnliche Problematik besteht bei § 442 Abs. 1 BGB. Dort behält der grobfahrlässige Käufer seine Gewährleistungsrechte, wenn der Verkäufer arglistig gehandelt hat. Das Fehlen einer entsprechenden Formulierung bei § 199 Abs. 1 Nr. 2 BGB deutet darauf hin, dass dieser Grundsatz hier nicht gelten soll.

Es gibt aber Situationen, in denen sich sein Verhalten sich auswirken muss, will man grobe Unbilligkeiten vermeiden. Die typische Situation ist diejenige, dass der Schuldner als einziger die benötigten Informationen besitzt, diese aber nicht preisgibt oder aber falsche Informationen an den Gläubiger weitergibt. Die Auskünfte des Schuldners sind schließlich in den meisten Fällen nicht besonders vertrauenswürdig. In Ausnahmefällen kann eine Korrektur nach Treu und Glauben weiterhelfen[1397]. Dies muss aber eine Ausnahme darstellen. Schließlich darf sich auch der schlimmste Verbrecher auf die Verjährung berufen. Besteht das Verhalten des Schuldners allein darin, dass er schweigt oder den Gläubiger hinhält, so wird dies keinen Verstoß gegen Treu und Glauben begründen können, zumal in dem Hinhalten häufig ein Verhandeln i.S.d. § 203 BGB liegen dürfte.

Man wird grundsätzlich zwei Situationen unterscheiden müssen: Zum einen die Situation, dass der Gläubiger die benötigten Informationen schon besitzt und zum anderen, dass dies nicht der Fall ist.

(1) Schon vorhandene Kenntnis

Sofern der Gläubiger bereits Kenntnis der den Anspruch begründenden Umstände hat, ändern falsche Angaben durch den Schuldner an der einmal bestehenden Kenntnis nichts. Dies folgt daraus, dass die Kenntnis logisch vorrangig ist und dass mit der einmal erlangten Kenntnis zwingend der Verjährungsbeginn einhergeht. Bestreiten durch den Schuldner ist in diesem Zusammenhang bedeutungslos. Die Kenntnis ist schließlich nicht durch das Bestreiten des Schuldners ausgeschlossen.

(2) Noch fehlende Kenntnis

Sofern die Kenntnis noch fehlt, wird sie durch eine falsche Auskunft des Schuldners nicht begründet, da der Gläubiger dann immer noch nicht über das notwendige Wissen verfügt. Zugleich hat der Gläubiger in der Regel seiner Erkundigungsobliegenheit genügt. Seine Unkenntnis ist in diesem Fall entschuldbar[1398]. Er muss nicht auf andere Erkenntnisquellen zurückgreifen, solange die Auskunft

---

1396 Vgl. AnwK-Mansel/Stürner, Vor §§ 194-218 Rn 10.

1397 Vgl. dazu Dohse, S. 41.

1398 Staudinger-Peters, § 199 Rn 59.

keinen Anlass zu Zweifeln gibt, da er dann annehmen kann, seine Kenntnis sei vollständig. Die Auskunft muss also nicht unter allen Umständen überprüft werden. Häufig wird dies dem Gläubiger auch gar nicht möglich sein. Im Übrigen soll der Schuldner nicht davon profitieren, dass er dem Gläubiger eine falsche Auskunft erteilt hat. Wie bereits oben ausgeführt, wird der Gläubiger im Regelfall auch nicht verpflichtet sein, eine Auskunftsklage gegen den Schuldner zu erheben, da dies mit nicht unerheblichen Kosten, Mühen und Risiken einhergeht.

b) Organisatorische Mängel

Der Vorwurf grober Fahrlässigkeit kann anerkanntermaßen auch daher herrühren, dass in wiederkehrenden Situationen immer wieder bestimmte Sorgfaltsverstöße begangen werden[1399]. Dieser Aspekt gewinnt für große Organisationen eine erhebliche Bedeutung. Unter dem Stichwort Organisationsmängel sind zwei verschiedene Konstellationen zu erörtern.

So kann der Vorwurf der groben Fahrlässigkeit zum einen dadurch begründet werden, dass eine größere Organisationseinheit es unterlässt, bestimmte relevante Informationen überhaupt erst zu erfassen. Wegen dieser Nachlässigkeit fehlt es ihr dann später an den notwendigen Informationen, die zur Geltendmachung eines Anspruches benötigt werden (dazu unter bb)).

Beispiel: Ein Paketlieferdienst erleidet immer wieder Schäden an seinen Fahrzeugen. Es lässt sich aber aufgrund des ständigen Tausches dieser Fahrzeuge unter den Mitarbeitern fast nie aufklären, wer welche Beschädigungen verursacht hat.

Der Vorwurf kann weiter darin begründet sein, dass die Informationen zwar erfasst werden, eine unzweckmäßige Organisation aber ihre Nutzung durch die relevanten Personen verhindert. Der Vorwurf lautet in diesem Fall, dass die verantwortlichen Personen bzw. Organe es unterlassen haben, eine funktionierende Informationsverwaltung zu schaffen (dazu unter cc)).

Beispiel: Ein Unternehmen ist nach seinem Organisationsplan so organisiert, dass die Geltendmachung von Ansprüchen allein durch eine Rechtsabteilung erfolgt. Diese hat aber weder Zugang zum Firmennetzwerk noch bestehen konkrete Anweisungen, wann eine andere Abteilung die Rechtsabteilung informieren soll. Dementsprechend wird die Rechtsabteilung meistens eher zufällig eingeschaltet.

Im Nachfolgenden soll unter einer Organisation jede Form des Zusammenwirkens verstanden werden, bei der es aufgrund ihrer Größe und der vorgenommenen Arbeitsteilung zu einer Wissenszersplitterung kommen kann. Dazu

---

[1399] Vgl. König, S. 83ff

gehören juristische Personen und Behörden, aber auch Personengesellschaften, wenn sie über eine entsprechende Struktur und Größe verfügen.

aa) Dogmatische Einordnung der Fälle

Die dogmatische Einordnung dieser Fallgruppen ist nicht immer eindeutig. So wird nicht immer sauber getrennt, ob es sich um die Zurechnung von Kenntnis oder um den Vorwurf grober Fahrlässigkeit handelt[1400]. Manchmal wird betreffend eine juristische Person eine Gleichstellung von Kenntnis und Kennenmüssen vorgenommen[1401]. Richtig scheint zu sein, dass die Organisationsobliegenheit keine weitergehende Zurechnung von Kenntnissen bewirkt. Die Kenntnis des Gläubigers hängt allein davon ab, ob seine Vertreter, also die Organe, gesetzlichen Vertreter oder solche Personen, die als Wissensvertreter bezeichnet werden können, die nötige Kenntnis haben. Ist dies nicht der Fall, so kommt Kenntnis nicht in Betracht. Die unzureichende Information sollte vielmehr allein als Problem der grobfahrlässigen Unkenntnis eingestuft werden[1402]. Dies lässt sich auch damit begründen, dass die Wissensvertretung als analoge bzw. entsprechende Anwendung des § 166 BGB konzipiert wurde und dass es einer Analogie mangels Gesetzeslücke nicht bedarf, wenn man stattdessen grobfahrlässige Unkenntnis annehmen kann[1403]

Die Einfügung des Begriffes der grobfahrlässigen Unkenntnis erspart damit zugleich den Rückgriff auf die dogmatisch problematischen Wissensorganisationspflichten[1404], die eine erweiterte Kenntniszurechnung ermöglichen sollen.

Der Vorwurf lautet somit, dass die Organe, gesetzlichen Vertreter bzw. andere zuständige Personen es unterlassen haben, eine funktionsgerechte Struktur der Informationsgewinnung bzw. Informationsweiterleitung zu schaffen[1405]. Dieses Verhalten muss sich der Gläubiger dann zurechnen lassen. Diese Einordnung hat den Vorteil, dass mit ihr einfache Lösungen ohne erhebliche Abgrenzungsschwierigkeiten möglich sind. Zugleich verliert die problematische Wissenszurechnung mehr und mehr an Bedeutung, da es ausreicht, eine unzureichende Organisationsform nachzuweisen[1406].

Ein vergleichbares Problem bestand im Rahmen des Werkvertragsrechts vor der Änderung durch das Schuldrechtsmodernisierungsgesetz. Dort verjährten die

---

1400 Vgl. MüKo-Grothe, § 199 Rn 31; vgl. Erman-Schmidt-Räntsch, § 199 Rn 14.

1401 Vgl. die Kritik von Grunewald, Karlsr. Forum 1994, S. 41.

1402 So im Ergebnis auch Buck, S. 357, 370f und 400f.

1403 So Waltermann, AcP 192 (1992), 208

1404 Vgl. dazu Buck, S. 400ff.

1405 Vgl. Buck, S. 26f.

1406 Buck, S. 29

Ansprüche des Bestellers in 30 Jahren, wenn der Unternehmer arglistig einen Mangel verschwiegen hatte (§ 638 Abs. 1 Satz 1 BGB). Dieser Arglist stellte es die Rechtsprechung gleich, wenn dem Unternehmer ein Organisationsverschulden vorzuwerfen war[1407]. Eine ebenfalls denkbare erweiterte Wissenszurechnung wurde dagegen abgelehnt. Diese Rechtssprechung ist ein Argument dafür, die fehlerhafte Organisation als Problem der grobfahrlässigen Unkenntnis und nicht der Wissenszurechnung einzustufen.

bb) Nichterfassen von vorhersehbaren Ansprüchen

Werden im Rahmen einer Organisationseinheit für den Verjährungsbeginn relevante Ansprüche aufgrund mangelhafter Organisation nicht erfasst, so kann dies gegenüber der Organisation bzw. ihrer gesetzlichen Vertreter den Vorwurf grobfahrlässiger Unkenntnis begründen.

(1) Gründe für die Erfassung von Ansprüchen

In einer größeren Organisationseinheit entstehen nach der Lebenserfahrung zahlreiche Ansprüche. Die Verjährung dieser Ansprüche bereitet Probleme, wenn die relevanten Personen keine Kenntnis von diesen Ansprüchen erlangen. Es stellt sich dann nämlich die Frage, ob eine Organisationsform, bei der Ansprüche nicht strukturiert erkannt und durchgesetzt werden, den Vorwurf grober Fahrlässigkeit begründet[1408]. Ein wichtiges Kriterium kann es dabei sein, wenn Ansprüche nach der Lebenserfahrung regelmäßig anfallen. Das ist zum Beispiel in größeren Organisationseinheiten wie Behörden und Großunternehmen in der Regel der Fall. So entstehen in solchen Einheiten bei der Abwicklung von Rechtsverhältnissen regelmäßig in einem gewissen Umfang irreguläre Ansprüche, z.B., wenn es zu Fehlbuchungen gekommen ist[1409]. Auch kann es bei umfangreichen Liegenschaften oder Gebäuden statistisch zu einer bestimmten Zahl von Beschädigungen und Verlusten kommen, die Ansprüche nach den §§ 280 Abs. 1, 241 Abs. 2, 311 Abs. 2 oder den §§ 823ff BGB auslösen[1410].

Im öffentlich-rechtlichen Bereich besteht die Verpflichtung, die von den Behörden getätigten Zahlungen durch Rechnungshöfe überprüfen zu lassen und dadurch Überzahlungen rechtzeitig aufzudecken[1411]. Hierbei handelt es sich um eine Einrichtung, die eine organisierte Erfassung von Forderungen ermöglichen soll.

1407 BGHZ 117, 318 (319ff); OLG München NJW-RR 1998, .529 (530).

1408 Vgl. Spiro I, § 85.

1409 Vgl. Staudinger-Peters, § 199 Rn 53.

1410 Vgl. a.a.O..

1411 A.a.O..

(2) Obliegenheit zur Erfassung derartiger Ansprüche

Die Organisationseinheit wird daher zur Vermeidung des Vorwurfes der fahrlässigen Unkenntnis die Ansprüche in regelmäßigen Abständen kontrollieren müssen. Unterlässt sie eine entsprechende Organisation, so kann darin bereits der Vorwurf der groben Fahrlässigkeit[1412] liegen.

Beispiel: Eine Gemeinde unterhält eine größere Anzahl von Straßen. Ihr ist bekannt, dass es bei einem bestimmten Anteil von privaten Neubauten zu Beschädigungen der gemeindeeigenen Straßen kommt. Dennoch unternimmt sie nichts, um solche Beschädigungen festzustellen sondern verlässt sich darauf, dass ihr ihre Außendienstmitarbeiter solche Schäden von Fall zu Fall melden. Ein besonderes Verfahren oder eine Dienstanweisung besteht hierfür aber nicht.

In diesem Beispielsfall wird man grobfahrlässige Unkenntnis der Gemeinde bejahen müssen. Ihre Ersatzforderungen beginnen also ab dem Zeitpunkt zu verjähren, ab dem sie mithilfe einer geregelten Erfassung die Kenntnis erlangt hätte.

Die Situation kann sich auch so darstellen, dass der Gläubiger verpflichtet ist, eine bestimmte Erfassungsmöglichkeit bereitzustellen[1413]. Er kann zur Vermeidung des Verjährungsbeginnes gehalten sein, auch über die sonstigen gesetzlichen Anforderungen hinaus Speicher zu schaffen, um die Informationen festzuhalten.

Beispiel: Ein Spediteur erleidet immer wieder Schäden mit seinen Fahrzeugen. Es lässt sich häufig nicht aufklären, welcher Fahrer diese Schäden verursacht hat. In einem solchen Fall muss eine Möglichkeit gefunden werden, diese Information zu erlangen, z.B. durch Fahrtenbücher oder eine Computersoftware.

Ein wesentliches Kriterium dafür, ob eine bestimmte Information gespeichert werden muss besteht darin, wie hoch aus einer ex ante Sicht die Wahrscheinlichkeit war, dass diese Information später rechtserheblich sein würde[1414].

(3) Umfang der Obliegenheit

Da allein grobfahrlässige Unkenntnis dem Gläubiger schadet, reicht nicht jede unzweckmäßige Organisation aus. Die Kontrollen müssen in ökonomisch sinnvoller Weise möglich sein. Es kann von dem Gläubiger nicht erwartet werden,

---

1412 Vgl. a.a.O..
1413 Medicus, Karlsr. Forum 1994, S. 7.
1414 Medicus, Karlsr. Forum 1994, S. 12.

dass er einen im Verhältnis zu den Forderungen unvertretbar hohen Kontrollaufwand betreibt. Welcher Aufwand letztlich erforderlich ist, um den Vorwurf grober Fahrlässigkeit zu vermeiden, ist eine Frage des Einzelfalles. Es wird jedenfalls ein Mindestmaß der aktenmäßigen Erfassung und des geregelten Informationsaustausches betreffend verjährungsrechtlich relevante Tatsachen erforderlich sein[1415]. Leitfaden muss dabei sein, wie schnell eine natürliche Person in einer vergleichbaren Situation Kenntnis hätte. Bei der natürlichen Person wird sich die Kenntnis nämlich wegen der Überschaubarkeit ihrer Vermögensverhältnisse schneller einstellen.

Im Recht des Wildschadensersatzes, bei dem eine dem § 199 Abs. 1 Nr. 2 BGB entsprechende Regelung als Ausschlussfrist existiert (§ 34 BJagdG) ist jedenfalls anerkannt, dass Grundstücke in regelmäßigen Abständen auf Schäden überprüft werden müssen. Je häufiger es in der Vergangenheit zu Schäden gekommen ist, desto eher werden entsprechende Kontrollen notwendig sein[1416]. Diese Überlegung wird man verallgemeinern können. Wenn es in bestimmten Bereichen relativ häufig zu Ansprüchen gegen Dritte kommt, so wird für diese Bereiche eine stärkere Kontrolle und eine stringentere Organisation zu verlangen sein, als bei solchen Bereichen, in denen nur unter ganz besonderen Bedingungen uns statistisch selten unbekannte Ansprüche entstehen.

Dennoch wird man die Pflichten je nach Verkehrskreis differenziert betrachten müssen, wie dies bereits im Rahmen der allgemeinen Anforderungen an die grobe Fahrlässigkeit erörtert wurde. Im Wettbewerbsrecht, wo in § 11 Abs. 2 UWG eine dem § 199 Abs. 1 BGB entsprechende Regelung besteht, soll es auf einen branchen- und situationsbedingten Fahrlässigkeitsmaßstab ankommen. Dabei sollen Verbraucher überhaupt nicht zur Marktbeobachtung verpflichtet sein, während eine solche Pflicht für Wettbewerber innerhalb eines überschaubaren Marktes angenommen wird[1417].

Der Gläubiger hat jedenfalls einen gewissen Spielraum, um seine Maßnahmen zu organisieren. Man wird aber fordern können, dass irgendeine Art systematischer Informationserfassung erforderlich ist. Grundstücke und bewegliche Sachen müssen in regelmäßigen Abständen auf Schäden untersucht werden. Für gefundene Schäden muss ein wie auch immer ausgestaltetes Meldesystem bestehen, dass im Regelfall dazu führt, dass die relevanten Informationen erfasst werden. Konten müssen regelmäßig auf ihre Richtigkeit geprüft werden. Letzteres wird selten ein Anlass zum Streit sein, da die entsprechenden Kontrollen in

[1415] Mansel, NJW 2002, 92
[1416] Vgl. Rose, § 34 BJagdG Nr. 2.
[1417] Harte-Bavendamm/Henning-Bodewig, § 11 Rn 80.

der Regel im Rahmen der Bilanzierung und der Steuererklärungen durchgeführt werden. Zu den prozessualen Problemen der Organisationsmängel wird an anderer Stelle Stellung genommen[1418].

(4) Grobfahrlässige Unkenntnis nur bei Organisationsmangel

Die grobfahrlässige Unkenntnis greift aber nur dann ein, wenn der Fehler in der Organisation bestand. Besteht der Fehler dagegen in einer unzureichenden Umsetzung der an sich ausreichenden Organisation, indem z.B. ein Mitarbeiter, der nicht Wissensvertreter ist, einer Melde- oder Kontrollpflicht nicht nachkommt, so begründet dies keine grobe Fahrlässigkeit[1419]. Der Vorwurf kann aber in einem solchen Fall damit begründet werden, dass die Überwachung dieses Mitarbeiters nicht ausreichend war. Die Obliegenheit kann sich also auch darauf erstrecken, die Einhaltung von organisatorischen Vorgaben jedenfalls stichprobenartig zu überprüfen.

Der juristischen Person kann es z.B. auch obliegen, Ansprüche gegen ihre Wissensvertreter regelmäßig zu prüfen. Oben wurde dazu festgestellt, dass die Zurechnung des Wissens bei Ansprüchen, die sich gegen Wissensvertreter oder Organe richten, nicht stattfindet[1420]. Für eine juristische Person kann sich aber, wenn solche Ansprüche regelmäßig auftreten die Obliegenheit ergeben, eine Kontrollmöglichkeit einzuführen. Ein Beispielsfall wäre die regelmäßige Prüfung von Abrechnungen von Vertriebsleuten oder die allgemeine Einführung einer Innenrevision.

(5) Grenzen der Informationserfassung

Die Obliegenheit zur Informationserfassung findet ihre Grenzen, wenn ihr gesetzliche Bestimmungen entgegenstehen. Dies können zum Beispiel Normen des Datenschutzes sein, die bei der Erfassung personenbezogener Daten zu beachten sind.

cc) Mangelhafter Informationsfluss

Der Vorwurf grobfahrlässiger Unkenntnis kann auch dadurch begründet werden, dass der Informationsfluss innerhalb der Organisation nicht ordnungsgemäß funktioniert. Diese Nachlässigkeit wiegt in einer Zeit, in der in zunehmendem Maße technische Hilfsmittel, insbesondere in der elektronischen Datenverarbei-

---

[1418] Ab S. 304.

[1419] Vgl. Buck, S. 348.

[1420] S. 184.

tung eingesetzt werden[1421], besonders schwer. Man kann in solchen Fällen versuchen, die Grundsätze der Wissenszurechnung anzuwenden. Dadurch würde man, wenn nur irgendwer innerhalb der Organisation das erforderliche Wissen besitzt eine Zurechnung dieses Wissens ermöglichen. Die Konturen einer solchen Zurechnung sind aber äußerst unscharf[1422]. Außerdem spricht nichts dafür, dass mit der Neufassung des § 199 Abs. 1 Nr. 2 BGB eine Erweiterung der Wissenszurechung bezweckt war. Auf derartige Konstruktion muss auch gar nicht zurückgegriffen werden. Man kann schließlich in derartigen Fällen grobfahrlässige Unkenntnis annehmen, weil die verantwortlichen Personen es unterlassen haben, eine ordnungsgemäße Organisationsstruktur zu schaffen.

(1) Allgemeines

Grobe Fahrlässigkeit kann auch daher rühren, dass der Gläubiger innerhalb seiner Organisation nicht dafür sorgt, dass vorhandenes Wissen an diejenigen Personen weitergeleitet wird, die die Ansprüche durchsetzen können. Dabei kommt dem Gläubiger zunächst zugute, dass er sich mit der Figur des Wissensvertreters nur das Wissen oder die grobfahrlässige Unkenntnis bestimmter Personen zurechnen lassen muss. Der Begriff der Organisation soll in diesem Zusammenhang wiederum offen verstanden werden[1423]. Eine Organisation können demnach auch verschiedene Behörden unterschiedlicher Rechtsträger oder verschiedene Unternehmen sein, solange sie nur einen einheitlichen Zweck verfolgen. Die Überlegungen gelten nicht nur für juristische Personen, sondern auch für die BGB-Gesellschaft, die oHG und die KG[1424]. Jede Organisationsform, die zu einer Wissenszersplitterung führen kann, soll erfasst sein.

Beispiele: Ausgegliedertes Inkassounternehmen in der Privatwirtschaft oder wenn für Antrag und Auszahlung eines andere Behörde zuständig ist als für den Regress.

Eine Unterteilung nach Behörden, juristischen Personen und sonstigen Organisationseinheiten scheint nicht angebracht, da es sich um vergleichbare Problemstellungen handeln dürfte[1425].

Die Problematik lässt sich am einfachsten mit einem Beispielsfall zeigen.

Beispiel: Eine Behörde zahlt Geld an die Opfer von Straftaten. Rechtsgrundlage ist das Opferentschädigungsgesetz. Die Ansprüche gegen die Straftäter gehen im Wege der Le-

---

1421 Buck, S. 5.

1422 Vgl. Buck, S. 6f.

1423 Medicus, Karlsr. Forum 1994, S. 12.

1424 Grunewald, S. 301; Buck, S. 8f.

1425 Vgl. Erman-Schmidt-Räntsch, § 199 Rn 14.

galzession auf das Land, welches Träger der Behörde ist über. Innerhalb der Behörde besteht eine Leistungsabteilung, die die Zahlungen an Opfer prüft und anweist und eine Regressabteilung, die Regressansprüche gegen Straftäter prüft und ggf. durchsetzt. Gewährt die Leistungsabteilung dem Opfer einer Straftat eine Leistung nach dem Opferentschädigungsgesetz, so wird das Land Inhaber des Regressanspruches gegen den Täter. Versäumt die Leistungsabteilung die Aktenvorlage an die Regressabteilung, so stellt sich die Frage nach dem Verjährungsbeginn.

Aber auch in den vielen Fällen, in denen der Gläubiger einen vertraglichen Anspruch nach den einzelnen erbrachten Leistungen abzurechnen hat, kann es darauf ankommen, dass er sich das Wissen seiner Mitarbeiter zugänglich macht.

Beispiel: Mitarbeiter eines Bauunternehmens verbauen zusätzliche Baustoffe, deren Berechnung am Ende vergessen wird, weil die Geschäftsleitung hiervon keine Kenntnis hatte.

(2) Keine Wissenszurechnung

Keine Probleme ergeben sich, wenn die Unkenntnis des Gläubigers diesem bereits nach den Grundsätzen der Wissensvertretung zugerechnet werden können. Wie bereits oben dargestellt, muss sich der Gläubiger Kenntnis und auch Unkenntnis seiner Wissensvertreter nach den Grundsätzen von Treu und Glauben zurechnen lassen. In denjenigen Fällen, in denen die Person oder Stelle bei Gläubiger, die die Kenntnis oder grobfahrlässige Unkenntnis aufweist sich als Wissensvertreter einstufen lässt, also die Anforderungen an einen Wissensvertreter erfüllt, beginnt somit ohne Weiteres die Verjährung[1426]. Dabei ergeben sich aber schon deswegen gewisse Probleme, weil die Normen der Wissenszurechnung sich an natürlichen Personen orientieren und nicht an großen Organisationseinheiten[1427] und sich die Bestimmungen im Übrigen als ziemlich unzulänglich erwiesen haben[1428]. Das vom Gesetzgeber in § 166 BGB geschaffene Modell ist nicht im Hinblick auf Großorganisationen entwickelt worden[1429].

Ein Wissensvertreter liegt aber, wie oben festgestellt, nur dann vor, wenn die Person über die Sachzuständigkeit und Verantwortlichkeit für den betreffenden Bereich verfügt[1430]. Insoweit ist auf die Ausführungen zur Zurechnung von fremder Kenntnis hinzuweisen[1431].

1426 Vgl. BGH NJW 1968, 988f.
1427 Klingmüller, KarlS. Forum 1994, S. 2.
1428 Medicus, KarlS. Forum 1994, S. 4.
1429 Buck, S. 337.
1430 BGH NJW 1985, 2583; NJW 1986, 2315 (2316).
1431 S. 178.

Unter der Geltung des § 852 Abs. 1 BGB a.F. musste die Kenntnis daher in vielen Fällen verneint werden. So sollte es nicht ausreichen, wenn bei einer Versicherung die Leistungsabteilung anstelle der Regressabteilung die notwendigen Kenntnisse hat[1432]. Gleiches galt, wenn der Kompaniechef anstelle der an sich zuständigen Verwaltungseinheit Kenntnis von der Verletzung eines Soldaten durch Dritte erlangt[1433]. Es reicht weiter nicht aus, wenn nur das Versicherungsamt anstelle des an sich zuständigen Versicherungsträgers die notwendige Kenntnis erlangte[1434]. Dass Hauptzollamt musste sich Wissen der Zollfahndungsämter nicht zurechnen lassen[1435].

Letztlich konnte die Verjährung nach altem Recht praktisch dadurch ausgeschlossen werden, dass denjenigen Personen, die typischerweise die notwendigen Kenntnisse erlangen, mit so begrenzten Entscheidungsbefugnissen ausgestattet werden, dass für sie die Grundsätze der Wissensvertretung nicht mehr anwendbar sind[1436].

Hierzu vom BGH vertreten, dass der Schuldner keinen Anspruch darauf hat, dass eine Behörde eine Organisationsstruktur schafft, die zur schnellstmöglichen Kenntnis führt. Selbst eine unzweckmäßige Organisation oder gar ein vorwerfbarer Organisationsfehler sollten für die Verjährung bisher unerheblich sein[1437].

(3) Änderungen gegenüber § 852 Abs. 1 BGB

Zu § 852 Abs. 1 BGB a.F. hat die Rechtsprechung es bisher abgelehnt, eine Wissenszurechnung über den eben geschilderten Bereich der sog. "Wissensvertreter" vorzunehmen[1438]. Stets wurde darauf verwiesen, dass die behördlichen Zuständigkeitsregelungen bei der Anwendung des § 852 Abs. 1 BGB a.F. hingenommen werden müssten[1439]. Im Übrigen wurde ein deliktischer Schädiger, für den § 852 Abs. 1 BGB a.F. allein galt, für nicht schutzwürdig gehalten[1440].

Die bisherige Lage wurde aber in der Literatur als problematisch bezeichnet[1441] und die Annahme missbräuchlicher Unkenntnis bei eklatantem

---

1432 BGH NJW 1986, 2315 (2316); 2000, 1411.
1433 BGH NJW 1985, 2583.
1434 BGH NJW 1977, 2106.
1435 BGHZ 134, 343 (346).
1436 Vgl. BGH NJW 1985, 2583; BGH NJW 1986, 2315.
1437 BGH NJW 1986, 2315 (2316); NVwZ 1986, 152 (153).
1438 BGHZ 134, 343 (348).
1439 BGH VersR 1974, 340 (342).
1440 OLG Bremen OLGR 2003, 58 (59).
1441 Ahrens, Diskussionsbeitrag, JZ 2001, 561.

Behördenversagen gefordert[1442]. Dies galt insbesondere für Behörden, die nach den Grundsätzen der Gesetzmäßigkeit sowie der Wirtschaftlichkeit der Verwaltung verpflichtet sind, Rückgriffsmöglichkeiten zu erkunden[1443]. Unter der Geltung des § 199 Abs. 1 Nr. 2 BGB wird man in solchen Fällen annehmen müssen, dass das Fehlen des organisierten Wissensaustausches grobe Fahrlässigkeit begründet. Allgemein wird angenommen, dass immer dann, wenn das Gesetz fahrlässige Unkenntnis genügen lässt, diese dann vorliegt, wenn den Geschäftsherren wesentliche Informationen aufgrund fehlerhafter Organisation nicht erreichen[1444]. Er muss sich darum kümmern, dass er selbst oder ein zuständiger Mitarbeiter die rechtlich erheblichen Kenntnisse erlangt[1445].

Die Literatur zu § 199 Abs. 1 Nr. 1 BGB befürwortet es daher überwiegend, derartige Fälle zukünftig als Fälle grobfahrlässiger Unkenntnis anzusehen. Der Gläubiger missachtet nämlich in solchen Fällen seine Kenntnisnahmeobliegenheit. Wenn solche Organisationsmängel struktureller Art sind und sich in vielen Fällen auswirken können, so kann damit der Vorwurf der groben Fahrlässigkeit einhergehen[1446]. Dafür spricht, dass die Rechtsprechung sich unter anderem auf die Besonderheiten des Deliktsrechts berufen hat und für andere Fälle eine abweichende Ansicht für möglich hielt[1447]. In einem Fall, in dem die Parteien eine mit § 852 Abs. 1 BGB a.F. inhaltsgleiche Regelung vereinbart hatten, erwog der BGH, seine neue Rechtsprechung zur Wissensverantwortung anzuwenden[1448]. Allein deshalb, weil die Parteien erkennbar an die hergebrachte Auslegung der Norm anknüpfen wollten und bei Vertragsschluss die neuere Rechtsprechung noch nicht kannten, legte das Gericht die Vereinbarung nach den hergebrachten Grundsätzen aus. Der Schuldner soll nach der Neufassung besser geschützt werden, wenn der Gläubiger sich nicht um seinen Anspruch kümmert, was ein Grund für die Rechtsprechung sein kann, sich in dieser Frage nunmehr neu zu

---

1442 Anmerkung Schiemann, LM § 852 Nr. 139 Bl.5.

1443 Eichenhofer, Anmerkung zu BGH SGb 2001, 39, SGb 2001, 42.

1444 Buck, S. 353.

1445 A.a.O. S. 354.

1446 Vgl. Palandt-Heinrichs, § 199 Rn 24, wo die Problematik aber als Zurechungsproblem gesehen wird, anders dagegen Rn 37; ähnlich Erman-Schmidt-Räntsch, § 199 Rn 14, der keine exakte Einordnung vornimmt; ähnlich AnwK-Mansel/Stürner Rn 60; Mansel, NJW 2002, 92; Henssler/von Westphalen-Bereska, § 199 Rn 25; Küppersbusch Rn 792; Heß, NZV 2002, 66; Schmid, ZGS 2002, 181f; für die Annahme eine Organisationsverschuldens bereits Eichenhofer, Anmerkung zu BGH SGb 2001, 39, SGb 2001, 42.

1447 BGHZ 134, 343 (348) m.w.N..

1448 BGH NJW 2001, 2535 (2536f).

orientieren[1449]. Der Schuldner soll insbesondere nicht das Risiko einer internen Geschäftsverteilung tragen müssen[1450]. Dabei spielt es auch eine Rolle, dass die Erweiterung im Interesse des Verkehrsschutzes ist[1451].

Wenn die Rechtsprechung dagegen geltend macht, der Gläubiger müsse geschützt werden[1452], so ist dies wenig überzeugend. Die bisherige Rechtsprechung führte letztlich jedenfalls dazu, dass der Zessionar vor "Schlamperei" geschützt wurde[1453]. Dieser Schutz erscheint aber unverdient. Faktisch wurde ein Sozialversicherungsträger oder eine Krankenkasse, die eine durchaus übliche Aufteilung in eine Leistungs- und eine Regressabteilung[1454] vornimmt, verjährungsrechtlich gegenüber natürlichen Personen und juristischen Personen ohne eine entsprechende Aufteilung privilegiert. Ein Grund für diese Besserstellung ist jedoch nicht ersichtlich. Vielmehr sollten interne Abstimmungsprobleme im Außenverhältnis nicht entlasten[1455].

Die Annahme grober Fahrlässigkeit lässt sich dementsprechend auch in Ahnlehnung an die neuere Rechtsprechung zur Wissensverantwortung juristischer Personen begründen[1456]. Diese setzt zwar auf der Ebene der Wissenszurechnung an, enthält aber allgemeinverbindliche Überlegungen. Diese Rechtsprechung geht zunächst davon aus, dass die Wissensvertretung bei juristischen Personen nicht mit logischbegrifflicher Stringenz sondern mit wertender Beurteilung zu entscheiden ist[1457]. Wesentlich soll demnach sein, dass der andere Teil nicht deswegen schlechter gestellt wird, weil er es nicht mit einer natürlichen sondern mit einer juristischen Person zu tun hat[1458]. Diese Schlechterstellung kann nur durch die Zurechnung von verfügbarem Wissen vermieden werden[1459]. Wer sich die Vorteile der Arbeitsteilung zunutze macht und die damit einhergehenden Risiken beherrschen kann, der muss Mittel zur Informationsweiterleitung finden.

1449 Küppersbusch Rn 792.

1450 So schon AK-Ott, § 852 Rn 7.

1451 Vgl. Medicus, Karlsr. Forum 1994, S. 9.

1452 BGH NJW 1992, 1755 (1756).

1453 So ausdrücklich Küppersbusch Rn 792; kritisch auch Grunewald, S. 317.

1454 Dazu Marburger, VersR 2003, 1235.

1455 Eichenhofer, Anmerkung zu BGH SGb 2001, 39, SGb 2001, 42.

1456 Vgl. MüKo-Grothe, § 199 Rn 31; BGHZ 132, 30 (35) = BGH NJW 1996, 1339 (1340f); zusammenfassend Larenz/Wolf, AT, § 46 Rn 104ff.

1457 BGHZ 132, 30 (35).

1458 BGHZ 132, 30 (36f); BGHZ 135, 202 (205); Taupitz, Karlsruher Forum 1994, S. 16ff und 28ff; Medicus, Karlsruher Forum 1994, S. 4ff, 11ff.

1459 Schmidt, ZGS 2002, 180 (181).

Bei einer juristischen Person wird Wissen typischerweise aktenmäßig festgehalten. Um nun die Gleichstellung mit einer natürlichen Person vorzunehmen soll es der juristischen Person nicht freistehen, das in ihrem Organisationsbereich vorhandene Wissen zu nutzen sondern sie soll verpflichtet sein, dieses Wissen zu organisieren[1460]. Das Wissen oder Nichtwissen der relevanten Person darf nicht davon abhängen, dass an Stelle einer informierten Person mehr oder weniger zufällig eine andere Person tätig wird[1461]. Dem liegt der Gedanke zugrunde, dass das Risiko der Wissensaufspaltung in einer größeren Organisation von demjenigen zu tragen sein soll, der es veranlasst hat[1462]. Dritte haben hierauf keinen Einfluss und sollen daher auch keine Nachteile erleiden. Die juristische Person dagegen ist verpflichtet, eine Struktur zu schaffen, die die Weiterleitung von wichtigen Informationen an die zuständigen Organe sicherstellt[1463].

Die entsprechende Rechtsprechung des Bundesgerichtshofes basiert wesentlich auf Elementen des Vertrauensschutzes. Der Vertrauensschutz spielt aber auch für die Verjährung eine große Rolle[1464]. Ihr liegt der zentrale Gedanke zugrunde, dass der Schuldner nach einer gewissen Zeitspanne darauf vertrauen kann, nicht mehr in Anspruch genommen zu werden.

Eine Erweiterung der Wissensverantwortung wird in der Literatur bisher allein von *Marburger*[1465] bestritten. Er geht davon aus, dass die Reform insoweit alles beim Alten gelassen habe. Dabei trennt er aber nicht scharf zwischen den Grundsätzen der Wissenszurechnung und der grobfahrlässigen Unkenntnis. Ihm ist zuzugeben, dass die Neufassung an den Grundsätzen der Wissenszurechnung nichts geändert hat. Er geht aber nicht näher darauf ein, dass diese Fälle künftig über den Begriff der groben Fahrlässigkeit erfasst werden könnten. Diesen Vorwurf kann man schließlich derjenigen Person machen, die die Abläufe innerhalb der Organisation organisiert.

(4) Umfang der Organisationsobliegenheit

Der Gläubiger muss also im Grundsatz eine Organisationsform finden, innerhalb derer sichergestellt ist, dass die wesentlichen Informationen an diejenigen Personen gelangen kann, die diese Informationen benötigen. Da aber nur bei einem grob fahrlässigen Verstoß die Verjährung beginnen soll, muss der Verstoß eine gewisse Erheblichkeit aufweisen. Diese Einschränkung war auch in der Fall-

1460 BGHZ 132, 30 (36).
1461 BGHZ 135, 202 (206).
1462 Medicus, Karlsr. Forum 1994, S. 11.
1463 MüKo-Grothe, § 199 Rn 31.
1464 Vgl. Riedhammer, S. 54ff und 170ff.
1465 VersR 2003, 1235.

gruppe der unzureichenden Informationserfassung relevant. Die entsprechenden Überlegungen dürften identisch sein.

Es reicht also nicht jede irgendwie unzweckmäßige Organisation. Eine ideale Organisationsform ist zum einen mangels bestehender Regelungen[1466] nicht eindeutig festzustellen. Es muss daher als ausreichend angesehen werden, wenn eine im Allgemeinen funktionstüchtige Struktur geschaffen wird. Es besteht ein erheblicher Gestaltungsspielraum[1467]. Keinesfalls müssen, wie zur Vermeidung einfacher Fahrlässigkeit[1468], alle denkbaren Kosten und Mühe aufgewandt werden. Man wird daher zurzeit keinen allgemeinen Grundsatz feststellen können, dass Informationen grundsätzlich in Computern und nicht mehr in schriftlichen Unterlagen gespeichert werden müssen[1469].

(5) Grenzen der Wissensorganisation

Es kann allerdings nicht verlangt werden, dass alle Informationen stets jedem entscheidungserheblichen Mitarbeiter einer Organisation zur Verfügung stehen. Es gibt vielmehr Bereiche, in denen eine Organisation geradezu verpflichtet ist, den Wissensfluss zu verhindern. Wissen, das man nicht anwenden darf, muss verjährungsrechtlich irrelevant bleiben[1470].

(a) Datenschutz

Der erste wichtige Bereich hierfür ist der schon im Rahmen der Informationserfassung relevante Datenschutz[1471]. Seine Bestimmungen können dazu verpflichten, personenbezogene Daten nicht unbegrenzt zugänglich zu machen. Jede Ausweitung des Datenschutzes führt daher zu der etwas merkwürdigen Konsequenz, dass sie verjährungsrechtlich zu Lasten desjenigen geht, der durch die Bestimmungen eigentlich geschützt werden sollte[1472].

(b) Geheimhaltungspflichten und Bankgeheimnis

Ein weiteres Problemfeld sind Geheimhaltungspflichten[1473]. So kann nicht verlangt werden, dass Wissen unter Verstoß gegen gesetzliche oder sonst anerkann-

---

1466 Hierauf weist Medicus, Karlsr. Forum 1994, S. 52 hin; Buck, S. 395ff.

1467 Buck, S. 395.

1468 Waltermann, AcP 192 (1992), 209.

1469 Buck, S. 55

1470 Vgl. Medicus, Karlsr. Forum 1994, S. 25.

1471 Buck, S. 482ff.

1472 Medicus, Karlsr. Forum 1994, S. 14.

1473 Medicus, Karlsr. Forum 1994, S. 13.

te Geheimhaltungspflichten[1474] oder Verschwiegenheitspflichten[1475] weitergegeben wird. Eine Organisation handelt daher nicht grob fahrlässig, wenn sie derartigen Wissensaustausch unterbindet. Damit reduzieren sich die Anforderungen insbesondere an juristische Personen des öffentlichen Rechts ganz erheblich, da wegen zahlreicher Beschränkungen durch das Dienstgeheimnis und Datenschutzbestimmungen nicht verlangt werden kann, dass ein allgemeiner Informationsaustausch zwischen verschiedenen Behörden organisiert werden muss[1476].

Auch das Bankgeheimnis kann einen Grund darstellen, Informationen nicht frei zugänglich zu machen. Dies gilt zum einen gegenüber außenstehenden Dritten[1477] aber ggf. auch gegenüber anderen Abteilungen der Bank[1478].

(c) Willentliche Wissensabschottung, Chinese Walls

Mitunter wird der Wissensaustausch auch ganz bewusst von einer Organisation verhindert, indem sie sog. *Chinese-Walls* errichtet, d.h. bestimmte Abteilungen gegeneinander abschottet[1479]. Die Organisation wird so wissensmäßig in mehrere selbstständig operierende, aber nicht rechtlich selbstständige Einheiten gegliedert. Für solche Abschottungen besteht nur ausnahmsweise eine gesetzliche Verpflichtung (vgl. §§ 14f, 31ff WpHG), sie muss aber auch außerhalb einer solchen Verpflichtung als Gestaltungsmittel der Organisation hingenommen werden. Wichtig ist dabei aber, dass die Abschottung nicht allein den Zweck hat, die Wissenszurechnung zu verhindern sondern dass dieser Effekt nur eine Folge der Abschottung ist und ansonsten gute Gründe für die Abschottung bestehen[1480]. Sie darf also nicht willkürlich erfolgen[1481].

(d) Privatwissen

Auch die Weitergabe von Privatwissen kann nicht ohne weiteres verlangt werden, zumal ansonsten Konflikte mit dem Persönlichkeitsrecht des Mitarbeiters drohen. Eine Organisation handelt daher auch dann nicht grob fahrlässig, wenn sie die Weitergabe privaten Wissens nicht ausdrücklich verlangt[1482].

1474 Vgl. zu den gesellschaftsrechtlichen Geheimhaltungspflichten Buck, S. 464ff.
1475 A.a.O. S. 468ff
1476 Vgl. BGH NJW 1992, 1099 (1100).
1477 Buck, S. 492ff.
1478 A.a.O. S. 496ff.
1479 Vgl. dazu Buck, S. 499ff.
1480 Beitrag Kötz, Karlsr. Forum 1994, S. 43.
1481 Beitrag Canaris, Karlsr. Forum 1994, S. 35.
1482 Vgl. Taupitz, Karlsr. Forum 1994, S. 25.

(e) Technische und ökonomische Grenzen

Eine Grenze besteht auch, soweit die Informationsübermittlung technisch nicht möglich ist[1483] oder so hohe Kosten verursacht, dass sie nicht zumutbar erscheint[1484].

(6) Ergebnis

Es bleibt daher festzuhalten, dass eine unzweckmäßige Organisationsform den Vorwurf grobfahrlässiger Unkenntnis begründen kann. Bei dieser Konstruktion handelt es sich nicht um eine Wissenszurechnung, sondern um ein Organisationsverschulden. Dies hat zur Folge, dass nur für die fehlerhafte Organisation gehaftet wird, nicht aber dafür, dass z.B. ein Mitarbeiter pflichtwidrig die Weitergabe von Wissen unterlässt. In diesem Fall kann grobfahrlässige Unkenntnis nur dann bejaht werden, wenn die Einhaltung der Pflichten nicht ordnungsgemäß überwacht worden ist.

c) Unterlassene Nutzung vorhandenen Wissens

Eine dritte Fallgruppe, in der der Vorwurf grobfahrlässiger Unkenntnis erhoben werden kann, greift dann ein, wenn eine Person, deren Wissen sich der Gläubiger zurechnen lassen muss es versäumt, für sie in der Gläubigersphäre vorhandene Informationen zu nutzen. Diese Ausweitung wird im Hinblick auf den Verkehrsschutz mittlerweile allgemein immer häufiger gefordert[1485].

Der Unterschied zur ersten Fallgruppe besteht darin, dass es hier um organisationsinterne und nicht um externe Informationsquellen bei einer größeren Organisationseinheit geht. Gegenüber der zweiten Gruppe besteht der Unterschied darin, dass diese eine fehlerhafte Organisation voraussetzt, währen diese Fallgruppe davon ausgeht, dass die Organisation an sich ausreichend ist, die vorhandenen Möglichkeiten aber nicht genutzt werden.

Beispiel: Der Mitarbeiter der Regressabteilung eines Sozialversicherungsträgers bearbeitet einen Schadensfall. Ihm ist bekannt, dass in einem Parallelfall mit einem anderen Geschädigten aber demselben Schädiger durch eine andere, nicht zuständige Abteilung Informationen gesammelt wurden. Er könnte diese Informationen über das Computernetzwerk abfragen, unterlässt dies aber.

In diesem Fall muss sich der Sozialversicherungsträger das Wissen der Mitarbeiter der unzuständigen Abteilung nicht zurechnen lassen, weil diese nicht

---

[1483] Taupitz, Karlsr. Forum 1994, S. 27.
[1484] Beitrag Honsell, Karlsr. Forum 1994, S. 35.
[1485] Buck, S. 95ff.

Wissensvertreter sind. Zugleich verfügt der Mitarbeiter der Regressabteilung, der an sich Wissensvertreter wäre, nicht über die relevanten Informationen. Man kann in einem solchen Fall aber erwägen, grobfahrlässige Unkenntnis des Mitarbeiters der Regressabteilung anzunehmen, und diese dem Gläubiger zurechnen.

Auch für diese Fallgruppe ist die Abgrenzung zur positiven Kenntnis problematisch. Mitunter werden diese Konstellationen auch als Fälle des Wissens und nicht des Wissenmüssens eingestuft[1486]. Dafür besteht aber kein Grund.

Gewisse Überschneidungen ergeben sich für die Nutzung von Datenspeichern. Sie kann man entweder als einzelne Nachforschungen im Rahmen der Erkundigungsobliegenheit einordnen[1487] oder aber man ordnet sie der hier behandelten dritten Fallgruppe zu. Ein inhaltlicher Unterschied ergibt sich dadurch nicht.

aa) Allgemeines

Diese Fallgruppe setzt bei derjenigen Person an, deren Wissen oder deren grobfahrlässige Unkenntnis sich die juristische Person wegen deren Organstellung oder nach den Grundsätzen der Wissenszurechnung zurechnen lassen muss. Diese Person handelt ggf. grob fahrlässig, wenn sie es unterlässt, in der Organisation vorhandenes Wissen nutzbar zu machen[1488]. Sie muss daher im Grundsatz versuchen, dieses Wissen heranzuziehen. Die Problematik der Wissensnutzung hat durch die fortschreitende Technologie und die darauf aufbauende Vernetzung eine neue Intensität erreicht[1489].

bb) Anforderungen an den Sorgfaltsverstoß

Auch hier bedarf es aber eines qualifizierten Verstoßes, um den Vorwurf der groben Fahrlässigkeit erheben zu können. Nicht jedes Versäumnis ist dafür ausreichend.

Letztlich handelt es sich um eine ähnliche Bewertung, wie sie auch schon bei den allgemeinen Nachforschungsobliegenheiten vorgenommen wurde. Es müssen nicht alle erdenklichen Bemühungen unternommen werden sondern nur die, die besonders Erfolg versprechend sind.

Etwaiges in der Organisation vorhandenes Wissen ist nur dann relevant, wenn sowohl die reale Möglichkeit als auch ein konkreter Anlass[1490] besteht, das Wis-

---

1486 Buck, a.a.O..

1487 Diese Lösung wurde hier gewählt, vgl. S. 240.

1488 Vgl. Schmid, ZGS 2002, 182.

1489 Vgl. Klingmüller, Karlsr. Forum 1994, S. 3.

1490 Taupitz, Karlsr. Forum 1994, S. 28.

sen zu nutzen[1491]. Ansonsten würde es zu einer Fiktion kommen, wonach einer Organisation sämtliches bei ihr irgendwo gespeichertes Wissen zuzurechnen wäre[1492]. Auch ein einzelner Mensch muss sich schließlich das Wissen, das außerhalb seines Gedächtnisses in irgendwelchen Speichern abgelegt ist, nur dann zurechnen lassen, wenn er gute Gründe hat, dort nachzusehen[1493].

Besteht von Anfang an keine reale Möglichkeit, das Wissen zu erlangen, so kann der Vorwurf der groben Fahrlässigkeit nur darin liegen, dass die Organisation von Anfang an unzweckmäßig war. Dann beruht der Vorwurf der groben Fahrlässigkeit auf der vorherigen Fallgruppe.

Ist die Heranziehung der Information dagegen real möglich, so muss für die zuständige Person ein Anlass bestehen, Nachforschungen innerhalb der Organisation anzustellen[1494]. Hat sie zum Beispiel erfahren, dass bestimmte Personen oder Abteilungen mit einem relevanten Sachverhalt befasst waren, so muss eine Nachfrage bei dieser Stelle erfolgen. Ist davon auszugehen, dass relevante Informationen in einem organisationsinternen Computernetzwerk (*Intranet*) verfügbar sind, so muss eine Abfrage versucht werden.

Die Obliegenheit, vorhandene Informationsquellen zu nutzen wird sich nicht auf die Quellen innerhalb einer bestimmten Behörde bzw. einer Untereinheit beschränken lassen[1495]. Es kommt nämlich nicht formal darauf an, dass die benötigte Information innerhalb derjenigen Einheit vorhanden ist, die zur Entscheidung über den konkreten Anspruch zuständig ist. Auch andere Informationsquellen müssen genutzt werden, wenn die Nutzung möglich und Erfolg versprechend ist.

cc) Grenzen der Obliegenheit

Auch in dieser Fallgruppe müssen die Grenzen der Erkundigungspflichten beachtet werden:

So kann von derjenigen Stelle, die für die Geltendmachung von Ansprüchen zuständig ist nicht verlangt werden, dass sie ohne konkrete Anhaltspunkte das gesamte innerhalb der Organisation vorhandene Wissen zusammenträgt und auswertet. Es kann aber verlangt werden, dass solche Quellen herangezogen werden, die sehr nahe liegend sind[1496]. Würde man hier zu weitgehende

1491 Erman-Schmidt-Räntsch, § 199 Rn 14.
1492 Medicus, Karlsr. Forum 1994, S. 7.
1493 Medicus, Karlsr. Forum 1994, S. 12.
1494 Medicus, Karlsr. Forum 1994, S. 7; vgl. BGH NJW 1989, 2879 (2881).
1495 A.a. Erman-Schmidt-Räntsch, § 199 Rn 14.
1496 Vgl. Palandt-Heinrichs, § 199 Rn 37.

Bemühungen verlangen, so würde die juristische Person gegenüber einer natürlichen Person unbillig benachteiligt werden.

Damit ist zugleich ausgeschlossen, dass die Kenntnis jedwedes Mitarbeiters oder jeder anderen Behörde einer juristischen Person relevant ist. Wissen, welches bei einer unzuständigen Behörde vorhanden ist schadet also so lange nicht, wie die zuständige Stelle keine Möglichkeit oder keinen Anlass hat, auf dieses Wissen zuzugreifen[1497].

Eine wichtige Grenze bildet wiederum der Datenschutz. Es dürfen keine Erkundigungen unter Verstoß gegen datenschutzrechtliche Bestimmungen eingeholt werden. Es wäre ein Widerspruch, das Unterlassen derartiger Auskünfte als Fall grober Fahrlässigkeit einzustufen. Damit reduzieren sich die Erkundigungsanforderungen einer juristischen Person des öffentlichen Rechts ganz erheblich. In vielen Fällen wird nämlich das Datenschutzrecht eine Anfrage bei einer anderen öffentlichen Stelle verhindern.

IV. Kausalität

1. Notwendigkeit der Kausalität

Sobald feststeht, dass der Gläubiger eine Obliegenheit grobfahrlässig verletzt hat, ist weiter zu fragen, ob diese Obliegenheitsverletzung für die Unkenntnis kausal gewesen ist.

Der Wortlaut der Norm, wonach die Kenntnis "ohne" grobe Fahrlässigkeit erlangt worden wäre, ergibt, dass grundsätzlich Kausalität gegeben sein muss. Diese Feststellung ist nicht unproblematisch. Im Rahmen des § 932 BGB, der freilich einen geringfügig anderen Wortlaut aufweist, ist die Rechtslage dementsprechend auch sehr umstritten[1498]. Schließlich muss eine hypothetische Überlegung angestellt werden, ob die Einhaltung der Obliegenheit zur Kenntnis geführt hätte. In fast allen Fällen ist diese Betrachtung mit erheblichen Unsicherheiten behaftet. So hätte es bei einer unterlassenen Anfrage sein können, dass der Brief auf dem Postweg abhanden kommt, dass die befragte Stelle unerwartet dennoch keine Auskunft gibt oder dass eine Forderung in einem Großunternehmen trotz sorgfältiger Organisation nicht bekannt wird, weil ein Mitarbeiter bei der Bearbeitung einen Fehler macht. Würde man diese Einwände durchgreifen lassen, wäre das Kriterium der grobfahrlässigen Unkenntnis praktisch entwertet. Der Gläubiger würde derartige Möglichkeiten immer geltend machen können. Man wird daher im Grundsatz davon ausgehen müssen, dass die

[1497] Im Ergebnis so auch Erman-Schmidt-Räntsch, § 199 Rn 14.

[1498] Staudinger-Wiegand, § 932 Rn 82ff mit Nachweisen zum Disskussionsstand.

Obliegenheit im Regelfall zum Erfolg geführt hätte. Sofern also eine Obliegenheit verletzt wurde, bei deren Erfüllung aller Wahrscheinlichkeit nach Kenntnis eingetreten wäre, so genügt dies für die Kausalität der Obliegenheitsverletzung.

Ein ähnliches Problem besteht für den gutgläubigen Erwerb. Dort geht die Rechtsprechung davon aus, dass es grundsätzlich unerheblich ist, ob eine unterlassene erforderliche Erkundigung zum Erfolg geführt hätte[1499]. Damit hat sie sich über den Wortlaut der Norm hinweggesetzt, der Unkenntnis „infolge" grober Fahrlässigkeit verlangt[1500]. Es bleibt abzuwarten, ob es bei § 199 Abs. 1 Nr. 2 BGB zu einer ähnlichen Entwicklung kommt.

Besser scheint es aber, die Probleme durch ein Regel-Ausnahme-Verhältnis zu lösen, d.h. grundsätzlich davon auszugehen, dass eine unterlassene Erkundigung zur Kenntnis geführt hätte, dem Gläubiger aber zu ermöglichen, diese Kausalitätsvermutung zu widerlegen.

Besonders bedeutsam ist die Kausalität schließlich bei unterlassenen Nachfragen. Es muss zwar unerheblich sein, ob die Nachfrage aufgrund eines Zufalls nicht ordnungsgemäß beantwortet wird. Das befreit aber nicht davon, dass die Stelle, bei der nachzufragen wäre, über die benötigte Information verfügt haben muss[1501].

Beispiel[1502]: Das Opfer erfährt, dass die Polizei Ermittlungen gegen eine Person durchführt. Es unterlässt die Nachfrage. Die Nachfrage hätte nur ergeben, dass verschiedene Personen unter Verdacht stehen. Klarheit über den Verantwortlichen wäre nicht erlangt worden.

Hätte die Anfrage bei ordnungsgemäßem Ablauf nicht zur Erlangung ausreichender Kenntnisse geführt, so beruht die Unkenntnis nicht auf grober Fahrlässigkeit. Dieses Ergebnis mag im Einzelfall unbillig erscheinen, weil es den Gläubiger ganz unverdient vor der Verjährung schützt, obwohl er seine Obliegenheit nicht erfüllt hat. Dies ist aber nicht unbillig. Die Verjährung soll schließlich den Schuldner schützen und nicht dem Gläubiger die Forderung nehmen. Ein Strafgedanke ist im Zivilrecht abzulehnen.

1499 RGZ 143, 14 (18 f.); 147, 321 (331); BGH NJW 1991, 1415 (1417); 1994, 2022 (2024); offen gelassen BGHZ 77, 274 (279).

1500 Riedhammer, S. 146.

1501 BGH VersR 1956, 507 zu verneinen, wenn Auskunft nicht ausgereicht hätte; ähnlich BGH VersR 1960, 429 (430) Angaben der Polizei, die nicht eingeholt worden waren hätten nicht ausgereicht; ähnlich auch BGH NJW 2004, 510 (511), wo die für relevant gehaltene Erkundigungsmaßnahme keine ausreichende Kenntnis erbracht hätte.

1502 Nach BGH VersR 1956, 507.

Auch Erkundigungen nach der Adresse des Schuldners dürfen nicht schematisch als einfach und mühelos möglich bezeichnet werden. Schon zu § 852 Abs. 1 BGB a.F. galt, dass das Gericht zur Einfachheit und Mühelosigkeit der Erkenntnismöglichkeit Feststellungen treffen musste[1503].

2. Prozessuale Probleme

In diesem Zusammenhang stellt sich auch die Frage, wie mit Unsicherheiten darüber, ob eine Nachfrage zum Erfolg geführt hätte umgegangen werden sollte. Prozessual wird nämlich der Gläubiger in der Regel versuchen, die von ihm zu erwartenden Nachforschungen als von Anfang an aussichtslos darzustellen, während der Schuldner die Erfolgsaussichten der Nachforschungen als sehr hoch bezeichnen wird.

Nach den allgemeinen Grundsätzen trifft den Schuldner die Beweislast dafür, dass der Gläubiger grobfahrlässig in Unkenntnis gewesen ist[1504].

a) Notwendigkeit einer Beweiserleichterung

Da diesem die Beweisführung in vielen Fällen nicht möglich sein dürfte, ist über eine Beweiserleichterung nachzudenken. In Betracht kommen eine Beweislastumkehr oder die Annahme einer tatsächlichen Vermutung.

aa) Beweislastumkehr

Helfen kann hier die Rechtsprechung zur Beweislastumkehr bei unterlassener Aufklärung[1505]. Sie geht davon aus, dass bei der Verletzung von Aufklärungspflichten durch einen Berater anzunehmen ist, dass der Beratene bei richtiger Aufklärung sein Verhalten so eingerichtet hätte, dass er den Schaden vermieden hätte, dass er sich also vernünftig verhalten hätte[1506]. Es bietet sich verbunden mit den obigen Ausführungen an, dem Gläubiger den Nachweis aufzuerlegen, dass die unterlassene Aufklärung nicht zum Erfolg geführt hätte. Dies trifft ihn nicht unbillig, da seine Verpflichtung zu Nachforschungen sich ohnehin nur auf solche Nachforschungsmöglichkeiten bezieht, für die zum einen Anhaltspunkte bestehen und die zum anderen eine hinreichende Erfolgswahrscheinlichkeit auf-

---

1503 BGH ZIP 2003, 940 (942).

1504 Dazu noch ausführlich in Teil 6 (S. 303).

1505 BGHZ 61, 118; 64, 46 (51f); 111, 75 (81f); BGH NJW 1983, 1665 (1666); 1984, 1688 (1689); 1990, 2461 (2463); 1992, 1834 (1835); dazu Baumgärtel, Beweislastpraxis, Rn 521ff mit zahlreichen Nachweisen.

1506 Ständige Rechtsprechung, vgl. MüKo-Grundmann, § 276 Rn 82 mit zahlreichen Nachweisen.

weisen. Zugleich kann der Schuldner die Ausführungen des Gläubigers bestreiten und seinerseits Umstände vortragen, die darauf hindeuten, dass die Erfüllung der Obliegenheit zur Kenntnis geführt hätte. Er muss aber, um den Prozess zu gewinnen, den positiven Nachweis des Gegenteils erbringen.

bb) Tatsächliche Vermutung

Eine andere Möglichkeit der Beweiserleichterung ist die Annahme einer tatsächlichen Vermutung. Auch sie wird vom Bundesgerichtshof in einzelnen Fällen unrichtiger Belehrung vertreten[1507]. Der Unterschied zur Beweislastumkehr besteht darin, dass sie vom Gläubiger erschüttert werden kann.

b) Parallelen zum Versicherungsrecht

Eine ganz ähnliche Fragestellung hat sich im Zusammenhang mit versicherungsrechtlichen Obliegenheiten entwickelt. Im Versicherungsrecht droht dem Versicherungsnehmer bei Verletzung bestimmter Obliegenheiten der Verlust seines Versicherungsschutzes (vgl. § 6 VVG). Das Versicherungsrecht unterscheidet zwischen solchen Obliegenheiten, die vor und solchen die nach Eintritt des Versicherungsfalles zu erfüllen sind. In beiden Fällen soll die sogar schuldhafte Obliegenheitsverletzung nur dann zum Ausschluss des Versicherungsschutzes führen, wenn sie sich irgendwie ausgewirkt hat. Diesen Gedanken bringt insbesondere § 6 Abs. 3 S. 2 VVG zum Ausdruck:

> *„Bei grobfahrlässiger Verletzung bleibt der Versicherer zur insoweit verpflichtet, als die Verletzung Einfluss weder auf die Feststellung des Versicherungsfalles noch auf die Feststellung oder den Umfang der dem Versicherer obliegenden Leistung gehabt hat."*

Die versicherungsrechtliche Rechtsprechung hat in allen Fällen der Obliegenheitsverletzung, ganz gleich, ob die Obliegenheit vor oder nach Eintritt des Versicherungsfalles verletzt wurde stets einen Rechtswidrigkeitszusammenhang bzw. eine rechtliche Relevanz der Obliegenheitsverletzung verlangt. Die Verletzung muss zwar nicht in einem strengen Sinne kausal für den Schadenseintritt bzw. für ein verändertes Abrechungsverfahren gewesen sein, doch muss sie jedenfalls generell geeignet gewesen sein, ein anderes Ergebnis hervorzurufen. Dabei ist noch zu beachten, dass im Versicherungsrecht der Aspekt der Generalprävention und des Schutzes der Versichertengemeinschaft einen höheren Stellenwert hat als dies bei § 199 Abs. 1 Nr. 2 BGB der Fall ist.

[1507] Vgl. BGHZ 116, 60 (73).

Im Versicherungsrecht trägt der Versicherungsnehmer die Beweislast dafür, dass die verletzte Obliegenheit nicht kausal gewesen ist[1508].

c) Stellungnahme

Diese im Versicherungsrecht vertretene Sichtweise ist auch für § 199 Abs. 1 Nr. 2 BGB zweckmäßig. Hinsichtlich der Kausalität sollte man somit eine Beweislastumkehr vornehmen. Demnach steht dem Gläubiger im Einzelfall der Nachweis offen, dass die unterlassene Maßnahme nicht zur Kenntnis hätte führen können. Die Anforderungen für diesen Beweis sind aber sehr hoch.

V. Zeitpunkt des Verjährungsbeginns

Unter der Geltung des § 852 Abs. 1 BGB nahm man bei der als sog. rechtsmissbräuchliche Unkenntnis bezeichnete Unkenntnis ab dem Moment den Verjährungsbeginn an, in dem der Verletzte unter Ausnutzung der Erkenntnismöglichkeit die Kenntnis erlangt hätte[1509]. Diesen Grundsatz wird man auch für § 199 Abs. 1 Nr. 2 BGB anwenden können. In diesem Zeitpunkt hätte der Gläubiger nämlich Kenntnis erlangt, wenn er seiner Aufklärungsobliegenheit genügt hätte[1510].

Es kommt somit auf den Zeitpunkt an, in dem der Gläubiger seine grob fahrlässige Unkenntnis beseitigt, d.h. Kenntnis erlangt hätte[1511]. Dabei ist der Zeitpunkt maßgeblich, zu dem erstmals die Kenntnis hätte erlangt werden können[1512]. In der Regel wird man eine weitere Ermittlungsfrist von etwa vier bis sechs Wochen zugrundelegen können[1513]. Für die Fallentscheidung muss man daher eine hypothetische Überlegung anstellen, wann die an sich geschuldete Nachforschung zur Kenntnis geführt hätte, wobei die ex-ante Sicht maßgeblich ist[1514]. Auf eine exakte Aufklärung wird man in vielen Fällen verzichten können, da es wegen der Jahresendverjährung nur darauf ankommt, in welchem

---

1508 Prölss/Martin-Römer, § 6 VVG Rn 105 mit Nachweisen; sog. Kausalitätsgegenbeweis.

1509 RG JW 1907, 302; BGH NJW 1955, 706 ; 1973, 1496 mit weiteren Nachweisen; BGH VersR 1962, 86 (87); 1963, 161 (163); 1976, 166 (167); 1976, 859 (860); OLG Jena VersR 1977, 132 (133); OLG Nürnberg, VersR 1986, 1109 (1110); unklar BGH VersR 1959, 757.

1510 Vgl. MüKo-Grothe, § 199 Rn 28; vgl. Erman-Schmidt-Räntsch, § 199 Rn 26; vgl. Bamberger/Roth-Spindler, § 199 Rn 31; Küppersbusch Rn 788.

1511 AnwK-Mansel/Stürner, § 199 Rn 55; Mansel, NJW 2002, 91f.

1512 Mansel, NJW 2002, 92.

1513 BGH VersR 1966, 632 (634).

1514 Mansel, NJW 2002, 92.

Jahr die Kenntnis eingetreten wäre. Rührt der Fahrlässigkeitvorwurf daher, dass eine unzweckmäßige Organisation bestanden hat, so lautet die Kontrollfrage, wann die Kenntnis bei Vorliegen einer angemessenen Organisation Kenntnis erlangt hätte. Verzögerungen aufgrund einer mangelhaften Organisation gehen dagegen zu Lasten des Gläubigers[1515].

VI. Zurechnung grobfahrlässiger Unkenntnis

Bei § 852 Abs. 1 BGB a.F. war anerkannt, dass bei Vorliegen von Wissensvertretung nicht nur die positive Kenntnis des Wissensvertreters sondern auch dessen missbräuchliche Unkenntnis zugerechnet werden soll. Auch insoweit soll der Rechtsgedanke des § 166 BGB heranzuziehen sein[1516]. An diesem Grundsatz wird man festhalten können[1517]. Im Grundsatz wird man daher festhalten müssen, dass nach den Grundsätzen der Wissenszurechnung nunmehr auch grobfahrlässige Unkenntnis zuzurechnen ist[1518]. Zur Klarstellung sei allerdings erwähnt, dass damit nur die grobe Fahrlässigkeit von Wissensvertretern zugerechnet wird, der Kreis der Wissensvertreter selbst aber nicht erweitert wird.

VII. Folgen überobligationsmäßigen Handelns

Sofern der Gläubiger größere Mühen aufwendet, als von ihm zu erwarten sind, stellt sich die Frage, wie dies verjährungsrechtlich zu bewerten ist.

1. Überobligationsmäßige Organisation

Ein Problem kann sich dann ergeben, wenn die Organisation des Wissens so gut erfolgt ist, dass sie die Anforderungen erheblich überschreitet. So kann zum Beispiel innerhalb eines Unternehmens eine sehr gut gepflegte Datenbank zu Verfügung stehen, die den Zugriff auf relevante Informationen ganz erheblich erleichtert. In solchen Fällen hat der Wissensvertreter besonders gute und einfache Möglichkeiten, Kenntnis zu erlangen. Man kann in solchen Fällen nach den allgemeinen Grundsätzen für diesen Wissensvertreter grobe Fahrlässigkeit bejahen.

Es stellt sich dann die Frage, ob in solchen Fällen eine Zurechnung seiner grobfahrlässigen Unkenntnis erfolgen soll. Dies erscheint zunächst deshalb als unbillig, weil dadurch der Gläubiger für überobligationsmäßige Mühen bestraft

1515 Vgl. Medicus, Karlsr. Forum 1994, S. 14.
1516 BGH NJW 1989, 2323f.
1517 Vgl. Birr Rn 35; Conradi, S. 39.
1518 Erman-Schmidt-Räntsch, § 199 Rn 15.

wird. Andererseits wird auch sonst keine Rücksicht darauf genommen, aus welchen Gründen es für den Gläubiger bzw. seine Vertreter besonders einfach ist, bestimmte Informationen zu erlangen. Der Maßstab ist stets nur, ob die Informationsgewinnung einfach ist und nicht warum dies der Fall ist. Ob die Erkenntnismöglichkeit auf besonderen Bemühungen oder auf Zufall beruht, ist irrelevant. Im Übrigen ist es nicht unbillig, wenn sich eine Organisation, die Vorteil aus einem geordneten Informationsfluss zieht, auch die Nachteile dieses Systems zurechnen lassen muss. Zuletzt würde es zu großen praktischen Schwierigkeiten führen, wenn man einen Unterschied zwischen obligationsmäßigen und überobligationsmäßigen Organisationsstrukturen machen würde. Man müsste dann nämlich stets eine hypothetische Überlegung durchführen, welche Art der Organisation gerade noch ausreichend gewesen wäre. Dadurch würden aber Probleme geschaffen, die dem Interesse des Verjährungsrechts an Rechtssicherheit nicht entsprechen würden.

2. Schlechte Durchführung überobligationsmäßiger Erkundigungen

a) Grundsatz

Schon bei der systematischen Einordnung des § 199 Abs. 1 Nr. 2 BGB wurde festgestellt, das die Kenntnis der grobfahrlässigen Unkenntnis vorgeht. Erlangt der Gläubiger also aufgrund überobligationsmäßiger Anstrengungen Kenntnis, so beginnt die Verjährung. Dies ist die Konsequenz aus der Systematik des § 199 Abs. 1 Nr. 2 BGB.

Eine weitere Frage lautet aber, ob der Gläubiger grob fahrlässig handelt, wenn er überobliagtionsmäßige Nachforschungen anstellt, dabei aber grob unsorgfältig handelt. Im Grundsatz wird man für diesen Fall grobfahrlässige Unkenntnis ablehnen müssen. Der Gläubiger darf schließlich nicht dafür bestraft werden, dass er Maßnahmen versucht hat, die die von ihm zu erwartende Erfüllung seiner Obliegenheit übertreffen.

Beispiele: Eine mühsame und schwierige Anfrage wird völlig unzweckmäßig formuliert. Eine an sich nicht zu erwartende unternehmensweite Vernetzung weist erhebliche Defizite auf.

Man würde sonst jeden, der Maßnahmen außerhalb seiner Obliegenheit versucht, durch einen schnellen Verjährungsbeginn benachteiligen. Außerdem müsste dann abgegrenzt werden, ab wann eine Erkundigung außerhalb der Obliegenheit liegen würde und dies würde mit Schwierigkeiten einhergehen. Außerdem müsste dann ein Maßstab entwickelt werden, anhand dessen zu messen wäre, ab wann eine solche Obliegenheitsverletzung wiederum grob fahrlässig wäre.

Eine Ausnahme kann man für die Fälle annehmen, in denen die überobliagtionsmäßige Maßnahme anstelle einer an sich notwendigen obligationsgemäßen Maßnahme durchgeführt wird. In diesem Fall wäre grobfahrlässige Unkenntnis zu bejahen, wenn die Maßnahme schlecht durchgeführt wird.

b) Sonderfall: Einschaltung eines Rechtsanwaltes

Einen Sonderfall stellt die Einschaltung eines Rechtsanwaltes oder einer sonstigen sachkundigen Person dar. Die Einschaltung derartiger Helfer ist wegen der damit einhergehenden Kosten in aller Regel überobligationsmäßig. Andererseits muss der Gläubiger sich das Wissen bzw. grobfahrlässige Nichtwissen dieser Personen zurechnen lassen. Daran schließt sich aber die Frage an, ob diese Zurechnung auch dann erfolgen darf, wenn die Einschaltung eines solchen Helfers gar nicht geboten war, um den Vorwurf der groben Fahrlässigkeit zu vermeiden, wie dies in der Regel der Fall sein dürfte. Ihre Einschaltung wäre dann ein überobligationsmäßiges Verhalten.

Der BGH ging im Rahmen des § 852 Abs. 1 BGB grundsätzlich davon aus, dass die Zurechnung dennoch erfolgen sollte[1519]. In der zitierten Entscheidung hatte der Gläubiger einen Rechtsanwalt mit der Akteneinsicht beauftragt, wodurch dieser die relevanten Kenntnisse erlangt hatte. Der BGH nahm unter diesen Umständen ohne Weiteres den Verjährungsbeginn an.

Diese Rechtsprechung sollte fortgeführt werden. Sie führt zu einem billigen Ergebnis. Zum einen hat derjenige, der den Rechtsanwalt eingeschaltet hat aus dem Beratungsvertrag einen Ersatzanspruch gegen den Rechtsanwalt und muss daher die Nachteile der Fehlberatung nicht selbst tragen. In der unterlassenen Information des Mandanten liegt schließlich eine Pflichtverletzung, die einen Ersatzanspruch des Mandanten aus § 280 Abs. 1 S. 1 BGB begründet. Außerdem wäre es unbillig, den Rechtsanwalt haftungsrechtlich nur deshalb zu privilegieren, weil seine Zuziehung im konkreten Fall nicht erforderlich war. Dadurch würde in einem Rechtsstreit zwischen Mandant und Rechtsanwalt ein verjährungsrechtliches Problem, nämlich die Erforderlichkeit der Zuziehung des Rechtsanwaltes, zu klären. Dies bereitet insbesondere dann Probleme, wenn ein Prozess des Gläubigers gegen den Schuldner nicht stattgefunden hat und so die relevanten Umstände gar nicht erst bekannt geworden sind. Die Feststellung, dass die Einschaltung des Rechtsanwaltes notwendig bzw. nicht gewesen ist, kann schließlich sinnvoll erst dann getroffen werden, wenn die Umstände des Anspruches zwischen Gläubiger und Schuldner weitgehend aufgeklärt sind. Ein

1519 BGH VersR 1990, 167; vgl. auch HansOLG Hamburg, MDR 1968, 583 (584).

weiteres Argument muss sein, dass derjenige, der die Vorteile einer bestimmten Beratung in Kauf nimmt, auch mit den Nachteilen belastet werden sollte, wobei diese durch die Haftung des Rechtsanwaltes kompensiert werden. Es ist schließlich nicht die Verantwortung des Schuldners, wenn der Gläubiger einen Rechtsanwalt beauftragt, der nicht ordnungsgemäß arbeitet. Die Heranziehung des Rechtsanwaltes dient allein dem Interesse des Gläubigers. Man käme sonst zu dem Ergebnis, dass der Schuldner seiner eigenen Obliegenheit genügt hat, indem er den Rechtsanwalt eingeschaltet hat, zugleich aber dessen Versagen nicht zugerechnet wird, weil seine Hinzuziehung nicht erforderlich war.

Den Unterschied zur Grundregel kann man dogmatisch auch damit rechtfertigen, dass die Einschaltung eines Rechtsanwaltes oder eines sonstigen Helfers schlicht den Sorgfaltsmaßstab erhöht, der für die Beurteilung der Frage der groben Fahrlässigkeit heranzuziehen ist. Diese Erhöhung und nicht die überobligationsmäßige Einschaltung bewirken die Änderung der Bewertung.

Teil 5: Das Erkennbarkeitskriterium im europäischen Kontext

Einleitung

Der Bereich des Verjährungsrechts ist bisher nur punktuell durch europarechtliche Vorgaben beeinflusst. Bisher bestehen insoweit nur in Ausnahmefällen Vorgaben für den deutschen Gesetzgeber.

Es bestanden aber schon seit längerer Zeit Tendenzen den Bereich des Zivilrechts und insbesondere des Vertragsrechts zu vereinheitlichen[1520]. Dies dürfte auch eine Folge der unablässig fortschreitenden europäischen Integration sein. Durch den Vertrag von Amsterdam wurde festgelegt, innerhalb der Europäischen Union schrittweise einen einheitlichen "Raum der Freiheit, der Sicherheit und des Rechts" aufzubauen[1521]. Dieses Ziel legt es nahe, auf eine Vereinheitlichung der verschiedenen Privatrechtsordnungen hinzuwirken.

Diese sind zurzeit noch sehr heterogen. Dies gilt insbesondere für das Verjährungsrecht. So bestehen für den Bereich des Deliktsrechts Fristen zwischen einem Jahr (Spanien) und 30 Jahren (Luxemburg)[1522]. Es wundert daher nicht, dass in den letzten Jahren eine bewegte Diskussion über die Kodifikation eines europäischen Vertragsrechts und der angrenzenden Bereiche des Privatrechts stattfindet[1523]. Es bleibt abzuwarten, ob sich ein entsprechendes Projekt verwirklichen lässt.

1520 Vgl. dazu von Bar, in: FS für Henrich, S. 1.
1521 Art. 61 Abs. 1 i.V.m. Art. 65 EG.
1522 Magnus, S. 162.
1523 Zimmermann, Principles, S. 55.

A. Entstehung und Hintergrund der Principles of European Contract Law

I. Die Entstehung der Principles of European Contract Law

Von den Projekten zur Schaffung eines europäischen Vertragsrechts ist das bislang am stärksten beachtete Projekt die sog. *"Principles of European Contract Law"* (PECL). Hierbei handelt es sich um ein Regelwerk, das aufgrund einer privaten Initiative auf rechtsvergleichender Grundlage nach Möglichkeiten sucht, das europäische Vertragsrecht zu vereinheitlichen.

Eine internationale Expertenkommission hat unter diesem Namen für den Bereich des Vertragsrechts einen Entwurf für die Prinzipien eines europäischen Vertragsrechts entworfen[1524].

Die Kommission ist nach dem Namen ihres Vorsitzenden, des dänischen Rechtslehrers *Ole Lando* auch als Lando-Kommission bekannt geworden.

Die Arbeit begann bereits Anfang der achtziger Jahre[1525]. Die Kommission bestand aus einer wechselnden Zahl von Mitgliedern aus den verschiedenen Mitgliedsstaaten der Europäischen Union. Mittlerweile sind alle drei Teile der *Principles* fertig gestellt und veröffentlicht. Teil I befasste sich mit den Modalitäten der Leistungserbringung, der Nichterfüllung und den dazugehörigen Rechtsbehelfen und verschiedenen allgemeinen Fragen. Teil II enthält Regelungen über den Vertragsschluss, die Vollmacht, die Gültigkeit und die Auslegung von Verträgen. Der für das Verjährungsrecht relevante Teil III entstand zwischen 1997 und 2002 und behandelt neben Parteienmehrheit, Abtretung, Schuld- und Vertragsübernahme, Aufrechung, Rechtswidrigkeit etc. auch das Thema Verjährung.

Teil III geht damit über den Bereich des Vertragsrechts hinaus und regelt Materien, die das gesamte Schuldrecht betreffen[1526]. Mit Abschluss des dritten Teils ist das Werk formal vollständig. Die Gruppe hat sich daher im Anschluss an die Fertigstellung aufgelöst.

1524 Zimmermann, ZEuP 2001, 217.

1525 Vgl. zur Kommissionsarbeit Zimmermann, Principles, S. 5f; derselbe Comparative Foundations, S. 4ff; Lando, Principles of European Contract Law and Unidroit Principles, S. 1ff.

1526 Zimmermann, Principles, S. 6f.

II. Ziele

Die PECL haben nicht das Ziel, eine unmittelbar geltende Rechtsordnung zu schaffen. Sie sollen vielmehr zunächst allgemeine Prinzipien erarbeiten. Diese Prinzipien sollen folgende Aufgaben erfüllen[1527]:

Zum einen sollen sie als eine Modellrechtsordnung verfügbar sein, auf die sich Parteien grenzüberschreitender Rechtsgeschäfte verständigen können. Weiter sollen sie als konzeptionelle Basis für spätere Vereinheitlichungen des Vertragsrechts zur Verfügung stehen. Sie sollen zwischen den verschiedenen in Europa bestehenden Rechtstraditionen, insb. zwischen "civil law" und "common law" vermitteln. Schiedsgerichten, die "gemäß den allgemeinen Rechtsgrundsätzen" oder den "international anerkannten Grundsätzen" zu entscheiden haben, können sie Anhaltspunkt für eine *lex mercatoria* sein. Den nationalen Gerichten und insbesondere dem nationalen Gesetzgeber sollen sie als Quelle der Inspiration dienen[1528]. Zuletzt sollen sie einen ersten Schritt hin zu einer späteren Kodifikation des europäischen Vertragsrechts darstellen.

Die *Principles* kommen als unmittelbar geltendes Recht nur dann zur Anwendung, wenn die Parteien eines Vertrages diese Rechtsordnung ausdrücklich oder konkludent gewählt haben.

Das Ziel, dem nationalen Gesetzgeber als Anhaltspunkt zu dienen, haben die PECL für das Verjährungsrecht bereits zumindest teilweise erreicht. Der Gesetzgeber hat sich bei der Neufassung der Verjährungsregeln ausdrücklich an den Regelungen der PECL orientiert[1529].

III. Methode zur Erstellung der Principles und Ergebnisse der Rechtsvergleichung

Die PECL sind auf rechtsvergleichender Grundlage entstanden. Sie sollen damit den gemeinsamen Kern der Rechtsordnungen aller in der Europäischen Union zusammengeschlossenen Staaten darstellen[1530].

1527 Lando, Principles of European Contract Law and Unidroit Principles, S. 10f; Zimmermann, Comparative Foundations, S. 7f; derselbe, Principles, S. 4f und 46ff.

1528 Lando, Principles of European Contract Law and Unidroit Principles, S. 10.

1529 Lando, Principles of European Contract Law and Unidroit Principles, S. 10.

1530 Zimmermann, Principles, S. 15.

1. Methode zur Erstellung der Principles

Um diesen Kernbestand zu ermitteln, wurden zu verschiedenen Themen rechtsvergleichende Gutachten erstellt, die dann die Grundlage für die Formulierung der *Principles* bildeten[1531]. Die PECL verlängern somit jahrhundertealte Entwicklungslinien in die Gegenwart[1532].

Da die gemeinsame Grundlage dieser Rechtsordnungen das römische Recht bildet, entsprechen die *Principles* in einigen Punkten römischrechtlichen Rechtsgrundsätzen. Diese Feststellung muss allerdings zurückhaltend getroffen werden, da die römischrechtlichen Wurzeln durch die Vermischung mit anderen Strömungen nur noch ausnahmsweise in reiner Form auftreten dürften[1533].

Wenn sich ein eindeutiger Kern nicht ermitteln ließ bzw. die vorgefundenen Regelungen sich als unpraktisch erwiesen, so entwickelte die jeweilige Kommission zweckmäßige Regelungen. In diesem Zusammenhang gelangten eigene Ideen der Bearbeiter in den Entwurf.

Speziell für das Verjährungsrecht wird auf den auf *Bartolus* zurückgehenden Satz *agere non valenti non currit praescriptio* zurückgegriffen: Wer seinen Anspruch nicht geltend machen kann, dem gegenüber läuft keine Verjährungsfrist[1534].

Dieser Satz legt es nahe, die Verjährung vom Kennen bzw. Kennenkönnen des Gläubigers abhängig zu machen. Letztlich ist dies der Gedanke, dass der Gläubiger eine faire Chance zur Durchsetzung seines Anspruches haben soll[1535].

2. Ergebnisse der Rechtsvergleichung betreffend die Verjährung

Für das Verjährungsrecht bildete das Gutachten von Zimmermann die Grundlage[1536]. Es zeigte sich dabei, dass neben Deutschland auch verschiedene andere Mitgliedsstaaten an Reformen ihrer Verjährungsregelungen arbeiteten oder solche bereits durchgeführt hatten[1537]. Die Problematik, dass die Verjährungsrechtsordnung zu komplex geworden war, zeigte sich in diversen Mitgliedsländern in ganz ähnlicher Weise[1538]. Die Idee, die Verjährung an ein Kenntnis-

[1531] Vgl. von Bar / Zimmermann, S. XIIIf.
[1532] Zimmermann, Principles, S. 33.
[1533] Zimmermann, Principles, S. 17ff.
[1534] Vgl. Zimmermann, Principles, S. 21.
[1535] Vgl. Teil 1.
[1536] Zimmermann, Comparative Foundations of a European law of set-off and prescription, 2002.
[1537] Zimmermann, Comparative Foundations, S. 67.
[1538] Von Bar / Zimmermann, S. 748 unter Nr. 2.

oder Erkennbarkeitskriterium zu binden, bestand jedenfalls im Bereich des Deliktsrechts in verschiedenen Mitgliedsstaaten schon länger[1539], teilweise wurde dieser Gedanke auf andere Ansprüche übertragen[1540].

Die rechtsvergleichende Untersuchung des Verjährungsrechts zeigt weiter, dass die Entwicklung der vergangenen einhundert Jahre von mehreren Tendenzen dominiert wurde[1541]:

Zum einen wurden die Verjährungsfristen stetig verkürzt. Enthielt das BGB von 1900 noch eine 30jährige Regelverjährungsfrist, so tendierten modernere Kodifikationen zu deutlich kürzeren Regelfristen.

Der zweite Trend betrifft die Einheitlichkeit der Verjährungsfristen. Schon wegen der Abgrenzungsprobleme, die ein differenziertes Fristensystem schafft, wird angestrebt, mit möglichst wenigen verschiedenen Fristen auszukommen[1542].

Der dritte Trend betrifft die schon an anderer Stelle erwähnte Tendenz zur Einführung eines subjektiven Kriteriums bzw. zur Erstreckung dieses Merkmals auf weitere Ansprüche. Dieses Vorgehen stellt einen gewissen Ausgleich für die anderen beiden Tendenzen dar, da nur mit einem solchen System die Verkürzung und Vereinheitlichung der Verjährungsfristen durchführbar ist.

Das Kriterium sollte durch die Einführung eines Erkennbarkeitskriteriums dahingehend verändert werden, dass der Verjährungsbeginn nicht zu lange hinausgeschoben wird[1543]. Dies geschieht in Übereinstimmung mit der allgemeinen Entwicklung[1544], das Kenntniskriterium aufzuweichen, wie dies im Zusammenhang mit dem Begriff der Kenntnis bei § 852 Abs. 1 BGB a.F. ohnehin der Fall war. Das Erkennbarkeitskriterium entsprich also der internationalen Entwicklung und den neuen Standards[1545].

Eine weitere Tendenz stellt es dar, die subjektiv bestimmte Verjährung durch Maximalfristen zu begrenzen[1546]. Auch dies ist in § 199 Abs. 2 bis 4 BGB im Grundsatz Bestandteil des deutschen Rechts geworden.

Die bisherigen Feststellungen zeigen, dass der Reformgesetzgeber des BGB sich entsprechend seiner erklärten Absicht an den modernen Strömungen im Bereich des Verjährungsrechts orientiert hat.

1539 Von Bar, Gemeineuropäisches Deliktsrecht II, Rn 556ff mit Nachweisen.
1540 Vgl. von Bar / Zimmermann, S. 761f.
1541 Zimmermann, Principles, S. 34; derselbe, Comparative Foundations, S. 86ff.
1542 Von Bar / Zimmermann, S. 745.
1543 Zimmermann, Comparative Foundations, S. 92; derselbe, JZ 2000, 861.
1544 Vgl. hierzu Zimmermann, Schuldrechtsmodernisierung, S. 16.
1545 Mansel, in: Ernst / Zimmermann, S. 380.
1546 Vgl. dazu bereits S. 119; Zimmermann, Schuldrechtsmodernisierung, S. 16.

IV. Konkurrierende Entwürfe

Neben den PECL existieren noch verschiedene ähnliche Projekte. Zu nennen sind zum einen das sog. *Avant-projet*[1547] der *Accademia dei Giusprivatisti* unter Federführung von *Guiseppe Gandolfi*[1548]. Es handelt sich um ein Projekt mit ähnlicher Zielrichtung wie sie für die *Principles* besteht. Anders als die PECL orientiert sich das Avant-projet stark an zwei vorhandenen Kodifikationen, insbesondere am italienischen codice civile und an einem Entwurf, der unter dem Namen Contract Code Ende der 1960er Jahre in England entstanden ist. Verjährungsfragen werden in Art. 134 behandelt. Demnach beginnt die Verjährung, wenn der Gläubiger seine Forderung geltend machen kann und zudem der Umfang der Forderung bestimmt ist (Art. 134 Abs. 2). Die Verjährungsfrist für vertragliche Ansprüche beträgt allgemein 10 Jahre (Art. 134 Abs. 4).

Ein weiterer Vereinheitlichungsansatz sind die *Principles of International Commercial Contracts* von *Unidroit* ("Unidroit Principes")[1549]. Ihr Text ist unter anderem im Internet erhältlich[1550]. Dieser Ansatz ist nicht auf die Europäische Union beschränkt sondern strebt eine weltweite Vereinheitlichung an. Die Art und Weise, in der dieses Regelwerk erarbeitet wurde entspricht in vielen Punkten der Arbeit an den *Principles*[1551], zum Teil sind die Mitglieder der Gruppen identisch[1552]. Auch die Ergebnisse sind in vielen Punkten ähnlich.

Auf diese beiden Entwürfe soll im Folgenden nicht näher eingegangen werden.

V. Weiterentwicklungen zur Schaffung eines Europäischen Zivilgesetzbuches

Ein weiterführendes, sehr ambitioniertes Projekt zielt seit 1998 unter der Leitung von *Christian von Bar* auf die Erstellung eines Europäischen Zivilgesetzbuches[1553], sog. *„European Civil Code"* (ECC).

1547 Text in Schulze/Zimmermann, S. 473ff.

1548 Dazu Zimmermann, Principles, S. 11f; derselbe, Comparative Foundations, S. 14ff.

1549 Zimmermann, Principles, S. 13f; derselbe, Comparative Foundations, S. 12ff.

1550 www.unidroit.org.

1551 Lando, Principles of European Contract Law and Unidroit Principles, S. 3f.

1552 Lando, Principles of European Contract Law and Unidroit Principles, S. 1.

1553 Zimmermann, Comparative Foundations, S. 15ff; von Bar, S. 1ff.

Die PECL werden einen wesentlichen Teil dieses Gesamtwerkes bilden. Dies hat seinen Grund bereits darin, dass die Initiatoren der sog. *„Study Group on a European Civil Code"* allesamt Mitglieder der Kommission zur Erstellung der PECL waren[1554]. *Von Bar* geht davon aus, dass etwa ein Viertel der notwendigen Vorarbeiten durch die PECL abgedeckt sind[1555].Die weiteren Arbeiten werden sich daher auf diejenigen Bereiche beschränken, die bisher nicht abgedeckt sind. Die Überlegungen zur Verjährung werden daher aller Voraussicht nach auch für zukünftige Werke im Wesentlichen Bestand haben.

Da aber trotz der erklärten Absicht, bis zum Jahr 2009 einen Referenzrahmen zu verkünden, bezweifelt werden muss, dass die Europäische Union jetzt[1556] oder in naher Zukunft über eine Kompetenz zur Schaffung des ECC verfügen wird, ist mit einer kurzfristigen Umsetzung nicht zu rechnen. Dennoch lohnt eine Befassung mit dem Entwurf der Lando-Kommission, schon wegen dessen großen Einflusses auf die Neuregelung der Verjährung in Deutschland und womöglich in Kürze in anderen Mitgliedsstaaten. Der ECC und die darin enthaltenen PECL haben schließlich die reelle Chance, als Grundlage für ein späteres Vereinheitlichungsverfahren zu dienen.

B. Der Inhalt der Principles of European Contract Law

Die verjährungsrechtlichen Bestimmungen, welche die Lando-Kommission bisher erarbeitet hat, sind bereits vorab veröffentlicht worden[1557]. Dies geschah separat, um sie für die deutsche Reformdiskussion nutzbar machen zu können.

Sie sind Teil der *Principles of European Contract Law* und waren dort unter der provisorischen Kapitelnummer 17 eingeordnet. Mittlerweile wurden sie in das Gesamtwerk eingeordnet und sind dort nun unter Kapitel 14 zu finden.

Die Entwürfe der Lando-Kommission sehen ein grundsätzlich subjektives Verjährungssystem mit einer objektiven Höchstfrist von 10 bzw. 30 Jahren vor. Im Grundsatz soll eine Regelverjährung von 3 Jahren gelten (Art. 14: 201). Die Verjährung beginnt grundsätzlich mit der Anspruchsentstehung. Der Entwurf (Art. 14: 203 Abs. 1) bezeichnet diesen Zeitpunkt als den Zeitpunkt, "in dem der Schuldner seine Leistung zu erbringen hat; im Falle eines Schadensersatzanspruches beginnt sie mit der Handlung, auf welcher der Anspruch beruht". Diese Be-

---

1554 Vgl. von Bar, S. 2.

1555 A.a.O. S. 6.

1556 Dies lässt von Bar, S. 5 offen.

1557 ZEuP 2001, 400.

stimmung bezieht sich allein auf vertragliche Ansprüche, für die allein der Entwurf schließlich gilt.

Das subjektive Kriterium ist als Hemmungsgrund ausgestaltet. Art. 14:301 hat folgenden Wortlaut:

"Die Verjährung ist gehemmt, solange der Gläubiger

(a) die Person seines Schuldners oder

(b) die Umstände, auf denen sein Anspruch beruht, einschließlich der Art des Schadens bei einem Schadensersatzanspruch

nicht kennt und vernünftigerweise nicht kennen kann."

Begründet wurde dieser Entwurf damit, dass dem Gläubiger in jedem Fall eine faire Chance zustehen soll, den Verjährungseintritt zu verhindern und seinen Anspruch zu verfolgen[1558]. Dogmatisch handelt es sich um einen Fall der „Anlaufhemmung“[1559], d.h. die Verjährung beginnt zwar mit der Entstehung, ist aber von Anfang an gehemmt bis der Gläubiger Kenntnis erlangt.

C. Unterschiede zum novellierten deutschen Recht

Die deutsche Regelung entspricht im Wesentlichen bereits dem europäischen Entwurf. In beiden Fällen kommt es auf Kenntnis bzw. Kennenkönnen des Gläubigers an, mögen auch die Formulierungen unterschiedlich sein. Bezugspunkt für Kenntnis und Unkenntnis sind im Lando-Entwurf[1560] ebenso wie in § 199 Abs. 1 Nr. 2 BGB die den Anspruch begründenden Umstände und die Person des Schuldners. Sie unterscheidet sich allein darin, dass die Anspruchskenntnis bzw. das Kennenmüssen als Hemmungsgründe fungieren, wodurch die Beweislast umgekehrt wird.

Der deutsche Gesetzgeber hat den Lando-Entwurf[1561] und den insoweit identischen Entwurf von *Peters/Zimmermann* zur Kenntnis genommen. Ohne dies näher zu begründen[1562] oder sich mit alternativen Formulierungsfragen auseinander zu setzen[1563] wurde das subjektive Kriterium als Kriterium für den

---

1558 Von Bar / Zimmermann, S. 742.

1559 Von Bar / Zimmermann, S. 760.

1560 Zimmermann, Comparative Foundations, S. 148.

1561 Däubler-Gmelin, NJW 2001, 2288.

1562 Hierauf weist Zimmermann, Schuldrechtsmodernisierung, S. 43 hin. Ebenso Krämer, S. 75.

1563 Vgl. Krämer, S. 63.

Verjährungsbeginn und nicht als Hemmungsgrund ausgestaltet, obwohl hierfür keine sachliche Rechtfertigung besteht[1564].

Der Unterschied ist allerdings rein dogmatischer Art. Mit ihm dürften keine erheblichen sachlichen Unterschiede verbunden sein[1565].Der andere Wortlaut, der darauf abstellt, dass der Gläubiger die Umstände "vernünftigerweise nicht kennt", dürfte keine wesentliche Änderung gegenüber dem Merkmal grobfahrlässige Unkenntnis aufweisen[1566]. Die beiden Ansätze dürften nach der Einschätzung von *Mansel*[1567] jedenfalls kompatibel sein. Die vorhandenen Wertungsgesichtspunkte, die im deutschen Recht zur Begründung grober Fahrlässigkeit herangezogen werden, können entsprechend verwendet werden, um die Vernunft bzw. Unvernunft des Gläubigers zu begründen.

Ein Unterschied kann sich ergeben, wenn die Kenntnis im Laufe der Zeit wieder schwindet, weil eine einmal als sicher eingestufte Sachlage sich verändert. In diesem Fall würde sich im deutschen Recht nichts ändern, da die einmal begonnene Verjährung nicht beeinträchtigt wird[1568]. Nach dem Lando-Entwurf würde es dagegen zu einer Hemmung der Verjährung kommen.

Ein weiterer Unterschied besteht darin, dass nach der europäischen Regelung der Schuldner die Einrede der Verjährung gewissermaßen auf Verdacht erheben müsste um anschließend abzuwarten, was der Gläubiger dazu vorträgt, was aber durchaus ein legitimes Vorgehen wäre[1569].

Einziger Nachteil dieses Vorgehens für den Schuldner wäre, dass er dadurch die Möglichkeit aufgibt, den Anspruch des Gläubigers nach dessen Vorbringen zu seiner Unkenntnis mit der Kostenfolge des § 93 ZPO anzuerkennen. Er hat schließlich den Anspruch nicht sofort anerkannt, sondern zunächst eine Verteidigung mit der Einrede der Verjährung versucht[1570].

Die Problematik der Spätschäden, die im deutschen Recht zur Entwicklung der Lehre von der Schadenseinheit geführt haben, wollen die Principles ausdrücklich vermeiden[1571]. So beginnt die Verjährung eines Schadensersatzanspruches schon mit der Handlung des Schuldners, d.h. ohne Rücksicht darauf ob der Schaden erkannt wird. Die Verjährung wird aber gehemmt, bis die Art des Schadens bekannt ist. Man kann sich hierzu allerdings fragen, ob die Formulie-

1564 Vgl. Derleder/Meyer, KJ 2002, 331.
1565 MüKo-Grothe, § 195 Rn 2.
1566 Vgl. AnwK-Mansel/Stürner, § 199 Rn 6 und 57.
1567 NJW 2002, 90.
1568 Vgl. Staudinger-Peters, § 199 Rn 41.
1569 Derleder/Meyer, KJ 2002, 331.
1570 Vgl. a.a.O..
1571 Von Bar / Zimmermann, S.752f.

rung „Art des Schadens“ eindeutig ist oder ob sich dazu wiederum Abgrenzungsprobleme ergeben können[1572].

D. Vorteile und Nachteile der Regelung in den PECL

Der Lando-Entwurf und das novellierte bürgerliche Gesetzbuch gehen für die Regelverjährung von demselben Regelsystem aus. Die dogmatische Abweichung, die Verjährung entweder als Ursache für den Verjährungsbeginn oder als Hemmungsgrund auszugestalten haben jeweils bestimmte Vor- und Nachteile, ohne dass man eindeutig davon sprechen kann, dass eine der beiden Lösungen grundsätzlich besser wäre. Die Vor- und Nachteile der jeweiligen Lösung werden im Folgenden dargestellt.

I. Vorteile des Lando-Entwurfes gegenüber § 199 Abs. 1 Nr. 2 BGB

1. Bessere Verteilung der Beweislast

Der Entwurf gestaltet die Unkenntnis des Gläubigers als Hemmungsgrund aus. Dadurch wird die Beweislast nach den allgemeinen Grundsätzen dem Gläubiger auferlegt. Dies ist im Grundsatz angemessen, da er in der Regel besser als der Schuldner über die seinem internen Bereich entstammenden Umstände informiert ist. Ihm die Darlegungs- und Beweislast aufzuerlegen, ist daher nicht unbillig[1573].

Insoweit lässt sich mit einer Art Regel-Ausnahme-Modell argumentieren. Regelmäßig wird der Gläubiger seine Ansprüche bei Fälligkeit kennen. Dass er sie ausnahmsweise nicht kennt, ist demnach von ihm zu beweisen[1574].

2. Leichtere Handhabbarkeit durch Anknüpfung an nur ein Merkmal

Der Lando-Entwurf stellt allein auf das subjektive Kriterium der Kenntnis bzw. vermeidbaren Unkenntnis ab. Die Verjährung beginnt unabhängig davon bereits

---

1572 Von Bar / Zimmermann, S. 759 unter Hinweis auf das sog. „Bedeutsamkeitskriterium“, d.h. die Kontrollfrage, ob der Gläubiger eine Verletzung für bedeutsam halten musste.

1573 Peters/Zimmermann, S. 248 und 306; Zimmermann, Comparative Foundations, S. 107; Zimmermann, Schuldrechtsmodernisierung, S. 28; derselbe, JZ 2000, 865; Zimmermann u.a., JZ 2001, 686; Krämer, ZGS 2003, 380 Fn 5; Krämer, S. 71ff; von Bar / Zimmermann, S.760f; Conradi, S. 40; a.A. Piekenbrock, S. 324.

1574 Zimmermann, Comparative Foundations, S. 108; derselbe, JZ 2000, 865.

mit der Entstehung des Anspruches. In § 199 Abs. 1 Nr. 2 BGB kommt es dagegen zusätzlich darauf an, dass der Anspruch auch entstanden ist. Beide Merkmale müssen kumulativ vorliegen, da nur beide zusammen die Rechtsfolge des Verjährungsbeginns auslösen. Dadurch können sich, zumindest theoretisch Rechtsanwendungsschwierigkeiten ergeben[1575]. Ohne nähere Begründung geht auch *Heinrichs*[1576] davon aus, dass die Ablaufhemmung praktisch leichter zu handhaben sei.

3. Keine Probleme mit der Anspruchsentstehung

Der Lando-Entwurf lässt die Verjährung in der Regel mit der Fälligkeit des Anspruches beginnen. Nur bei Schadensersatzansprüchen beginnt die Verjährung mit der Handlung, die den Schaden hervorgerufen hat. Dadurch werden die bei § 199 Abs. 1 Nr. 1 BGB unter dem Gesichtspunkt der Schadenseinheit notwendigen Überlegungen jedenfalls an dieser Stelle entbehrlich. Außerdem kann für alle Ansprüche, die keine Schadensersatzansprüche sind, auf die Fälligkeit des Anspruches abgestellt werden, was auch bei § 199 Abs. 1 Nr. 1 BGB zunächst geplant, jedoch im Hinblick auf den Grundsatz der Schadenseinheit nicht realisiert wurde[1577].

4. Geringere Probleme bei der Anwendung der Maximalfrist

Ein subjektives Verjährungsregime bedarf einer Korrektur durch Maximalfristen, da die Verjährung sonst nicht eintritt, wenn der Gläubiger keine Kenntnis erlangt oder erlangen müsste[1578]. § 199 Abs. 2- 4 BGB enthält dazu Maximalfristen, die neben der regelmäßigen Frist nach §§ 195, 199 Abs. 1 BGB laufen. Auch diese Maximalfristen können gehemmt oder unterbrochen werden[1579], womit sie sich effektiv weiter verlängern können[1580]. Es handelt sich damit im eigentlichen Sinne nicht um Maximalfristen[1581]. Die Lando- Prinzipien enthalten zwar ebenfalls Maximalfristen, doch handelt es sich dogmatisch um Hemmungshöchstfristen und nicht um Verjährungsfristen Sie können nicht durch Hemmung

1575 Vgl. Zimmermann u.a., JZ 2001, 686.
1576 BB 2001, 1423.
1577 Vgl. Zimmermann, Schuldrechtsmodernisierung, S. 28f.
1578 Vgl. oben S. 119.
1579 Vgl. Zimmermann, JZ 2000, 865.
1580 Kritisch daher Krämer, S. 73f.
1581 Krämer, S. 74.

verlängert werden. Es lässt sich damit nach dem Lando-System wesentlich einfacher feststellen, wann die Maximalfrist abgelaufen ist[1582].

5. Ähnlichkeit mit anderen Hemmungsgründen

Die Erwägung, das subjektive Kriterium als Hemmungsgrund auszugestalten, hat den weiteren Vorteil, dass die sachliche Nähe zu den anderen Hemmungsgründen erkennbar wird. Geht man davon aus, dass der Gläubiger typischerweise die faire Chance haben soll, seinen Anspruch durchzusetzen, so geben die Hemmungsgründe die Situationen wieder, in denen gerade diese Chance nicht besteht[1583]. Dies gilt zum Beispiel für das Vorliegen "höherer Gewalt". Die Unkenntnis des Gläubigers stellt einen ähnlichen Fall dar und hätte daher unter systematischen Gesichtspunkten als Fall der Hemmung eingeordnet werden können[1584].

6. Verzicht auf den Begriff der „groben Fahrlässigkeit"

Als Vorteil des Lando-Entwurfes wird auch angesehen, dass auf den Begriff der groben Fahrlässigkeit verzichtet werden konnte[1585]. Dieser soll nicht für alle in Betracht kommenden Anspruchstypen passend sein[1586]. Aus dem Begriff kann eine Verpflichtung, gefolgert werden, die jedenfalls bei Ansprüchen aus gesetzlichen Schuldverhältnissen nicht bestehen soll[1587]. Im Grundsatz ist hierzu anzumerken, dass die Formulierung nicht eindeutig zum Ausdruck bringt, dass es sich um eine Obliegenheit handelt und nicht um eine Rechtspflicht[1588].

Zutreffend dürfte sein, dass der Begriff der groben Fahrlässigkeit in seiner Anwendung gewisse Schwierigkeiten bereitet, da eine gewisse inhaltliche Unschärfe gegeben ist. Letztlich handelt es sich aber bei der Formulierung des Lando-Entwurfes um eine ähnlich unscharfe Wortwahl. Auch hier kann man den Wortlaut nicht unmittelbar zur Subsumtion heranziehen sondern muss zuvor Fallgruppen bilden. Im Ergebnis dürften sich diese Fallgruppen nicht unterscheiden. Vorteil des Lando-Entwurfes wäre es allein, dass die Auslegung unabhängig von den umfangreichen Quellen zum Begriff der groben Fahrlässigkeit erfolgen

---

1582 Zimmermann, Comparative Foundations, S. 108f; vgl. dazu Zimmermann, u.a., JZ 2001, 687; von Bar / Zimmermann, S. 761.

1583 Vgl. Zimmermann, JZ 2000, 865.

1584 Zimmermann, Comparative Foundations, S. 107; von Bar / Zimmermann, S. 760.

1585 Zimmermann, Schuldrechtsmodernisierung, S. 28; a.A. Piekenbrock, S. 325.

1586 A.a.O.; Zimmermann u.a., JZ 2001, 687.

1587 Vgl. Zimmermann u.a., JZ 2001, 687.

1588 Vgl. bereits S. 186.

könnte. Es dürfte sich am Ende aber nicht um völlig unterschiedliche Konzepte handeln.

7. Präzisere Bezeichnung des Bezugspunktes des Erkennbarkeitskriteriums

Der Lando-Entwurf verlangt, dass sich die Kenntnis bzw. die Erkennbarkeit nicht nur auf die Umstände des Anspruches sondern zusätzlich bei einem Schadensersatzanspruch auch auf die Art des Schadens beziehen muss. Damit ist der Bezugspunkt etwas eindeutiger formuliert[1589]. Der Entwurf bezweckt damit, die Probleme zu lösen, die der Grundsatz der Schadenseinheit hervorruft. Ist dem Gläubiger zum Beispiel bekannt, dass er eine äußere Verletzung davongetragen hat, bleibt ihm aber eine aus demselben Unfall herrührende innere Verletzung unbekannt, so würde wegen dieser die Verjährung weiter gehemmt sein. Es ist aber zu befürchten, dass sich die bisherigen Streitigkeiten schlicht darauf verlagern, wann ein Schaden ein Schaden „anderer Art“ ist. Diese Abgrenzung lässt der Lando-Entwurf aber offen.

II. Nachteile des Lando-Entwurfes gegenüber § 199 Abs. 1 Nr. 2 BGB

1. Notwendigkeit der Erhebung der Einrede auf Verdacht

Ein Nachteil ist, dass der Schuldner die Einrede der Verjährung auf Verdacht erheben müsste[1590] und sich dadurch die Möglichkeit nimmt, den Anspruch sofort anzuerkennen. Er könnte die Kostentragungspflicht nicht durch sofortiges Anerkenntnis vermeiden[1591].

2. Größere Unsicherheit

Ein Nachteil des Entwurfes dürfte darin liegen, dass die Ausgestaltung als Hemmungsgrund verschiedenen Unsicherheiten mit sich bringt:

a) Notwendigkeit der taggenauen Abgrenzung

Die erste Unsicherheit ergibt sich daraus, dass es im Einzelfall auf eine taggenaue Abgrenzung ankommen kann. Anders als im deutschen Recht mit seinem Verjährungsbeginn zum Jahresende muss nach dem europäischen Entwurf der genaue Zeitpunkt, zu dem die Kenntnis vorhanden war, ermittelt werden. Dies

---

[1589] Vgl. Zimmermann, Schuldrechtsmodernisierung, S. 28.

[1590] Derleder/Meyer, KJ 2002, 331.

[1591] Vgl. dazu bereits oben S. 291.

dürfte in der gerichtlichen Praxis auf Schwierigkeiten stoßen. In der deutschen Reformdiskussion war zunächst noch vorgesehen, auf die Jahresendverjährung zu verzichten, da sie im Zeitalter elektronischer Buchführung und Fristenkontrolle überflüssig sei[1592]. Letztendlich hat sich aber die Ansicht durchgesetzt, dass die Vorteile die Nachteile überwiegen. Damit wurde auf Bedenken aus dem Kreis der Wirtschaft eingegangen, die erhebliche Beweisschwierigkeiten vorhergesagt hatten[1593]. Die rechtsvergleichenden Untersuchungen zeigen aber, dass die Jahresschlussverjährung sich in den europäischen Rechtsordnungen bisher nicht durchgesetzt hat[1594]. Gegen die Vorgängernorm (§ 201 BGB a.F.) wurde in der Literatur deutliche Kritik erhoben[1595].

b) Möglichkeit wiederholter Hemmung

Die zweite Unsicherheit ergibt sich daraus, dass der Entwurf durchaus so interpretiert werden kann, dass die Hemmung wiederholt eintreten kann. Insoweit ist auf die Ausführungen zum späteren Wegfall der Kenntnis zu verweisen. Wenn die einmal vorhandene Kenntnis später wegfällt, dann kann anders als nach deutschem Recht eine erneute Hemmung mit dem Wortlaut der Regelung der PECL durchaus begründet werden. Damit wird die 3 Jahresfrist erheblich entwertet. Es würde dann auf die graduellen Unterschiede zwischen noch-Unkenntnis und schon-Kenntnis, die bereits im deutschen Recht gewisse Schwierigkeiten bereiten, ankommen. Die Bestimmung wird daher große Probleme in der praktischen Benutzung hervorrufen.

3. Probleme bei Bereichsausnahmen mit objektiver Anknüpfung

Eine Ausgestaltung als Hemmung hat den Nachteil, dass sie sich grundsätzlich auf alle Verjährungsfristen auswirken muss. Sie gilt daher grundsätzlich auch für diejenigen Ansprüche, für die eine objektive Verjährungsfrist vorgesehen und ggf. auch zweckmäßig ist[1596]. Dieser Einwand konnte von dem Lando-Entwurf nicht berücksichtigt werden, da dort nur eine einheitliche Verjährungsfrist vorgesehen ist und die Besonderheiten des Gewährleistungsrechts noch nicht behandelt sind. Für die Neuregelung im BGB hätte man diesen Einwand dadurch umgehen können, dass der Hemmungsgrund mit einem Katalog von Ausnahmen

---

1592 Begr. RegE BT-DruckS. 14/6040 S. 99.

1593 Rechtsausschuss BT-DruckS. 14/7052, S. 180.

1594 Zimmermann, Schuldrechtsmodernisierung, S. 30f; kritisch daher Krämer, S. 66.

1595 Spiro, § 125, Peters/Zimmermann, S. 247; Zimmermann, Comparative Foundations, S. 152f.

1596 Vgl. Piekenbrock, S. 324.

versehen worden wäre, wodurch aber die Gefahr einer Überfrachtung des allgemeinen Verjährungsrechts drohen würde[1597].

4. Nachweis einer negativen Tatsache

Ein weiteres Problem des Lando-Entwurfes kann darin bestehen, dass die dort getroffene Beweislastregelung zwar der Situation angemessener ist, sie jedoch den Nachweis einer negativen Tatsache erfordert. Es ist nämlich, wie *Spiro*[1598] zutreffend feststellt für einen Gläubiger ziemlich schwierig zu beweisen, dass er etwas nicht gewusst hat. Würde er darlegen, dass er eine bestimmte Information erst später erhalten hat, so wäre damit nämlich nicht bewiesen, dass er sie nicht schon vorher besessen hat. Aus diesen Überlegungen gilt der Beweis einer negativen Tatsache allgemein als problematisch, obwohl er keinesfalls unmöglich ist[1599]. Derartige Nachweise wurden aber lange Zeit für problematisch gehalten[1600]. Im römischen Recht galt sogar der Grundsatz, dass negative Tatsachen nicht zu beweisen seien. Hintergrund dieser Überlegungen ist, dass der Beweis dafür, dass eine Tatsache nicht gegeben ist, in vielen Fällen logisch unmöglich ist. Mittlerweile ist der Beweis negativer Tatsachenurteile in der deutschen Rechtsordnung durchaus verbreitet. Ein Beispiel hierfür ist § 812 Abs. 1 BGB, bei dem der Gläubiger beweisen muss, dass die Bereicherung „ohne rechtlichen Grund" erfolgt ist. Die in der Praxis auftretenden Probleme lassen sich durch Beweiserleichterungen und eine erhöhte Substantiierungspflicht der Gegenpartei überwinden[1601]. Der durch den Lando-Entwurf notwendige Beweis einer negativen Tatsache spricht daher nicht gegen dieses Verjährungsmodell.

E. Ergebnis

Die Überlegungen zeigen, dass die Regelung in den PECL mit der Regelung in § 199 Abs. 1 Nr. 2 BGB harmoniert. Unterschiede ergeben sich hauptsächlich für die Beweisfragen. In diesem Bereich scheint die Regelung der PECL gegenüber

---

1597 Piekenbrock, S. 324.

1598 Spiro I, § 360; derselbe in FS für Müller-Freienfels, S. 622, wo daraus allerdings die Schlußfolgerung gezogen wird, auf das subjektive Kriterium für bestimmte Bereiche ganz zu verzichten.

1599 Sallawitz, S. 106f; Riedhammer, S. 108f.

1600 Vgl. Baumgärtel, Beweislastpraxis, Rn 331ff mit zahlreichen Nachweisen..

1601 Vgl. Baumgärtel, Beweislastpraxis, Rn 343ff.

§ 199 Abs. 1 Nr. 2 BGB vorzugswürdig zu sein[1602]. Dies wird im folgenden Teil noch kritisch zu würdigen sein. Sollte im Rahmen einer Vereinheitlichung des Europäischen Rechts eine Anpassung an eine den PECL entsprechende Bestimmung notwendig werden, so dürften sich die inhaltlichen Änderungen sehr in Grenzen halten.

1602 Vgl. Anwk-Mansel/Stürner, Vor §§ 194-218 Rn 18.

Teil 6: Darlegungs- und Beweislast

A. Einführung

Eine besondere Rolle hat bei der Entstehung der Regelung in § 199 Abs. 1 Nr. 2 BGB die Frage der Beweislastverteilung gespielt. Gegen die Regelung sind vor allem unter diesem Gesichtspunkt Einwendungen erhoben worden. Auch besteht in dieser Frage der wohl bedeutsamste Unterschied zu den Grundsätzen des Europäischen Vertragsrechts. Er ist daher kritisch zu hinterfragen, nach welchen Grundsätzen sich die Darlegungs- und Beweislast bei § 199 Abs. 1 Nr. 2 BGB richtet. Der folgende Abschnitt betrifft daher die Beweisschwierigkeiten, die im Zusammenhang mit § 199 Abs. 1 Nr. 2 BGB entstehen können. Zu beantworten ist die Frage, welche Partei für die relevanten Tatsachen darlegungs- und oder beweispflichtig ist. Diese Frage ist für die praktische Anwendung der Norm von ganz erheblicher Bedeutung[1603]. Die Literatur geht davon aus, dass es im Bereich des § 199 Abs. 1 Nr. 2 BGB im Einzelfall zu Beweisproblemen kommen wird[1604]. Die Beweislastfragen sind schon deshalb von besonderer Bedeutung, weil die Feststellung der groben Fahrlässigkeit vom Revisionsgericht nur eingeschränkt überprüft werden kann (§ 543 Abs. 2 ZPO)[1605].

B. Unterschiede zwischen Darlegungs- und Beweislast

Vor der Erörterung der Einzelfragen, sollen zu Klarstellung[1606] die hier relevanten Begriffe definiert und gegeneinander abgegrenzt werden.

1603 Leenen, DStR 2002, 35.

1604 Mansel, NJW 2002, 99.

1605 Piekenbrock, S. 325f; Mansel, NJW 2002, 92; vgl. bereits oben, S. 79.

1606 Vgl. Baumgärtel, Beweislastpraxis, Rn 1, der von einer „Begriffsverwirrung" auf dem Gebiet der Beweislast spricht.

I. Beweislast

Auf die Beweislast kommt es immer dann an, wenn ein Gericht für eine relevante Tatsache keine ausreichenden Feststellungen treffen kann[1607]. Die Beweislastverteilung beantwortet in diesem Fall die Frage, zu Lasten welcher Partei sie sich die Unaufklärbarkeit auswirkt[1608]. Der Begriff der Beweislast ist ein Oberbegriff, der drei verschiedene Punkte beinhaltet.

Er besteht zunächst aus einem objektiven Teil, der sog. objektiven Beweislast. Die objektive Beweislast beantwortet die Frage, welche Folgen die Unklarheit über eine entscheidungserhebliche Frage hat[1609]. Sie wendet sich an das Gericht und gibt diesem eine Möglichkeit, den Rechtsstreit trotz der Unsicherheit zu entscheiden.

Die subjektive Beweislast, auch als abstrakte Beweisführungslast bezeichnet ist dagegen die den Parteien auferlegte Last, zur Vermeidung des Prozessverlustes durch eigene Tätigkeit den Beweis einer streitigen Tatsache zu führen[1610].

Von der subjektiven Beweisführungslast ist die konkrete Beweisführungslast zu unterscheiden. Die konkrete Beweisführungslast betrifft die Frage, wer in einer bestimmten konkreten Prozesssituation, in der das Gericht bereits eine vorläufige Überzeugung erlangt hat, einen Beweis antreten muss, um den Prozess zu gewinnen[1611].

II. Darlegungslast

Unter der Darlegungslast[1612] versteht man allgemein die Last der Parteien, diejenigen konkreten Tatsachenbehauptungen aufzustellen, die die abstrakten Voraussetzungen des der jeden Partei günstigen Rechtssatzes erhalten oder ergeben[1613]. Grundsätzlich gehen Beweislast und Behauptungslast miteinander einher. Nur ausnahmsweise fallen sie auseinander[1614].

1607 Vgl. Baumgärtel, Beweislastpraxis, Rn 5.
1608 Vgl. Baumgärtel, Beweislastpraxis, Rn 8.
1609 Dazu Baumgärtel, Beweislastpraxis, Rn 9ff.
1610 Baumgärtel, Beweislastpraxis, Rn 14
1611 Baumgärtel, Beweislastpraxis, Rn 21
1612 Sie wird mitunter auch Behauptungs- oder Substantiierungslast genannt.
1613 Baumgärtel, Beweislastpraxis, Rn 27
1614 Baumgärtel, Beweislastpraxis, Rn 28

C. Darlegungs- und Beweislast bei § 199 Abs. 1 Nr. 2 BGB

Die Darlegungs- und Beweislast bei § 199 Abs. 1 Nr. 2 BGB ist nach den allgemeinen Regeln zu bestimmen[1615]. Die allgemeinen Regeln der Beweislast besagen, dass jede Partei die Beweislast und damit auch die Darlegungslast für die tatsächlichen Voraussetzungen der ihr günstigen Rechtsnorm trägt[1616]. Die Verjährung ist eine für den Schuldner günstige Rechtsfolge. Er muss daher ihre Voraussetzungen darlegen und beweisen[1617]. Bei Ansprüchen, die der regelmäßigen Verjährungsfrist unterliegen, gehört dazu auch deren Beginn nach § 199 Abs. 1 BGB[1618]. Gegenüber der Vorgängernorm in § 852 Abs. 1 BGB a.F. hat sich insoweit nichts geändert. Auch dort musste der Schuldner das Vorliegen der Voraussetzungen dieser Einrede beweisen[1619]. Nur für die Voraussetzungen von Hemmung, Ablaufhemmung und Unterbrechung trägt der Gläubiger die Beweislast[1620].

Den Beweis der Kenntnis wird der Schuldner bei den ohnehin regelmäßig bekannten vertraglichen Ansprüchen relativ leicht erbringen können[1621]. Den Schuldner trifft aber auch die Beweislast für das Vorliegen grober Fahrlässigkeit[1622]. Entsprechendes galt für § 852 Abs. 1 BGB a.F., wo der Schuldner die Voraussetzungen für eine missbräuchliche Unkenntnis darlegen und beweisen musste[1623].

Er muss daher vortragen und beweisen, dass dem Gläubiger die den Anspruch begründenden Umstände bekannt waren oder dass er sie grobfahrlässig nicht kannte.

Das Merkmal der groben Fahrlässigkeit wird in der Praxis in vielen Fällen relevant sein, in denen Kenntnis zwar vorliegt, vom Schuldner aber nicht bewiesen

---

1615 Vgl. zur Beweislast bei der Verjährung allgemein vgl. Nabholz, S. 160f m.w.N...

1616 BGH NJW 1993, 2168 (2170); Rosenberg, S. 90ff.

1617 Baumgärtel-Laumen, § 194 Rn 1

1618 Vgl. Palandt-Heinrichs, § 199 Rn 46; MüKo-Grothe, Vor § 194 Rn 28; Mansel/Budzikiewicz, § 1 Rn 20; Mansel, NJW 2002, 92; Mansel / Budzikiewicz, JURA 2003, 5; Lorenz/Riem, Rn 55; Birr, Rn 37; Krämer, ZGS 2003, 380; vgl. zu § 852 Abs. 1 BGB a.F. BGH NJW 1978, 262; 1987, 3120; vgl. bereits Engelmann, S. 222.

1619 Baumgärtel-Laumen, § 852 Rn 1 mit Nachweisen.

1620 Baumgärtel-Laumen, § 194 Rn 2

1621 AnwK-Mansel/Stürner, § 199 Rn 104.

1622 Lorenz/Riem, Rn 55.

1623 Baumgärtel-Laumen, § 852 Rn 3.

werden kann[1624]. Er kann sich dann darauf beschränken, das Vorliegen grober Fahrlässigkeit zu beweisen. Der Schuldner muss, um den Vorwurf der groben Fahrlässigkeit erheben zu können die Umstände darlegen, die das Verhalten des Gläubigers als grob fahrlässig erscheinen lassen. Das sind die insbesondere die Anhaltspunkte, die für den Gläubiger dafür bestanden, dass ein Anspruch besteht.

Ein bereits an anderer Stelle[1625] erörtertes Sonderproblem stellt die Beweislast für die Kausalität dar. Die folgenden Ausführungen beziehen sich daher nicht auf die Frage, wer für die Kausalität beweisbelastet ist.

D. Kritik an der gesetzlichen Regelung

Schon zu § 852 Abs. 1 BGB a.F. wurde die dort vorgenommene Beweislastregelung kritisiert[1626].

Es wurde daher vorgeschlagen, bei der Neuregelung dem Gläubiger die Beweislast für seine Unkenntnis zuzuschieben, indem die Unkenntnis als Hemmungsgrund ausgestaltet wird[1627]. In der sog. konsolidierten Fassung wurde zunächst die Unkenntnis als Hemmungsgrund ausgestaltet und damit den Vorschlag der Gutachter *Peters/Zimmermann* aufgegriffen. Dieses Modell galt aber als zu kompliziert, weswegen die sog. Weiterentwicklung vom 22.3. 2001 die Ablaufhemmung aufgab und sich wieder an § 852 Abs. 1 BGB a.F. orientierte[1628]. Die Neuregelung behielt aber die Beweislastverteilung des § 852 Abs. 1 BGB a.F. bei. Dort musste, wie jetzt bei § 199 Abs. 1 Nr. 2 BGB der Gläubiger die Kenntnis (bzw. bei § 199 Abs. 1 Nr. 2 BGB auch die grobfahrlässige Unkenntnis) beweisen. Da die dazu erforderlichen Tatsachen in der Regel aus der Sphäre des Schuldners stammen, hätte es nahe gelegen, diesem die Beweislast aufzuerlegen[1629]. Dazu hätte man die Unkenntnis aber als Hem-

---

1624 S. 93.

1625 S. 274.

1626 Vgl. bereits Peters/Zimmermann, S. 248; ebenso Eidenmüller, JZ 2001, 286 Fn 19; Zimmermann u.a., JZ 2001, 686; Mansel, in: Ernst / Zimmermann, S. 381; AnwK-Mansel/Stürner, § 199 Rn 103.

1627 Vgl. Peters/Zimmermann, S. 306.

1628 Leenen, JZ 2001, 552.

1629 Leenen, DStR 2002, 35; Bruggner-Wolter, S. 53; Peters/Zimmermann, S. 248; Krämer, ZGS 2003, 380; Riedhammer, S. 108.

mungsgrund ausgestalten müssen[1630]. Die Neufassung wurde daher aus denselben Gründen als "misslich" bezeichnet[1631].

Diese Beweislastverteilung kann dazu führen, dass es in zahlreichen Fällen auf die längeren Maximalfristen ankommt. Beweisschwierigkeiten dürften vorprogrammiert sein[1632]. Der Lando-Entwurf geht aus diesem Grund auch von einer Hemmungslösung aus[1633]. Ein eindeutiges argumentatives Übergewicht für die jetzige deutsche Lösung ist jedenfalls nicht erkennbar[1634], was allerdings auch nicht bedeutet, dass die im Lando-Entwurf getroffene Regelung völlig unproblematisch ist.

E. Lösungsmöglichkeiten

Angesichts der problematischen Beweislage stellt sich die Frage nach Möglichkeiten, diese für die Praxis leichter handhabbar zu machen.

1. Beibehaltung der gesetzlich vorgegebenen Beweislastverteilung

Nur vereinzelt wird die gesetzlich vorgegebene Beweislastverteilung hingenommen, ohne Erleichterungen für den Schuldner vorzusehen[1635]. Dies wird damit begründet, dass der Schuldner bei vertraglichen Ansprüchen ohnehin kein Beweisproblem hätte und sich die Probleme im Wesentlichen nur bei Schadensersatzansprüchen stelle. Dort habe es schon unter der Geltung des § 852 Abs. 1 BGB a.F. keine größeren Probleme gegeben.

Gegen diese Ansicht lässt sich einwenden, dass auch bei vertraglichen Primäransprüchen Beweisprobleme bestehen können. Zu denken ist dabei insbesondere an die Organisationsobliegenheiten. Außerdem können sich die Probleme nicht nur bei den Schadensersatzansprüchen sondern bei allen anderen gesetzlichen Schuldverhältnissen stellen. Es spricht also einiges dafür, dem Schuldner eine Erleichterung zukommen zu lassen.

1630 Peters, JZ 1983, 121, Mansel, NJW 2002, 92; Leenen, DStR 2002, 35.
1631 AnwK-Mansel/Stürner, § 199 Rn 103.
1632 Krämer, ZGS 2003, 380.
1633 Vgl. dazu Teil 5 (S. 284), wo die einzelnen Argumente für und gegen diesen Entwurf dargestellt sind.
1634 Derleder/Meyer, KJ 2002, 331.
1635 Lorenz/Riem, Rn 55.

2. Modifikationen der allgemeinen Regeln

a) Annahme eines Regel-Ausnahme-Verhältnisses

Bruggner-Wolter hat bezogen auf das alte Verjährungsrecht angeregt, die Beweislastverteilung nach einem System von Regel und Ausnahme zu verteilen[1636]. Die Erkennbarkeit innerhalb der Frist sei eine vom Gesetz angenommene Regel. Die fehlende Erkennbarkeit sei demgegenüber eine Ausnahme und diese Ausnahme ist vom Gläubiger zu beweisen.

Diese Annahme ist bezogen auf § 199 Abs. 1 Nr. 2 BGB jedoch problematisch. Die einheitliche Frist des § 195 BGB erlaubt nicht den Schluss, dass innerhalb dieser Frist im Regelfall Kenntnis vorliegt. Die in § 199 Abs. 2-4 BGB enthaltenen Maximalfristen sprechen eher dafür, dass der Gesetzgeber eine solche Annahme nicht treffen wollte. Die Ansicht ist daher kein brauchbares Kriterium.

b) Mitwirkungspflicht des Gläubigers

Eine weitere Möglichkeit besteht darin, eine Mitwirkungspflicht des Gläubigers anzunehmen.

aa) Allgemeines

Die überwiegende Literatur will die entstehenden Probleme dadurch lösen, dass dem Gläubiger eine Pflicht auferlegt wird, an der Sachaufklärung mitzuwirken. Er soll verpflichtet sein, diejenigen Maßnahmen, die er zur Sachaufklärung getroffen hat darzulegen[1637]. Zugleich wird man die Substantiierungslast des Schuldners entsprechend vermindern[1638]. Dieser muss nur darlegen und ggf. beweisen, welche Anhaltspunkte der Gläubiger für Nachforschungen hatte bzw. auf welche Weise er Organisationsmängel hätte verhindern können. Bei Organisationsmängeln muss der Schuldner diese indiziell belegen. Das bedeutet, dass er zum Beispiel die ungewöhnlich lange Dauer der Ermittlungen des Gläubigers darlegt. Dem kann der Gläubiger dadurch begegnen, dass er die Leistungsfähigkeit der von ihm gewählten Organisationsform darlegt[1639].

Einen entsprechenden Ansatz hat die Rechtsprechung in anderen Bereichen auch bereits entwickelt. Trotz Uneinigkeiten in den Einzelheiten wird dieser Ansatz auch von der Literatur gebilligt[1640]. Als Rechtsgrundlage wird auf die pro-

---

1636 Bruggner-Wolter, S. 53.

1637 Vgl. Palandt-Heinrichs, § 199 Rn 46; Staudinger-Peters, § 199 Rn 60; Leenen, DStR 2002, 35; Krämer, ZGS 2003, 380.

1638 Finkenauer, S. 296.

1639 A.a.O..

1640 Baumgärtel, Beweislastpraxis, Rn 301ff.

zessuale Wahrheitspflicht, auf § 242 BGB und auf das materielle Recht verwiesen. Die Rechtsprechung geht ganz allgemein davon aus, dass eine sog. sekundäre Behauptungslast besteht, wenn die relevanten Tatsachen aus dem Bereich der an sich nicht darlegungs- und beweispflichtigen Partei stammen[1641], dieser aber eine substantiierte Darlegung möglich und zumutbar ist[1642]. Eine Grenze der Darlegungspflicht besteht, wenn die ursprünglich beweisbelastete Partei ihre Behauptung allein ins Blaue hinein vornimmt und damit einen Ausforschungsbeweis vornimmt oder wenn der anderen Partei die Gefahr strafrechtlicher Verfolgung droht. Auch dann, wenn ein Eingriff in das allgemeine Persönlichkeitsrecht oder die gewerbliche Geheimsphäre zu befürchten ist, besteht keine Darlegungspflicht.

bb) Beispielsfälle aus der Rechtsprechung

Hierzu sind verschiedene Beispielsfälle zu nennen[1643]: Für die Entscheidung, ob ein Mitverschulden nach § 254 Abs. 2 BGB anzurechnen sei, ist der Schädiger darlegungs- und beweispflichtig. Hierzu hat der BGH[1644] entschieden, dass der Anspruchsteller darlegen muss, welche Möglichkeiten bestanden, einen Schaden abzuwenden oder zu mindern. Im konkreten Fall hatte er behauptet, nach einer Verletzung keine neue Arbeitsstelle gefunden zu haben. Er hatte aber keine näheren Ausführungen gemacht, welche Aufwendungen er unternommen hatte. Damit hatte er seiner Darlegungslast nicht genügt. Etwaige Darlegungen hätte der Schadensersatzpflichtige entweder widerlegen oder aber darlegen können, dass eine Erwerbsmöglichkeit bestanden hätte. Dem Gericht sollte nach dem BGH in einen solchen Fall die Möglichkeit zustehen, nach den Grundsätzen des Anscheinsbeweises zu entscheiden, die unter Umständen bis zu einer Umkehr der Beweislast führen könnte.

Diese Rechtsprechung wurde später bestätigt. Nach einer weiteren Entscheidung des BGH[1645] kann ein Schädiger beanspruchen, dass der Geschädigte an der Beweisführung mitwirkt, soweit es sich um Umstände aus seiner Sphäre handelt. Im entsprechenden Fall hatte der Geschädigte darzulegen, welche Bemühungen aufgewandt worden waren, um einen Abschussplan nach dem Bundesjagdgesetz zu erfüllen.

1641 Zöller-Greger, § 138 Rn 8b; Zöller-Greger, Vor § 284 Rn 34.
1642 Baumgärtel, Beweislastpraxis, Rn 330.
1643 Vgl. zur Kasuistik Zöller-Greger, Vor § 284 Rn 34a.
1644 BGH VersR 1979, 424 (425).
1645 BGHZ 91, 243 (260).

Eine ähnliche Sichtweise wurde zur Arglisthaftung des Verkäufers vertreten[1646]. Dort ist im Grundsatz der Käufer darlegungs- und beweispflichtig dafür, dass der Verkäufer ihn nicht ordnungsgemäß über Mängel der Kaufsache aufgeklärt hat. Er muss allerdings nicht alle theoretischen Möglichkeiten ausräumen. Vielmehr muss der Verkäufer darlegen, in welcher Weise er den Käufer aufgeklärt haben will. Der Käufer muss dann nur diese Aufklärung widerlegen.

Ansonsten würde vom Schuldner nämlich ein für diesen fast nicht zu führender Beweis auferlegt werden, wenn die Umstände allein aus seiner Sphäre stammen[1647].

Bei dem möglichen Vorliegen eines groben Organisationsverschuldnes muss dargelegt werden, welche Sicherungsmaßnahmen unternommen wurden[1648]. Der Schuldner darf sich in diesem Fall nicht darauf beschränken, den Vortrag des Gläubigers zu bestreiten sondern er ist gehalten, das Informationsdefizit des Anspruchstellers durch detaillierten Sachvortrag auszugleichen[1649]. Dazu muss er darlegen, welche Maßnahmen ergriffen wurden, um bedeutsame Informationen strukturiert zu erfassen oder deren Weiterleitung an die relevanten Personen sicherzustellen. Der Gläubiger muss freilich die Umstände vortragen, nach denen ein Organisationsverschulden nahe liegend ist[1650].

cc) Übertragung auf § 199 Abs. 1 Nr. 2 BGB

Diese Ansicht ist auf § 199 Abs. 1 Nr. 2 BGB übertragbar. Durch sie werden die Probleme mit der Handhabung des § 199 Abs. 1 Nr. 2 BGB erheblich reduziert. Die zunächst von § 199 Abs. 1 Nr. 2 BGB vorgegeben Beweislastregel würde so praktisch leichter handhabbar. Übertragen auf § 199 Abs. 1 Nr. 2 BGB müsste also zunächst der Schuldner Anhaltspunkte für das Vorliegen einer Obliegenheitsverletzung vortragen, z.B. vorhandene Anhaltspunkte für Erkundigungen oder die sehr lange Dauer der Bearbeitung in der Organisation des Gläubigers. Der Gläubiger muss daraufhin darlegen, welche Maßnahmen er zu Kenntniserlangung getroffen hat bzw. welche organisatorischen Maßnahmen er getroffen hat. Kommt er dieser Obliegenheit nicht nach, so gilt der Vortrag des primär darlegungs- und beweispflichtigen Schuldners trotz dessen ansonsten mangelnder Substantiierung als zugestanden, sofern er nicht substantiiert bestritten

---

1646 BGH NJW 2001, 64 (65).

1647 BGHZ 91, 243 (260).

1648 BGHZ 145, 170 (183f); BGH MDR 2003, 99.

1649 BGHZ 145, 170 (184); ähnlich Neuhaus, MDR 2002, 135 zu baurechtlichen Organisationsmänglen.

1650 Vgl. Neuhaus, MDR 2002, 135 zu baurechtlichen Organisationsmängeln.

wird[1651]. Kommt der Gläubiger der Darlegungsobliegenheit nach, so kann der Schuldner diese bestreiten. Er ist dann allerdings beweisbelastet.

1651 Zöller-Greger, Vor § 284 Rn 34c.

Teil 7: Zusammenfassung der wesentlichen Ergebnisse

Teil 1:
Die Verjährung geht bereits auf das römische Recht zurück. Seit der Einführung des BGB wird sie in Deutschland als materiellrechtliches Institut betrachtet.

Der Zweck der Verjährung lässt sich nicht einheitlich bezeichnen. Sie hat das Ziel, den Schuldner vor unberechtigten und berechtigten, aber unbekannten oder unerwarteten Ansprüchen zu schützen. Das Hauptrisiko für den Schuldner ist dabei der Verlust von Beweismitteln. Ein weiteres Risiko ist die Gefährdung seiner Dispositionsmöglichkeiten. Die Verjährung dient zusätzlich öffentlichen Interessen. Sie hat den Zweck Rechtssicherheit herzustellen. Auch Erwägungen der Marksteuerung und des Risikoausgleichs sind hierbei zu berücksichtigen.

Diese Zwecke kollidieren mit dem Interesse des Gläubigers, eine faire Chance zur Durchsetzung seines Anspruches zu haben. Die Verjährungsregeln müssen diese divergierenden Interessen angemessen ausgleichen. Aus dem Verjährungszweck folgt kein bestimmtes Verjährungskonzept. Der Gesetzgeber kann daher ein subjektive oder objektives oder auch ein gemischtes System einführen.

Ein subjektives Verjährungskonzept ist für den Gläubiger aber vorteilhaft, da er dadurch in der Regel eine faire Chance zur Anspruchsdurchsetzung erhält. Die Einführung des Merkmals der groben Fahrlässigkeit stellt insoweit einen Ausgleich zugunsten des Schuldners dar, da der Gläubiger so nicht unbedingt positive Kenntnis haben muss.

Teil 2:
Die Regelung in § 199 Abs. 1 Nr. 2 BGB ist Resultat einer wechselvollen 20 jährigen Gesetzgebungsgeschichte. Sie geht zurück auf ein Gutachten von *Peters* und *Zimmermann*. Gründe für die Neuregelung waren die Probleme, die unter der Geltung des bestehenden Verjährungssystems bestanden. Dies waren die unübersehbare Zahl der Fristen, die unangemessenen Fristlängen und die kaum durchführbaren Abgrenzungsprobleme. Erst ganz am Schluss des Gesetzgebungsprozesses wurde der subjektive Verjährungsbeginn eingeführt. Dabei wurde an eine in § 852 Abs. 1 BGB a.F. bestehende Verjährungsnorm für deliktsrechtliche Ansprüche angeknüpft.

Zuvor wurde das subjektive Regelungsmodell immer wieder kritisiert und abgelehnt. Der Hauptkritikpunkt dabei war die angeblich geringe Rechtssicherheit und die angebliche Unangemessenheit für bestimmte Anspruchstypen. Die vorgebrachte Kritik lässt sich jedoch widerlegen. Sie muss aber bei der Auslegung der Norm berücksichtigt werden.

Die Umstellung von einer 30jährigen auf die dreijährige Frist erforderte verschiedene Anpassungen, die noch nicht in allen Punkten abgeschlossen sind.

Teil 3:
§ 199 Abs. 1 Nr. 2 BGB ist Ausdruck eines Systemwechsels. Es kommt nicht mehr auf zufällige Kenntnis sondern auf die Erfüllung einer Kenntnisgewinnungsobliegenheit an.

Der Anwendungsbereich der Norm ist nur negativ zu bestimmen, da es sich um eine Auffangvorschrift handelt. Von den Ansprüchen, die der Regelverjährung unterliegen, müssen diejenigen herausgearbeitet werden, bei denen nicht ohnehin typischerweise Kenntnis gegeben ist. Die wesentlichen Anwendungsfelder sind demnach die gesetzlichen Schuldverhältnisse und sämtliche Schadensersatzansprüche. Auch im Vertragsrecht kann es ausnahmsweise auf grobfahrlässige Unkenntnis ankommen. In anderen Bereichen spielt das Merkmal eine deutlich geringere Rolle.

Im Anwendungsbereich der sog. Schadenseinheit spielt die grobfahrlässige Unkenntnis keine Rolle. Die Lehre von der Schadenseinheit modifiziert die Entstehung des Anspruches (§ 199 Abs. 1 Nr. 1 BGB) und wirkt damit auf einer anderen Ebene als die grobfahrlässige Unkenntnis. Dies ändert jedoch nichts daran, dass der Grundsatz kritikwürdig ist.

Der subjektive Verjährungsbeginn begünstigt die unterschiedliche Verjährung von Ansprüchen aus demselben Lebenssachverhalt. Sie kann uneinheitlich laufen je nach Gläubiger, Schuldner oder Anspruchsgrundlage. Dies kann speziell in Fällen der Produkthaftung zu Unbilligkeiten führen.

Die Regelverjährungsfrist wird durch den subjektiven Verjährungsbeginn zu einer Überlegungsfrist für den Gläubiger.

Unsicherheiten werden durch die Jahresendverjährung weitgehend gemindert. Sie macht die taggenaue Feststellung der Kenntnis bzw. grobfahrlässigen Unkenntnis entbehrlich.

Die subjektive Verjährungsfrist muss durch eine Maximalfrist begrenzt werden, da sie sonst unbegrenzt lange laufen kann.

Die grobe Fahrlässigkeit hat eine Beweiserleichterungs-, eine Vorverlegungs- und eine Entlastungsfunktion.

Teil 4:
§ 199 Abs. 1 Nr. 2 BGB begründet eine Obliegenheit des Gläubigers, sich Kenntnis zu verschaffen. Dies ist eine wesentliche Änderung gegenüber § 852 Abs. 1 BGB a.F..

Begrenzt wird das subjektive Element durch die ebenfalls notwendige Entstehung des Anspruches. Sie ist in einigen Fällen aufgrund des Grundsatzes der Schadenseinheit problematisch. Besondere Probleme ergeben sich dabei für die Beraterhaftung.

Der Begriff der Kenntnis ist für § 199 Abs. 1 Nr. 2 BGB eigenständig zu bestimmen. Kenntnis liegt vor, wenn der Kläger mit Aussicht auf Erfolg eine Klage gegen den Schuldner erheben kann. Dabei muss, abgesehen von den problematischen Fällen der Schadenseinheit eine Leistungsklage möglich sein. Der Gläubiger muss soviel wissen, dass er die Klage substantiiert begründen kann. In vielen Fällen muss sein Wissen dazu nicht vollständig sein. Dies ruft Abgrenzungsprobleme zur grobfahrlässigen Unkenntnis hervor.

Die grobfahrlässige Unkenntnis kann nicht mit Hilfe einer der vorhandenen Definitionen erfasst werden. Stattdessen ist eine speziell auf die Norm des § 199 Abs. 1 Nr. 2 BGB zugeschnittene Auslegung notwendig. Aus dem Zweck der Verjährung folgt dabei, dass das Merkmal nur eine objektive Komponente aufweist. Eine subjektive Komponente, wie sie für die grobe Fahrlässigkeit bei anderen Normen gefordert wird, ist abzulehnen. Notwendig ist die Bildung von Fallgruppen, wobei die Rechtsprechung zu § 852 Abs. 1 BGB a.F. als Grundlage herangezogen werden kann.

Die Anforderungen an das Vorliegen grober Fahrlässigkeit können aufgrund bestimmter Faktoren modifiziert werden. Dafür sind zum einen die allgemeine Stellung des Gläubigers im Rechtsverkehr sowie seine konkrete Verfassung maßgeblich. Bedeutung können auch die Höhe der Forderung sowie die Wahrscheinlichkeit ihres Bestehens haben. Bei durch Abtretung erlangten Forderungen besteht eine gesteigerte Erkundigungsobliegenheit. In bestimmten Sachgebieten gelten modifizierte Anforderungen. Diese Bereiche sind die Staatshaftung, Arzthaftung und die Haftung der beratenden Berufe.

Grobe Fahrlässigkeit kann allgemein in drei verschiedenen Konstellationen begründet werden. Die erste und praktisch wohl wichtigste sind unterlassene Erkundigungen. Sie sind vorzunehmen, wenn dafür ein Anlass besteht und wenn sie ohne größere Kosten und Mühen möglich sind. Hierbei ist auf die Rechtsprechung zu § 852 Abs. 1 BGB a.F: zurückzugreifen. Die zweite Fallgruppe betrifft Fälle fehlerhafter Organisation, wodurch Wissen entweder nicht erlangt oder nicht an die zuständige Person weitergeleitet wird. Diese Fallgruppe geht über § 852 Abs. 1 BGB a.F. hinaus. Die dritte Fallgruppe erfasst Fälle, in denen in einer Organisation vorhandenes Wissen nicht genutzt wird, obwohl es konkrete Anhaltspunkte gibt und die Nutzung leicht möglich wäre. Auch dies geht über § 852 Abs. 1 BGB a.F. hinaus.

Die Obliegenheitsverletzung muss kausal für die Unkenntnis gewesen sein. Die Beweislast dafür trägt jedoch entgegen der gesetzlichen Regelung der Gläubiger. Ohne diese Beweislastumkehr wäre die Norm praktisch nur schwer handhabbar.

Die Verjährung beginnt, wenn nach einer hypothetischen Überlegung der Gläubiger aufgrund ordnungsgemäßer Obliegenheitserfüllung Kenntnis erlangt hätte.

Überobligationsmäßige Bemühungen können sich zulasten des Gläubigers auswirken.

Teil 5:

Das subjektive Verjährungssystem findet sich auch im Entwurf der Lando-Kommission zur Schaffung eines europäischen Vertragsrechts. Das dortige Modell geht von einer Hemmungslösung aus und entspricht insoweit dem Gutachten von *Peters* und *Zimmermann*. Diese Lösung hat insbesondere im Rahmen der Beweisbarkeit Vorteile gegenüber der deutschen Regelung. Es ergeben sich bei dieser Lösung jedoch andere Nachteile, so dass ein eindeutiges Überwiegen der Vorteile nicht auszumachen ist. Die Regelung ist mit § 199 Abs. 1 Nr. 2 BGB vereinbar. Die inhaltlichen Abweichungen dürften trotz der unterschiedlichen Formulierungen minimal sein.

Teil 6:

§ 199 Abs. 1 Nr. 2 BGB bereitet wegen der in ihm vorgesehenen Beweislastverteilung Probleme. Der Schuldner müsste demnach Umstände darlegen und beweisen, die außerhalb seiner Sphäre liegen. Dies verlangt eine Beweiserleichterung. Sie kann sinnvoll durch die Einführung einer Darlegungslast auf Seiten des Gläubigers bewirkt werden. Dieser muss die Umstände darlegen, aus denen sich ergibt, dass er die Obliegenheit nicht verletzt hat, nachdem zuvor der Schuldner Indizien dargelegt hat, aus denen sich eine grobfahrlässige Obliegenheitsverletzung ergibt.

Literaturverzeichnis

Abschlussbericht der Kommission zur Überarbeitung des Schuldrechts, hrsg. vom Bundesminister der Justiz, Köln 1992
(zitiert: Abschlussbericht)

Alternativkommentar, bearbeitet. von Reinhard Damm, Kommentar zum bürgerlichen Gesetzbuch, Band 1, Allgemeiner Teil, Neuwied u.a. 1987
(zitiert: AK-Bearbeiter)

Alternativkommentar, bearbeitet. von Gerd Brüggemeier, Kommentar zum bürgerlichen Gesetzbuch Band 3, Besonderes Schuldrecht (§§ 433-853), Neuwied u.a. 1979
(zitiert: AK-Bearbeiter)

Amann, Hermann, Das Verjährungsrecht nach der Schuldrechtsreform aus notarieller Sicht, DNotZ 2002, S. 94ff

Anwaltskommentar*, hrsg. von Dauner-Lieb, Barbara; Heidel, Thomas; Ring, Gerhard, BGB, Band 1: Allgemeiner Teil mit EGBGB, Bonn 2005
(zitiert: AnwK-Bearbeiter)

Bamberger, Heinz Georg; Roth, Herbert, Kommentar zum Bürgerlichen Gesetzbuch, Band 1, §§ 1-610, München 2003
(zitiert: Bamberger/Roth-Baearbeiter)

Baumgärtel, Gottfried, Beweislastpraxis im Privatrecht, Die Schwierigkeiten der Beweislastverteilung und die Möglichkeiten ihrer Überwindung, Köln u.a. 1996
(zitiert: Baumgärtel, Beweislastpraxis)

Baumgärtel, Gottfried, Handbuch der Beweislast im Privatrecht, Band 1, 2. Auflage, Köln u.a. 1991
(zitiert: Baumgärtel-Bearbeiter)

Birr, Christiane, Verjährung und Verwirkung : Fristen - Beginn - Hemmung - Wirkung, Berlin 2003

---

* Die hier enthaltenen Kommentierungen zum Verjährungsrecht gehen auf das von Barbara Dauner-Lieb u.a. herausgegebene Werk mit dem Titel „Anwaltskommentar Schuldrecht", 2003, zurück. Da es sich um eine Weiterentwicklung unter neuem Namen handelt, wird nur auf dieses Werk verwiesen.

Blaesner, Heinrich, Wann beginnt die Verjährungsfrist bei Regreßansprüchen der Berufsgenossenschaft gemäß § 823 BGB in Verbindung mit § 1542 RVO?, ZfV 1954, 631f

Bork, Reinhard, Allgemeiner Teil des Bürgerlichen Gesetzbuches, Tübingen 2001

Breucker, Klaus, Die Verjährung der Ansprüche aus unerlaubten Handlungen, Göttingen 1934

Bruggner-Wolter, Micaela, Verjährung bei Schadensersatz aus Schutzpflichtverletzung, Berlin 1993, zugl. Bayreuth Univ. Diss. 1993

Buck, Petra, Wissen und juristische Person, Wissenszurechnung und Herausbildung zivilrechtlicher Organisationspflichten, Tübingen 2001, zugl. Tübingen Univ. Habil.-Schr., 1999

Büdenbender, Ulrich, Die Verjährung zivilrechtlicher Ansprüche, JuS 1997, 481ff

Bundesminister der Justiz (Hrsg.), Abschlussbericht der Kommission zur Überarbeitung des Schuldrechts, Köln 1992

Büning, Hermann, Die Verjährung der Ansprüche aus unerlaubten Handlungen, Köln 1964

Bydlinski, Peter, Die geplante Modernisierung des Verjährungsrechts, in: Schulze, Reiner (Hrsg.), Die Schuldrechtsreform vor dem Hintergrund des Gemeinschaftsrechts, Tübingen 2001, S. 381ff

Canaris, Claus-Wilhelm, Schuldrechtsreform 2002, Materialien, Texte, Dokumente, München 2002

Conradi, Matthias, Neuregelung des Verjährungsrechts, in: Schimmel, Roland; Buhlmann, Dirk, Frankfurter Handbuch zum neuen Schuldrecht, Frankfurt/Main 2002, S. 25ff

Däubler-Gmelin, Herta, Die Entscheidung für die so genannte Große Lösung bei der Schuldrechtsreform – Zum Entwurf eines Gesetzes zur Modernisierung des Schuldrechts, NJW 2001, 2281ff

Dahm, Dirk, Die Verjährung des gemäß § 116 SGB X übergegangenen Anspruchs - Anmerkungen zum Urteil des Bundesgerichtshofes vom 9. März 2000 - Aufsatz / Entscheidungsbesprechung aus SozVers 2001, 92f

Dauner-Lieb, Barbara; Heidel, Thomas; Lepa, Manfred u.a. (Hrsg.), Das neue Schuldrecht in der anwaltlichen Praxis, Bonn 2000

Deutsch, Erwin, Fahrlässigkeit und erforderliche Sorgfalt, 2. Auflage, Berlin, Bonn, München 1995

Deutsch, Erwin, Die grobe Fahrlässigkeit im künftigen Versicherungsvertragsrecht, VersR 2004, 1485ff

Deutsch, Erwin; Ahrens, Hans-Jürgen, Deliktsrecht: Unerlaubte Handlungen, Schadensersatz, Schmerzensgeld, 4. Auflage, Köln, Berlin, Bonn, Münche-en 2002

Derleder, Peter; Meyer, Thomas, Die Verjährung zivilrechtlicher Ansprüche – Schuldrechtsmodernisierung zwischen Verbraucherschutz und Turbokapitalismus, KJ 2002, 325ff

Dohse, Roderich, Die Verjährung, 9.Auflage, Stuttgart u.a. 2002

Dörner, Oswald, Die Verjährung, Frankfurt am Main 1962

Eidenmüller, Horst, Zur Effizienz der Verjährungsregeln im geplanten Schuldrechtsmodernisierungsgesetz, JZ 2001, 283ff

Eidenmüller, Horst, Ökonomik der Verjährungsregeln, in: Schulze, Reiner (Hrsg.), Die Schuldrechtsreform vor dem Hintergrund des Gemeinschaftsrechts, Tübingen 2001, S. 405ff

Elb, Werner, Schuldrechtsmodernisierung: Ein Leitfaden für die Rechtspraxis, Köln 2002

Engelmann, Theodor, Die Verjährung der Ansprüche aus unerlaubten Handlungen, in: Engelmann, Wilhelm (Hrsg.), Festschrift für Karl Binding zum 4.Juni 1911, Erster Band, Leipzig 1911

Enneccerus, Ludwig; Nipperdey, Hans Karl, Allgemeiner Teil des Bürgerlichen Rechts, 15. Auflage, Tübingen 1960
(zitiert: Enneccerus/Nipperdey)

Erman, Bürgerliches Gesetzbuch, hrsg. von Harm Peter Westermann, Band 1, 11. Auflage, Münster, Köln, 2004
(zitiert: Erman-Bearbeiter)

Ernst, Wolfgang, Zum Kommissionsentwurf für eine Schuldrechtsreform, NJW 1994, 2177ff

Ernst, Wolfgang, Zum Fortgang der Schuldrechtsreform, in: Ernst, Wolfgang; Zimmermann, Reinhard, Zivilrechtswissenschaft und Schuldrechtsreform, Tübingen 2001, 559ff

Ernst, Wolfgang; Leenen, Detlef; Mansel, Heinz-Peter; Peters, Frank; Zimmermann, Reinhard, Stellungnahme zu „Neue Fassung des Verjährungsrechts auf der Grundlage des Diskussionsentwurfes eines Schuldrechtsmodernisierungsgesetzes, der hierzu vorliegenden Stellungnahmen und der Ergebnisse der Sitzung der Arbeitsgemeinschaft Verjährungsrecht am 15. und 16. Januar 2001 in Berlin (= n.F. 1), veröffentlicht unter http://www.ipr.uni-koeln.de/schrref/memorandum.doc

Esser, Joseph; Schmidt, Eike, Schuldrecht, Band I, Allgemeiner Teil, Teilband 2, 8. Auflage, Heidelberg 2000

Finkenauer, Thomas, Das neue Verjährungsrecht in: Ehmann, Horst; Sutschet, Holger, Modernisiertes Schuldrecht, München 2002, S. 289ff

Foerste, Ulrich, Unklarheit im künftigen Schuldrecht: Verjährung der Kaufmängel-Ansprüche in zwei, drei oder 30 Jahren?, ZRP 2001, 342f

Foerste, Ulrich, Nochmals - Persönliche Haftung der Unternehmensleitung - die zweite Spur der Produkthaftung?, VersR 2002, 1

Gaier, Reinhard, Der Beginn der regelmäßigen Verjährung von gemeinschaftlichen Ansprüchen der Wohnungseigentümer nach neuem Recht, NZM 2003, 90ff

Grunewald, Barbara, Wissenszurechnung bei juristischen Personen, in: Beisse u.a. (Hrsg.), Festschrift für Karl Beusch zum 68. Geburtstag am 31. Oktober 1993, Berlin u.a. 1993, S. 301ff

Gsell, Beate; Rüfner, Thomas, Symposium Schuldrechtsmodernisierung 2001, NJW 2001, 424ff

Gottwald, Uwe, Verjährung im Zivilrecht, Vallendar 2005

Haas, Lothar, Das Gesetz zur Modernisierung des Schuldrechts, DRiZ 2001, 489

Häberle, Peter, Zeit und Verfassungsstaat – kulturwissenschaftlich betrachtet, JURA 2000, 1ff

Handkommentar, hrsg. von Reiner Schulze, Bürgerliches Gesetzbuch, Handkommentar, 4. Auflage, Baden-Baden 2005
(zitiert: HK-BGB-Bearbeiter)

Harte-Bavendamm, Henning; Henning-Bodewig, Frauke, Gesetz gegen den unlauteren Wettbewerb (UWG), München 2004

Haug, Henner, Die Neuregelung des Verjährungsrechts, Eine kritische Untersuchung des Verjährungsrechts im Entwurf der Kommission zur Überarbeitung des Schuldrechts, Baden-Baden 1999, Diss. Tübingen 1998

Haug, Karl H., Die Verjährung von Haftpflichtansprüchen gegen Notare, DNotZ 1977, 472

Heinrichs, Helmut, Reform des Verjährungsrechts?, NJW 1982, S. 2021ff

Heinrichs, Helmut, Überlegungen zum Verjährungsrecht, seine Mängel, seine Rechtfertigung und seine Reform, Karlsruher Forum 1991, S. 3ff

Heinrichs, Helmut, Entwurf eines Schuldrechtsmodernisierungsgesetzes: Neuregelung der Verjährungsvorschriften, BB 2001, S. 1417ff

Henssler, Martin; von Westphalen, Friedrich Graf (Hrsg.), Praxis der Schuldrechtsreform, 2. Auflage, Recklinghausen 2003
(zitiert: Henssler/von Westphalen-Bearbeiter)

Heß, Rainer, Neuregelung des Verjährungsrechts: Auswirkungen auf das Verkehrszivilrecht, NZV 2002, S. 65ff

Historisch-kritischer Kommentar, Schmoeckel, Mathias; Rückert; Joachim; Zimmermann, Reinhard, Historisch-kritischer Kommentar zum BGB, Band 1, Allgemeiner Teil, §§ 1 – 240, Tübingen 2003
(zitiert: HKK-Bearbeiter)

Hoche, Ulrich, Unstimmigkeiten im Verjährungsrecht, in: Kuchinke, Kurt (Hrsg.), Rechtsbewahrung und Rechtsentwicklung, Festschrift für Heinrich Lange zum 70. Geburtstag, München 1970, S. 241ff

Hölder, E., Die Normierung der Verjährung im Entwurf eines bürgerlichen Gesetzbuches für das Deutsche Reich, Archiv für Bürgerliches Recht 1896, 217ff

Honsell, Heinrich, Einige Bemerkungen zum Diskussionsentwurf eines Schuldrechtsmodernisierungsgesetz, JZ 2001, 18ff

Jaeger, Lothar, Verjährung des Schmerzensgeldanspruchs, ZGS 2003, 329ff

Jahnke, Jürgen, Verjährung und Verwirkung im Schadensersatzrecht (Teil 1), VersR 1998, 1343ff

Jakobs, Horst Heinrich, Tagungsbericht Schuldrechtsmodernisierung, Impressionen von einem Symposion, JZ 2001, 27ff

Kadow, Verjährung des Schadensersatzanspruches aus § 945 ZPO, Deutsches Gemein- und Wirtschaftsrecht 1936, S. 97ff.

Kandelhard, Ronald, Ist es wirklich schon zu spät? – Zum Ablauf der allgemeinen Verjährungsfrist nach intertemporalem Verjährungsrecht, NJW 2005, 630ff

Karlsruher Forum 1991, Überlegungen zum Verjährungsrecht, seine Mängel seine Rechtfertigung und seine Reform, Sonderheft der Zeitschrift Versicherungsrecht
(zitiert: Redner, Karlsruher Forum 1991)

Karlsruher Forum 1994, Möglichkeiten der Wissenszurechnung, Sonderheft der Zeitschrift Versicherungsrecht
(zitiert: Redner, Karlsruher Forum 1994)

Kaser, Max, Das römische Privatrecht, Band 2, Die nachklassischen Entwicklungen, 2 Auflage, München 1975

Kaser, Max; Knütel, Rolf; Römisches Privatrecht, 17. Auflage, München 2003

Kellner, Friedrich-Ferdinand, Die Mitarbeiterhaftung, ihre Verjährung und die Folgen für den Unternehmensträger – am Beispiel der Produkthaftung -, Dresden Diss. 2003

Koch, Christian Friedrich u.a., Allgemeines Landrecht für die Preußischen Staaten, 8. Auflage, Band 1, Berlin 1884
(zitiert: Koch/Johow)

Kohler, Josef, Bürgerliches Recht, in: v. Holtzendorf, Franz/ Kohler, Josef, Enzyklopädie der Rechtswissenschaft in schematischer Darstellung, Zweiter Band, 7. Auflage, München u.a. 1914, S. 1ff

Kompaktkommentar, Wolfhard Kothe u.a., Das neue Schuldrecht, Kompaktkommentar, Neuwied 2003
(zitiert: KK-Bearbeiter)

König, Volker, Die grobe Fahrlässigkeit, Diss. Hamburg 1997

Krämer, Ulrich, Die Neuregelung des Verjährungsrechts im Schuldrechtsmodernisierungsgesetz, Diss. Gießen 2002

Krämer, Ulrich, Praxisrelevante Probleme des neuen Verjährungsrechts, ZGS 2003, 379ff

Krauskopf, Dieter; Marburger, Horst, Die Ersatzansprüche nach § 116 SGB X, Band 1, 5. Auflage, Sankt Augustin 2000

Krebs, Die große Schuldrechtsreform, DB, Beilage 14/2000

Küppersbusch, Gerhard, Ersatzansprüche bei Personenschaden, 8. Auflage, München 2004

Lando, Ole, Principles of European Contract Law and Unidroit Principles: Similarities, Differences, Perspectives, Rome 2002

Larenz, Karl; Wolf, Manfred, Allgemeiner Teil des bürgerlichen Rechts, 9. Auflage, München 2004

Larenz, Karl; Canaris, Claus-Wilhelm, Lehrbuch des Schuldrechts, Zweiter Band, Besonderer Teil, 2. Halbband, 13. Auflage, München 1994
(zitiert: Larenz/Canaris)

Lässig, Curt Lutz, Verjährung des Amtshaftungsanspruchs und Möglichkeiten der Schadenskompensation, NVwZ 2002, 304ff

Leenen, Detlef, Die Neuregelung der Verjährung, JZ 2001, 552ff

Leenen, Detlef, Die Neugestaltung des Verjährungsrechts durch das Schuldrechtsmodernisierungsgesetz, DStR 2002, S. 34ff

Lepa, Manfred, Die Verjährung im Deliktsrecht, VersR 1986, 310ff

Liebs, Detlef, Lateinische Rechtsregeln und Rechtssprichwörter, 6. Auflage, München 1998

Lorenz, Stefan; Riem, Thomas, Lehrbuch zum neuen Schuldrecht, München 2002

Magnus, Ulrich, Europäisierung des Haftungsrechts, in: Lando, Ole; Magnus, Ulrich, Angleichung des materiellen und des internationalen Privatrechts in der EU, Frankfurt 2003, S. 143ff

Mansel, Heinz-Peter, Die Reform des Verjährungsrechts, in: Ernst, Wolfgang; Zimmermann, Reinhard, Zivilrechtswissenschaft und Schuldrechtsreform, Tübingen 2001, 559ff

Mansel, Heinz-Peter, Die Neuregelung des Verjährungsrechts, NJW 2002, 89ff

Mansel, Heinz-Peter; Budzikiewicz, Christine, Das neue Verjährungsrecht, Bonn 2002

Mansel, Heinz-Peter; Budzikiewicz, Christine, Einführung in das neue Verjährungsrecht, JURA 2003, 1ff

Mansel, Heinz-Peter; Budzikiewicz, Christine, Verjährungsanpassungsgesetz: Neue Verjährungsfristen, insbesondere für die Anwaltshaftung und im Gesellschaftsrecht, NJW 2005, 321ff

Marburger, Horst, Schadensersatzansprüche nach § 116 SGB X: Zweifelsfragen zur Verjährung nach neuem Recht, VersR 2003, 1232ff

Medicus, Dieter, Allgemeiner Teil des BGB, 8.Auflage, Heidelberg 2002

Medicus, Dieter, Probleme der Wissenszurechnung, Karlsruher Forum 1994, S. 4ff

Meier, Sonja, Diskussionsbericht zum Referat Mansel, in: Ernst, Wolfgang; Zimmermann, Reinhard, Zivilrechtswissenschaft und Schuldrechtsreform, Tübingen 2001,

Meyer, Karl E., Der Verjährungsablauf nach § 852 BGB und die Wirkungen eines gesetzlichen Rechtsübergangs, VersR 1957, 761ff

Meyer-Goßner, Lutz, Strafprozessordnung, 46. Auflage, München 2003

Motive zu dem Entwurfe eines Bürgerlichen Gesetzbuches für das Deutsche Reich, Band I., Allgemeiner Teil, Berlin und Leipzig 1888
(zitiert: Motive, Band 1)

Motive zu dem Entwurfe eines Bürgerlichen Gesetzbuches für das Deutsche Reich, Band II., recht der Schuldverhältnisse, Berlin und Leipzig 1888
(zitiert: Motive, Band 2)

Mugdan, Bernd, Die gesamten Materialien zum Bürgerlichen Gesetzbuch für das Deutsche Reich, I. Band, Einführungsgesetz und allgemeiner Teil, Berlin 1899

Müller, Gerda, Spätschäden im Haftpflichtrecht, VersR 1998, 129ff

Münchner Kommentar zum Bürgerlichen Gesetzbuch, Band 1a, Allgemeiner Teil (Auszug), §§ 80, 81, 105a, 126-127, 194-218, ProstG, 4. Auflage, München 2003
(zitiert: MüKo-Bearbeiter)

Münchener Kommentar zum Bürgerlichen Gesetzbuch, Band 2a, Schuldrecht Allgemeiner Teil, §§ 241-432, 4. Auflage, München 2003 (zitiert: MüKo-Bearbeiter)

Nabholz, Peter, Verjährung und Verwirkung als Rechtsuntergangsgründe infolge Zeitablaufs, Zürich Diss. 1958

Neuhaus, Kai-Jochen, Dreißig Jahre Gewährleistung im Baurecht – Vor und nach der Schuldrechtsmodernisierung, MDR 2002, 133ff

Nörr, Dieter, Die Entstehung der longi temporis praescriptio, Köln 1969

Oetker, Hartmut, Die Verjährung – Strukturen eines allgemeinen Rechtsinstituts, Baden-Baden 1994

Palandt, Bürgerliches Gesetzbuch, 64. Auflage, München 2005

Peters, Frank, Der Bürge und die Einrede der Verjährung der Hauptschuld, NJW 2004, S. 1430f

Peters, Frank, Die Einrede der Verjährung als ein den Rechtsstreit in der Hauptsache erledigendes Ereignis, NJW 2001, 2289ff

Peters, Frank, Die Kenntnis vom Schaden als Verjährungsvoraussetzung bei § 852 I BGB, JZ 1983, 121ff

Peters, Frank, Zur Verjährung des Amtshaftungsanspruchs bei Inanspruchnahme verwaltungsgerichtlichen Rechtsschutzes, NJW 1986, 1087

Peters, Frank, Zur Verjährung der Ansprüche aus culpa in contrahendo und positiver Forderungsverletzung, VersR 1979, 103

Peters, Frank; Zimmermann, Reinhard, Verjährungsfristen– Der Einfluß von Fristen auf Schuldverhältnisse; Möglichkeiten der Vereinheitlichung von Verjährungsfristen, in: Bundesminister der Justiz (Hrsg.), Gutachten und Vorschläge zur Überarbeitung des Schuldrechts, Band I, S. 77ff

Pfeiffer, Verjährungsrecht, in: Westermann, Harm Peter (Hrsg.), Das Schuldrecht 2002: systematische Darstellung der Schuldrechtsreform, Stuttgart, München, Hannover, Berlin, Weimar, Dresden 2002, S. 215ff

Pick, Eckhart, Zum Stand der Schuldrechtsmodernisierung, ZIP 2001, 1173ff

Piekenbrock, Andreas, Reform des allgemeinen Verjährungsrechts: Ausweg oder Irrweg? In: Helms, Tobias u.a., Jahrbuch Junger Zivilrechtswissenschaftler 2001, Das neue Schuldrecht, Stuttgart u.a. 2001

Prölss, Erich R.; Martin, Anton, Versicherungsvertragsgesetz, 27. Auflage, München 2004

Rabe, Dieter, Vorschläge zur Überarbeitung des Schuldrechts: Verjährung, NJW 1992, S. 2395ff

Reichsgerichtsrätekommentar, hrsg. von Johannsen, Kurt Herbert u.a., Das Bürgerliche Gesetzbuch mit besonderer Berücksichtigung der Rechtsprechung des Reichsgerichts und des Bundesgerichtshofs, Band I, §§ 1-240, 12. Auflage, Berlin New York 1982
(zitiert: RGRK-Bearbeiter)

Reichsgerichtsrätekommentar, hrsg. von Boujong, Karlheinz, Kreft, Friedrich, Nüßgens, Karl, Das Bürgerliche Gesetzbuch mit besonderer Berücksichtigung der Rechtsprechung des Reichsgerichts und des Bundesgerichtshofes, Band II, 6. Teil, §§ 832-853, 12. Auflage, Berlin, New York 1989
(zitiert: RGRK-Bearbeiter)

Richardi, Reinhard, Die Wissensvertretung, AcP 169 (1969), 385ff

Riedhammer, Markus, Kenntnis, grobe Fahrlässigkeit und Verjährung, Regensburg Diss. 2004

Roll, Hans Achim, Wandlungen im Verjährungsrecht, WM 1977, 1214ff

Rolland, Walter, Schuldrechtsreform – Allgemeiner Teil, NJW 1992, S. 2377ff

Rose, Heinz, Jagdrecht in Niedersachsen, 28. Auflage, Kiel 2004

Rosenberg, Leo, Die Beweislast, 5. Auflage, München 1965

Roth, Herbert, Die Einrede des bürgerlichen Rechts, München 1988

Sallawitz, Hans-Joachim, Die tatbestandsmäßige Gleichstellung von grobfahrlässiger Unkenntnis mit Kenntnis, ein dogmatisches und praktisches Problem des Privatrechts, Diss. Kiel 1973

Schall, Hero, Bedeutung der zivilrechtlichen Verjährungseinrede bei Anordnung der Wiedergutmachungsauflage, NJW 1977, 1045f

Scheithauer-Prase, Beate, Verjährungsproblematik im Schadensersatzrecht, DAngVers 1987, Rn 471ff.

Schellhammer, Kurt, Schuldrecht nach Anspruchsgrundlagen, 6. Auflage, Heidelberg 2005

Schlegelmilch, Güther (Hrsg.), Der Haftpflichtprozeß, 23. Auflage, München 2001
(zitiert: Schlegelmilch-Bearbeiter)

Schlosser, Peter, Selbstständige peremtorische Einrede und Gestaltungsrecht im deutschen Zivilrecht, JuS 1966, 258

Schmid, Karsten, Der Beginn der Regelverjährung nach §§ 195, 199 BGB bei juristischen Personen, ZGS 2002, 180ff

Schmidt, Reimer, Die Obliegenheiten, Karlsruhe 1953

Schmidt-Räntsch, Einführung in die Schuldrechtsmodernisierung, DRiZ 2001, 501ff

Schmidt-Räntsch, Jürgen, Das neue Schuldrecht: Einführung- Texte – Materialien, Köln 2002

Schnaufer, Susanne, Die Kenntnis des Geschädigten als Auslöser für den Beginn der Verjährungsfrist, Frankfurt am Main, Berlin, Bern, New York, Paris, Wien 1997, zugl. Mannheim, Univ., Diss., 1997

Schneider, Egon, Der Anscheinsbeweis grober Fahrlässigkeit, MDR 1971, 535ff

Schneider, Egon, Tendenzen und Kontroversen in der Rechtsprechung, MDR 1998, 690ff

Schudnagies, Jörg, Das Werkvertragsrecht nach der Schuldrechtsreform, NJW 2002, 396ff

Schulze, Reiner; Zimmermann, Reinhard (Hrsg.), Basistexte zum Europäischen Vertragsrecht, 2. Auflage, Baden-Baden 2002

Schwander, Werner, Die Verjährung ausservertraglicher und vertraglicher Schadenersatzforderungen, Luzern 1963

Schwark, Eberhard, Kapitalmarktrechtskommentar, 3. Auflage, München 2004

Siehr, Kurt, Verjährung der Vindikationsklage?, ZRP 2001, 346

Soergel, Bürgerliches Gesetzbuch mit Einführungsgesetz und Nebengesetzen, Band 2a, Allgemeiner Teil 3, §§ 13, 14, 126a-127, 194-225, Stuttgart 2002
(zitiert: Soergel-Bearbeiter)

Spiro, Karl, Die Begrenzung privater Rechte durch Verjährungs-. Verwirkungs- und Fatalfristen, Band I, Die Verjährung der Forderung, Bern 1975

Spiro, Karl, Zur Reform der Verjährungsbestimmungen, in: Dieckmann, Albrecht u.a. (Hrsg.), Festschrift für Wolfram Müller- Freienfels, Baden-Baden 1986, S. 617ff

Ständige Deputation des Deutschen Juristentages (Hrsg.), Verhandlungen des sechzigsten Deutschen Juristentages, Münster 1994, Band I, München 1994

Staudinger, Kommentar zum bürgerlichen Gesetzbuch, Erstes Buch, Allgemeiner Teil, §§ 164-240, Berlin 2001
(zitiert: Staudinger-Bearbeiter (2001))

Staudinger, Kommentar zum bürgerlichen Gesetzbuch, Allgemeiner Teil, §§ 164-240, Berlin 2004
(zitiert: Staudinger-Bearbeiter)

Staudinger, Kommentar zum Bürgerlichen Gesetzbuch, Recht der Schuldverhältnisse, §§ 255-304, Berlin 2004
(zitiert: Staudinger-Bearbeiter)

Staudinger, Kommentar zum Bürgerlichen Gesetzbuch, Buch 3: Sachenrecht, §§ 925-984, Berlin 2004
(zitiert: Staudinger-Bearbeiter)

Stein, Friedrich; Jonas, Martin, Kommentar zur Zivilprozessordnung, Band 3, §§ 253 - 299a, 21. Auflage, Tübingen 1997
(zitiert: Stein/Jonas-Bearbeiter)

Steyer, Stephan, Verjährungsbeginn bei Regreß gegen Täter, MDR 1995, 1093ff

Taupitz, Jochen, Wissenszurechnung nach englischem und deutschem Recht, Karlsruher Forum 1994, S. 16ff

Unterholzner, Karl August Dominikus; Schirmer, Theodor, Ausführliche Entwicklung der gesamten Verjährungslehre aus dem gemeinen in Deutschland geltenden Rechte, 2. Auflage, Band 1, Leipzig 1958

Unterrieder, Matthias, Die regelmäßige Verjährung – Die §§ 195-202 BGB und ihre Reform, Berlin 1998, zugl. Rostock, Univ., Diss., 1998

von Bar, Christian, Die Study Group on a European Civil Code, in: Gottwald, Peter u.a. (Hrsg.), Festschrift für Dieter Henrich zum 70. Geburtstag, Bielefeld 2000

von Bar, Christian, Gemeineuropäisches Deliktsrecht, Band II, München 1999

von Bar, Christian; Zimmermann, Reinhard, Grundregeln des Europäischen Vertragsrechts, Teil III, München 2005

von Gerlach, Jürgen, Die prozessuale Behandlung von Schmerzensgeldansprüchen, VersR 2000, 525ff

von Gerlach, Jürgen, Die Rechtsprechung des BGH zum Haftpflichtrecht, DAR 2002, 241ff

v. Savigny, Friedrich Carl, System des heutigen römischen Rechts, Band 5, Berlin 1841

von Westfahlen, Friedrich Graf (Hrsg.), Produkthaftungshandbuch, Band 2, 2. Auflage, München 1999
(zitiert: von Westfahlen-Bearbeiter)

Wagner, Gerhard, Persönliche Haftung der Unternehmesleitung: die zweite Spur der Produkthaftung?, VersR 2001, 1057ff

Waldstein, Thor v.; Holland, Hubert, Die Verjährung im Binnenschiffahrtsrecht, TranspR 2003, 387ff

Waltermann, Raimund, Zur Wissenszurechnung - am Beispiel der juristischen Personen des privaten und öffentlichen Rechts, AcP 192 (1992), 181ff

Weber, Hans-Joachim, Mandatspraxis Neues Schuldrecht, Köln, Berlin, Bonn, München 2002

Weimar, Wilhelm, Verjährung und Verwirkung im Mietrecht, WuM 1974, 249ff

Weiß, Christian, Verjährung und gesetzliche Befristung nach dem bürgerlichen Rechte des deutschen Reiches, München 1905

Wernecke, Frauke, Die Einrede der Verjährung – Schnittpunkt zwischen materiellem Recht und Zivilprozessrecht, JA 2004, 331ff

Weyers, Hans-Leo, Werkvertrag, Welche Ergänzungen und Fortentwicklungen sind im Werkvertragsrecht im Hinblick auf die technischen, wirtschaftlichen und juristischen Weiterentwicklungen der Rechtswirklichkeit geboten?, in: Bundesministerium der Justiz (Hrsg.), Gutachten und Vorschläge zur Überarbeitung des Schuldrechts, Band 2, Köln 1981

Wieacker, Franz, Die juristische Sekunde, Zur Legitimation der Konstruktionsjurisprudenz, in: Würtenberger, Thomas u.a. (Hrsg.), Existenz und Ordnung, Festschrift für Erik Wolf zum 60. Geburtstag, Frankfurt am Main 1962

Windscheid/Kipp, Lehrbuch des Pandektenrechts, 9. Auflage, 1906

Witt, Carl-Heinz, Schuldrechtsmodernisierung 2001/2002 - Das neue Verjährungsrecht, JuS 2002, 105ff

Zeuner, Albrecht, Gedanken zur Abgrenzung des Anspruches als Objekt der Verjährung und der Verjährungsunterbrechung, in: Gerhard, Walter u.a., Festschrift für Wolfram Henckel zum 70. Geburtstag, Berlin, New York 1995

Zimmermann, Reinhard, Die Verjährung, JuS 1984, 409ff

Zimmermann, Reinhard, Grundregeln eines Europäischen Verjährungsrechts und die deutsche Reformdebatte, ZEuP 2001, 217ff

Zimmermann, Reinhard, „...ut sit finis litium", JZ 2000, S. 853ff

Zimmermann, Reinhard; Leenen, Detlef; Mansel, Heinz-Peter; Ernst, Wolfgang, Finis Litium? Zum Verjährungsrecht nach dem Regierungsentwurf eines Schuldrechtsmodernisierungsgesetzes, JZ 2001, S. 684ff

Zimmermann, Reinhard, Comparative foundations of a European law of setoff and Prescription, Cambridge 2002

Zimmermann, Reinhard, Das neue Verjährungsrecht – ein Vorbild für Europa?, in: Koller, Ingo; Roth, Herbert; Zimmermann, Reinhard, Schuldrechtsmodernisierung 2002, München 2002
(zitiert: Zimmermann, Schuldrechtsmodernisierung)

Zimmermann, Reinhard, Die Principles of European Contract Law als Ausdruck und Gegenstand Europäischer Rechtswissenschaft, Bonn 2003

Zöller, Zivilprozessordnung, bearbeitet von Reinhold Geimer u.a., 25. Auflage, Köln 2005
(zitiert: Zöller-Bearbeiter)

Fundstellenverzeichnis

Das nachfolgende Verzeichnis enthält alternative Fundstellen wichtiger Entscheidungen. Dadurch soll die leichtere Auffindbarkeit gefördert werden. In der Arbeit wird bevorzugt aus der amtlichen Sammlung, in zweiter Linie aus der NJW inklusive Rechtsprechungsreport (NJW-RR) zitiert.

Datum	Az.	Primärfundstelle	Alternative Fundstellen
25.03. 1907	276/06 VI.	RG JW 1907, 302	
26.11. 1907	II. 264/07	RGZ 67, 141	
10.11. 1908	III 43/08	RG WarnRspr. 1909, 103	
12.10. 1909	586/08 VII.	RG JW 1909, 724	
06.03. 1911	VI. 70/10	RGZ 76, 51ff	JW 1911, 453
15.03. 1912	439/11 III.	RG JW 1912, 640	
23.04. 1913	544/12 V.	RG JW 1913, 686	
31.03. 1915	327/14 V.	RG JW 1915, 594 (595)	
13.12. 1917	257/17 IV.	RG JW 1918, 303	
06.03. 1921	VII 330/20	RGZ 101, 402 (403)	
12.02. 1923	IV 304/22	RGZ 106, 289 (291)	
08.04. 1929	VI 635/28	RGZ 124, 111 (114)	
28.03. 1930	VII 534/29	RG HRR 1930 Nr. 1213	
16.06. 1933	III 419/32	RG HRR 1933 Nr. 1921	
23.11. 1933		RGZ 142, 280	
05.12. 1933		RGZ 142, 348	
04.09. 1935	V 504/34	RG JW 1935, 3154	
08.05. 1936	III 187/35	RG JW 1936, 2975	
11.06. 1936	VI 480/35	RGZ 151, 345	
03.08. 1936	VI 77/36	RGZ 152, 115	

15.01. 1938	VI 190/37	RGZ 157, 14 (18)	
06.12. 1939		RGZ 162, 202	
19.12. 1941	III 62/41	RGZ 168, 214 (219)	
09.06. 1952	III ZR 128/51	BGHZ 6, 195 (202)	NJW 1952, 1090 = LM § 31 Nr. 5
09.02. 1955	VI ZR 40/54	BGH NJW 1955, 706	VersR 1955, 234 = LM § 852 Nr. 4
11.08. 1955	2 W 32/55	OLG Stuttgart NJW	VersR 1955, 698= AP § 852 Nr. 1 mit Anmerkung Hueck
13.06. 1956	VI ZR 44/55	BGH VersR 1956, 507	
27.11. 1956	VI ZR 173/55	BGH VersR 1957, 30	
14.06. 1957	VI ZR 165/56	BGH JR 1958, 100	
14.05. 1958	V ZR 261/56	BGH VersR 1958, 519	LM § 852 Nr. 12 = LM Preuß.Allg.BergG § 151 Nr. 1
09.06. 1958	III ZR 54/57	BGH VersR 1958, 514	LM § 852 Nr. 9 = MDR 1958, 752
09.12. 1958	VI ZR 272/57	BGH VersR 1959, 274	LM § 852 Nr. 11
09.03. 1959	III ZR 17/58	BGH VersR 1959, 467	
02.06. 1959	VI ZR 124/58	BGH VersR 1959, 757	
18.09. 1959	VI ZR 177/58	BGH VersR 1959, 1040	
15.03. 1960	VI ZR 28/59	BGH VersR 1960, 429	
25.04. 1960	III ZR 183/58	BGH VersR 1960, 752	
26.04. 1960	VI ZR 70/59	BGH VersR 1960, 754	
13.06. 1960	III ZR 111/59	BGH VersR 1960, 788	LM § 852 Nr. 14
18.10. 1960	VI ZR 153/59	BGH VersR 1960, 1142	
11.07. 1961	VI ZR 11/61	BGH VersR 1961, 910	
03.11. 1961	VI ZR 254/60	BGH VersR 1962, 86 (87)	
27.03. 1962	VI ZR 95/61	BGH VersR 1962, 734 (735)	
23.10. 1962	VI ZR 245/61	BGH VersR 1963, 161 (163)	
20.12. 1962	III ZR 86/62	BGH NJW 1963, 490	VersR 1963, 130 (131)

27.11. 1963	Ib ZR 49/62	BGH NJW 1964, 494	GRUR 1964, 218 = LM § 21 UWG Nr. 2
16.02. 1965	VI ZR 247/63	BGH NJW 1965, 908	BGH AP § 852 Nr. 2
17.03. 1966	III ZR 263/64	BGH VersR 1966, 632	
11.04. 1967	VI ZR 186/65	BGH VersR 1967, 711	
10.07. 1967	III ZR 78/66	BGHZ 48, 181 (183)	NJW 1967, 2199= MDR 1967, 993 = LM § 1542 RVO = Nr. 54 mit Anmerkung Arndt
29.01. 1968	III ZR 118/67	BGH NJW 1968, 988	VersR 1968, 453 = MDR 1968, 391 = LM § 852 Nr. 35
01.02.1968	6 U 126/67	HansOLG Hamburg, MDR 1968, 583	
30.09. 1969	VI ZR 54/68	BGH MDR 1970, 38	LM § 852 Nr. 39
27.10. 1970	VI ZR 66/69	BGH VersR 1971, 154	dazu Anmerkung Förste in VersR 1971, 716
18.01. 1972	VI ZR 204/70	BGH VersR 1972, 394	
30.01. 1973	VI ZR 4/72	BGH NJW 1973, 702	VersR 1973, 371 (372)= LM § 852 Nr. 45
29.05. 1973	VI ZR 68/72	BGH NJW 1973, 1496	VersR 1973, 841 (842) = LM Nr. 47 zu § 852 BGB
06.11. 1973	VI ZR 199/71	VersR 1974, 197 (198)	BGH NJW 1974, 410 (nicht vollständig abgedruckt) = DB 1974, 427
13.02. 1975	VI ZR 175/72	BGH VersR 1975, 520 (521)	
23.09. 1975	VI ZR 62/73	BGH VersR 1976, 166	
04.11. 1975	VI ZR 226/73	BGH NJW 1976, 363	
20.01. 1976	VI ZR 15/74	BGH NJW 1976, 2344	VersR 1976, 565 (566)= LM § 852 Nr. 54
05.04. 1976	III ZR 69/74	BGH VersR 1976, 859	MDR 1976, 738 = LM § 852 Nr. 55 = WM 1976, 643
21.09. 1976	VI ZR 69/75	BGH NJW 1977, 198	VersR 1977, 249 = MDR 1977, 305 = LM § 852 Nr. 57
24.05. 1977	VI ZR 75/76	BGH NJW 1977, 2106	BGH VersR 1977, 739 = MDR 1977, 1008 = LM § 852 Nr. 61
14.11. 1978	VI ZR 133/77	BGH NJW 1979, 278	
20.03. 1979	VI ZR 30/77	BGH NJW 1980, 189	LM § 852 Nr. 67

11.02. 1980	II ZR 259/78	BGH VersR 1980, 846	
28.01.1981	13 U 195/79	OLG Frankfurt/Main VersR 1982, 1148	
26.03. 1982	V ZR 12/81	BGH WM 1982, 615	
24.02. 1983	VI ZR 243/80	BGH NJW 1983, 1912	MDR 1983, 743 = LM § 852 Nr. 73
08.06. 1983	4 U 185/82	OLG Stuttgart NJW 1984, 182	
20.09. 1983	VI ZR 35/82	BGH NJW 1984, 661 (Taupitz)	VersR 1983, 1158 = JR 1984, 197 mit Anmerkung Schlund = LM § 852 BGB Nr. 76
09.01.1985	4 U 2800/84	OLG Nürnberg VersR 1986, 1109	
05.02. 1985	VI ZR 61/83	BGH NJW 1985, 2022	VersR 1985, 367 = JZ 1985, 589 = LM § 852 Nr. 81
19.03. 1985	VI ZR 190/83	BGH NJW 1985, 2583	VersR 1985, 735 = LM § 852 Nr. 82
23.04. 1985	VI ZR 207/83	BGH VersR 1985, 740	MDR 1985, 834 = LM § 852 Nr. 83
11.07. 1985	III ZR 62/84	BGHZ 95, 238	NJW 1985, 2324 (2325) = LM § 209 BGB Nr. 55
06.02. 1986	III ZR 109/84	BGHZ 97, 97 (111)	NJW 1986, 2309 (2312) = MDR 1986, 735 = LM § 852 Nr. 88
22.04. 1986	VI ZR 133/85	BGH NJW 1986, 2315	VersR 1986, 917 (918) = LM § 852 Nr. 89
23.03. 1987	II ZR 190/86	BGHZ 100, 228 (231)	NJW 1987, 1887
24.03. 1987	VI ZR 217/86	BGH NJW 1987, 3120	VersR 1987, 820
07.04. 1987	VI ZR 55/86	BGH NJW-RR 1987, 916	VersR 1987, 937
26.11. 1987	IX ZR 162/86	BGHZ 102, 246 (248)	NJW 1988, 1146 = MDR 1988, 405 = JZ 1988, 523 = LM § 852 Nr. 97
15.12. 1987	VI ZR 285/86	BGH NJW-RR 1988, 411	VersR 1988, 465 (466) = LM § 852 Nr. 95
15.12. 1987	VI ZR 286/86	BGH NJW-RR 1988, 867	

29.09. 1988	14 U 13/88	OLG Stuttgart, VersR 1988, 1300	
20.12. 1988	VI ZR 145/88	BGH NJW-RR 1988, 472	MDR 1989, 533 = AP § 852 Nr. 3 = LM § 852 Nr. 100
16.05. 1989	VI ZR 251/88	BGH NJW 1989, 2323	VersR 1989, 914f = MDR 1989, 901 = LM § 852 Nr. 102
31.10. 1989	VI ZR 84/89	BGH NJW-RR 1990, 222	BGH VersR 1990, 167 = MDR 1990, 532 = LM § 852 Nr. 106
19.12. 1989	VI ZR 57/89	BGH NJW-RR 1990, 343	VersR 1990, 497 = MDR 1990, 613 = LM § 852 Nr. 107
06.02. 1990	VI ZR 75/89	BGH NJW-RR 1990, 606	VersR 1990, 539 = WM 1990, 642 = LM § 852 Nr. 108
10.04. 1990	VI ZR 288/89	BGH NJW 1990, 2808	VersR 1991, 1032 = LM § 852 Nr. 110 = WuB I G 4. 11.90 mit Anmerkung Graf
11.07. 1990	24 W 54/90	OLG Frankfurt, MedR 1990, 349 mit Anmerkung Stegers	
27.11. 1990	VI ZR 2/90	BGH NJW 1991, 973	NZV 1991, 143 mit Anmerkung Peters = JZ 1991, 259 = LM § 852 Nr. 111
17.01. 1991	IX ZR 77/90	BGH NJW 1991, 1172	
19.03. 1991	VI ZR 248/90	BGH NJW 1991, 2351	
15.10. 1991	VI ZR 280/90	BGH NJW-RR 1992, 282	MDR 1992, 651 = WM 1991, 2135 = WuB IV A. § 852 BGB 1.92
11.02. 1992	VI ZR 133/91	BGH NJW 1992, 1755	VersR 1992, 627 = LM § 852 Nr. 117
02.07. 1992	IX ZR 174/91	BGH NJW 1992, 3034	MDR 1992, 1180 = BB 1992, 2179 = LM § 19 BNotO Nr. 49
17.12. 1992	III ZR 114/91	BGHZ 121, 65 (71)	NJW 1993, 933 = LM § 839 (Ca) Nr. 85= MDR 1993, 214 = BB 1993, 389
15.10. 1993	IX ZR 43/92	BGH NJW 1993, 648	MDR 1993, 693 = LM § 852 Nr. 122-124 mit Anmerkung Reithmann = WM 1993, 251 (255ff) = WuB IV A. § 852 BGB 1.93 mit Anmerkung Voit

06.05. 1993	III ZR 2/92	BGHZ 122, 317	BGH NJW 1993, 2303 = LM § 839 (Cb) Nr. 84= BauR 1994, 94 = MDR 1993, 738
22.06. 1993	VI ZR 190/92	BGH NJW 1993, 2614	LM § 852 Nr. 129 = BB 1993, 1758
18.01. 1994	VI ZR 190/93	BGH NJW 1994, 1150	BGH VersR 1994, 491 = LM § 852 Nr. 131 = WM 1994, 750 = WuB IV A. § 852 BGB 2.94 mit Anmerkung Grunewald
20.09. 1994	VI ZR 336/93	BGH NJW 1994, 3092	
29.11. 1994	VI ZR 189/93	BGH NJW 1995, 776	VersR 1995, 659 = LM § 276 (Ca) Nr. 53= MDR 1995, 482
31.01. 1995	VI ZR 305/94	BGH VersR 1995, 551	
14.06. 1995	5 W 228/95	OLG Koblenz NJW 1996, 1603	
17.10.1995	VI ZR 246/94	BGH NJW 1996, 117	VersR 1996, 76 = LM § 209 BGB Nr. 83 = MDR 1996, 151
25.06. 1996	VI ZR 117/95	BGHZ 133, 129 [138f.]	NJW 1996, 2508 = LM § 852 Nr. 136
09.07. 1996	VI ZR 5/95	BGHZ 133, 192	NJW 1996, 2933 = NJW-RR 1996, 1365 = VersR 1996, 1258 = LM H. 11/1996, § 852 BGB Nr. 137 mit Anmerkung Schiemann
04.02. 1997	VI ZR 306/95	BGHZ 134, 343	NJW 1997, 1584 = VersR 1997, 635 = LM § 852 Nr. 139 mit Anmerkung Schiemann
03.06. 1997	VI ZR 71/96	BGH NJW 1997, 2448	ZIP 1997, 1796 = LM § 852 Nr. 141 mit Anmerkung Kullmann = MDR 1997, 837 = EWiR § 852 2/98, 401
16.12. 1997	VI ZR 408/96	BGH NJW 1998, 988	VersR 1998, 378 = LM § 852 Nr. 145 = MDR 1998, 406
02.04. 1998	III ZR 309/96	BGHZ 138, 247	NJW 1998, 2051 = LM § 852 Nr. 146 mit Anmerkung Schiemann
17.11. 1998	VI ZR 32/97	BGH NJW 1999, 423	VersR 1999, 585 (587) = LM § 852 BGB Nr 149

19.11. 1998	3 U 201/97	OLG Frankfurt NJW-RR 1999, 1474	
25.02. 1999	IX ZR 30/98	BGH NJW 1999, 2041	LM § 852 Nr. 150 = MDR 1999, 963
24.06. 1999	IX ZR 363/97	BGH NJW 1999, 2734	VersR 1999, 2734 = LM § 852 Nr. 152 = MDR 1999, 1198
23.09. 1999	III ZR 214/98	BGH NJW-RR 2000, 51	VersR 2000, 1375 = LM KWG Nr. 19 = MDR 1999, 1518 = BB 1999, 2321
18.01. 2000	VI ZR 375/98	BGH NJW 2000, 953	VersR 2000, 503 (504) = LM § 852 BGB Nr. 155
09.03. 2000	III ZR 168/99	BGH NJW 2000, 1411	VersR 2000, 1277 = LM § 852 Nr. 157 = SGb 2001, 39 mit Anmerkung Eichenhofer
31.10. 2000	VI ZR 198/99	BGHZ 145, 358 (unvollständig)	BGH NJW 2001, 885 = LM § 852 Nr. 159 = VersR 2001, 108 (109) = AP § 852 Nr. 4 = MDR 2001, 164
12.12. 2000	VI ZR 345/99	BGH NJW 2001, 964	VersR 2001, 381 = LM § 425 Nr. 22 = MDR 2001, 506 = JZ 2001, 711 mit Anmerkung Sandmann = ZIP 2001, 379 mit Anmerkung Brüggemeier
06.03. 2001	VI ZR 30/00	BGH NJW 2001, 1721	EWiR § 852 1/2001 m.A. Wendehorst = LM § 852 Nr. 162 = VersR 2001, 866 = ZIP 2001, 706
08.05. 2001	VI ZR 208/00	BGH NJW-RR 2001, 1168	
28.12. 2001	6 W 59/01	OLG Hamm NJW-RR 2002, 750	
05.03. 2002	VI ZR 442/00	BGHZ 150, 94 (97ff)	BGH NJW 2002, 1877
08.10. 2002	VI ZR 182/01	BGH NJW 2003, 288	EWiR § 831 1/2003 m.A. Wendehorst = VersR 2003, 75 (76)
14.10. 2003	VI ZR 379/02	BGH NJW 2004, 510	
23.09. 2004	IX ZR 421/00	BGH NJW-RR 2005, 69	MDR 2005, 211

Sebastian Klausch

Unmöglichkeit und Unzumutbarkeit im System des allgemeinen Leistungsstörungsrechts nach der Schuldrechtsmodernisierung 2002

Frankfurt am Main, Berlin, Bern, Bruxelles, New York, Oxford, Wien, 2004. 300 S.
Zivilrechtliche Schriften.
Herausgegeben von Peter Kreutz und Dieter Reuter. Bd. 40
ISBN 3-631-52589-3 · br. € 51.50*

Das Gesetz zur Modernisierung des Schuldrechts, das am 01. Januar 2002 in Kraft trat, führte zu Veränderungen insbesondere in den Bereichen des Verjährungsrechts, des allgemeinen Schuldrechts, des besonderen Gewährleistungsrechts des Kauf- und Werkvertrags sowie des Verbraucherschutzrechts. Diese Arbeit beschäftigt sich mit dem Recht der Unmöglichkeit, das seit der Schaffung des Bürgerlichen Gesetzbuchs kontroverse Diskussionen in der Wissenschaft, aber auch vielfältige Probleme in der Praxis hervorgerufen hat. Die engen Zusammenhänge zwischen den einzelnen Instituten des allgemeinen Leistungsstörungsrechts macht es dabei erforderlich, insbesondere auch auf die positive Vertragsverletzung, die culpa in contrahendo und die Störung der Geschäftsgrundlage in ihren Beziehungen zum Unmöglichkeitsrecht einzugehen.

Aus dem Inhalt: Stellung der Unmöglichkeit und der Unzumutbarkeit im System der Leistungsstörungen · Voraussetzungen von Unmöglichkeit und Unzumutbarkeit · Rechtsfolgen von Unmöglichkeit und Unzumutbarkeit auf Primär- und Sekundärebene · Funktionen von Unmöglichkeit und Unzumutbarkeit

www.ingramcontent.com/pod-product-compliance
Ingram Content Group UK Ltd.
Pitfield, Milton Keynes, MK11 3LW, UK
UKHW021927290926
8980IPUK00016B/1497

9 783631 551547